滄海叢刊

社會、文化和知識份子

葉啓政著

1991

東大圖書公司印行

© 社會、文化和知識份子

著　者　葉啓政
發行人　劉仲文
出版者　東大圖書股份有限公司
總經銷　三民書局股份有限公司
印刷所　東大圖書股份有限公司
　　　　地址／臺北市重慶南路一段六十一號二樓
　　　　郵撥／〇一〇七一七五——〇號
初版　中華民國七十三年三月
再版　中華民國八十年二月
編　號　E 50009
基本定價　陸　元
行政院新聞局登記證局版臺業字第〇一九七號

社會、文化和知識份子

總號　E 50009

東大圖書公司

ISBN 957-19-0417-1 (平裝)

自　序

　　在這個時代的中國，做為社會學者，心裏頭經常會有矛盾的感覺。秉承著中國知識份子的濟世憂患意識，一個社會學者，眼看著自己的社會，掙扎在內外交加急劇轉變的困境裏，他能袖手旁觀地躲在象牙塔裏治他的學嗎？假若不行，那麼，他就勢必要走出象牙塔，當個啓蒙者，把他的社會學知識貢獻給迫切需要新知的社會大眾。這是一個社會學者應具備的一種知識責任——對社會盡責的知識責任。

　　但是，當一個學者，他卻有另外一種的知識責任——對專業盡責的知識責任。也就是說，一個社會學者應當與現實世界保持相當的距離，全心全力地把生命奉獻給其所從事的研究工作。這種對專業角色的認同要求是西方知識份子的敬業傳統，也蔚成現代中國學者的基本規範。

　　當然，對社會學者而言，敬業的要求和關懷世事的社會責任意識，並不是截然對立矛盾而不能相容的。理論上，一個社會學者，遠比其他有些學者，如物理學者、數學學者、工程學者……等，有更為良好的條件，可以把對社會現實的關懷和對學術研究的奉獻簽合成一體，因為他的專業角色就是研究社會本身。話這麼地說，是一種理想主義的說法，事實上卻是很難做得到的。為什麼？至少有三個理由。

　　第一、一個人時間和精力都有限。在一天只有二十四小時，而人的精力又不是無窮盡的限制下，一個社會學者，既要做個大眾的啓蒙者，幫忙社會解決一些現實問題，又要做個學有專精的學者，在學術的殿堂裏佔有一席之地，若非有超人之才華和智慧，往往是難以兼顧的。再者，

當今學術界內分工細密，但人以有限生涯本就難以成就無涯之知識。尤其，在西方專業化的學術訓練下，中國的社會學者，縱然拿了一個哲學博士的頭銜，其所知的範圍實際上並不足以稱之淵博，相反地，往往是相當狹窄的。在這樣的訓練背景之下，一個只專精一個小範圍之知識的社會學者，如何應對錯綜複雜、變化多端的社會現實，而保證自己所提供的見解是恰切可行的呢？說來，這的確是令人不敢有把握的。第三、今天中國社會學者絕大多是在西方的社會學知識傳統下培養出來的。我們都知道，人是一種具有意向，而且帶有價值色彩的動物。任何用來詮釋理解社會的理論都不可能完全免除價值的左右，也不可能完全擺脫意識型態的作祟。在此前提之下，一個中國社會學者如何完全免於西方特定意識型態的影響，而能平實地為自己的社會加以解析，實也不免令人懷疑。

基於以上三個理由，一個稍具反省能力和反省習慣的中國社會學者，自不免會擔心，他既無暇，也未必有能力同時把社會的啓蒙者和知識的締造者都扮演好。更重要的，他也會深恐自己所言所行，雖可能出於善意，但却反而貽害了社會而不自知。此一後者的擔心，無疑的往往是令一個社會學者困惑，而且感到偭愵乎的。這就是我所以說，一個有良知而謙虛的社會學者常有矛盾心理的根本理由。

做為一個社會學者，我一直是有著上述的心境。這些年來，自己也常為自己應扮演的角色而有所困惑，也有所猶豫。鄉土的感情，令我對現實問題不能視若無睹；知識的限圍，又令我對自己扮演啓蒙者、乃至代言人的角色，却又惶恐不安。我曾徘徊、掙扎在這兩者之間。一方面，看到許多現實問題，自己有意見，不吐實在不快；另一方面，當一個學者，尤其在大學裏教書和研究，却又無法完全揚棄專業角色的規範而不顧。到頭來，時時感到困惑，左右為難，而自覺不安。

　　人，說起來，是一種相當奇怪的動物。縱然他有困惑，而自知困惑之癥結所在，但他却也一樣的過日子。終究現實擺在眼前的，往往令他沒有太多的時間去等待困惑完全解決，才放手去做事。他必須採取「兵來將擋、水來土掩」的態度，來應付日常生活裏發生在自己身上的事兒。因此，往往也就必得在迷惑之中左右逢源，邊做邊想，愈做愈後悔，或愈做愈自信。幾年下來，我自己也弄糊塗了，不知自己所做所為到底是對、還是錯，而且也弄不清是愈來愈有信心，還是愈來愈喪失了信心。

　　說了這麼多，反省歸反省，幾年下來，在這樣的迷惑和矛盾之下，糊裏糊塗地寫了一些隨心所欲，逞一時之快的應時雜文，也自以為是地寫一些自認是歸屬學院的所謂「論文」。其間若有什麼不同，那是：(1)前者之文字字數較短，短者千把字，長者一萬多字，而後者則至少一萬五千字以上。(2)前者往往是有感而發，隨興行筆，寫完之後，筆一擲，就不想再去看它，更不想再去改它，而後者往往構思較久，寫來態度較為認真嚴肅，結構也較為嚴謹，而且經常是再加修潤過。(3)前者較少使用生澀的術語，而後者則充滿令人讀了頭痛的術語，也常較為抽象。

　　話說回來，不管是雜文或是論文，寫的內容大體有一個共同的特點，那就是：都是討論社會現象的文字。這個文集討論的內容就是如此，而根據上面自己所訂的標準來區分，我稱它為「論文」。因此，假若讀者讀來覺得生澀難忍，那麼就不能怪我了，我建議就此丟了，不用再去看它。

　　這個論文集包含的內容大致有四；(1)有關社會學中基本概念的檢討，(2)有關文化現象的討論，尤其是近百年來之中國文化，(3)有關知識份子的探討，和(4)一些零星，但却與社會變遷有關的文字。由於這些論文寫於不同的時間，而人是逐漸成長的，因此，這些文章之間，可能會有立論互相矛盾不一致的地方。若果如此，那只是代表我個人知識上的

成長，至少是一種轉變。嚴格來說，我應當重新改寫，把矛盾不一致的地方化除掉，但是，還是讓它們保持原貌呈現出來，做為反映個人成長的過程，未嘗也不是一件有意思的表現方式。因此，我也就讓它這個樣子了。說來，也是為自己的偷懶，找到合理化的理由，好歹心裏也勉強安得下來。

最後，我必須提到的是：這些文章中所討論到的許多問題，並不是代表個人最成熟的看法，而僅祇是思考後最為粗略的初步見解。這些見解，勉強說來，只是以後治學的起點，我也一直以相當慎重而虔誠的心情來看待它們，希望假以時日，有更為成熟的見解提出來。做為一個學者，這是終生最大的願望——在象牙塔內締造自圓其說的理論以自我陶醉。不過，也希望自我陶醉之餘，這些見解還能為別人所賞識，把它們轉化，尤其具體化，而用於現實生活之中。有幸提供做為解決現實問題的參考，也算是一個躲在象牙塔中的蛋頭教授對社會的一種責任交待了。

民國七十二年四十歲生日

寫於分心廬

社會、文化和知識份子　目次

一、結構、意識與權力──對「社會結構」概念的檢討

一、導　言

　　在西方社會學的傳統中，不管研究的對象是家庭、政治團體、經濟制度、科層組織、國家、或整個社會，有三個現象幾乎成爲共同關心的問題。這三個問題分別是：(1)社會的分化（differentiation）如何產生？(2)分化後，部份如何產生作用？彼此之間的關係爲何？(3)部份和整體之間的關係爲何？怎樣地運作？仔細地加以思想，這三個問題背後隱藏著一個本體論的問題，卽社會爲什麼存在。這是哲學上的根本問題，原是相當地重要，但因不是本文所將討論的重點，只好避而不論。在此，我們所關心的是，從社會現象所具之意義的角度來看，這三個問題所可能具有的涵義是什麼？並且從此推展出一些問題，來做爲本文探討的基本脈絡。

　　簡單地來說，本質上這三個問題所涉及的卽是所謂'社會結構'的問題，並且很明顯地同時也涵蘊著有'功能'的考慮在內。易言之，有關社會分化的討論，事實上卽是社會結構的分析；有關分化後部份彼此之間

或部份與整體之間的關係的探討，也卽是‘功能’此一概念所企圖涵蓋的問題。回顧西方社會學史，我們不難發現，自從 Comte 始創社會學以來，西方社會學者討論社會時，莫不以‘結構’和‘功能’爲其基本概念。譬如英國的 Spencer (1967) 卽是一個最典型的例子。他把社會比擬成有機體，乃由許多具不同功能之部份所組合成的。部份與部份之間產生了功能上的互賴關係，這種因功能互賴而形成的結構分化更具有整合（(ntegration) 的特質，社會整體遂因此而得以維繫。雖然 Spencer 的社會有機觀爲後來之社會學者所批評，認爲比擬不當，但是結構與功能的討論卻被視爲是社會本質的一體兩面，兩者不可或缺。以 Parsons 爲首的結構功能學派，也因把此二面扣聯在一齊來討論，而奠定下在社會學史中的地位。

撇開結構功能學派很明顯地把‘結構’與‘功能’當成建構社會理論的基礎不談，早在 Durkheim(1933) 寫「社會中的分工」(*The Division of Labor in Society*) 時，卽已很明白地指出，‘結構’與‘功能’乃分析社會的兩個基本概念。 在西方社會學傳統中， 嘗試對結構從事描述者， 比比皆是， 幾乎隨手可拾。 譬如 Simmel (1950) 討論人與人之互動結構中的統制 (domination) 現象，他根據雙方互動關係中的相對影響力，分成優勢 (superordination) 與劣勢 (subordination); Durkheim i1933) 根據社羣中成員間的內聚聯帶 (solidarity) 的性質， 分成機械式的 (mechanical) 與有機式的 (organic)； Tönnies (1957) 則以意志 (will) 的體現做爲分析起點， 把社會區分成具自然意志 (natural will) 的社區社會 (Gemeinschaft) 與具理性意志 (rational will) 的結社社會 (Gesellschaft)。 凡此種種的討論乃先肯定某個概念的分析意義， 然後就此， 對社會從事分類的工作，透過分類來捕捉人類社會的歷史發展過程和結果體現。這樣的瞭解社會結構，乃先對‘結構’做了常識

性的肯定，認爲結構是旣存而且自明的。在此前題之下，社會學者的研究重點在於結構的分類，而不是對'結構'概念本身的內涵從事解析。無疑的，把結構看成是旣存的社會實體，就日常生活的常識經驗來說，是可以接受的事實。但是，就社會學分析的意義立場來看，卻是難以完全接受的作法。

總之，在日常生活中，結構是旣存的。一般人對旣存的人際互動關係，的確有一套自己的理解體系和詮釋形式。但是，這種日常生活的自明形式卻不等於是社會學的理解形式，更不是結構所內涵意義的全部。有鑒於此，本文的目的卽在於闡明社會結構的社會學涵義，進而指出一些可供未來研究的問題。

二、傳統的結構觀——內在命定觀

早在 1933 年波蘭哲學家 Metallmann 卽認爲，結構的概念乃當代哲學與科學思想的中心問題。Bastide 亦持類似的觀點，宣稱在1930 年代以後，結構的概念已漸由生物意義轉爲數學意義❶。 在此，我們沒有必要對此一概念轉折的歷史過程加以詳細的描述，我們所要強調的是: 在西方學術界中，結構的考慮一直是核心的問題。這不但在自然科學中如此，在有關人之行爲與社會現象的研究亦復如此。譬如，完形心理學 (Gestalt psychology) 對人類知覺的研究卽是明例 (Koffka 1935)。 Lewin (1951) 更把此派之觀念引伸， 應用於人之社會心理層面，提出'場地理論'(field theory)，企圖使用數學符號來表現人類的心理運作，是另外一個例子。在社會學中，對結構的重視， 在上面已提及， 在

---

❶ 引自 Bottmore & Nisbet (1978:591)。關於社會學中結構論之引介，可參考是文和 Blau(1975)。

此不用再例舉了。

　　總之，以結構為研究主題，乃至今日流行於法國之結構主義(structuralism)，已蔚成潮流，影響遍及哲學、語言學、文學批評、心理學、人類學、和社會學。就此傳統來看，'結構'一概念是多元而且多型的 (polypletic and polymorphous) (Merton 1975:32; Boudon 1971: 9-10)，做一對一的討論是相當困難的。但是，企圖從複雜多元的現象中，抽絲引線，釐清脈絡，以瞭解問題之癥結，並引導其發展的方向，卻一直是學者們追求的目標。心理學者 Piaget (1971) 卽具此野心，嘗試貫穿邏輯、數學、物理、生物、心理、與社會科學，於其中尋找決定所有不同現象的基本結構原則。

　　在 Piaget 的眼中，結構並不是經驗旣有的實體本身，而是一種理論建構 (theoretical construct)。在此，讓我們先將 Piaget 此一觀點做點詮釋工作。認為結構不是經驗旣有的實體本身，並不等於完全否定經驗實體並不存在或毫無意義，而是涵蘊結構乃人對經驗旣有之實體的詮釋認知體系，這卽是 Piaget 稱之為理論建構的緣故。但是，對 Piaget 而言，此一理論建構乃指涉研究者對現象實體所建立的詮釋認知體系。這樣子的定義是偏狹的，它把實際參予於社會互動中之當事人對現象實體的詮釋，排除於考慮之外。由於 Piaget 對結構做如此狹義的理解，因此，他認為，在心理學中，心理結構並不隸屬於意識層面，而是指涉行為的詮釋 (Piaget 1971: 98-99)。同樣地，社會結構則乃對可察知之社會關係的一種理論架構，就有如在物理學中，因果並非物理實體的本身，而是與物理律有關。顯而易見的，旣然把結構看成是詮釋體現，而且是研究者的詮釋結果，所指涉的自然地是可察知的對象。因此不論是心理或社會的層面，體現在人際關係中的'行為'及'行為關係'也就很自然地成為關照的惟一對象，因為只有行為體現才可能為研究者所察知到。

職是之故，從這樣的角度來看，固然 Piaget 已認清結構所具的詮釋意義，但是無疑地尚保持相當濃厚的客觀主義的色彩，強調可觀察之行爲體現在建構'結構'概念中的重要地位。

撇開其所帶客觀主義的行爲論的色彩不談，Piaget 眼中的社會結構本質上是一種隱藏在社會成員潛意識中的形式。這種形式未必爲成員們所察知，往往有賴研究者加以詮釋和理論化，才得以彰顯。這也就是說，結構是一種具詮釋意味的認知建構。Lévi-Strauss (1968)，亦如 Piaget 一般，以爲結構並不代表社會活動或觀念本身，而是人類學者對潛伏在社會生活之表象下的詮釋模式，他稱之爲深層結構 (deep structure)，乃用以發掘組成社會生活中之種種關係，就有如尋找語言中之組成元素一般。同時，與 Piaget 之解釋所涵蘊的一般，Lévi-Strauss 認爲，結構的探討即在於認定依存於人類社會制度中的'潛意識心理結構 (unconscious psychic structure)'或'心靈的潛意識目的論 (unconscious teleology of mind)'。因此結構是一種潛意識的建構體。

總的來說，在 Piaget，尤其在 Lévi-Strauss 眼中，結構的探討只不過是針對內涵在社會表象內之潛意識運作，從事意識化的過程；亦即對潛在人際關係中之種種運作形式，從事意識層面之詮釋工作。或用 Giddens (1979) 的用語，此乃推論意識 (discurive consciousness) 的運作。一般來說，承擔此種意識化工作的人往往是社會中的精英，社會學者即是負責詮釋工作的精英之一。因此，儘管學者們已注意到'結構'具有詮釋的意義 (Ricoeur 1974)，但是，在社會學的研究傳統中，把結構看成是一個已具意義 (signified) 的對象來看待，一直是居主流的思想模式。換句話說，結構的意義不是來自於實際參予的行動者本身，而是解釋者對既存之關係從事客觀性的察認結果。在此傳統下，對結構的研究重點一直即擺在結構的通有形式 (generic form) 與其自延的特

性，而不是詮釋者與被詮釋者（即當事人）間的關係形式和辯證過程上。

從社會學史的眼光來看，重視結構的通有形式和自延特性，乃把在主觀詮釋上可能是相當複雜的現象，當成是外存的客體來看待，而認為它具有一個固定不變的特質。本質上，這是自然科學之認知模式所衍生的客觀主義論點❷。持自然科學的認知模式來觀察社會現象，雖然未必完全否認行動者之主觀意義體認與詮釋的存在，也未必完全否定行動者對於社會關係（或說社會結構）之運作的詮釋和認知可能具有主導力量，但無疑地是肯定現象本身具有內在實存而獨立於行動者之意識外的本質。在此前題下，對於結構的探討，很自然地就著重於此一假定之內在實存的本質的認定上。Piaget（1971）的結構觀即在此哲學脈絡下運生。因為此一結構觀頗能代表以往社會學中對結構的看法，我們就以Piaget 的說法來當做討論的起點。

根據 Piaget（1971）的看法，任何的結構，不論是物理、生理、心理、或社會現象，都具備三個基本的性質：(1) **整體性**（wholeness），即任何既成結構都具有獨立整體的性質，乃與其部份之性質不同。(2) **轉移性**（transformation），意即任何既成結構的已組成體（structured）都可能有轉變成新組成體（structuring）的可能。(3) **自我調整性**（self-regulation），即任何既成結構都具有自圓與維續（closure and maintenance）的性質。韻律（rhythm）、規則（regulation）、與運作（operation），乃支配自我調整的三大基本機制（mechanism）。

認為任何的結構實體（如家庭、學校）具有整體性，基本上可以說是定義的問題。換句話說，一個結構實體所以具有被認定的完整性，事實上只是人們根據其經驗，就實際體現之種種現象表徵，加以選擇的組

---

❷ 參看 Giddens(1974) Radnitzky(1968) Schutz(1967;1973)

合而描述出來的。譬如，社會學家認爲一個關係若具備 (1) 反應是對整個人而不是部份，(2)溝通是深而親密，和(3)所給予個人的滿足是全面的，則稱之爲初級關係（primary relation）（Broom & Selznick 1973: 132-134）。 現在暫且不管這個定義是否與實際社會事實吻合，也不去理會定義是否清晰明確，所謂 '初級關係' 無疑的是爲上述的特性所界範。因此，如何選擇標準來加以界定，事實上卽已說明了現象是什麼，同時也涵蘊它具有整體不可分割的意義，因爲儘管定義可能不清楚，指涉可能不切實際，內涵也可能不够周延，一旦把定義界定下來，概念所指涉的就有了特定的範疇。就拿上述之 '初級關係' 的定義來說，所列三個條件可能不够周延，不足以涵蓋 '初級關係' 所應具備的性質，而且使用的概念也可能不够清晰，但是，一旦接受了這個定義之後，我們將發現此三條件缺一不可，否則就不足以說是 '初級關係' 了。

　　上面的論證，說明了何以認爲 Piaget 所謂結構的第一性質——整體性，事實上只是定義的問題。很明顯的，旣然是定義，其涵義自然就不能再分割，因爲一分割，定義的內涵也就必須有所變更。 因此， 如 Piaget 所說的，任何旣成結構都有其獨立整體的性質，乃與其部份之性質不同的。 由此我們衍生一個概念，卽: 部份的性質與整體的性質之間是不可轉換的，但是部份之性質改變了，卻可影響整體的性質，也就是說， 此時整體的性質就會改變了。認識到整體與部份之間具有這樣的關係，可以追溯至完形心理學（Gestalt Psychology）有關人類知覺的研究。在此， 讓我們用一個例子來說明。 在一個嚴寒的冬天， 有一個外鄉人由村子的東邊騎馬而來， 他看到一個旅店， 思量不妨在此投宿一夜。於是，他把馬栓在旅店前，人就進去了。旅店中的人都不自主地投以奇異的眼光，有個人問他從何處來，他說從東邊來。這一回答，使得當時店裏的人都呆住了，因爲東邊有一條大河擋著，平時水深且流急，

因此縱然結冰，村裏的人也不敢吊以輕心地從河面走過。這個外鄉人卻斗膽走過，而安然無恙，對這個村子的人來說，這無疑的是奇蹟，難怪他們會驚訝！這個故事裏涵蘊著一個重要的現象，卽河水結了冰，使原來的空間結構改變了。對村子裏的人來說，他們還可以憑過去的經驗，明白何處是河，何處是陸地。因此，雖然河水結了冰，但在他們的認知體系中還可以保持恆定性，而沒有改變原有的空間結構形象。但是，對陌生人而言，由於他對此地之地理環境毫無所知，河水一旦結了冰，則水與陸分不清，他從東邊來，所看到的是一片白茫茫的平地，也就是說，在他的主觀認知中，他所看到的空間結構是一片平地，而不是有河又有地。因此，撇開過去經驗的作用不談，結冰改變了部份（河）的表象，此一部份的改變也因而改變了整體的表象。

這個例子說明了一個現象，那就是：雖然任何結構之整體性不能化約爲部份，但整體所具的性質卻可以界範部份的意義，如上述例子中的村人都明白河流阻碍了從東邊來的交通卽是一例。但是，反過來，部份的改變卻能改變整體的性質意義。因此，在結構變遷過程中，與整體相比較，部份具有優先的決定性。Althusser（1970）在詮釋 Marx 的理論時，卽已注意到這個性質。他認爲 Marx 之所以強調勞動力與價值的分析，基本上卽企圖從資本社會的部份來理解資本社會的整體。他乃捕捉社會整體中最具特色（尤其是具病症）的一個部份來當成解析的基礎，他稱此種方法爲症狀的沈默（symptomatic silence）。姑且不論 Althusser 詮釋 Marx 是否恰當，起碼他指出了部份與整體之間的這種特殊關係，而且更重要的，肯定了從部份來看整體是有認識論上的依據。我們所以在此特別引用 Althusser 提出部份與整體之間的關係，用意乃在於引出結構功能學派的觀點，以進而從事批判。現讓我們把此一問題暫時保留，先來對 Piaget 所提之第二性質，加以詮釋與批評。

就其涵義來看，Piaget 之第二性質說明了結構不是靜態，而是具有動態的意義。事實上，上述有關部份與整體之間的關係已蘊涵了 '轉變' 的可能性。大體而言，Piaget 此一轉移性的說明只是肯定結構具有轉變的可能，但卻並沒有指明轉變所具有的特質。此一特質的描述，還得從 Piaget 之第三性質來看，才得以彰顯。根據第三性質——自我調整性來看，結構本身具有自圓的調整能力，它乃循一相當定型的韻律與規則來運作。這種自延的調整現象是一種內部本身的 '均衡' 作用。其動力可以來自體系內部的衍變，也可以來自外來意外力量牽動所致❸，但終其過程，整個變遷還是在內部既有的結構型態的限定下來進行。這種觀點讓我們姑且稱之爲 '結構內在命定論'。就社會學傳統而言，此一結構命定論乃朝兩個方向發展。一是結構功能學派的共識觀。另一是衝突學派的衝突觀。

三、兩個不同之結構內在命定論的傳統

結構功能學派❹理解 '結構' 乃從其整體性下手。他們認爲，任何體系結構內部的部份元素之間都是互賴互動的，它們必然要互相調整，以

---

❸ 一向學者對 '外來意外力量' 的詮釋是採取客觀主義的態度，乃意指變遷之力量非衍生於體系結構所內涵者。循此定義，衍生於內部的 '創新' 亦可看成是內在的變遷，儘管其所帶來的變動可能是相當劇烈，而且產生根本性質上的變遷。因此，內衍性之變遷有兩動力來源，一是內涵於既有之結構體系的運作規律所衍生的邏輯推演結果，如一向社會學者討論現代社會所指出的 '分化'。另一是雖非自然衍生的邏輯推演結果，但卻是由內部而生的，如上述之創新。此一後者，學者認爲，雖無法由既有體系之性質的邏輯推演出來，但卻是可以由內部的性質延伸解釋得來，推其終極，還是可以歸納是內部因素作用使然的，如把創新解釋成爲非凡人格的創造品即是一例。就此定義，外來意外力量所指是狹義的，乃專指來自體系之外者，如清末以來入侵中國之西方力量即是一例。

❹ 乃指以 Parsons 爲代表的學派。由於此派之著作已爲社會學界共知，在此就不引介了。

維持其整體來完成共同目標。準此，絕大多數的結構功能論者均承認任
何結構都會改變，其不同於其他論點的是：結構功能派主張變遷是有一
定規律，它乃循着一定軌跡而運作，分化是其中最爲突顯的變遷軌跡（
Parsons 1961）。基本上他們主張分化是結構內衍性的動態轉移力量。
職是之故，結構的變遷本質上是內在命定的，而變遷的目的是整合（
integration）與均衡（equilibrium）。但是，何謂整合？又何謂均衡
呢？Parsons（1951：36f）有一段話最能代表此派的看法。他說：'整合的
概念有雙重的指涉：(a)乃指體系中之成份間具相容性（compatibility），
因此在均衡狀態達成之前，變遷並非必需的（not necessitated），和
(b)乃指在相對於外在環境下，一個體系在其範疇內對其特性的條件的維
繫。整合可以是相對於一個動態均衡，卽體系有秩序的變遷過程，也可
以是一個靜態均衡。'至於均衡，Parsons（1961）亦有一段話可以用來代
表其基本立場。他說：'穩定均衡的概念乃涵蘊，經由整合機制（me-
chanisms），內衍性之變化（endogenous variations），在可與維繫主結
構之模式相互並容的範圍內維持作用。同時，經由調適機制（adaptive
mechanisms），體系與環境間之關係的波動乃保持在一定可容忍的範圍
內。假如我們從慣性原則的角度來看穩定均衡的內涵，則問題所處理的
是如何從具相當幅度之干擾中，修潤此一穩定狀態，以克服具穩定或均
衡作用的力量或機制。一旦一個具有可達致此一標準的干擾呈現，則問
題卽爲如何透過體系以追踪其效果，和在可預測（或回溯地處理）新穩
定狀態下，定義其條件。'（引自Etzioni & Etzioni 1964：87-88）❺

---

❺ Parsons 之均衡概念，乃源 Cannon（1939）有關人體生理狀態之平衡
（homeostasis）理論，如體溫之恒定。誠如 Buckley（1967：15）所指
出，由描述有關有機體系之均衡狀態的概念，跳越到社會體系中各單元間
之結構關係，很容易犯了過度簡化的毛病。這是 Parsons 理論爲人詬病的
重點，Merton（1968）之結構功能觀卽力圖避開這種過度簡化而且不適
當的比擬。

　　從以上簡單的敍述中，我們可以發現，Parsons 所力圖努力的工作是為社會變遷之所以發生和進行尋找一個指涉點。這種努力是可以同情，同時也是正確的。但是，問題就出自於此一指涉點為何，這也是我們所關心的基本問題。很明顯的，因為 Parsons(1937)一開始即把 Hobbes 之有關社會秩序的問題當成是重要的主題，而且更重要的，以體系中之成份的'相容性'當成是社會秩序所以能形成而且維繫的前題假設，因此以 Parsons 為首的結構功能學派一直就具有保守的性格 (Gouldner 1970)。在肯定相容性是絕對必要的前題下，社會體系在一定界範內維繫其既有的狀態乃成為整合與均衡的基本內涵，儘管整合和均衡的確實狀態並未能很明確地標示出來。同時，由於他們認為結構本身具有自我調整的能力，調整的本質為何，遂成為關鍵的問題。對 Parsons 而言，一個體系具有自我調整的能力才是穩定，而所謂穩定，其含義有三：(1) 它乃指規範模式 (normative pattern) 本身的穩定。(2) 穩定乃意含行動單元有最起碼的認同 (commitment)的水準，也就是說，它可以根據有關之期望來完成行動，並且運用有關之義務規則來約束單元之間的互動。(3) 穩定乃必須制度化，而制度化則意含接受某種具經驗意味且相互可瞭解的情境定義 (definition of the situation)，並以此來瞭解所指涉之體系是什麼 (Parsons 1961, 引自 Etzioni and Etzioni 1964:87)。此三涵義很明白地意含着：社會既有制度化之共同規範與價值，乃使社會（或體系）在變遷中，能够保持穩定之自我調整的基本動力。社會（或體系）中之各部份，即在此一共同規範和價值的約束下，具有相容互包性，相互之間是可以協調而均衡的。涵蘊此一概念的最佳例子即 Parsons (1943; 1961) 有名之 AGIL 四社會次體系的理論。

　　總之，在上述的基設下，肯定對既有具優勢之制度化規範和價值產生共識，是可以理解的推演結果。因此如何對規範和價值產生共識，遂

成爲探討結構的核心問題。撇開此一問題不談，肯定社會體系之成員間具相容性與共識之必然性，很自然地帶上了目的論的色彩。此一社會目的論即內涵在整合與均衡的概念之內，意卽認爲社會體系有朝向整合性與調適性的均衡狀態發展的趨勢。此一目的論往前推演，卽產生整體重於部份的認識論，Piaget 有關結構的第一性質，卽在結構功能論的理論體系中，得到如此的衍生詮釋。整合是指部份對整體的，調適則是指整體對外在環境的，而均衡則包含此二層意義的，但基本上都是以具上述之目的論意味的‘整體’，爲衍發概念的出發點。

在西方社會學的傳統中，除了上述主張以‘共識’當成結構性之限制 (constraint) 的內在命定論外，尚有主張‘衝突’乃結構性之約制力的內在命定論。他們主張社會的本質是衝突的，社會秩序所以能够建立，不在於無條件的共識，而是仰賴人與人之間具有強制性的協作(imperatively co-ordinated）的緣故（Weber 1968）。Giddens (1976) 稱前一主張的社會具‘共識性’的秩序（order through consensus），而後者之社會具‘衝突性’的秩序（order through conflict）。此一後者的最佳例子爲 Marx 的理論。

根據 Marx 的意思，社會的運作本質上是內涵在既有的結構之中，既有的結構型態註定了社會運作的方向和方式。考究人類社會中之種種人際關係結構或制度，其型態與變遷的方向，乃繫於生產關係與生產力型態之上❻。就拿資本社會來說，體現在勞資之間的生產關係模式已註定了社會中其他制度的體現型態。由於在生產過程中，資本家一直是居優勢地位，他們不但控制了生產品和生產工具，而且整個宗敎、政府、藝術、與道德也都是基於維續他們的利益或表現他們的特殊風恪而建構的。換句話說，Marx 以爲，資本社會的生產結構已命定了勞資雙方在

---

❻ 關於此一命題之哲學基礎可參看 Marx(1963) 或 Plamenatz (1975)。

社會中所具有的決定潛力，也決定了整個資本社會的上層結構。更進一步地，資本社會的生產模式，不但命定了勞資雙方的利益是具有衝突的潛勢，而且也肯定了衝突的型式。因此，階級鬥爭必然要產生，最後將導引無產階級專政，乃至共產社會的來臨。對 Marx 而言，這一系列的演生都內涵在資本社會既有的生產結構之中，乃是不可避免的發展結果[7]。

上述馬克思信徒的結構內在命定論，可由晚近馬克思思想的詮釋者，法國學者 Althusser (1970: 180) 的一段話來加以驗證和澄清。他說：

> 生產關係的結構決定了從事生產者所可能佔有及採用的位置與功能。只要他們是這些功能的支持者 (Träger)，則他們只不過是這些位置的佔有者。因此，眞正的主體（subjects）（乃指過程中組成之主體）不是這些佔有者或職掌者。同時，不管全部呈現與否，也不是明明顯顯旣有的樸眞人類學 (naïve anthropology)：具體的個體，或眞實的人，而是這些位置和功能的定義和分配。因此，眞正的主體是這些定義者與分配者，那就是生產關係（和政治、意識型態和社會關係）。

嚴格地來說，生產（或其他）關係本身並不是社會中具有直接行動能力的主體者，然而它卻如何在分析上具有不可抹殺的地位呢？Althusser 認爲，關係本身所具特定的分配結構，已明白地把其中包含進去的主體者 (agents) 與客體 (objects) 都勾勒出來，因此關係本身已足夠當成理解社會結構的分析單元了。換句話說，個體只不過是社會操作結構的效果而已，他對社會結構的變遷起不了承先啓後的工作。這種觀點

---

[7] Lukacs (1971) 是此一說法的最佳詮釋者。他對 Marx 之階級意識的演生的歷史條件有很清楚的闡述。近年來，Matza (1980) 則對此一說法提出異議，認爲 Marx 此一 '命定' 客觀論的傳統頗值商榷。

也見於英國的結構派學者 Poulantzas（1973）的論述中。他說："生產參與者，譬如工人與資本家——工資勞力與資本的人格化物，在 Marx 眼中，乃只不過是結構綜合體的支持或持有者。…因而，所有的事情乃在，把社會階級看成有如是他們的關係和結構綜合體交互運作下而產生的，先是經濟層面，次為政治層面，而再次為意識型態層面"。(pp.62-63)

　　從他們關照的角度來看，馬克思主義傳統的結構論者與結構功能論者是有不同。大體而言，後者一向偏重於結構的靜態解析，因此強調不同結構類型的羅列與比較，或尋找不同結構層面之間的關係。倘若論及結構的動態變遷，他們的重點也往往是在接受演化的觀點下❽，進行分析不同發展階段的結構類型的特徵，而對演化流程的細節分析則往往棄而不顧。譬如，Durkheim（1933）把社會分成機械聯帶與有機聯帶兩型；Tönnies（1957）把社會分成社區社會與結社社會；Parsons（1966）曾在"社會"一書，把社會分成原始社會（primitive society）、前進原始社會（advanced primitive society）、古代社會（archaic society）、和中古帝國（intermediate empires）。在此傳統下，社會學者所做的分析工作，只在於比較不同類型社會，在他們所謂之"結構"上的差異。其中，如上已一再提及的分化的型態和程度，常被視為是用來分類的基礎。至於何以有類型的轉變，則往往不加論及❾。這種類型性的比較與橫斷面式（cross-sectional type）的結構關係分析，一直就成為美國社

---

　❽　關於結構功能論者之演化觀，參看 Parsons(1966) 或 Eisenstadt(1973)，有關對演化論之批判，則參看 Nisbet（1968）或 Smith（1973）。

　❾　個人認為其所以以如此觀點來看結構的動態變遷，可能理由如下：(1) 深受生物學中之分類學及 Comte 之階段觀的影響。基本上，他們所持之分類乃屬建構類型（constructive typology）的意義（參看 Mckinney 1966），而缺乏 Weber (1968) 之理想型（ideal type）所涵蓋之歷史觀與瀞選性依屬（elective affinity）的因果觀念。(3) 把社會變遷視為猶如生物演化的自然過程。既是自然過程，就不再仔細去探究其變遷之因果問題，重要的應當是變遷的方向的特性了。

會學的主流。就拿 1974 年八月間在加拿大蒙特律（Montreal）召開之第六十九屆美國社會學會年會來說，該年大會卽以"社會結構"爲主題。於是次大會之主旨說明中，就有這麼一段話：

　　　　學者已從許多不同的方向來改善對社會結構及其動態的瞭解。他們把注意力集中在許多不同的問題上，包含了：階級結構及其對歷史發展的意義；社會結構中逐漸分化的演化過程；結構變遷的辯證結果；分工及其對互賴與衝突的結果；使社會關係具形之聯繫形式；制度化次體系之結構功能分析；有助於澄清社會結構之動態的地位組及角色組的研究；偏差和叛離之結構根源；環境、人口及社會結構的相互關係；孕生於面對面之互動的微視結構；社會實體的建構；親屬與迷思（myths）的結構分析。

　　　　社會生活中的任何事均可從社會結構或社會心理的觀點來看。不管所探之取向爲何，結構的方式並不用來解釋個體行爲，而是用來探討羣與羣及個體與個體間之關係的結構，而此結構乃表現於行爲之中。因此，我們極終的目標乃是借用這種社會學的解釋來增進對社會、社會變遷如何發生、和它何以會發生等問題的知識。（以上引自 Blau 1975:2）

從這一段話語中，我們很明白地可以看出上列的特性了。

至於 Marx 傳統下的結構論，則偏重於結構變遷的內在動力問題。撇開其主張以生產下層結構爲基線來討探社會的論點是否正確的問題不說，其著眼點乃在於 Piaget 所謂之轉移性的效果的解析上❿。根據馬克思主義者的看法，結構具再生長的辯證特質，此一辯證的能力則內衍於

---

❿　尤指 Marx 之研究重點並未必在於資本社會"轉移"的過程本身，而是社會轉移至資本社會的條件（如剩餘價值的存在），尤其是所具有之社會效果（society effect）與知識效果（knowledge effect）（如產生拜物主義和階級剝削）。關於此一論點，參看 Althusser(1970:66)。

結構本身；若用 Piaget 的概念來說，即具自我調整的作用。因此，單就對結構特質的理解系絡來看，結構功能論者與馬克思主義者，雖有不同的強調重點，但卻一樣地主張結構內部本身具有命定其變遷方向的性質，此一性質可以獨立於人的意識與能力之外的。

四、結構之動態性的主導力—「意識」的分析地位

從上一節的概述中，我們可以看出，在西方社會學的傳統裏，結構一直被看成是具自生力的既定社會事實，它本身具有自我辯證（因此自我調整）的能力。在一個由人所組成的社會中，社會結構如何能夠超越人所具有的獨立意識，和人羣所形成的集體意識，而產生自主力，無疑的是相當重要的問題。一向，學者們忽視了結構與意識之間可能具有的複雜關係，探取了如 Martindale (1960) 所謂的唯社會學的客觀主義態度來理解人類的社會。如此的忽視意識在社會結構之形成、發展、與運作過程中的地位，是一件相當遺憾的事。學者所以會如此，推其淵源，實難與 Durkheim (1933) 的主張脫離干係。

Durkheim 有一句名言，謂 '社會先於個人' (society is prior to individual)。根據這句話的涵義，社會不但是先於個人而存在，而且也是無所不在，無所不能地決定個人的行為。Durkheim 即基此前題，轉而強調道德規範的重要性。它對維繫社會秩序具有絕對重要的影響。集體意識對形成與維持社會體系也因此是必需的。簡單來說，把結構看成是具內在命定力量的 '客觀' 事實，乃是 Durkheim 主張 '社會先於個人' 的一轉型表現，也可以看成是集體意識在社會中長期運作後，能夠產生社會效果的必然過程。此一過程本質上必須具備 Lévi-Strauss 所

謂的 '潛意識化' 的條件。關於這樣的論點，在前文討論 Piaget 之論點時，我們已提到了。現在讓我們就此問題，從潛意識化過程，尤其從實際參與之行動者本身的社會化過程來加以討論。藉此，我們企圖在理解社會結構的理路中，重新對 '意識' 的解析地位加以定位。

首先，我們要指出，在 Durkheim 之唯社會學論的客觀主義傳統下，很單純地把社會結構看成是一種已具潛意識意義之獨立社會形式或力量，是不完整的見解。結構要能獨立於個體意識而具形展現，尤其要變成一股自主的力量，潛意識化是絕對必要的社會化過程。但是，其所以能夠形成為獨立自主的社會形態，尤其是經由集體意識的形成而發揮成為一股社會力量，是一段相當複雜的社會過程，而絕不是 '潛意識化' 此一單一步驟可解釋週全的。大體而言，它乃包含三個階段的社會化過程。此三個階段分別為：(1) **無意識** （nonconsciousness）、(2) **意識化** （conscienization）、和 (3) **潛意識化** （subconscienization）。因此，就整個過程而言，潛意識化只是其中一個步驟而已。

理論上來說，一個社會的新成員，尤其是新生的嬰兒成員，一開始對社會既有的優勢規範、價值、和行為模式，可以說是處於無意識的狀態。固然他們未必如 Locke 所主張的，是一張白紙，他們對社會中已具有的優勢集體意識（假若的確有此意識的話），起先可以說是毫無知覺的。但是，一旦成為社會成員之後，社會中的優勢份子（如家庭中的父母、學校中的教師、部落中的巫師與酋長、教會中的教士、政府中的執法者……），會以種種方式，要求新成員學習一套為他們所認定的規範、價值、與行為模式，而使之成為新份子的社會意識的一部份。這一過程即一向西方學者所謂的社會化 （socialization）。這種由無意識轉變成為意識的過程本質上是一種學習的過程。在此一 '學習' 的過程中，人們被要求對一些優勢社會文化產品從事認知上的區辨、分類、與概化的

工作。利用報酬來增強行為是這一段社會化過程最大的特色,其特徵卻使人們保持高度的意識醒覺,以保證他們的意識內容是合乎優勢成員所界定的要求。因此,這個過程也可以說是一種烙印的過程。

但是, 上述這種規範、 價值、 和行為由無意識轉至意識的烙印過程, 說來只是整個社會化的一部份。此一段意識化的過程只是前奏,社會化應當有另一種轉折。此一轉折卽是: 使用種種不同的策略, 透過種種不同的管道, 使已形成為意識的社會成果, 逐漸潛沈入潛意識之中, 這是社會化的潛意識化階段。使用 Berger & Luckmann (1966) 所謂的實在之維持 (reality maintenance) 來說, 這種潛意識化的過程是絕對必要的。設想一個人在日常生活中, 若必須對其所行所為之點點滴滴具備高度的意識作用, 則勢必難以應付那麼繁多而又複雜的事務, 更難以與人們順利產生溝通。人類之間溝通所以能够順利進行而不滯凝, 有一個重要的決定因素, 那就是: 人們之間已具備有一些共同認定的行為模式和認知體系。這些共同的東西, 或用 Schutz (1973) 的名辭, 可稱之為共同的知識儲存 (common stock of knowledge) 。 它乃人們長久學習後, 視為當然而習慣的東西。語言的學習卽是一個明例。當一個人告訴另外一人說: '請你把那枝筆遞給我', 只要這一個另外的人聽力正常, 而且也是中國人的話, 他聽到了, 一定不必要再耗費時間和精力, 對這句話從事具高度意識的語義解析。在正常的情況下, 他會很快的有所反應, 或者是立刻把那枝筆遞過去、或者說: '對不起, 我辦不到'、或者說, '你自己不會拿'。換句話說, 不管他做什麼反應, 在類似如此的日常溝通中, 我們發現, 人們之間已具備有一些共同而且已相當具潛意識化的溝通媒體。正因為人類之間有這種潛意識化的媒體, 溝通起來才不會那麼吃力, 也才不必在每次溝通時, 必須重新從事語義與情境的意識分析。總之, 這種由意識轉為潛意識的社會化過程, 是一種類似舖

軌式的路徑化 (routinization) 程序，它具有精簡繁複之認知過程的作用，乃人類社會化常見的過程，俗語說的 '習慣成自然' 即是此一路徑化的最佳寫照。人經過這一道手續之後，社會成員之間就可以很順利地在某個層面的溝通關係中，建立起某個程度❶的共識狀態，彼此之間有了一些視爲當然之自然行爲模式，社會規範也因此得以建立。然而，往往由於文化背景、社會階層、區位、教育水準、智力……等等的不同，不同成員之此一路徑化並不是絕對完整的。正因爲如此，人與人之間是可以溝通，但也有溝通的障礙，因而產生了誤解與扭曲意義的情形，人類許多紛端就因此產生。

　　總地來說，Durkheim 的集體意識，若加以如上的詮釋和延展，則與 Levi Strauss 的結構 '潛意識' 性，在意義上相關聯。集體意識能够形成的過程，事實上即說明了潛意識化之規範、信仰、或價值是必要先存在的。從這個角度來看，我們可以說，假若結構（當然指某種特定結構，如核心家庭的型態）具有內在命定的優先決定力，其動力乃來自集體意識之潛意識路徑化的作用結果。因此，此種潛意識的路徑化作用是否能够完備，即成爲判準結構是否具有完整之自主力的基本條件了。大體而言，倘若路徑化之作用完整具備，則結構自主性高，否則的話，自主性則低。以往之結構功能學派的結構自主 (structural autonomy) 的概念，即缺乏對此一形成過程有所認識，致使其理論未能周延。在此，對此一問題，我們暫時擱置不談。總之，此一命題乃本文檢討 '結構' 的起點。在進一步討論此一命題之前，讓我們先就一些西方社會學者的論點，來討論 '結構' 的定義。

---

❶　在此我們使用"某個程度"，乃涵蘊著人與人之間的溝通尚有隔閡的情形發生。任何的溝通都不可能達到完全的瞭解，也不可能具有完全的共識。

五、結構是一種過程性的結果體現

從上面對結構的討論，我們可以抽離出一個共同的內涵來，即把結構當成是力量（force）來看待。若此，結構遂成為一種解釋社會現象的方式（Giddens 1976:346）。但是，從過程的角度來看，結構若要成為一種力量，還得看成是一種有過程意味的結果體現。因此它可是一個具有主導意義之產生的動力力量，也可以看成是人際互動下的體現型態。此一後者的性質，是我們在此要特別加以強調的。事實上，在上面的討論中，我們已觸及到這個角度的討論了（如 Piaget），只是我們有意偏重‘結構是力量’的角度來看問題而已。

其實，美國的社會學者，對於結構的探討，早即以過程及體現的型態為著眼點。譬如，Blau（1975）在討論有關社會結構之不同研究方向的一書中，曾綜合許多學者的意見，提出一個基本的看法。他說：‘社會結構乃指涉在社會生活中可辨認的模型，可觀察的規則，可檢驗的具型（configuration）。但是，在人類經驗的泥濘中，一個人可辨認的模型和形狀的本質往往因個人之觀點而不同’。（Blau 1975:3）。後來，於另外文章中，他復謂：‘社會結構可以狹義地界定是指涉不同社會位置中，一羣人的分配。它反映而且也影響這些人之間的關係。因此，論及社會結構即論及人與人間之分化’。（Blau 1977:28）就此觀點來說，結構因此乃指在分化的情形下，人與人間所形成的關係模式。這種關係模式，若用 Merton（1968: 422-438）的術語來說，可以是由角色組（role sets）或地位組（status-sets）所組成，而體現在人際網絡中的具型。人與人間之關係所以能形成，乃至維持，則認為是有賴一套合法性規範和價值之制度化體系來約制人的行為（Parsons 1975:97-104）。如

Lipset (1975:172) 所說的：'社會結構的基本核心，也是所有不同形式之社會學分析的基礎，可用來驗證在社會學中一向對靜態所持有的形像。所謂靜態，許多社會學家拿來指涉一個體系中部份之間穩定的相互關係，如夫妻或僱佣間的關係'。'基本上，當我們說社羣或體系有一組織或結構，我們乃指涉標準化的規範模式、權利、行為規則、與類似的東西。其結果，社會學分析的核心乃是有關規範及存於個體心中對行為之期望模式。職是之故，社會學家所考慮的是那些所有可能與維持或破壞規範有關的東西。它包含偏差、創新、和反叛現象在內'。(p. 173)

以上是以往（尤其 1970 年代以前）美國社會學者把社會結構看成是過程性之結果體現模型的典型解說方式。在這樣的觀點傳統中，我們看到 Durkheim 式之社會先決論的歷史陰影。社會結構被看成是一套既存規範及價值所界範下的靜態關係體系，分析社會結構最主要的內容就是這些規範與價值和由它們所織成的網絡型態。當然，他們也注意到社會結構有變遷的情形，而且內部也有衝突的現象存在。對於類此一向稱為動態的現象，以往學者們似乎有意把它看成只不過是社會已結構化之可選項目 (socially structured alternatives) 間的選擇與不同組合而已。Merton (1968, 1975) 即是一例。因此，不管變遷或衝突與否，社會結構似乎是一個自圓的分析主體。抽象概念化的結構元素，如規範、角色、地位、或文化模式等具文化標準化之項目 (culturally standardized items) 間的關係模式，即成為解釋社會結構之靜態和動態現象的最後決定體 (Merton 1968; Stinchcombe 1975)。

Bottomore (1975) 不同於上述的社會學家，他不把社會結構看成是一個固定的靜止狀態，或無休止不具形式的事件的流動。他受法國社會學家 Gurvitch 的影響，認為社會結構乃是包含破壞與重構（desructuration and restructuration）的永恒運動過程。因此，如現象社

會學（Zaner 1973）⑫所強調，社會結構乃生活和思考於特定時空介體下之人們所創造和再創造的社會。或用 Gurvitch 的話：'社會結構是文化活動的創造者，同時也是創造品'。（引自 Bottomore 1975: 160）Bottomore 此一有關結構的概念，本質上可以說是一種辯證式的'過程'定義，與上述的靜態模型觀是不一樣的。從辯證的過程來關照社會結構，無疑的是認識論上的突破，具有嶄新的意義。一方面，這樣子所理解的社會結構，尚可保持原先對靜態網絡模型從事橫剖式分析時對內容的關照形式；另一方面，它可以避免傳統靜態橫剖式分析處理'變遷'時的缺點。一向把社會結構看成是人際網絡關係之組合的靜態觀，當處理不可避免的變遷問題時，其討論往往是探演化的觀點，著重不同發展階段之結構型態特徵的描述與排比，而對演化之過程分析則往往以一些相當籠統的概念──如分化（Durkheim 和 Parsons 即是例子）帶過去，或置而不顧。若如 Bottomore 把社會結構看成是一個'破壞──重構'的不斷連續過程，無疑的必然要探究促成此種連續過程產生的必要元素。

事實上，在結構功能觀旗幟下的社會學者，也並非全不考慮到結構所具此一動態的過程。只是，他們的關照深具自然科學模式之客觀主義的思維習慣，認為此一動態的變遷動源乃來自結構內部本身；換句話說，他們持有 Piaget 所認定的結構觀，認為結構是完形的，具有自我調整的轉移性格。這也正是何以如 Lévi-Strauss 之理論所內涵的，認為結構所具有的力量本質上是潛意識的。在此，我們要聲明，Lévi-

---

⑫ 從其所關照問題的方式來看，現象社會學所著重的與結構功能論者無異，乃是人類社會生活的結構形式。惟其不同者，乃現象社會學所關照的是日常生活中微視的層面；或說乃日常生活中，宇宙觀（Weltanschuung）的結構衍生和動態問題（參看 Zaner 1973; Schutz 1967, 1973; Berger & Luckmann 1966）。因此，撇開微視與巨視之區分不談，現象社會學與結構的討論有雷同之處。

Strauss 此一結構的潛意識性並不是不可接受，而是必須再加以詮釋。在前面，我們已於討論此一潛意識與 Durkheim 之集體意識的關係時，略加提及其所具有之特性了。關於此一特性，我們會在下文中再詳加敍述，因爲這是整個問題的關鍵點。只是，爲了使得我們的討論有較妥貼的聯貫，我們暫時撇開在一旁，先簡要地來敍述一下代表主流派的西方學者是怎麼地看這個問題。

誠如 Bottomore (1975) 所說的，'社會從一個形式明顯地轉變到另一形式，應當從該特殊社會結構本身內所具之壓力或"條件"的結果來尋求解釋'。(p. 165) 基於這樣的認知基礎，研究社會結構是必須關照實際的歷史事件與過程的。這樣的歷史觀點'並不只賴一個結構所展露的潛意識邏輯，同時應當考慮在其所面對的特有歷史情境中，表諸於個體或集體上人們所具意識性之價值喜好、選擇、和決定'。(p. 169) [13]
Bottomore 這一段話用來勾勒主流派之結構動態觀是最恰當不過了。總歸一句話，即使他們承認結構不是靜止狀態，也不是均衡狀態 (equilibrium)，而是包含有衝突、偏差、與創新之可能的動態過程，在理念上，他們尚保持有非歷史性之結構內在命定的變遷觀。說來，這是代表主流之結構論的基本精神，甚至連強調歷史論，極力抨擊結構論之 Bottomore 亦難以避免。

在主流派中，最能代表結構動態觀的學者可以說是 Merton。Merton (1968)早在其巨著'社會理論與社會結構' (*Social Theory and Social Structure*) 即已明白地呈顯了結構內在命定的動態觀。一個最好的寫

---

[13] Bottomore 因此特別強調 Marx 所提之生產關係與生產力在探討社會結構變遷過程中的重要性。但很遺憾的，他卻與前述的學者一般，也與傳統馬克思學派一樣，玩弄概念與語言遊戲，再度陷入結構內在決定論的窠臼，把變遷動力歸諸於生產下層結構的先決影響作用。

照,也是 Merton (1975: 34) 本人後來自己引用的,是 Stinchocombe (1975)的一段話。他說:'被認為是社會結構之主體的核心過程是對"社會已結構化之可選項目"的選擇。此一選擇乃不同於把可選項目視為具有內在效益(inherent utility)的經濟理論的選擇過程。它也不同於把可選項目看成是具有引發增強或消除刺激的學習理論的過程。它所不同於二者的乃在於……把某一具可選性之選擇的效益或增強看成是社會既定的且是制度化秩序的一部份。'這一段話很明白地指出了 Merton 之結構動態觀的核心思想,即社會結構的變遷,不管是怎麼地進行,乃是在具有限性之可選擇的既定型式下做不同的組合。其關鍵點在於'分化'現象的存在。社會分化使得社會中的規範結構並不是完全一致,社會中常可看到一些不同甚至對立的期望與價值,社會角色之中也時時充滿着'規範與反規範的動態交替作用'。因此,我們常可在科層體、醫界、或科學界中看到'社會學的模擬矛盾'(sociological ambivalence)的存在(Merton & Barker 1963; Merton 1973, 第十八章; Merton 1976)。由於角色、規範、價值等等的分化,社會中權威、權力、影響和聲望的分配遂形成了社會控制的結構。在歷史中,此一結構隨著人們在階層中所居位置之分殊而產生了'優機與劣機累積'(accumulation of advantage and disadvantage)❹的過程,此一過程即帶動了變遷(Merton 1975: 35)。其結果使得在人的社會中,地位、階層、組織、或社區之間產生互依互賴的組合。在此組合之中,價值與利益可能共享,但也可能互相衝突。尤其,由於社會中角色分化,使得依附在社會資源(resources)上的利益與價值也因而產生具特定社會模型化之分化(socially

---

❹ 意即在不同的歷史條件下,人類在社會中所持有決定存在契機之社會力不一樣,因此在社會階層中居不同位置的人,其生存機會也往往不一樣,而遂有權勢優勢的累積現象。此種累積將決定一個人控制力之大小。參看 Merton (1973: 439-59)。

patterned differentiation)，這種分化卽導致衝突產生的來源 (Merton 1971: 796-797)。職是之故，社會結構本身具有引發不同速率之偏差行為的契機，而行為偏差的程度則端賴個人所具文化引動性的期望（culturally induced personal aspirations）與此人在整個機會結構中所有可能具模型之分化模式內 (patterned differential)，所能掌握使其期望實現的制度化手段之間的分歧程度。 (Merton 1968: 185-248; 1971: 793-846)

總之，在 Merton 的眼中，社會結構內涵著分化必然要存在。分化產生，則社會也就必然有了結構化的可選項目，這些項目之間隨之有衝突的潛勢。因而，社會結構本身就具有引發結構內部部份變遷和整個結構變遷的力量 (Merton 1975: 35-36)。大體而言，此一力量的動源有二。其一如 Coser (1975) 所說的，乃來自客觀之社會位置的不同；易言之，角色與地位的分化，使得衝突與變遷得以產生。其二則如 Lipset (1975)所持的，乃來自社會規範和價值的互相矛盾。現在，不管其動力為何，也不管其所界定的結構為何，'他們都把分析限於社會現象本身，而把社會變遷看成是源於社會結構'。 (Blau 1975: 16) 總之，儘管這些學者已點出了社會結構動態層面的涵義，但是，基本上，他們仍然保持相當濃厚涂爾幹式（Durkhemian）的主張，以為社會結構的變遷乃來自於結構本身所具的內在因素。這種結構內在命定觀帶有悲觀的色彩，因為既然結構本身內涵有變遷的根源，而且變遷的方向也多少取決於結構已具有的特質，那麼，生存在既定結構下的人們，幾乎已無改造和更新社會的可能了。這種論點用於馬克思主義者身上，也相當可以適用的。

六、結構的四元素——人、時、地與關係形式的組合

　　Bottomore 與 Nisbet (1978) 認為以上一路子發展下來的結構觀，具有三個特性，也可以說是三個缺失。其一是反人文性(anti-humanism)，其二是反歷史性(anti-historicism)，其三是反經驗性 (anti-empiricism)，反人文性乃意指，如上的結構觀基本上把個人或社羣的意識與目的行動排除於分析之外，而只停留在結構性之因果律 (structural causality) 的解釋上。如 Durkheim 所宣揚的以社會事實解釋另一社會事實，即企圖以抽象的結構概念來解釋另一抽象的結構概念。譬如，把分化當成解釋社會結構所以變遷（或產生衝突）的主因即是一例。至於反歷史性，雖然不同的學者有不同的意義 (Bottomore & Nisbet 1978: 592) ，但是大體來看，它內涵著一個意思，即人類社會都具有一共同普及的結構特徵，此一特徵乃內涵在結構內。只要此一基本特徵能够尋找出來，即可用在任何特定的歷史變遷中， 檢視其原因來， 而此原因乃具普遍性的。職是之故，以上討論的結構觀本質上即具此一非歷史性的意義。說來，這是西方社會學家潛意識中已具有我族中心主義作祟的結果。他們所關照的是歐美工業社會的歷史發展，並沒有認真地把亞非社會的發展背景納入考慮。再加以十九世紀以來的亞非社會在西化聲下，其發展模式已和西方之發展產生亦步亦趨的連繫。易言之，在西方文化的優勢壓力下，亞非社會的現在與歐美之過去，遠比與自己之過去，有更妥貼的銜接。這種歷史潮流無疑地助長了社會學者不去關照特殊歷史背景，而以演化的觀點來從事抽象的結構考慮，結構內在命定的變遷觀也因此而不知覺地被接納。我們在前面提及，結構內在命定論乃假定社會結構具

有潛意識的意義，否則結構本身如何可能不經由人的意識而產生自主的改變或調整作用。因此，如此的結構觀必然走上演繹邏輯的路子，他們建立一些基設，然後從此基設再演繹一些定理式的命題來。特殊歷史條件或個體與社羣的意識活動順理成章地並不認爲是主宰社會結構的主要動力，至少不是用來理解社會的主要理路。在這樣的理論架構與脈絡下，以上所述的結構觀本質上又是反經驗的。

傳統社會學者對結構的理解，尤其透過結構來解析社會，均以 '關係形式' 來做爲分析的關照點。但是，就人類社會關係的組成元素來看，人、時間、空間、與關係形式是四個重要的成份。企圖把人、時間、與空間的意義抽離掉，而僅保留關係形式來做爲瞭解人類社會的分析單元，無疑的是偏失的。關係形式當然是研究社會結構的重點，但是如上所述的，若除了把關係形式當成是一種體現結果外，尚把它視爲是一種社會力量，則把關係形式當成解釋現象結果及其變遷型態的唯一因，將是一件相當大膽而危險的嘗試，很可能把對社會的理解帶到偏差的路子上去。本質上，把關係形式當成唯一的因或果來考慮，是忽略了關係形式之形成與變遷的社會活動過程。它不但忽視了人本身具意識性的社會活動力，也否定了特定時（即歷史）與空（即文化）對社會現象的意義。這樣子來理解人類的社會可以說是過度客觀化的認知態度所作祟的結果。Mannheim (1956) 即一再強調，人本身才是變遷的眞正主宰者，而不是空洞的歷史 (p. 94) [15]，在此，就上文中所說的，"空洞的歷史"應換成是"空洞的結構"。他更進一步地說，人的主宰力往往並不是存在於孤立個體的心靈之內，而是社會人的知覺過程當中。同時，人類心靈的歷史乃表現社羣之間一再發生的緊張與妥協，因此對社會結構的理解

---

[15] 此處 Mannheim 之"歷史"，意含有本文中所謂的結構內在命定觀之結構的意思。

是不應當把'人'排除於外的。那麼，我們如何從'人'的角度來重新詮釋社會結構呢？這是我們所關心的問題。

　　傳統對結構的理解一直具有兩個明顯的態度。其中之一，我們已在前文中提及，即採自然科學之客觀主義的認知方式來從事社會現象的分析，其分析的重點在於以某一結構概念來解釋另一結構概念從而以建立結構的因果律。另一個特性可以用 Schutz (1973) 的語言來描述。根據 Schutz 的說法，一向對結構的分析乃屬一度的解釋（the first degree of interpretation）；也就是說，研究者就其既有的經驗和理論，直接描述其所欲表達的對象 (signified object) 與表意 (signified) 之間的結構關係，而不去理會在實際社會情境中之表意者（signifer）的主觀解說，也往往不去理會表意者之主觀解說在整個社會情境中所可能具有的意義。事實上，只要考慮到表意者，我們不難發現，對社會結構的研究，絕對是不能不關照到二度的解釋 (the second degree of interpretation)。這也就是說，研究者解釋社會現象時，應當關照到實際參予行動者如何解釋他們自己的行動和社會情境。表面上看來，雖然這二種解釋所面對的對象是相同的社會現象，但是一度解釋和二度解釋在瞭解上所具有的意義卻是不一樣的。套用人類學者 Pike 的概念來說明，一度解釋就有如文化客位研究 (etic)，而二度解釋則有如文化主位研究（emic）。若再換一個角度來說，一度解釋所提供的社會學知識基本上是反映我們在前文中提到的推論性意識，乃社會學家對社會所具有的一種特殊認知意識。這種認知意識，在日常生活中，不一定找得到的；也就是說，它乃常人所未必能理解的。二度解釋則不然，它不但具有推論性意識的意義，同時兼顧到實際參予於互動中之常人們所具有的實踐性意識 (Giddens 1979: 24)⑯。換句話說，二度解釋下的結構，若用'意識'

---

⑯　Garfinkel (1976) 所倡之俗民方法論亦持類似看法。只是 Garfinkel 從日常生活中的社會活動，尤其語言來解析結構問題，而本文所關照的則屬巨視的層面。

的眼光來看，乃是對實踐性意識從事推論性意識的重建工作，後者必須以前者為基礎，而且必然要關照到 '當事人' (agent) 的意識主動層面。倘若這樣的考慮是可行的話，則社會結構應當可以簡單地界定為：在人際互動過程中，反映當事人之不同主觀認知，而體現在觀念、規範和行動表現等層面的一種辯證關係的動態模型。在此定義下，我們可以關照到兩個層面的結構問題，一是當事人主觀認識的結構即 '主位' 的結構問題；另一是解釋者（如社會學家）的解釋性結構：即 '客位' 的結構問題。倘若套用 Giddens(1979) 的術語，則稱之為結構的雙元性(duality of structure)。

忽略結構之意義具有 '主位' 解釋的性質，而只從 '客位' 來從事詮釋，乃傳統之結構功能學派對結構之瞭解的最大缺點。事實上，從結構之雙元性來看，結構之意義的詮釋具有下列四種可能的 '主位' 與 '客位' 詮釋關係。（如表一）

表一：　結構之雙元詮釋的關係

	主位意義	客位意義
1. 主客意義隱藏未彰	—	—
2. 客位意義彰顯	—	＋
3. 主位意義彰顯	＋	—
4. 主客意義雙重彰顯	＋	＋

註：＋表示意義彰顯者
　　—表示意義未彰顯者

第一種情況是：當事人與解釋者（在此特指社會學者）雙方對某種結構均未有彰顯的意義體認。理論上來說，在此主客雙體之意義均未彰顯情形下，討論 '結構' 是毫無意義的，因為 '結構' 一概念內涵著，對某種互動關係具有可解釋的形式意義。一旦主客雙方均未有形成意義之可

能，則結構幾等於不存在。但是，從知識社會學的角度來看，這種狀況還是具有社會學上的意義，值得加以討論。

從上文中對結構所做的闡述和定義，我們可以說，結構是一種詮釋後的形式，它包含兩種成份：一是實在的客體，卽是旣存，但未必是完全具形而彰顯的互動關係體現；另一是知識客體(object of knowledge)，卽對互動關係體現產生認知，進而建構解釋體系，形成具有意義的實體。從此二成份的關係來看，結構是在實在客體與知識客體產生對應之後而建立起來的一種認知結果。因此，不能把結構看成只是一個完全獨立於人類認知之外的實在客體；它是對實在客體從事知識運作的成果。旣是如此，則結構的性質內涵爲何，甚爲仰賴所依據之知識系統。根據 Althusser (1970) 的說法，一套特定的知識系統一定有一些彰顯、可視 (visible)、而且視爲是基本的（essential）成份。這些可視的基本成份卽界定了結構的意義內涵，同時也界範了不可視的 (invisible) 與非基本的（inessential）部份的內涵。在此，我們無意再進一步來討論'可視與不可視'和'基本與非基本'之間的關係是內在還是外衍，我們只是要指出：由於結構是對某種互動關係之實在客體做詮釋後的知識實體，不同詮釋很自然地會導出不同的結構認知。基於這個認識，第一種'意義隱藏未彰'的情況很可能並不是表示所考慮之互動關係並不具產生結構意義的可能，而是在旣有的知識體系下，它是不可視且（或）非基本的。一旦知識體系（包含日常生活的常識體系和科學知識體系）改變了，其結構意義卽可能彰顯出來。不過，不管如何，在一個特定時空與知識體系下，此一特殊之主客位的雙元關係是不具任何'結構'形式之意義的。

第二種情況是：當事人對旣有之結構，或者根本沒有意識到，或者是隱約知覺到結構的存在，但卻未產生明顯的意識認識。但對解釋者來

說，他們給予存在於當事人之間的互動關係結構明確的意義詮釋。事實上，當關照到現實的世界，我們發現社會行動絕大部份是有意識的活動，因此，當事人不具備有結構感，也不對結構產生某種的意義詮解，幾乎是不可能的。從此現實的角度來看，此一情況只具理論上的分析意義，較不具社會現實的意義。但是，不管如何，這種只具客位彰顯意義的結構狀態很明顯地暗示著，所謂的社會結構有可能只是解釋者所提出的詮釋認知結果，但並不為當事人所知覺到。

第三情況與第二情況正相反，乃指：當事人對既有之結構有了主觀上的詮釋認知，而解釋者卻沒有。換句話說，某種的互動關係在日常生活中，對當事人具有主觀上的結構感，而且具有意義。雖然他們很可能沒有能力以適當的語言來表達此種結構，但是他們感到結構的存在卻是實在的。很明顯的，這種情況所指的是一種未為解釋者（尤指社會科學家）所察知出的互動情境，因此乃是既有有關社會現象之知識體系所能解釋和察識外的實在客體。它在當事人之日常生活中，具有實際決定互動關係之運作的意義。一旦為解釋者所察認出來，則將變成為第四種情況了。

第四種情況為：不管是互動關係中的當事人或身居第三者的解釋者，對於互動關係產生‘結構’的詮釋意義，因此結構具主客雙重的彰顯意義。就既有的知識體系來看，這是最為普遍，也是討論最多的情況，乃結構雙元性所關照的主體。事實上，除了第一種情況之外，第二種及第三種情況都有轉變成此一第四情況的趨勢。就第二種情況來說，解釋者的客體意義，可以經由知識的傳遞過程，傳播給當事人，而使當事人逐漸產生意識。相同的，就第三種情況來說，當事人的主體意義，也可以由於有關社會之研究的開展，而為解釋者所注意到，成為解釋者的知

識體系的一部份。 總之， 就人類的社會活動， 尤其今天之知識體系來看， 第二種與第三種的結構意義型態是不穩定的過渡狀態， 它有轉變成第四種情況的可能。

對此一主客意識雙重彰顯的結構認知模型而言， 還有些次類型值得我們進一步地加以探討。此一次類型的分析， 將有助於我們澄清傳統結構功能學派對‘功能’此一概念認識上的偏失。首先， 我們必須指出， 主客雙方均具結構感， 也都產生意義的詮釋， 並不保證其所做的詮釋都是一致的， 相反地， 它們很可能是分歧的。

大體而言， 此一第四種情況有兩個次類型, 或更恰當地說, 有兩個部份。第一次類型是當事人與解釋者有一致的詮釋意義,姑且讓我們稱之為 A 型。第二次類型是當事人與解釋者有不同的詮釋意義， 我們稱之 B 型。此一後者次類型極易與上述第二及第三種情況相混淆， 需要在此特別加以澄清。第二及第三種情況乃分別指當事人或解釋者之一方對某一結構絲毫無明顯的意義認知， 而 B 型則不同， 它乃指雙方均有自己之詮釋， 只是彼此不一樣而已。因此， 為了進一步瞭解此一次類型所具社會學上的意義， 我們可以就某一特定的意義 （如 X） 再加以細分。其一是當事人認為有X 意義， 而解釋者則無， 我們不妨稱之 B_1 型。其二是解釋者認為有 X 意義， 而當事者卻無， 我們姑且稱之 B_2 型。換句話說， 此二次類型的區分是就不同詮釋者的立場來看， 因此 B_1 型乃就當事人的詮釋立場來界定， 而解釋者未必有相同的認知， 但這並不是說解釋者本身對此一結構實體沒有自己的詮釋立場。否則， 這就應當歸屬第三種情況了。 同樣的道理， B_2 型也是有此涵義， 只是把當事人和解釋者在詮釋考慮中的地位對調而已。

雖然結構的指涉和涵義是多元， 可以從相當廣泛的角度來詮釋， 但

是，從功能⑰的角度來詮釋結構的涵義，可以說是具有實際日常生活上的實質意義。這話怎麼說？讓我們引用 Schutz (1973: 61-62) 的概念來說明。根據 Schutz 說法，人類在日常生活中無時無刻都需要知識的，這類的知識主要來自常識 (common-sense)，而這些常識性的知識乃來自於社會化，因此人類的知識是社會分配的(socially distributed)，既然是如此，社會化的結果乃在於使在某一文化傳統下的人類行為、人格、態度、動機、或目的產生典型化 (typicality) 的定型作用。姑且不論人與人彼此之間的定型化有多少的異同，至少此一過程告訴我們，在日常生活中，人們有把不同事件或心理狀態從事某種因果的聯接工作的現象。此種聯接即成為日常生活中產生意義的主體，也成為行動的基本內涵。因此，在日常生活中，人類的行動已涵蘊有具主位意義的功能考慮了。基於這個緣故，現在讓我們借家庭的功能來簡單說明上述之第四種結構詮釋的類型。

　　一向，社會學者認為家庭具有一個最主要的功能，即繁衍種族。就家庭的社會結構而言，此一功能的詮釋乃符合上述的第四種情況中之 A 型，即具主位與客位的雙層詮釋意義，也就是說，不但社會學者（當成解釋者來看）有此意義的詮釋，而且當事人（一般的成年人）也極可能

---

⑰ 根據 Merton (1968) 的意思，功能乃指可觀察而客觀的行為體現結果，並不包含主觀的心理建構，如目的，或動機。這並不表示 Merton 完全否定考慮動機之重要性（參考 Merton 1968:113）。Merton 所以力主客觀的層面，有社會史上的理由，他乃企圖對一向混淆動機與功能的觀念有所澄清。但是，Merton 如此一區分，卻無形中使得以後之學者忽略了當事人之主觀認知在建構社會學知識中的地位，更否定了當事人對實際日常生活具有主宰能力的事實。無疑的，這是對人之世界從事理解的最大偏失，也是傳統結構功能學派最為人詬病之處。在此，我們認為功能應當做更為廣泛的詮釋，包含當事人的主觀詮釋。若此，勢必包含主觀之認知與動機的考慮，也就是該包含了主位的意義考慮。職是之故，功能不但指涉客觀結果，也涵蓋主觀的意義詮釋。若是，則考慮當事人之主觀詮釋，尤其動機與意向，是絕對必要的。

有相同的看法。譬如，對中國人來說，繁衍種族，和延續香火，一直就是組成家庭的最重要考慮之一。換句話說，在一般中國人的日常生活中，‘生兒育女’不但是組成家庭後的典型‘後果式’的行爲模式，也是組成家庭的典型‘前提式’的考慮。因此，在我們的社會裏，此一家庭的功能在主客雙位上具一致的詮釋內涵。Merton所謂的顯性功能（manifest function）可以說是屬於此一類型，只是 Merton 強調客觀可觀察的行爲體現層面，而有意把當事人的主觀認知或動機的考慮擺開而已。總而言之，不管主客兩位之詮釋所以一致是因爲主位詮釋已先存在或客位詮釋影響當事人之認知，這種一致性的存在是使社會學知識具有客觀性的社會基礎之一，也因此使結構在日常生活中具有定型的典範模式。當然，一旦社會面臨急遽的轉變，這種主客位的一致性即可能瓦解，而產生裂痕。

至於 B₁ 型的結構詮釋關係，雖並不是相當普遍地可看到，但卻可能存在一些特殊的當事人身上。尤其是社會面臨劇烈變遷時，更是明顯。譬如，有些根據社會常軌來界定是屬偏差者，很可能把家庭的組成看成是培育搖錢樹的手段，但解釋者卻未必能够接受，而有另外的看法。若解釋者毫無察覺將此一結構（在此即家庭）的存在，則屬第三種情況。倘若是屬第三種情況（當然，以此例子來說，這是不可能存在的，因無論如何解釋者對‘家庭’一定有其詮釋的內容），則很可能當事人已具的詮釋意義，會因解釋者的研究，而逐漸爲他所察覺。因此，此一情況有可能轉變爲 B₁ 或 B₂ 型。總而言之，一旦 B₁ 型的詮釋關係是存在了，則很可能會由於雙方詮釋之不同而在認知上引起某種程度的衝突。此一衝突蘊涵著雙方會有尋求調整的可能。至於雙方如何來調整，則端看雙方之權力的大小與此一詮釋和社會中之優勢規範之間裂痕的程度了。很顯然的，以此處的例子來看，當事人對家庭功能做如此的

詮釋，勢必要承受相當大的社會壓力。不過，撇開社會規範不談，若解釋者採取價值中立的立場來看此一情況，則可能把當事人的詮釋看成是一個客觀的社會事實──一個特殊而偏差的詮釋事實來看待，進而尋找合理的解釋。說來，這也是社會學者研究的主題。

　　就既有之社會學概念來看，B_2 型是比 B_1 型更具有討論的價值。此一次類型卽 Merton 所謂隱性功能（latent function）主要指涉的情況。譬如，社會學者發現，除了繁衍種族之外，家庭尚具有穩定個體因在外受挫而引起不安或焦慮之情緒的功能（假定當事人沒有察覺到，但事實上這是未必的）卽是一例。事實上，第二種（客位意義彰顯）的情況也具有此種隱性功能的涵意，只是 B_2 型與此第二種情況所蘊涵的隱性功能的社會學意義略有不同而已。就第二種情況而言，由於我們是假定當事人對結構無任何主位的意義詮釋，因此解釋者的詮釋意義（在此特指隱性功能）一旦是表面化而影響當事人，經成爲當事人主觀認知的一部份時，卽表示將使當事人產生結構感。一旦結構感之形式意義形成，情況卽可能轉變爲第四種情況的A型。但是，對 B_2 型來說，解釋者的詮釋義要轉變成爲當事人主觀認知的一部份，則首先就必須克服掉原先已有的意義認知，因爲在此一情況下的當事人，不是像第二種情況一般，他們早已具有某些特定的結構感，也就是說，他們早已有詮釋意義了。尤其當自己原有之詮釋意義與解釋者所指出的意義是互斥不能相容時，認知的矛盾更是明顯，問題也就更爲複雜。

　　以上所討論的結構的雙元詮釋關係類型暗示了兩個重要的社會學意義。第一、 Merton 之顯性與隱性功能不是只具客觀的意義，相反地，乃已內涵當事人之主觀詮釋意義的考慮，只是 Merton 因強調 '功能' 的客觀體現性，而於有意或無意之中，把主位的考慮排除掉。再者，撇開此一主位與客位意義不談，以上述之雙元詮釋類型來看， Merton 所論

及的功能很顯然地並未能完全涵蓋所有體現在人類社會結構中的可能模型。因此，不管是其顯性功能或隱性功能的說法，用之於結構的討論，基本上均是站在解釋者的立場來看，這是我們所以稱之爲客觀主義的論點的理由。固然 Merton 忽略了當事人的主位詮釋的考慮有其學術的背景因素，但如此的忽略無疑的是窄化了有關結構（尤其功能）的社會涵義，也使得西方（尤指美國）實證社會學界對於結構的討論，一直沒有從行動者的深層意識與詮釋結構的角度來從事分析。

第二、假如把社會學家看成是社會中之一種特殊的解釋者，那麼社會學的詮釋實際上也只不過是一種特殊的客位詮釋體系。正如我們在上節中指出的，它只是對日常社會生活中之當事人的實踐性意識與其詮釋，從事推論性的意識和詮釋的重建工作而已。理論上來說，屬於主位層面的實踐詮釋與屬於客位層面的推論詮釋之間，本質上是一種特殊的社會互動形式。換句說話，社會學的詮釋與理論具有實踐的意義，它可以在人類的日常生活中，以種種轉變或修飾的形式出現，成爲一股社會力量影響人們的認知。如此對一般人之意識認知產生影響，這種知識可以改變一般人之現實生活的體現，因而改變了結構的主位詮釋。同樣的，日常生活中當事人的主位詮釋，縱然是屬於少數人的，也可能由於引起解釋者的注意，而影響了解釋者的客位意義的詮釋，終而修飾了其理論體系。這種主客位的雙元反饋影響，也就是德國批判學派所謂的理論與實踐的辯證關係。瞭解了這種關係之後，緊接著有一個問題值得我們去追問，那就是：對實踐詮釋（或意識）從事推論性之詮釋（或意識）重建過程中，主客位間的相互影響因素爲何？如何互相影響？這是我們在下文中所關心的主題。

七、結構、權力、與意識的關係
──主客位的雙元考慮

　　既然結構形式乃是由同時考慮人、時間、空間、和關係形式四元素而組成，而且結構內涵的主客雙元詮釋又意涵著：具推論意識的詮釋與具實踐意識的詮釋間有互為辯證的可能，社會過程因此可以看成是：一羣‘人’在特定的‘時’與‘空’之下，產生互動，而在互動過程中，他們運用並形成‘意識’，同時使用‘權力’來控制操弄意識，以轉化成為界定和詮釋其互動‘關係形式’的複雜過程。結構即是在此過程運作之下，或是當事人具主位的認知、或是解釋者具客位定義、或是二者兼具所彰顯的特徵結果。

　　在此，有一個涉及觀念之使用的問題，必須先加以澄清。此一概念即互動過程中的‘當事人’。在上節中，我們提出主客位詮釋時，所謂‘客位’者，乃專指未直接而明顯介入日常生活中之互動過程的解釋者（譬如社會學家）。若此，則他們不是當事人。但是，在上節中我們也指出，一個解釋者，尤其是社會科學家，對結構的客位（但不一定是客觀）詮釋的決定，具有權威意義。這些詮釋不但對描述有關社會現象的基本內涵，具有相當明確的權威地位，而且也因學術在人類日常生活世界中（尤其是現代社會中）具有指導的作用，因而有轉化成為日常生活中之實踐意識的可能。尤其，轉化的工作常常是經由制度化的社會化過程（如學校教育）來加以合法化，其影響力是相當巨大的。當然，反過來，日常生活中當事人的主觀認知，也可能影響解釋者的推論意識和詮釋。這也就是說，主客位的詮釋之間有互為辯證的可能。此一辯證的存在即內涵著，解釋者的客位詮釋並不是孤立於一般人的日常生活之外，

它往往成爲說明和界定日常活動的依據。職是之故，所謂‘當事人’應當做更廣義的解釋。它不但指直接（乃至面對面）參予於日常活動之中的互動者，亦可包含向被視爲地位中立的解釋者。在以下的分析之中，‘當事人’將做如此廣義的指涉。

然而，在上節中，我們何以在討論結構之詮釋體系時，特別把解釋者與當事人分開，而做如是的主客位區分呢？我們所以如此做，事實上只是因爲關照到知識體系（尤其是現代社會中之知識制度）之社會意義，而提出具特殊時空意義的探討策略。其理由在於澄清廣義之‘當事人’定義與討論主客雙元詮釋時，已略加說明了。現在爲了釐清我們的論點，更爲了展現權力與意識對結構形成所具之意義，讓我們略加引申。不過在引申之前，先讓我們對權力、意識與結構的關係，做個簡單的說明。

在人類的社會裏，人羣之間所提供之不同詮釋具有不同的社會影響力；也就是說，有優劣勢的階層化現象。某些人所提供的詮釋，往往會比另外一些人所提供的，更具有說服力，也因此更易爲別人所採信。決定這種詮釋之社會影響力的優劣勢階層的因素很多。其中最爲具體而且有意義的莫過於卽是權力的分配及合法性的問題。一般而言，凡是一個人的權力擁有愈多、合法性愈高、來源的基礎愈是廣深而初基❸，其所提供之詮釋的社會影響幅面愈廣，深度也就愈深。

在此，我們對權力做最廣義的界定，乃意指‘足以引發結果的任何

---

❸ 在此，所謂來源基礎‘之廣’，乃指其所擁有足以影響別人之能力的種類愈多，‘深’則指份量愈多或品質愈高，而‘初基’則指愈是可以控制人數基本生存者。讓我們做個最不可能的假設，假定一個人，擁有最高智慧、最高社會地位、最大政治上之合法資源、最多財富、最多之傳播媒體、最廣之人心、也同時擁有軍隊，並控制生產工具與資源，則無疑的，他的權力將是最大，影響力也最深。柏拉圖所提‘哲王’之構想，可以說是締造這種理想人物的一種最佳代表。

能力，但並不限制其可能產生的結果爲何，也不論及是什麼使它產生'。
(Lukas 1977:4) 人的世界不管以什麼形式來呈現，可以說是兩個或兩個以上之當事人間的權力運作。權力的擁有與運作，卽是互動對象之社會情境的結構事實。某甲權力的運作，卽是某乙之社會情境中具有的結構事實。換句話說，任何的社會互動都內涵有權力的相互關係，也因此具備有形成結構形式的條件。更明確地說，互動之當事人雙方的權力關係，乃界定結構形式的必要客觀條件。但是，權力如何運作以及使結構形式以何種姿態展現（也就是說具有何種詮釋意義），則涉及到意識的問題了。因此，意識乃結構形式形成必要的主觀條件，如此主客雙重條件的交互推動，就決定了結構的展現形式。

　　在上一節中，我們把有關結構的詮釋體系做如是的主客位區分，其主因乃有鑒於，在今天科技發達而重專業分工的社會裏，學術界所提供的詮釋往往具有權威地位，其地位就有如在初民社會中之巫師或歐洲中古世紀的敎士一般，對社會的詮釋往往被視爲指導日常生活中之種種實踐活動的理性而且合法的依據。尤其，西方社會學一向深受自然科學之認知模式所影響，掌主流者採實證客觀主義的立場來瞭解社會現象，往往以爲其所提供的詮釋乃社會現象之最終而且也是唯一眞實的形式。社會學家所提供的詮釋當然不是最終，更不是唯一眞實的，但是不管如何，具有如此特殊社會地位的解釋者，在今天的社會裏，對一般人在日常生活中建構其實踐活動與實踐意識，著實具有相當深遠的影響意義。正因爲如此，我們在上節中提出如是的主客位區分，也在本節之前文裏，對‘當事人’做廣義的界定，把解釋者也納入爲考慮之一，並且指出解釋者，如社會學者，往往具有較優勢的詮釋影響力。

　　經過以上的敍述，我們可以歸納地說，任何結構的存在至少必須包含兩個重要的條件：(1) 互動的雙方具備有權力關係的存在。此一關係

可以是明顯察覺到的，也可以是未察覺但內涵的。(2) 兩方或至少一方對此一權力運作具有主觀認知的意識作用，如此才有使情境轉化成具結構事實的可能。因此，結構可能是當事人雙方均意識到；也可能只是對一方具有結構形式感，而對另一方則未必有此體認；更可能是雙方均未意識到，而是為第三者所察覺。但是，不管如何，誠如在前文中一直強調的，既然結構乃是相對於特定時空與特定當事人，表現在人際關係上的具形體，因此至少必要當事人之一意識到權力運作的存在，否則結構在當事人之間，就不具任何明顯的主觀意義了。譬如，一個大人和一個小孩一齊在等公共汽車。小孩子看到這個大人身材高大，又是一臉凶相。根據過去的經驗，這個小孩子也許會不自主地感覺到有一股壓力，以為這個大人會欺負他（即意味有內涵性的權力運作關係）。雖然這個大人很可能是一個相當慈祥的人，他對這個小孩子根本沒有存著施加任何權力壓服的企圖，但是在小孩子的主觀認知中，這已具有了可能運用權力的意味了。因而，這已是小孩子當時之社會情境中的一種結構形式了，我們不妨稱之為‘壓服’性的結構。

現在，讓我們回到上節中所提到四種主客位⑲雙元考慮的結構詮釋類型。很顯然的，第一類型，即主客雙方之意義詮釋的彰顯者，乃表示互動之雙方均未意識到權力的運作，更未體認出其可能產生的社會結果。在此情形之下，儘管結構雖可能已具‘客觀’實存的形式，但卻無法在雙方當事人之間有了‘互為主觀’的意義體認，更缺乏明顯的權力運作。結構形式充其量只具‘潛意識’的作用，間接地透過種種已社會化之文化項目的概化作用來串聯，而在互動過程中對個體產生影響，然而在他們之間是不具有形成‘反省’之主觀效果的可能。

---

⑲　在此，客位可以擴大地指涉產生互動的對象，不一定侷限於旁觀式的解釋者。當然，基於在上文中已提到的種種理由，客位對象主要還是指涉研究者。不過，在下文的討論中，我們還是可以做最廣義之涵蓋意義來瞭解。

　　至於第二類型，卽不具主位意義，只具客位意義者，我們已在上節之中指出，從社會意義的角度來看，此一情況雖不常見但是卻具有理論上的分析價值。若從權力和意識的角度來考慮，此一類型可以倂入第四類型來分析，所不同的只是當事人具有主觀意識之有無的問題。同樣的，因爲第三類型，卽當事人具有主位意識，而解釋者則無者，一旦爲解釋者所察認出來，則有轉變成爲第四種情況的可能，加以這種轉變是極易發生，我們也可以倂入第四類型來討論。在此也就不再多加贅言。

　　第四類型中的 A 型，卽主客位均有彰顯而且認爲是一致的意義詮釋，可以說是一種最具有共識意味的理想情況。由於在意識上具有共同一致的體認與詮釋，雙方之間的權力在詮釋上地運作基本上就不會有衝突的可能。對於結構的詮釋很容易基於意識上的一致，而使得權力關係並不是影響已成立之詮釋體系的主要因素。當然，若往深探究此一共同詮釋形成的社會過程，權力關係所具有的意義自然也就不同了。關於此一問題，留待在下文中再加敍述。不過，此種主客位具共識性的詮釋體系具有一種特殊的社會學意義，值得在此一提的，那就是：在此其主客共識的情形下，已形成的結構很容易因共識的存在，而路徑化成爲常軌，因而自主化，而產生自主的制約力，這也就是一向結構功能學派所謂的結構制約性（structural constraint）產生的基本條件（Parsons 1961; Merton 1968）。

　　再就第四類型的B型卽主客位均有彰顯但卻不同的意義詮釋來看，倘若二者無產生任何溝通的可能，則詮釋上的迥異並不構成嚴重的問題，因爲無溝通乃表示主位與客位是互相獨立。旣然是互相獨立，則兩者的詮釋差異再大或再對立，也不可能帶來衝突。但是，一旦兩者之間有了溝通，則彼此之間在詮釋上的差異，將帶來了問題。此時，兩者間的權力關係，在對結構進行詮釋的過程中，將扮演著相當重要的角色。

至於其將如何扮演，則端看兩者間之詮釋是如何地不同法。

　　首先，情況可能是二者之詮釋內容本身所具之意義，並不是對立，而是互補或互不相干的。在此，我們說詮釋內容本身是互補乃意指：就詮釋內容之意義而言，二者主觀上認為是可以互相滋長，至少是不相背悖。所謂互不相干則指：二者在內容的意義上，被認為是不相矛盾，而且也不相關的。此二種詮釋內容上的主觀認知差異，若不在利益立場上引起矛盾或對立，則並不會在二當事人之間引起衝突的，雖然很可能引起某個程度的競爭。但是，無論如何，詮釋上有了主觀差異，終究在兩人間是有認知上的失協。一旦兩人間一定要互動，這種失協除非完全被忽略，否則兩人總會要求謀求協調的。只要兩人中之一有要求協調的願望，則兩人之間的權力關係就會發生作用；作用將可能以相當緩和的對話方式來進行。固然我們很難肯定主位者或客位者，在協調過程中，誰必然地會占優勢，但是，理論上來說，誰的權力大，誰在調整的過程中占優勢的機會也就加多了。同時，這種優勢性的大小也得看雙方擁有權力的性質而定。關於這些問題，我們在下面敘述另一種不同詮釋狀況的討論中再加以說明。

　　倘若二者之詮釋內容本身所具之意義，在主觀上認為是對立的話，則這種內容意義的對立，一方面很容易引起情緒的抗拒，另一方面也很容易糾纏上利益的矛盾或意識型態上的抗衡。在這種情況下，主位與客位之間的詮釋，不單是有產生競爭的可能，而且也有帶來衝突的危機。當然，解決這種認知上的矛盾與對立，可能訴諸於理性而和平的途徑，但也可能求諸於壓服的方式。不管是尋求那種途徑來解決，雙方的權力關係無疑地扮演極為重要的決定角色。若以上節所界定具狹義意義的主位與客位內涵來說，居主位之當事人乃概指日常生活中之一般人。他們對社會的認知主要來自常識性的經驗，往往缺乏一套系統的理論體系做

為支持的後盾。在今天這樣強調知識與肯定科學方法的社會裏，常識缺乏權威性的說服力，也不易獲得合法性的。相反地，居客位之解釋者若指的是社會科學家，則他們的認知乃建立在一套相當有系統而具自圓性的理論體系上，尤其此套理論體系有一特定的制度（即知識制度，如學術界）來支撐，而且也建立在一套具神才（charismatic）權威的思維與驗證體系上（即邏輯與科學方法），因此，他們的詮釋意識具有權威性，合法性、和說服力。在這樣的權力基礎下，若撇開其他條件不談，客位的詮釋往往有凌駕主位詮釋的可能。職是之故，在一個認知專業化和制度化的社會裏，客位的詮釋，不管在主位無詮釋意識（即第二類型）或主位有不同詮釋意識（即第四類型）的情形下，往往具有較優越的影響力。尤其，當以社會科學家為主的客位詮釋乃與政權當局之詮釋相吻合，而且在利益上也做接合，則其所提供之詮釋更有立於不敗之地位。

雖然在詮釋所具之權威與合法性上，居主位之一般人似乎是居劣勢，但是主位者並不是毫無影響力，他們尚掌握有相當的潛在權力，足以使其詮釋具有抗拒、乃至壓服的可能性。大體而言，其影響權力來源有二：(1) 經由集體行為的途徑，和 (2) 其詮釋乃客位解釋者（尤指社會學家）研究的主題。經由集體行為（如抗議）來表達主位當事人之詮釋是一種具意識性的集體行動。在現實的日常生活中，一般人實在很少使用這樣的管道來維護其對結構的詮釋，除非直接牽涉到切身的利益。譬如，工人之罷工就是這一種權力運作的例子。在絕大多數的情況下，一般人對其所提供之結構詮釋，乃採取隔離孤立的消極作為，譬如堅守自己的詮釋方式及看法，拒絕接納其他人的詮釋。但是，除此一消極的方式之外，居主位之一般人尚有一自己並未察覺，但卻保有，而能產生影響的方式，那就是：一般人的日常生活和活動乃解釋者（尤指社會科

學家)研究探討的內容,因此一般人對日常活動所提供的詮釋即爲社會
現象本身的主體,具有實踐與眞實性。一個解釋者所做的工作事實上往
往是對實踐行動加以詮釋而已。因此二度詮釋所得的只是實踐行動的形
式結構(Garfinkel & Sacks 1970)。它與行動者心目中的實質結構是
否一致,則是另外的問題。在此,我們所要指出的是,由於一般人在日
常生活中的詮釋乃解釋者嘗試詮釋和研究的實質內容,因此它所呈現的
內在意義可以決定客位解釋者的詮釋內涵。事實上,若無這種主客詮釋
上的相關,客位解釋者的詮釋將喪失了社會效度(validity),而成爲只
是解釋者的夢囈。正因如此,Garfinkel(1967)主張社會學的研究應當
化約至日常生活中,從關照日常語言做起。在 Schutz(1973) 現象學影
響下,現象社會學家(如 Berger & Luckmann 1966; Zaner 1973)也
做如此的主張。

　　儘管居主位之一般人的詮釋, 可 以 因爲是解釋者詮釋和關照的主
體,而具有決定結構形式之最終內涵意義的可能,但是終究這種決定是
相當間接的,因爲解釋者並不是一成不變地照章宣科,而是對一般人之
詮釋再加以重組。 職是之故, 不管是處於第二類型或第四類型之狀況
下,主位與客位之詮釋長期競爭的結果,往往由於客位者掌握有制度化
之合法權威,而使主位詮釋相形遜色,並且一再地爲客位詮釋所侵蝕替
代。只有在第三類型狀況下,由於主位詮釋尚未形成,致使客位詮釋能
夠安然無恙,但是這種主位安然無恙的詮釋,也只能在一個相當有限的
人羣 (或階層) 之中運轉。一旦爲解釋者所察覺,就有被侵蝕的可能
了。這種客位詮釋之優勢性,在如現代這樣一個詮釋體系高度制度化的
社會中,是特別明顯的。透過教育,社會科學家對結構的詮釋已逐漸成
爲一般人對日常生活的詮釋了。譬如,人們從公民課本中得知到社會學
家對家庭結構所做的詮釋(如謂'家庭乃消費的社會單元')。經過學習,

人們很快地就會以如此的方式來看家庭結構，因此，社會學者的詮釋很自然地成爲一般人對家庭的認知內容。

總結來說，不管主位詮釋與客位詮釋之間是如何的衝突、競爭、妥協、乃至融通，其所具之意識之相對明顯程度與權力分配關係，將決定它們的詮釋所可能占有的地位。同時，由於居主位之實踐詮釋與居客位之推論詮釋之間具有辯證的可能，二者之間遂產生妥協性之協調與相互修整的情形，其結果往往在社會中產生了優勢詮釋，而此優勢詮釋終於決定結構之內涵意義的主要形式。所謂 '結構限制性' 之所以存在，而結構功能學派視其具自主性。卽在此情形下孕生。現讓我們就此問題來加以討論。

從以上主客位雙元詮釋體系的互動社會過程來看，縱然在某時某情境下，旣有之結構形式似乎具有如 Lévi-Strauss 所謂的 '潛意識性' 的自主力量，我們還是不能冒然地卽下結論說：這是結構內在命定的本質。固然，不論種族、性別、年齡、階層、文化傳統等等的不同，人類都具有一些共同的心理與生理特徵，因此人類組成社會是有一些超越特殊文化與歷史背景的共同意向，其所體現的社會結構也因而有共同、甚至是不變的形式。但是，我們卻無法否認，這種組成也只是互動之當事人（包含解釋者在內）之權力與意識互相作用的一種特殊體現形式。旣有之社會結構造型與其內涵意義乃不同詮釋理論體系互動之行動化結果。Marx 對資本社會之生產結構的分析卽是彰顯這種社會特質的最好說明。總之，結構若有自主性，本質上乃是 '程度' 的問題，必須關照特定時空條件和不同當事人間之特殊社會關係。因此，結構自主限制性形成的基礎，必須重新加以評估，這得從產生潛意識性之社會過程來加以分析了。

在前文討論意識形成與社會化之本質時，我們曾分析 Lévi-Strauss

之潛意識心理結構與 Durkheim 之集體意識之間的關係。在分析之中，我們指出，社會化是一個包含無意識、意識化、與潛意識化三個步驟的過程。人類意義的形成可以看成是這種社會化過程的結果，而這種結果之所以能形成，可以看成是優勢意識的運作。人的社會的確多多少少是如 Durkheim 所主張的，具有'社會先於個人而存在'的性質。因此，問題是在於社會如何先於個人而存在。根據 Durkheim 的看法，集體意識的存在與運作，是使社會秩序所以可能形成和個人所以屈服於社會之下而形成共識的基本條件。我們在前文中已指出，集體意識的存在和其對社會所具之意義是可以肯定的。只是，Durkheim 深受 Comte 之實證哲學觀的影響，肯定了集體意識之客觀存在後，即把關心的重點集中在其所具之社會效果，而忽略了其形成和產生影響的社會過程。強調社會效果的結果，遂使 Durkheim，乃至其後的社會學者，（尤其深受其影響之結構功能論者），採取客觀意識的態度，客觀化了集體意識，把人之意志從社會過程中抽離得乾乾淨淨。

事實上，只要關照到人的日常生活，我們都不難發現，任何人都是生存在已具有某種特定優勢社會關係形成的世界裏。所謂社會化，即優勢份子把依附在優勢社會關係形式下之優勢規範、價值、觀念、信仰、態度、和行為模式，透過種種不同的管道，以種種不同的方式，加諸在劣勢份子身上，要求他們接納並且遵行。從此角度來看，傳統結構功能學派如 Parsons (1951) 所強調的規範的內化 (internalization) 只不過是社會化過程中，最常使用而且也是最具深遠影響的一種方式。其實，除了內化之外，優勢份子尚使用其他的方式，如剝削、壓服、殺戮、禁錮等，來逼迫劣勢份子接受其要求（包含詮釋）[20]。

每個人都是誕生在人羣之中，而任何社羣都有一套既存優勢的'隨

---

[20] 關於規範之運作方式的討論參看 Gouldner (1959) 與 Horowitz (1962)。

手可取的知識倉儲' (stock of knowledge at hand) (Schutz 1973)，因此，社會一定先於個人而存在、而對個人施以影響。一方面，這種倉儲的存在乃保證人與人之間，可以透過種種制度化與非制度化的學習約制系統，產生具主體互換性（intersubjective）之溝通，轉而形成相當程度的社會共識。但是，另一方面，則又因爲個人學習能力的不同、個人自覺力的提升、利益的對立、次文化的存在、意識型態的有意掩飾、以及社會化不可能完全等等因素的存在，溝通會被扭曲、會產生誤解，因而使得人與人之間產生歧見，也使得社會呈現多元而複雜的型態。但是，在多元複雜而分歧的社會意識之中，人還是有產生共識的可能。根據 Schutz(1973) 的說法，人所存在的常識世界裏，包含有前人(predecessors)，同代人（contemporaries）、與後人（successors）。在任何的社會裏，我們都可以看到，具不同時間序列意義的人們，可以部份重疊地生活在某一同段的時間與同一空間之中。這種時間與空間的重疊，不但使社會化成爲可能，而且形成一般所謂的‘文化傳統’。文化傳統的存在即保證社會結構的詮釋具有穩定性，也因而使某種結構之限制性得以延續，延續即表示自主性得以形成。

　　傳統所指涉的主體乃涵蓋器用、制度、信仰、規範、價值、思想觀念、態度、行爲模式、和人際關係形式等文化綜合體。此一文化綜合體的形成具有兩層的社會意義。第一、這是聯貫前後代之社會成員的社會聯帶系絡，具有時空上的延續意義。第二、此一文化綜合體所具時空的延續性有其施用範疇的限制。它並不是不變動，而是可增減、復可變質、會擴散，也會萎縮的。但是，在此其時空有限性下，文化傳統往往保持有優勢性，因而可以超越個體、透過社會化的作用，而承襲下去，並且經由種種社會制約機構的控制，可以獨立於個體而存在。這種社會動力，不但在個體身上產生作用，而且也在人際之間發生效果。其結

果使得某種詮釋的結構形式產生特殊的優勢地位，具有合法權威性的意義。在長期社會化的作用之下，它由無意識而意識化，而由意識化終轉為潛意識，路徑化成為獨立自主的潛意識社會力。

以上的社會衍化過程表明了一個事實，即經由優勢詮釋體系的社會化過程，結構限制性具有自主化的潛能，但這並不保證必然會完成的。它能否完成，端看：(1)不同詮釋意識的理論體系是否完整及明顯程度為何；(2)具不同權力優勢地位之當事人的社會關係型態及其分化的程度；(3)當事人(尤其處於劣勢者)之行為反省偵察力 (reflexive monitoring of conduct) 的大小 (Giddens 1979)。譬如，當當事人雙方之權力勢均力敵、權力形式之分化愈明顯、意識理論體系愈完整而且明顯、自我之行為反省偵察力愈高，則在由無意識而至意識化的學習過程中，愈難加以定型印烙，當事人之自主解釋力也將愈明顯。同樣的，在相同條件下，在企圖由意識化轉至潛意識化的路徑化過程中，也會產生兩種現象。第一、對新形成的意識，因當事人易保持高度警覺與反省力，很難立刻轉入潛意識之中。第二、對早期路徑化後而已深入潛意識的成份，又有可能再度被挑引回到意識層面，重新加以反省與評估的可能。用句簡單的話來說，在此情形之下，不管是就學習過程或路徑化過程來看，不同意識狀態的轉型是很難順利加以完成的。職是之故，結構限制的自主化也就難順理成章地發生作用了。此時，它若要發揮作用，只有兩個途徑可循：第一、降低當事人之反省偵察力，以收內化之功。第二、加劇當事人之權力大小的差距，靠強大的制約體系，來保證結構限制的運作。但此時，結構所發揮的力量已不是自主了，而是具有明顯的強迫意味，緊張狀態很可能隨之而起。

八、結　語

上面討論很明顯地指出，結構限制性是否自主是有條件的，它不是結構必然內涵的特質。以往學者之所以有結構限制之內在命定觀，理由可以歸納爲二：(1) 忽略了建構結構形式之詮釋過程的雙元性。這種忽略基本上是因一向社會學者採自然科學之客觀主義思維模式而來。(2) 忽略了人類社會化中的意識轉化過程（卽由無意識，經意識化，而潛意識化的過程），更忽略了此一過程所具有的歷史意義。第一個理由，我們已在上文中論及，而且學者中論者已多（如 Gouldner 1970; Giddens 1979; Radnitzky 1968, Bernstein 1976)，在此不再贅言。至於第二個理由，應在此略加敍及。

人類的確是擁有一些可以超越時間、空間、與其他社會因素的共同特徵，之所以具備這些特徵，乃因有其共同的生理與心理基礎使然。譬如，我們發現，任何社會都有分工，都會使用工具來從事生產，都有合作的情形，也都有衝突的可能。但是，我們卻不能不承認，社會活動對人類的意義並不只在於類似上述的描述。亞里斯多德曾說過：'人是社會的動物。'這是可以接受的命題，但是人是社會的動物，又如何？我們（包含一般人與學者）所以要瞭解人類的社會，並不止乎於肯定類似'人是社會的動物'這樣的命題，而是要進一步地追問：如何的社會法？因此，社會活動對人類的意義是在於詮釋其體現的種種型態，並且進一步地追尋其形成的原因和其間所具的關係。這種旨趣不只是學者才有，一般人在日常生活中也是一樣的。基於這種知識的旨趣，人類不斷地在詮釋。詮釋涵蘊有辯證的意味，辯證是變遷的本質，因而關照歷史是必要的。然而，何以以往社會學者會忽略了此一詮釋社會結構所應具有的

關照態度呢？簡單地來說，那是因爲人類一向缺乏反省偵察能力與意願的結果。

一向社會學者幾乎一致認爲，以往的鄉土社會本質上是一個靜態的社會，承襲已久的傳統是維繫社會秩序的基石。長久沿襲的集體意識一直處於高度潛意識化的狀態。生活在面對面，人數有限、生產方式固定而分立簡單的社會裏，人們因循傳統，社會缺乏刺激，而且也壓抑個人具有反省的習慣與意願。在這樣的社會裏，結構形式相當定型，優勢詮釋體系也單純肯定。但是，面對今天這樣一個分工複雜，變動又迅速的社會，不單社會結構形式多元化而且多變化。同時，個人主義與理性主義的抬頭，也激發了個人反省偵察的能力與意願。‘結構多元而變化大’此一客觀事實，遂與具多元之反省批判性格的主觀詮釋產生互爲辯證的作用。這樣的歷史潮流，一方面使得人際關係不易定型而變化多端，另一方面也使得詮釋體系之權威性難以歷久不變。如此多元多變性不只是體現在學術界中的詮釋體系，而且也見諸於人類的日常社會生活中。因此，它不只是一個體現在推論詮釋體系中的特殊社會事實，而且更是展露在實踐詮釋體系中的普遍社會事實。基於這個理由，結構是一個具文化與歷史，也就是具時空特殊意義的概念。這是結構所具的歷史性格，乃在本文中一再強調的。

再者，行爲反省偵察力的提高意涵著另一個重要的意義，那就是：今天人類社會的變遷所以那麼的迅速，乃因爲人經由社羣組成的存在而使其意向與意識能夠集合成爲集體力量。這種力量不是單元而是多元。多元化的結果使人類的詮釋體系更形複雜，也使人之主宰性格更爲突顯。換句話說，人更自信自己可以主宰，至少某個程度地主宰了社會變遷，也主宰了詮釋，因此描劃了結構的內涵。譬如，歐美同性戀者努力爭取同性結婚之合法化，許多年輕一輩的男女結婚但不育子女、或根本

不完成結婚手續而施行實質同居等等都在在說明，家庭的結構內涵在變動，因而對家庭結構之詮釋也自然隨之有所改變。職是之故，這種社會變遷的潮流顯示了結構詮釋的另一個性格，那就是具人文性。因此，歷史性與人文性，加上以上所論及的主客位雙元所內涵的多元性，可以說是詮釋'社會結構'所應具備的基本性質。

　　　（原文刊登於瞿海源和蕭新煌合編「社會學理論與方法：研討會論文集」，中央研究院民族學研究所專刊乙種11號，民國71年，1-68。）

參 考 書 目

Althusser, Louis & Etienne Balibar
　　1970　*Reading Capital*, trans. by B. Brewster. New Left Books.
Berger, Peter & Thomas Luckmann
　　1966　*The Social Construction of Reality*. Penguin Book.
Bernstein, Richard J.
　　1976　*The Reconstructuring of Social and Political Theory*. New York: Harcourt Brace Jovanovich.
Blau, Peter M.
　　1975　*Approaches to the Study of Social Structure*. New York: The Free Press.
　　1977　"A Macrosociological Theory of Social Structure," *American Journal of Sociology* 83:26-54.
Bottomore, Tom
　　1975　"Structure and History," in P. M. Blau (ed.) *Approaches to the Study of Social Structure*. The Free Press, 159-171.
Bottomore, Tom & Robert Nisbet
　　1978　"Structuralism," in T. Bottomore & R. Nisbet (ed.) *A History of Sociological Analysis*. Basic Books, 557-598.
Broom, Leonard & Philip Selznick
　　1973　*Sociology*. New York: Harper, 5th Edition.⟩
Boudon, Raymond
　　1971　*The Uses of Structuralism*. London: Heinemann.

Buckley, Walter
    1967 *Sociolog·· and Modern Systems Theory*. Englewood **Cliffs,**
        New Jersey: Prentice-Hall.

Cannon, Walter B.
    1939 *The Wisdom of the Body*(rev. ed.)New York: W.W. Norton
        & Co.

Coser, Lewis
    1975 "Structure and Conflict," in P. M. Blau (ed.) *Approaches*
        to the Study of Social Structure. The Free Press, 210-219.

Durkheim, Emile
    1933 *The Division of Labor in Society*. N. Y.: Macmillan.

Eisenstadt, S. N.
    1973 *Tradition, Change, and Modernity*. N. Y.: John Wiley.

Garfinkel, Harold
    1967 *Studies in Ethnomethodology*. Englewood Cliffs, New Jersey:
        Prentice-Hall.

Garfinkel, Harold & Howards Sacks
    1970 "On Formal Structure of Practical Actions," in J. C. Mckin-
        ney & E. A. Tiryakian (eds.) *Theoretical Sociology* New
        York: Appleton-Century-Crofts, 337-366.

Giddens, Anthony
    1974 *Positivism and Sociology*. London: Heinemann.
    1976 "Classical Social Theory and Modern Sociology," *American*
        Journal of Sociology 81:703-729.
    1979 *Central Problems in Social Theory* Berkeley: University of
        California Press.

Gouldner, Alvin
    1959 "Reciprocity and Autonomy in Functional Theory," in L.
        Gross (ed.) *Symposium on Sociological Theory*. New York:
        Harper & Row, 241-270.
    1970 *The Coming Crisis of Western Sociology*. New York: Aonr
        Books.

Horowitz, Irving L.
    1962 "Consensus, Conflict and Cooperation: A Sociological Inven-

tory," *Social Forces* 41, 177-188.

Koffka, Kurt
  1935 *Principles of Gestalt Psychology*. New York: Harcourt,
       Brace & World.

Lévi-Strauss, Claude
  1968 *Structural Anthropology*. London: Allen Lane.

Lewin, Kurt
  1951 *Field Theory in Social Sciences*. edited by D. Cartwright.
       New York: Harper.

Lipset, Seymour M.
  1975 "Social Structure and Social Change," in P. M. Blau (ed.)
       Approaches to the Study of Social Structure. The Free
       Press, 172-209. 或見黃瑞琪譯　現代社會學結構功能論選讀。臺
       北：巨流，民70年，159-214.

Lukács, Georg
  1971 *History and Class Consciousness*. London: Merlins.

Lukás, Steven
  1977 *Essays in Social Theory*. New York: Columbia University
       Press.

Mannheim, Karl
  1956 *Essays on Sociology of Culture*. London: Kegan Paul &
       Routledge.

Martindale, Don
  1960 *The Nature and Types of Sociological Theory*. Boston,
       Mass: Houghton Mifflin.

Marx, Karl
  1963 "1844 Economic and Philosophical Manuscripts," in T. B.
       Bottomore (trans. & ed.) *Karl Marx: Early Writings*. New
       York: McGraw-Hill.

Matza, David
  1980 "The Ordeal of Consciousness," *Theory and Society* 9:1-27.

Mckinney, John C.
  1966 *Constructive Typology and Social Theory*. Appleton-Century-
       Crofts.

Merton, Robert K.

1968 *Social Theory and Social Structure*. The Free Press.

1971 "Social Problems and Social Theory," in R. K. Merton & R. A. Nisbet(ed.)*Contemporary Social Problems*. New York: Harcourt, Brace, Jovanovich. 3d ed., 793-846.

1973 *The Sociology of Science*. in N. Storer (ed.) Chicago: University of Chicago Press.

1975 "Structural Analysis in Sociology," in P.M. Blau (ed.)*Approaches to the Study of Social Structure*. The Free Press, 21-52.

1976 *Sociological Ambivalence*. New York: Free Press.

Merton, Robert K. & Elinor Barber

1963 "Sociological Ambivalence," in E. A. Tiryakian(ed.)*Sociological Theory, Values, and Sociocultural Change*. Free Press, 91-120.

Nisbet, Robert A.

1968 *Social Change and History*. Oxford University Press.

Parsons, Talcott

1951 *The Social System*. New York: The Free Press.

1961 "Some Considerations on the Theory of Social Change" *Rural Sociology* 26, 219-239. Also in A. Etzioni, & E. Etzioni (eds.) *Social Change*. Basic Books, 1964.

1966 *Societies: Evolutionary and Comparative Perspectives*. Prentice-Hall.

1975 "Social Structure and the Symbolic Media of Interchange," in P. M. Blau (ed.)*Approaches to the Study of Social Structure*. The Free Press, 94-120.

Piaget, Jean

1971 *Structuralism*. London: Kegan Paul & Routledge.

Plamenatz, J.

1975 *Karl Marx's Philosophy of Man*. Oxford University Press.

Poulantzas, Nicos

1973 *Political Power and Social Classes*. London: New Left Books.

Radnitzky, G.

1968 *Contemporary Schools of Metasciences.* Scandinavian University Books.

Ricoeur, Paul
1974 "Structure and Hermenutics," in *The Conflict of Interpretations.* Evanston: Northwestern University Press.

Schutz, Alfred.
1967 *The Phenomenology of the Social World.* Evanston: Northwestern University Press.
1973 *Collected Paper I.* The Hague: Martinus Nijhuff.

Simmel, Georg
1950 *The Sociology of Georg Simmel.* trans. by K. H. Wolff. New York: The Free Press.

Smith, Anthony D.
1973 *The Concept of Social Change.* London: Routledge and Kegan Paul.

Spencer, Herbert
1967 *The Evolution of Society: Selections from Herbert Spencer's Principles of Sociology.* ed. by R. L. Carneiro. Chicago: The University of Chicago Press.

Tönnies Ferdinard
1957 *Community and Society.* trans. by C. P. Loomis East Lansing, Michigan: Michigan State University Press.

Weber, Max
1968 *Theory of Social and Economic Organization.* New York: The Free Press.

Zaner, R. M.
1973 "Solitude and Sociality: The Critical foundations of the Social Sciences," in G. Psathas(ed.)*Phenomenological Sociology: Issues and Applications.* New York: John Wiley, 25-43.

二、「傳統」概念的社會學分析

一、前　言

　　從十九世紀以來，人類社會，尤其亞非社會，所經驗最爲明顯的問題，莫過於是創新迭現，原有文化傳統一再接受挑戰，社會中的文化叢體不時注入新的元素。在此過程中，不免因新舊交加，使得原有維持社羣關係的基礎動搖，生活方式也因而屢再改變。這樣子的變遷，無疑地，多多少少破壞了原有的社會秩序結構，分化了社會既有的階層關係，平添了不少的緊張。Polanyi (1957) 因而稱此一變遷爲「大轉型」(the great transformation)。

　　西方的社會學者使用了一些不同，但卻相關的概念來描述此一大轉型。譬如 Tönnies (1957) 謂之由「社區社會」(Gemeinschaft) 轉變爲「結社社會」(Gesellschaft)。Simmel (1950) 則認爲社會乃由熟悉的面對面社羣，轉爲陌生人的大都會社會。Durkheim (1933) 則根據社羣中成員間的內聚聯帶力 (solidarity) 的性質，把社會分成機械式的 (mechanical) 與有機式的 (organic)。其他如「世界型相對地方型」

（cosmopolitan—local）、「神聖相對世俗」（sacred-secular）、「身份相對契約」（status-contract）、「民俗相對都市」（folk-urban）、「農業相對工商」等等的二分式的分類概念也因此相伴運生。大體而言，這些概念相當程度地是捕捉到現代社會轉變的基本神貌，但卻無法周延地勾勒其全景，而事實上也沒有一個社會學者有此能耐的。

　　儘管我們難以使用一些簡單的概念來勾繪現代社會變遷的全貌，企圖於錯綜複雜的社會現象中，從事抽絲引線，找出幾條主要的問題線索，卻是可行，而且也是方法上必然要行的工作。Weber（1968）卽採取這樣子的研究進路，認爲現代社會的基本問題卽在於「理性化」（rationalization）的歷史性格上。Marx 則堅持問題之癥結在於人類的生產模式與生產關係的型式的轉變上。假若我們同意 Weber（1968）所指出：社會科學的研究，基本上是而且也必須是探取「選擇性的親近」（elective affinity）方式來進行，則我們有理由根據社會變遷的歷史轉折過程，藉捕捉其所具之時代精神❶，選擇具重要社會意義的現象來加以探索。顯而易見的，在此，有一個問題必須澄清，那就是：如何判定什麼現象是具重要社會意義？這個問題涉及到社會本體論與認識論，難以在此詳加說明。然而，旣是如此，我們何以在此提出此一棘手的問題來？惟一的用意只是嘗試指出，本文所以以「傳統」做爲探討現代社會之重點，乃已關照了社會科學方法論上的要求，因此是可行而且適宜的。

　　旣然二十世紀的社會是一個「大轉型」的社會，社會變遷於是乎是最爲明顯的現象。新與舊如何交替，也就是傳統與創新如何在社會中被

---

❶ 此語出於 Mannheim（1956）。他認爲社會學的研究必須關照到宇宙人生觀（Weltanschuung），以捕捉整個社會的歷史發展精髓。唯有如此，才可以尋找到社會所內涵與企圖表現的意義。譬如，「理性化」卽是以近代科技社會之基本時代精神。

定位，也很自然地成爲大家關心的問題了。就拿近百年來的中國社會來說吧！自從鴉片戰爭以後，西方科技文明排山倒海地傾入中國，中國人經驗到前所未有的心理震撼。面對著具高度生機控制之強勢性㉒的西方文化，中國人幾乎沒有別的途徑，只有「接納」一途。然而，要求一個人接納，尤其是勉強接納一套陌生、異質而且具高度精緻性的東西，並不是一件容易的事。尤其，對具有悠久精深之文化傳統的中國人來說，要求他們放棄原有的價值認知與行爲系統，而採納另外一套的價值認知和行爲系統，更是一項極爲困難的嘗試。況且，西方文化的內容涵蓋面是那麼地廣泛，詮釋體系又是那麼多元而分歧，如何採擷其精髓，自然又是一件難上加難的工作。總之，在一個創新迭現，社會分化迅速而多元，轉變幅度巨劇的社會裏，「傳統」到底居何地位，人們會以怎樣的態度來對待它，對「傳統」所採不同的態度，又將可能導致什麼結果，無疑的是值得探討的問題。基於這些考慮，本文的主旨卽嘗試從社會學的角度來對「傳統」此一概念做初步地解析。

二、傳統的第一特性——延續性

人是一種具有記憶和組織其經驗之能力的動物。記憶使人能夠把過去經歷的事件和對它的感想保留下來；組織能力則使人能夠對其經歷的種種刺激加以整理、排比、和汰選，而終成爲具有體系的認知系統。這兩種能力也同樣地可以在人羣之中看到，只是其形成過程有所不同罷了。籠統地說，人們的經驗雖有異同，但卻可經由不同的處理過程，達致相同的共同期望結果。對於在日常生活中具重要意義而又相同的經驗，毫無疑問的，在人羣中，就極易形成共同的認知模式，轉而孕育成

㉒　關於「生機控制之強勢性」一概念之闡述，參看葉啓政 (1980)。

爲代表該社羣的典範。至於不同的經驗，也會透過人與人之間權力、利益、與地位關係的安排，產生互補、競爭、修飾的現象，也終形成優勢差序而加以汰選。汰選出來的，往往經由種種制度化的社會化管道來加以強化和定型，而延續下去❸。此一過程使得一個社羣的成員所共享的文化內容，縱然在數量上沒有增加，但卻有一部份是可以長久而且矜持地延續下去。

總之，在人羣之中，人們都有形成共同經驗，而且把它延續記憶下去的傾向。此一傾向，我們可以稱之爲文化的「延續性」。這也就是說，一個社會都有一套較爲明顯、占優勢，而且持續一段時間的共同認知體系、生活方式、和文物器用。它們不但涵蓋了過去與現在，而且也引導了未來，具有承先啓後的作用。若借用 Schutz (1973) 的概念來說，在任何的社會裏，具不同時間序列意義的人們，可以而且可能重疊地生活在某一同段的時空之內。譬如，二十歲，三十歲，四十歲，五十歲，六十歲，七十歲，乃至八十歲的人，可以與一個初生，或幼童，或十多歲的青少年同時地生活在一個空間中。因此，一個人所存在的社會裏包含有前人、同代人、與後人。這種人物的重疊，使集體的認知體系能够透過記憶與人物之重疊而延續下去。此一延續卒形成一套特定的文化與行爲模式，此即所謂的「傳統」。

上述的社會過程說明「傳統」具有一基本的內涵，卽：它乃指涉「從過去傳遞到現在的任何事物。」(Shils, 1981:12) 事實上，人與人之間的互動，卽已內涵過去與現在必然要有所銜接的。人與人之間溝通和傳遞訊息，交換社會資源❹，基本上可看成是意義的詮釋和諦造。意義

---

❸ 關於「社會化」概念的詮釋和其孕生的過程，參看葉啓政 (1982)。
❹ 在此，社會資源乃包含權力、地位、財富、知識（訊息）、情感、印象整飾、物質資源、與控制別人身心自由之武力等。

不是憑空而來，必須經由學習才可能產生，也必須先要求在人與人之間具有共同的象徵認知體系，才可能完成的。因此，就人際互動的本質來看，任何時刻的現在式互動關係中，一定要包含有「過去」的成份；也就是說，互動若無過去的共同經驗做基礎，則無以產生了。

既然任何的「現在」都必然包含有「過去」的成份在內，那麼，到底兩者之間的關係要是怎麼樣，才具備有「傳統」的意涵？換句話說，「過去」要如何地在「現在」之中展現，才稱得上是「傳統」。對此，Shils(1981:15) 補充上述之定義，指出：所謂「傳統」的「過去」應當有時間上之長短的界範。以他的意見，至少要持續三個世代以上的「過去」，才足以稱之為「傳統」。至於一個世代要多長久，那就端視社會的情況而定了。對一個變動迅速的社會而言，極可能十年即一世代；對一個變動緩慢的社會而言，則極可能五十年，乃至一百年，兩百年才夠得上稱為一世代。

顯而易見的，就時間持續的標準而言，延續三代以上才足稱為傳統，基本上是一種武斷的選擇。但是，倘若撇開時間長短的標準不談，Shils 此一建議至少有一重要的意義，是值得一提的，那就是：若非持續一段相當長久時間（至少幾十年），一個文化體現不足以稱之為傳統。職是之故，在時間上具延續性，無疑的是構成「傳統」意義的首要元素，乃定義上不可分割的一部份。

三、傳統的第二特性──集體性

傳統的第二個特性是集體性。集體性乃意指相對所指涉之羣體所佔的比重而言。一般來說，人的行為都可能有一定的模式，通常我們並不用「傳統」兩個字來形容，而僅稱之為習慣或個性。當一種行為、觀

念、信仰、價值、或關係形式等被稱爲傳統，則所指涉的必然是體現在人羣之中的文化產品。誠如 Eisensadt (1972:3) 所言的：「傳統乃流行於一個社會中，最具核心意義的社會與文化經驗的貯藏物，它乃實在（reality）之集體性的社會與文化建構中，最具持久性的元素。」說得平白些，傳統指涉的是人們所共享的生活經驗和行爲模式。因此，既然是體現在人羣中的東西，則勢必涉及到「共同」之界定的問題了。大體而言，此一有關「共同」的界定有兩層面的考慮。其一是「數量」上的比重問題，即要有多少成員共同持有，才算得上是「傳統」。其二是「性質」上的選擇問題，即是否每個人或每個次羣體所特別持有的文化元素，都有相同的機會成爲整個羣體的文化傳統。

上述這兩個問題都很難獲得圓滿的答案，也很難在學者之間建立共識性的結論。從經驗實徵的眼光來看，傳統的數量界定是一個有趣的量化問題，但是，就日常生活中之意義形成的過程而言，我們很難說，諸如要有百分之五十一、或百分之七十六、或百分之九十以上的成員共享而持續數代的文化元素，才够資格稱之爲傳統。這樣的經驗檢證方式幾乎是不可行，而且也缺乏實質上的意義。就其結果體現而言，無疑地，某種文化元素一旦形成爲傳統，必然是已在社羣中爲相當數目之成員所共同持有。但是，要有多少比例的成員接受，才够成爲傳統，那就很難認定了。雖然，我們很難在人數上尋找一個比較合理的數字比例來界定某個文化元素是否足够成爲傳統，但是，傳統必然是有相當數目的成員共認的文化元素，則是不爭之事實。換句話說，某一文化產品（包含價值、信仰、思想、行爲模式、或有形之成品），必要在社羣之中，有相當數目的成員具有共同象徵指稱之意識與行爲指涉（也就是具備有產生類似 Durkheim (1933) 所謂之集體意識的象徵意義），乃「傳統」具有之不可分割的內在涵義。基於這個理由，傳統具有「集體性」乃是必

要的條件。

四、傳統的第三特性——優勢合法性

假若不從羣體之體現結果的角度，而就形成之社會過程來看傳統，則數量上的比重並不是重要的問題；相反地，上述之性質上的選擇，才是最重要的考慮。此一考慮可以引申出傳統的另一個特性——優勢合法性。

讓我們暫時撇開傳統此一特性的形成過程不談，而先來爲它的內涵稍加描述。Eisenstadt (1972) 曾指出，傳統乃指涉一個社會用來審查人類存在與社會文化秩序之基本問題的主要方法，也是用來回答和處理有關之重要問題的基本模式。這些問題包含：定義種種有關人類存在與社會政治認同的重要性；體認種種有關文化、社會、政治、和經濟秩序之相關與互賴性的依據；決定參予形成社會與文化秩序的模式；有關上述種種秩序形成之合法性的基礎。簡單地來說，傳統對一個社羣的社會秩序的建構，具有指導「意義之形成與飾化」的神才魅力作用（charismatic function）。在社羣之中，它對成員現行情境的定義，具有相當權威意義的界範作用。易言之，人們對於情境之意義的理解，必須仰賴傳統，固然並不完全爲傳統所制約。綜觀人的社會，幾乎沒有一個人可以完全摒棄傳統，而能够理解和詮釋社會情境。這也正是我們在上文中提及，任何「現在」之中都必然地有「過去」的成份的意思。因此，在任何社會裏，某個程度內，傳統具有神聖的象徵意義，往往是不可輕易改變的。只是其所具之權威性，可能隨時空而有變化而已（Shils, 1958:155）。

旣然傳統具某個程度之權威性乃是普遍的現象，我們很自然地會追

問一個問題，卽：此一權威性，或更恰當地說，優勢合法性，卻是從何而來？要回答這一個問題，那就不能只從上述具「體現結果」意義的數量角度來看，而必須從具「形成過程」意義的性質選擇來著手了。

簡要地說，某一文化元素之所以成爲傳統，乃必須經過制度化的社會化過程，才足以完成的。從人羣關係的角度來看，社會化乃意涵著不同次社羣間之突顯意識的競爭。所謂社會化可以說卽是優勢次社羣使用種種具影響作用的管道（而且往往自稱是合法的），企圖把他們所接受而且矜持的信仰、價值、態度、行爲模式、和有形或無形之象徵成品（包含典章制度在內），加諸於劣勢次社羣的成員身上，要求他們也接受，也持用。此一過程內涵有一重要的意義，卽社會化乃企圖把原屬於一個人或少數人或次羣體之具「個性」的東西，轉變成爲屬全體成員之具「羣性」的東西。這種由「個性」轉變成爲「羣性」的過程，可以說是傳統形成的核心內涵，也是傳統所具之最重要的社會意義。現在，讓我們舉個例子來說明這個過程吧！

儒家思想乃中國文化的一大傳統，這幾乎是一件不必再爭議的歷史事實了。如今，姑且不去細究孔子如何孕發其思想，也不去考證其思想淵源爲何，有一個事實是可以肯定的，那就是：儒家的原始思想乃始於孔子的論語。論語代表孔子個人由前人言行，揉合自己個人的見解而得來的思想結晶。基本上，此一思想結晶乃代表孔子本人對人生、社會、與政治現象等等的獨特見解，因此具備了孔子本人的個性在內。只是，孔子有幸，前有弟子把他平時之言行蒐集起來，以文字的形式流傳下來，而後有漢代之董仲舒「罷黜百家，獨尊儒術」之舉，藉由政治權力來加以合法化。隨後，又因科舉制度的建立，儒家思想被定爲一尊，終遂成爲中國社會的思想主流。尤其，經過歷代無數學者一再地修飾、補充、與詮釋，儒家思想終形成爲一龐大而牢不可破的文化傳統，深烙印

入中國人的心中，成為代表中國人之思想的典範「羣性」。

　　從上面所舉之例子，我們不但可以很清楚地看出傳統形成之社會過程的特質，也看出「優勢合法性」所具的社會意義，更因此看出上述所謂性質上之選擇所具有的涵義。總結上述，此一過程告訴我們，傳統之所以形成，必然要涉及權力與意識的社會分配與運作的問題❺。由於社會化的內容未盡相同、個人的經驗和機遇迥異、利益的依附也未必一致等等因素，人與人之間所具之意識往往不同。意識關涉到一個人對外在現象的認知印象，也決定了其理解和詮釋的方式。如此一來，意識上的差異，無疑地往往把人們導引入不同，乃至是競爭對立的社羣格局。因此，人因意識的不同，而有不同的社會定義和羣屬歸依。不同的社會定義，尤其不同的羣屬歸依和利益立場，使社會中之人羣的認同分裂，而產生競爭、對立、與衝突，乃常見而且幾乎不可避免的社會現象。在競爭、對立、和衝突的過程之中，優劣勢的局面會逐漸展現。

　　影響人羣之間優勢形成之因素頗多，但是，大體而言，一個人或一個羣體掌握社會資源之多寡、權力合法性之有無和程度、具相同意識及羣屬感之人數的多寡、意識本身所具之效用、效率、與關聯度等，乃是最主要的決定因素。總結來說，固然某文化元素欲成為傳統，乃必然內涵有相當數目之成員接納、持用、和合法化該文化元素之條件，但是，從其形成之社會過程來看，則傳統是來自少數，乃至是一個人的獨特思想、行動、信仰、價值等的創新。就此觀點，雖然其結果體現必然要是集體的，傳統的淵源基本上卻是個人的。從個人而至集體的過程中，優勢合法性的樹立則是最根本的考慮了。

---

❺　有關此一問題的詳細討論，參看葉啓政 (1982)。

五、傳統的第四個特性——潛意識性

　　既然傳統乃源自少數人的創新，然後經由社會化的過程而傳散出去，有一個問題因此緊接而來，卽：它如何爲社會成員廣泛地接納？此問題涉及傳散和採納之社會過程的本質，也涉及創新者、傳散者、和採納者之社會角色的本質和其功能之發揮效果的問題。此一問題牽涉甚廣，實非本文之篇幅所能包含。況且，在此部份，主旨乃在於說明傳統之特質，而不在於細述分析其形成過程，因而實無對此一社會化過程詳加描述的必要。有鑒於此，我們只就此一過程中最爲突顯的性質來略加說明也就可以了，此一特性卽「潛意識性」。

　　從上述有關傳統之第三個特性——優勢合法性，我們明白，傳統所以會爲相當數目之社會成員所持用而延續下去，乃因它被制度化，成爲具合法地位之優勢權威體的緣故。但是，優勢權威性如何被合法制度化呢？這是一個很值得追問的問題。要回答這一個問題，就不能不從傳統形成之社會過程的本質談起。事實上，此一過程卽爲社會學者一向所謂之「社會化」過程的一種特殊形式而已，因此，在此，讓我們對社會化過程的性質略加以解析。

　　基本上，社會化過程可以看成是一個社會成員主動或被動要求去知悉、區辨、學習採用某種文化產品，而使之成爲典型之行爲模式的過程。就人際關係地角度來看，社會化乃社會中之優勢份子（如父母、老師、知識領袖、政治權力精英、醫生、法官、警察等）企圖把一套他們認爲正確、合理、而應該順從的觀念、信仰、態度、價值、或行爲模式，加諸於劣勢份子（如子女、學生、員工、被統治者、精神病患者、犯罪者）身上，要求他們實踐的過程。就個人學習過程的角度來看，社

會化則基本上是一種包含無意識，意識化，而至潛意識化的烙印過程。在這兒，我們無法分別就人際關係與個人學習過程兩個層面，仔細來討論社會化過程的性質。但是，為了說明傳統的潛意識性，就此二層面，做一綜合性的描述，則是必要，而且也已足夠給予讀者最起碼的概念輪廓了。

在任何社會裏，對一個新成員，不管是新生嬰兒或新移民，總有一些文化元素是他們原先所不知，但卻為舊成員，尤其優勢成員所肯定的。雖然新成員可能早已具備有學習和接納這些文化元素的心理條件，但是，在他們沒有知悉和學習這些文化元素之前，基本上他們對這些文化元素是處於無知覺的狀態，這也就是社會化的第一個階段 —— 無意識。

既然，對新生兒而言，所有社會既存之文化元素，都是無意識，而對非新生兒之新成員，有些社會既存的文化元素，是不具意識的，因此，社會化之首要任務即是如何使新成員知悉這些文化元素的存在，和使他們瞭解學習它們的必要性。顯而易見的，單要求新成員知悉還不夠，重要的是使他們接受採用，而且分辨清楚何時何地應當使用，何時何地不應當使用。有鑒於此，具優勢地位的舊成員則必須使用種種具社會報酬意義的方式（包含獎賞和懲罰），來增強具劣勢地位之新成員學習他們所預期的行為和意識。

在這一個階段，新成員無疑地必須經常保持高度醒覺的意識，努力去區辨文化元素之性質和使用的場合。他們必須學習恰確地掌握情境，以保證他們的意識內容和行為模式，是合乎優勢成員所界定的期望與規範要求。任何的差錯，都可能引起優勢成員的不滿或不同意，而可能遭受到懲罰。因此，劣勢成員對優勢成員所認定的共同文化元素保持相當程度的意識狀態，乃社會化過程絕對必要的心理過程。就讓我們拿中國

人吃飯用筷子這樣一個簡單的文化傳統爲例來說明吧！通常，一個中國小孩子長到兩歲左右，父母即會要求他學習使用筷子。姑且不管父母使用什麼方式教導小孩子使用筷子，此時的小孩子即常處於高度的意識醒覺狀態，以區辨在何情境下應當使用筷子，而筷子應當怎樣地執拿，才不至於遭受到父母的指責，也才不會遭受到同儕的嘲笑。

就心理的角度來看，高度的意識醒覺即意涵著相當程度的心理緊張。但是，人不可能一直處於緊張的狀態，長期的心理緊張，會使一個人的精神崩潰。當然，人類解決心理緊張的方式很多，他可能退縮，可能逃離情境，也可能反抗。然而，學習去適應它，克服它，卻是人所具有的一種能力，也是常用的方式。在一般的情況下，社會的新成員都具有能力來轉化其意識狀態，此即學習而使之成爲習慣性的行爲。就拿上述小孩子學用筷子的例子來說吧！一個小孩子不可能一直以戰戰兢兢的心情來使用筷子。經過多次的練習，一旦習之以久，只要肌肉的發展是正常的話，小孩子一定學會了適當地掌握筷子。而且，只要有起碼的智力，小孩子也知道區辨使用的情境。這樣的學習，通常使得小孩子有能力不自覺地去使用筷子，而且也不自覺地知道什麼時候應當使用筷子。

以上的敍述意涵著，社會化過程要完成，一定要經過一個階段，它使已具高度意識之文化元素，潛化成爲習慣性的認知和行爲模式。我們不妨稱之文化元素的潛意識化。這種由意識轉化爲潛意識的過程，就有如舖鐵軌一般，一旦鐵軌舖成了，就成爲一定的軌道了。我們通常稱這個過程爲路徑化（routinization）（葉啓政，1982）。一種文化元素，惟有經過此一過程，才可能爲新成員廣泛持續地採用，而成爲傳統的一部分。否則的話，行爲很容易消失或改變，傳統自然也就無以形成了。社會學者所謂的「民俗」，可以說是說明傳統此一潛意性的最佳例子。中國人過年時吃年糕、端午節時吃粽子、中秋節時吃月餅，都已成爲習慣

性的季節行為，到了適當的時候，中國人很自然地就會照著辦，而不必認眞地去問理由了。一旦認眞地去問理由，我們往往只用「傳統嗎，老祖宗傳下來，就是如此」一句話，就把它打發過去。假若再要問下去，那可能就會動搖到這個傳統的存在了。

在這兒，我們必須再略加補充，以免引起誤解。當我們說傳統具潛意性，此一潛意性絕不可能只是屬於個人或少數人的心理狀態。理論上，社會化的潛意性只是意涵成員所必須具備的社會心理特質，並沒有保證它必然是屬於大多數人所共同具有的。因此，要使某一文化元素成為傳統，固然潛意識化是必要的條件，但卻不是惟一的。必須同時具備上述所說的延續性、集體性、和優勢合法性，此一潛意識化的過程才足以有使文化元素成為傳統的可能。

六、傳統的第五特性——羣屬認同性

以上四個特性乃從傳統形成之社會過程的角度來描述，這些特性可以說是文化元素之所以成為傳統所不可或缺的基本內涵，乃缺一不可的。但是，除了從「過程」來描述傳統的特性之外，我們尚可以而且也應該從其體現的社會結果來看。在此，我們列舉三個重要的特性來討論：其一是羣屬認同性；其二是實用方便性；其三是可塑性。現讓我們對此三個特性分別加以簡單敍述。

前面我們提到，傳統必然要具備延續性和集體性。假若我們對此二特性加以引伸，則乃意涵傳統往往被視為是代表社羣的基本象徵體的意思。這話怎麼說呢？既然傳統必然是為大部份的社羣成員所接納，或要求他們接納，而且是延續好幾代，顯而易見的，時間與空間的涵蓋，使得傳統在社會成員的心目中具有相當神聖的意義。尤其，經過社會中之

優勢份子加以制度合法化，傳統更往往被用來當成維持社會秩序的憑藉。

Durkheim (1933)在其著作「分工論」中曾論及人類社羣之形成。根據他的說法，社會之組成，推其源流，並不是如 Rousseau 所說的，乃基於人與人的契約同意，而是來自於集體意識 (collective consciousness) 的作用。人與人交往，必須先有可資溝通的共同資訊媒體。因此，使用具有產生互為主觀 (intersubjective) 之可能的象徵符號(如語言、文字、手勢等)，很自然地是必要的條件。但是，重要的是，互為主觀是如何的形成，因為若無此，溝通的象徵媒體就無法獲得。大體而言，在具共同意義之象徵媒介產生以前，人與人之間必須先分享有相當程度的共同經驗，也必須具備有某個程度的共識條件，社會化卽是使社會成員形成共同經驗的必要手段。基於這樣的前題，人與人一開始互動，卽有追尋有效溝通的傾向，而且也因此有形成共同意識的可能。

Durkheim (1961) 嘗試從初民社會的宗敎儀式行為裏尋找人類社羣形成的基礎，他下結論說，不管宗敎信仰為何，基本上可以說都是對社會本身產生一種神聖的崇拜心理所造成的。人常因聚會歡樂而產生有一種意氣飛揚、陶陶然的心理境界。這種心理感受是使人產生羣屬之集體意識的最原始基礎。我們姑且不去細究 Durkheim 的理論是否恰確，至少把集體意識的形成看成是社羣所以具形而延續的原動力的說法，似乎是可以接受的，而傳統卽是代表社羣的一種極具持續力的集體意識。這種集體意識經過社會化中的潛意識化過程，往往根植於成員的心中，成為牢不可破的認知主體，而且也成為成員之間相互認同的基礎。因此，共享某些行為和認知習慣（卽傳統），乃成員認定羣屬的依據。譬如，我們常可聽到：「我們中國人一向是怎樣怎樣」的說法。這種表達方式卽意味著，傳統是羣屬認定的經驗依據。總之，對人類來說，用來當成

羣屬認定的文化元素，往往是被視爲理所當然的，因此，它具有神聖不可侵犯的意味，也是傳統經常具有神聖意義的理由。任何破壞的企圖往往都會遭受成員們的抗拒。同時，由於它是神聖的，人們對它產生一種相當牢固的情愫，對它寄以無限的感情。這種感情由上代承襲下來，是相當原始的。因此，我們若說傳統具有感情性，實亦不爲過的。

七、傳統的第六特性——實用方便性

Shils (1981: 201-204) 認爲傳統之所以會被一再地接納和延續，是因爲它具有實用方便性。他說：「 在絕大多數的情況下， 傳統或其被接納的部份之所以被接受，乃因在此情境下此一行動被認爲是必要的，乃自明地被引套出來。絕大部份的人都沒有足夠的想像力去構思出另外的途徑； 同時， 在已有一些定模在手的情形下， 人們也不感覺到有構思一些新方式的迫切需要，這種情形尤其是當依此定模所引伸之行動已顯示出具有可用性時，更是如此。」 (p. 201) 他又說：「假若根據某一已接受的方便標準， 某些事可以很方便地去履行， 那也就足夠了。方便乃意指不必太痛苦或太費神和費力地去達致相當滿意的結果。一種行爲方式之既定性所以被視爲可接受的，乃因它可產生喜欲而可接受的結果。」 (p. 202) 因此，只有當傳統爲社會成員帶來明顯而廣泛的不幸時， 傳統的地位才開始動搖， 也才有不被繼續持用的可能。Shils 隨著推論說：「只要是持續下去，傳統必然是『 可用 』的。一個一再帶來災害，或一再顯示明顯錯誤的傳統，將不可能持續下去的。」(1981: 203)

Shils 此一有關傳統的方便法則 (principle of convenience)，基本上是建立在實際效用的假設前提上，也就是說：任何的文化元素都具有

「適者生存，不適者淘汰」的命運。因此，它是一種「功能」性的回溯詮釋，乃假定每一種文化元素的存在必定有其社會的功能，縱然我們很可能無法明確地把它的功能認定出來。事實上，這樣子來看待傳統的社會學意義，與早期英國人類學家 Malinowski (1926) 所提之功能的概念，有同工異趣之味道。當我們說任何傳統之所以會存在必然是因爲它有用，這與 Malinowski (1926: 132) 之普遍功能論的假設 (postulate of universal functionalism)：「在任何型態的文明中，任何風俗、物質客體、觀念、與信仰均履行某些緊要的功能」，幾乎是相同的宣稱（參看 Merton, 1968）。

在此，我們要指出的是，以功能的角度來回溯詮釋傳統的意義，並不是完全不可以接受的。我們的問題是在於，倘若不把社會條件加以釐清，而把傳統的實用方便的社會意義做無條件的引伸，則不免會有越位之嫌。因此，我們在此所將做的工作即是對傳統此一特性予以定位，把此一特性所可能內涵的社會條件羅列出來。

事實上，Shils 在前面引述的文字裏，已隱約地點明了傳統之「方便法則」形成的條件了。他指出，傳統所以被認爲是有效而且方便，主要是因爲絕大多數的社會成員都沒有足夠的想像力去另闢蹊徑。當然，缺乏想像力會使一個人固守傳統不放，但是，無論如何，這樣子來看傳統所以具實用方便性，終究是太過於消極而迂廻。傳統所以可能在現實社會中常具實用方便性，應當從上述的三個特性——優勢合法性、潛意識性、與羣屬認同性來瞭解。

從傳統的優勢合法性、潛意識性、與羣屬認同性，我們馬上可以引伸出來的是傳統的一種社會動力——保守化。既然傳統一旦形成後即具有優勢合法性，而且往往被成員認爲乃是代表社羣之性格的主要象徵體，那麼傳統無疑是神聖的，人們對它是具感情的。對賦予以情感的神

聖體，人們是不願輕易加以更改的。縱然是體味到不方便，乃至不再具
有實用效率，人們也往往遲疑，不肯輕言放棄。況且，要鑑定一個傳統
是不方便、不具實用效率，並不是一件容易的事。尤其，當一個傳統持
續已久，而且具高度之統攝力時，它早已滲透入社會體系中的任何角
落。在此情形下，誠如 Shils 所說的，其實用方便性早已深嵌在社會
體系既有的行動關係網絡之中，因此其實用方便性事實上乃早已是自明
的。關於傳統此一自主性，我們留待下面論及核心傳統與邊陲傳統時，
再詳加說明。

再說，潛意識化乃意涵人們對某種認知或行動方式的習慣化，因
此，很自然的，傳統的潛意識性已多少表示它有限制，乃至排除社會成
員產生創新，或接受其他可能之蹊徑的趨勢。在沒有其他外來之明顯途徑
足以競爭的情況下，潛意識化的傳統順理成章地也就成為人們惟一可以
依據的行動指導了。因此，傳統具有實用方便性也自然地是相當自明的。

綜合以上的論證，我們可以說，傳統所以會是實用而且被視為是方
便，並不是內涵的絕對客觀條件，而是在下列的前題下才可能具備的。
此些前題為：(1)社會裏無明顯且具強勢抗衡力的另外選擇蹊徑、或(2)
倘若已有另外的選擇，但絕大部份成員並沒有意識到它的存在、或 (3)
成員們已意識到有其他可能的蹊徑，但卻不認為有採納以取代舊有之傳
統的必要。總結以上的前題來說，傳統之實用方便性所指的是成員對傳
統的主觀認知體現。若加以理性而客觀的解析，這種主觀認知體現並不
等於保證傳統必然是最為實用方便的。因此，客觀上，傳統是否真的實
用方便乃是相對於整個社會的既有結構模式。簡要地說，當社會處於長
期的靜止不變狀態下，傳統不但主觀上被成員視為是實用方便，而且客
觀上也可能的確是實用方便的。但是，一旦社會開始產生變遷，則縱然
絕大部份之成員對傳統有實用方便感，但客觀上卻就未必了。這種主觀

與客觀的雙重考慮，乃是澄清傳統之實用方便性，所不可或缺的認識基礎。若要進一步解析，則其間所涉及的問題頗多，而且勢必要求從更抽象的理論層面來檢視。若此，實非本文篇幅所及，因此就此停筆，不再進一步分析了。

八、傳統的第七特性——可塑性

任何社會的傳統都不可能保持歷久不變，否則，社會不可能產生變遷，人類文明也不可能有進展。職是之故，在實際的社會過程中，傳統尚有一個性質，即可塑性。就其內涵而言，此一特性與上述的前四個特性略有不同，而與後二者較為相似。若說上述前四個特性是傳統形成的必要條件，則此一特性與羣屬認同性與實用方便性都只是具有「歷史事實」之意義的特性而已。嚴格來說，它不是傳統必要的條件，而僅祇是在人類歷史中常可看到的經驗事實。換句話說，不管其所以如此的理由為何，傳統常常被修飾，被再塑的。這幾乎已成為歷史的鐵律，只是被修飾的程度與速率可能不一樣而已。有的被修飾得迅速些，幅度大些；有的則相當緩慢，幅度相當小，必須經過相當漫長的歲月，才可能被查覺出來。

乍看之下，傳統此一特性與「延續性」是互相矛盾的。延續性乃意味著，具傳統之涵義的文化元素是相當穩定，而可塑性則又指明傳統未必是自衍不變，而是可修飾更改，乃至可重建的。但是，假若我們認真地解析上述有關此二性質之內涵意義，則我們可以發現，此二性質並不是完全矛盾的，因為延續性是傳統的必要條件，而可塑性只是常見的歷史性格。因此，可塑性只具外延意義，而不是內涵在傳統的概念之內，但它卻是內涵在社會動力之歷史過程的一種延伸性質，是不可輕易

加以忽視的。Shils (1981: 14-15) 對傳統此一特性有一段相當精闢的
說法，值得在此引用。他說：「傳統並不是可以獨立地自我再製或自我
緻化 (self-reproductive or self-elaborating)，惟有具有生命、認知、
與欲望的人類才可制定、和再制、和修飾它。」Shils 這一段話說明了
傳統產生變飾的社會本質及其來源。此一論點表明了一個基本的命題，
即傳統之所以可變，並不是自衍自生的，而是揉合了人為的努力的結
果。

　　為了釐清上述的命題，讓我們暫時撤開延續性與可塑性之間表面上
所顯示矛盾的弔詭關係不談，而先來討論傳統何以具有可塑性，此可塑
性又具有怎樣的社會學涵義。由於此一特性直接涉及到「傳統與社會變
遷的關係」的問題，而此一問題乃亞非社會當前共同關心的重要問題，
因此，我們必須特別加以一提的。

　　要對傳統的可塑性有適當的瞭解，惟有扣緊「世代」的概念，才有
可能。在前面論及傳統的延續性時，我們曾提及 Shils 的論點，他認為
至少要延續三代或以上，文化元素才可能具有成為傳統的意義。在上文
中，我們也曾提及，必須延續幾代或時間要延續多久，文化元素才具有
成為傳統的意義，原是武斷的，因此是值得爭論的。但是，無論如何，
任何文化元素所具內涵的意義必須在社會中延續一段相當長的時間，而
且也必須延續數代，乃傳統形成的絕對必要條件。既然是如此，不同之
世代，尤其在時間上鄰近的兩個世代，對於同一個文化元素，是否持有
完全相同的認知和行動模式，乃決定(1)傳統是否繼續存在下去和(2)傳
統如何地延續下去的關鍵。

　　本質上，一個人的活動都是以現在式來進行，其對日常生活的建構
也是屬於現在的。這一句話的意思是：任何的社會行動都是行動者對行
動當刻之情境加以研判、定義、和界範之後而產生的。Lewin (1951)

用一個很傳神的名詞來稱人之行動的這種特質，他稱之「於某一時段定義情境」（defining situation at a given time）。根據 Lewin 的說法，一個人對情境的定義，雖然本質上是屬於現在的，但是這個「現在」事實上必然同時地包含過去、現在、和未來三方面的考慮在內。扼要地來說，這個概念的意思是說，一個人定義情境的當刻時，必然同時受到三方面的因素所影響：(1)過去的經驗、(2)當時之情境所具之客觀條件、和 (3) 對可預期之未來的期望。若把這個概念用於瞭解「傳統」上，則乃意指從過去傳遞下來具「傳統」意義的文化元素，加在行動者之身上時，他都會根據過去已有的經驗，當時之情境條件，和自己的期望，或多或少地重新賦予以詮釋。這種個人因素的介入，無疑地往往會給予傳統新的意義，只是將注入多少新的意義，和此一意義對傳統的內涵是否具有改變或修飾而使之成為社會共有的文化元素，則端看其他的條件而定。

大體而言，決定傳統之新意義是否可能延續下去的條件有五。第一、既有之傳統本身在整個社會之象徵體系中的地位。一般，一個傳統愈是屬於社會的中心象徵，或愈具優勢合法性，則愈難以更改或乃至修飾。因此，當賦予以新意義，尤其是愈與原意義相離背時，則往往愈難以被大多數人，尤其優勢成員所接受。第二、行動者所提供之新意義詮釋體系愈是周延，或愈與舊有意義相輔相成，則愈是有說服力，因此愈可能讓成員們接納。第三、當行動者所掌握之社會資源愈多，尤其是掌握有運作合法權威之力量愈大，譬如政治權力愈大、知識地位愈高，則其所提供之新意義的詮釋，愈可能被接納而成為新傳統。第四、所賦予的新意義，愈是為基層大眾所廣泛接納和流傳，則愈能被定型下來。第五、所賦予的新意義，愈是與其他文化元素在功能上相搭配，易言之，愈具實用性，則愈易被接納。

總之，從個體建構日常生活所具之「現在」性的社會過程來看，不

同人，尤其不同世代，極可能由於過去經驗不盡相同、當前客觀社會條件不一、和對未來之期望有異，而對同一文化元素的意義有了不同的詮釋，乃至重建嶄新的文化元素。此一定義社會生活情境的特質乃是傳統所以具可塑性的社會基礎。因此，傳統如何展現於現在，乃緊接而來的問題。

九、傳統之延續性與可塑性的關係

Shils(1981: 52-53) 謂，傳統即「對過去的影像」。但此一過去影像絕不完全同於以往對相同於現在當前之事件的一貫處理方式，也不完全同於傳統的行動方式和目標。易言之，此一過去影像乃現在的過去影像，而絕不祇是過去對過去的影像。因此，傳統所內涵的過去影像，對「現在」的社會建構，具有兩層本質不同但卻相關的意義。「他們把過去當成一影像帶入現在，他們也把過去對過去所具之影像帶入現在。」(Shils, 1981: 52) Shils 此一對過去與現在的雙重關係的說明，與 Schutz (1973) 所提之一度解釋 (the first degree of interpretation) 和二度解釋 (the second degree of interpretation) 有同工異趣的融通處，也與 Collingwood (1946) 所謂歷史乃史學家在自己腦中對過去思想加以重演之結果的論調相呼應❻。

Shils 這一段話意涵著，傳統並不等於過去所發生之「客觀」事實本身，也不是過去某一段時空內所提出之優勢意義詮釋體系。雖然過去某段時空內對過去某文化元素之意義的詮釋，可能經由口述、文字、或器物等媒體而流傳下來，然而行動之當事者（廣義地來說，可以指所有

❻ 史學家對「歷史」本質之探討，頗與「傳統」所具之特質的瞭解相類似。關於史學研究之討論，頗可爲討論「傳統」之借鏡。Rock (1976) 套用 Schutz 之現象學來討論史學研究之性質，值得一讀。余英時 (1976) 有關章實齋與 Collingwood 之比較，亦值參考。

當代人）對過去加以詮釋而嵌入於現在的部份，也是傳統的一部份。此一部份即使現在的「傳統」與過去的「傳統」可能產生不同的源頭，傳統的可塑性也即源於此。現在讓我們舉個例子來說明。

論語是中國歷史中一部影響深遠的書籍，其立論中所內涵的價值、思想、和行為模式，經過一千多年來的傳留，已成為中國文化的大傳統。我們可以做這麼一個假定，假定孔子在論語中所提到的道理，他本人無疑地應當有自己的理解和詮釋方式，儘管我們目前無法確知他自己到底可能做何理解和詮釋。事實上，這應當不只是一個假定，而是一個必然的社會事實。不管如何，孔子對論語的理解和詮釋，即是 Shils 所謂之「過去對過去所具的影像」的一種。後來，朱熹讀了論語，他除了嘗試恰確地捕捉孔子當時的原意外，毫無疑問地，也會因「於某一時段定義情境」的作用，加入了自己的詮解，用他以為是孔子的原意的意思來說明和闡述他當時的「現在」，此即 Shils 所謂的現在中的過去影像。因此構成一個人之「現在」的實體中必然有過去的成份，而此一過去的成份則又有兩部份，一部份即過去對過去所具之影像，姑且稱之為「一度過去」；另一部份即行動當事者嵌入現在中所自認為的「過去」，姑且稱之「二度過去」。當然，當我們今天讀起論語，朱熹的詮解已不再是二度過去，而與孔子之詮解（假如有的話）一樣，都是一度過去了。我們只是於此一個更豐富、更龐多的過去之中，再注入一個「二度過去」，以留給後人；成為另外一個「一度過去」的傳統體系。因此，傳統之衍展事實上可以看成是此二種過去互相交織作用的結果。此一交織的過程，即已蘊涵傳統所具之延續性與可塑性之間，並不是必然地對立或矛盾的。相反地，它們可以是相輔相成的。

概念上，一度過去與二度過去是可以獨立分開的，但在實際運生的社會過程中，卻是密切相關的。對一個行動者而言，一度過去可以看成

是客觀已有的社會實體，這一種傳統乃構成一個人日常生活中所具之知識的一部份。對行動者，這是社會環境的一部份，也可以說是其所認識到之「過去」的一部份，乃至是整個客體。換句話說，此種一度過去往往是行動者在「現在」之中建構「二度過去」的主要內容依據。如此的互相關係與互相作用，即形成一個「過去」的整體。行動者即把此整體影像當成是實體，而附聯到「現在」之上。因此，理論上，任何的「現在」都可看成是「過去」的重組。在重組的過程中，除了加添一些嶄新的成份外，其所以之為「新」，乃得視其對舊元素的組合模式本身是否迴異於舊有的模式。通常，每一世代除了保留有一部分既有之過去的文化元素的原有組合形式之外，都會以不同組合形式姿態來展現舊有文化元素。此二部份即構成具「現在」意義的傳統的整體。前者的過去即傳統所以具有歷史延續性的要件，而後者的過去即傳統所以也同時具有可塑性的要件，當然它並不是惟一的要件。

十、核心傳統與邊陲傳統

單就構成「過去」之文化元素的組合狀態，並無法完全掌握傳統所以具有延續性與可塑性的雙重性格。傳統之所以具有此一雙重性格，尚應考慮文化元素的階層性。在此，所謂文化元素的階層性乃指：不同之文化元素，對社會整體或社會成員，具有不同程度的必要性，也具有不同程度的統攝力，因此有不同程度的影響力。為了分析上的方便，我們依其階層性把傳統分成兩類。一類稱之為「核心傳統」；另一類則稱之為「邊陲傳統」。

在一個社會裏，有些傳統具有相當重要而且統攝面甚為廣泛的象徵意義。它的影響力不但廣泛而深遠，接納和被要求接納它的成員數目也

往往較多，而且往往在時間上延續甚久，並滲透到社會中的每個角落，尤其是以牢不可破的體系展現在社會制度之上。譬如中國的儒家思想卽是一例。經過漢代董仲舒罷黜百家、獨尊儒學，並且此後把儒術列入爲科舉的考試內容之後，儒家思想卽滲透至中國社會的每個角落，廣泛地要求中國人（至少讀書人）接納。經過世代相傳，儒家思想逐成爲中國社會的核心傳統，一直至民初五四時代，均相繼而不衰。

所謂「邊陲傳統」則指文化元素雖然延續一段時間，乃至相傳已久，也相當廣泛地流傳，而且也具合法性和潛意識性，但是其所具之象徵意義的統攝力相當有限，影響力往往狹圍，而且也非深遠。因此，與核心傳統相比較，邊陲傳統相對地易於加以修飾、萎縮，乃至消跡。譬如中國的剪紙藝術、布袋戲、童養媳的風俗、南管等均屬邊陲傳統。

概念上，核心傳統和邊陲傳統是可以做如上的區分，但是，這樣子的區分是不够的，因爲我們還是沒有清楚地標明出，在社會中的種種文化元素中，何者是屬核心傳統，何者是屬邊陲傳統。不過，對體現在社會中之種種文化元素傳統，給予「核心」與「邊陲」的認定，對瞭解傳統與社會變遷的關係，是絕對必要的，因爲惟有如此，才可以幫助我們澄清傳統如何在社會變遷之中加以保留、修飾、或完全揚棄，也才可以幫助我們瞭解在社會變遷中可能遭遇到什麼問題。基於這樣的考慮，讓我們再引介另外一些概念，以來釐清這些問題的癥結。

十一、傳統之可塑性、羣屬認同性、與實用方便性的關係

假若允許我們把一個人的日常生活內容分成象徵理念、制度典章、

與器用三個層面⑦，則我們不難發現其間大致有一規律存在著。 此規律
卽：此三層面的文化元素雖具有某種必然的互賴互動關係，但是大體而
言，凡是一文化元素愈是屬象徵理念或制度典章性質之傳統者，愈可能
是具核心傳統的性質。 相反地， 器用的傳統， 則往往具邊陲傳統的性
格。換句話說，象徵理念與制度典章往往較具有深遠的社會滲透力，不
易輕易地更改，而器用文化體則較不具有滲透力，因而較易加以更改。
何以如此地說，就必須從此三類文化元素所具之社會特質來解析了。

在一個人的日常生活之中，象徵理念（如儒家之「仁」的觀念）可
以說是詮釋個體之生命和社會活動之意義，並且指導行為和締造理想的
根本動力。若用 Parsons (1966) 的概念來形容，象徵理念乃一個社羣
具有定型之理想體系和行為模式的最終指導原則， Parsons 因此稱之為
「模式的維續」 (pattern maintenance)。因此，就其社會過程而言，
雖然象徵理念本質上是抽象的，但卻可以而且必然地以某種形式轉型，
落實到生活中的所有層面。它不但要落實到典章制度之中，而且也一定
要嵌入器用體之內，因為人類終究是意識的動物，他們追求意義，也締
造意義 (Cassirer, 1944)。職是之故，體現在象徵理念上的傳統，無論
就其所具之延續性、集體性、優勢合法性、和潛意識性而言，都是十分
顯著、深遠、而且牢固的。若用 Rokeach (1960) 的概念來解釋，卽它
往往是人們的核心信仰 (core belief)， 不是輕易可以更改的。當然，
此處所指的不是個人的核心信仰，而是羣體之成員共同具有的核心信仰，
乃代表一羣人的宇宙人生觀。正因為如此，它具有相當深遠而顯著的社
會滲透力和統攝力，必然地涵蓋一個人之社會生活的任何層面。這種廣

⑦ Eisenstadt (1972) 於一討論有關傳統之文章中，把傳統所涉及到的層面
分成象徵 (symbolic) 與結構組織 (structural-organizational) 兩方
面。作者以為此一分類乃因 Eisenstadt 欲率就討論智識份子與政治精英
或官僚人員之間的緊張關係而衍生。固然如此分類有其討論之價值，但似
乎未夠周延，未能涵蓋器用，乃一大遺漏。

深的滲透統攝力卽往往使象徵理念傳統表現出相當強韌的持續力，難以輕易加以更改，甚至略加修飾也不是容易的。近代中國社會在變遷之中，雖然面對外來之西方思想的強勢挑戰下，傳統之儒家思想一再地表現出強韌的抗拒力，卽是一最佳的寫照。

再看體現在典章制度的文化體。從社會學的眼光來看，典章制度乃是安排人與人之關係的文化型式。對於人與人的互動，人都會有要求維持秩序的傾向。雖然每個人對秩序的定義可能不同，所具有之秩序感也不盡相同，但是要求某種秩序的型式，卻是共同的願望。就功能的角度來看，秩序乃用來保證一個個體在人羣之中的生存條件，而且任何秩序的型式也卽界定了生存的合法方式。因此，任何社會都有一套特定的形式來分配權力、財富、地位、和聲望。這一套分配的型式卽界範了獲取機會的安排，也因此定義了自我❽。

由於典章制度直接地涉及到社會成員在權力、財富、地位、與聲望上的分配法則，因此對成員而言，本質上是具「利益」意義的。正因為如此，展現在此一層面的傳統形式的持續性也甚為強韌。尤其，任何社會的既得利益者往往卽是掌握有社會資源者，他們是典章制度傳統的合法詮釋者。同時，由於利益之所在，這些掌握有定義社會資源之分配的合法性的人（或具體來說，精英份子），有矜持傳統，而不求改變的傾向。此一傾向無疑地是促使此一層面之傳統具有核心意味的社會原動力❾。尤有進之，人類的象徵理念都有一些信仰與價值為其建構的基礎，而信仰與價值往往依附在某種的意識形態之上。因此，任何典章制

---

❽ 此處所謂之合法社會資源乃特指掌握有互為主觀之合法性意義的能力以運用及詮釋權力、地位、財富、知識、與武力者。如政客。

❾ 事實上，此一問題十分複雜，欲進一步討論，就必須牽涉到社會權力結構與精英份子的問題。因本文重點不在此，故略而不談。有關此方面之討論，可參看 Eisenstadt (1972; 1973)、Shils (1974) 或葉啓政 (1979)。

度與象徵理念相掛鈎時，意識形態與維護利益相互呼應推動，成爲繼續於持某種特定象徵理念和典章制度的基本社會驅力。在意識形態和維護利益的雙重要求下，社羣中之優勢份子很自然地有固守既有象徵理念和典章制度之傳統的心理傾向。在此條件下，此二層面之傳統的實用方便性是明顯的，它因而具有相當特殊的社會意義。

在前面的討論裏，我們很清楚地可以看出一個重要的社會現象，值得在此再加以引伸。一般來說，象徵理念和典章制度的傳統乃源自於少數的精英份子。不管他們是基於何種動機來締造傳統，這種傳統的社會來源無疑地說明著，象徵理念與典章制度傳統要求具有優勢合法性往往是特別明顯，也特別地需要加以強調。其理由是多方面的。第一、社會秩序有賴此二層面的傳統才得以延續，否則秩序必須再重建。第二、掌握此二傳統之詮釋工作的精英份了，共利益往往有賴此二傳統所內涵的形式才得以保護。第三、此二傳統乃反映掌握有較多社會資源之精英份子的意識形態。第四、就其社會功能來看，象徵理念乃指導一個社會之各種體現之形式發展的最終決定體，它界定了一個社會的基本模式，而典章制度則是實踐此一社會之共同目標的合法形式，因此，二者是共生共存，而且是核心的。

以上四個理由很明顯地指明，象徵理念與典章制度的傳統往往具神聖意味的權威性。它是引導社會運轉的動因，具有指導決定的潛勢，而不是受制的結果。它們是因，而不是果。這種意涵使此二方面的傳統，在無明顯外來之同層面的其他蹊徑的挑戰時，顯得十分地強靱，而且往往相當地自主。再者，縱然面對強勁的外來挑戰，它也往往固守陣地，不肯輕易被改變。這可從晚清以來，卽使在外來之西方文明的衝擊下，中國人，尤其在權者及擁護的知識份子，一直不肯輕易放棄舊有的儒家思想傳統，更不肯輕易更改政治體制的歷史事實得到佐證。

　　由於此二層面之傳統具有高度的權威性與自主性，更由於它們具有「緣因」意味之指導與決定的社會意義，此二層面之傳統因而乃是羣屬認同的基礎，它本身具有相當自延意思的實用方便性，至少對於在權者是如此的。此種實用方便性，誠如上述的，乃是在權者基於本身之意識形態與利益歸依而引伸出來的主觀認知結果。職是之故，在此二層面上，傳統的羣屬認同性和實用方便性一旦被確立下來，往往就相當地持續，不太容易被更改的。

　　至於器用傳統，則情形大爲不同。大體而言，器用傳統的維續與否基本上乃依循經濟上的邊際效率法則，其自主性因此相對地降低了。器用本身具工具手段的性格，乃用來表現某種核心象徵理念，維持某種制度秩序，以確保個人或社羣團體的利益。因此，器用傳統本質上不具極終價值的涵意，而是僅具「條件」意味的。它是否會持續，端看：(1)它是否可以有效率地達致所預定的目標，和(2)其所內涵之象徵理念和典章制度的意義是否重要。換句話說，假若一種器用傳統和個體或社羣之獨立生存無關，或其所具之象徵意義亦非屬核心者，則當給予適當的刺激，只要此一刺激具有更高的實用價值或更爲方便，或具其他社會意義，此一器用傳統很容易被改變或消跡。譬如轎子、馬車爲汽車所取代，卽是一個明例。或者，雖然某種器用傳統與維持個體或羣體之獨立生存有息息相關的關係，但是在競爭之下，卻無法與其他內生或外來之創新，在效用與效率上相抗拒。此時，爲了適應生存，器用傳統也會很容易地被改變了。譬如，鴉片戰爭之後，清廷推動自強運動，以洋槍洋砲來取代傳統的兵器，卽是此種情形的最佳例證。

　　從以上的敍述裏，我們不難發現，就前面所列之七種有關傳統的特性來看，器用傳統所具的，無論就強度或幅度，都比象徵理念或典章制度傳統所具的，都來得弱些。單就實用方便性而言，器用傳統與前二者

之傳統就有性質上的不同。器用傳統的實用方便性乃建立在其本身所具的經濟邊際效率上， 基本上是受制於工具理性的； 象徵理念和典章制度，尤其是前者之實用方便性則是預設的，它並不完全依循經濟邊際效率法則，相反地，它是自訂而自明的。再就優勢合法性而言，由於器用傳統本質上是一種手段，因此經濟邊際效率法則乃決定其優勢合性的最主要依據。但是，對象徵理念和典章制度傳統而言，則情形不同了。在此二層面上，傳統之優勢合法性與其實用方便性一般，乃是來自於優勢成員的安排結果，因此此一性質，無論在強度、幅度、持續力上，都比器用傳統來得強，而不易更改。從此二性質的討論，我們可以順著地推演出: 無論在持續性、集體性、潛意性、或羣屬認同性上，象徵理念與典章制度的傳統（尤其是前者）所具之強度、幅度、和持續力都比器用傳統來得大，而只有在可塑性上，其情形正好是相反的。

在此，我們必須聲明，此處所謂之器用傳統，並不包含具有藝術或儀式意義的器用在內，而只指涉那些用來應付日常生活之基本和社會生存所必需的器用，如器皿、交通工具、衣飾、武器、及其他日用品等。因此，我們在上文中特別地指明器用傳統的工具性，卽意涵把器用侷限於非藝術品或儀式用途者。就藝術或儀式器用來看，它們本質上不是用來當成應付日常生活之基本生存的用途。或用 Parsons (1966) 的術語來說，它們並不具適應的功能 (function of adaptation)，而是人類對象徵理念的一種表現方式，因此它們往往具有獨立的個性，必須保持相當獨立的傳統性。此一性格的體現，使此類的器用具有超越實用與方便的意味，此卽藝術品之所以有其價值之所在。一件藝術品或儀式器用就因爲它具有特殊時空之風格傳統，或具有高度神聖象徵之意味，才使之具有社會意義⑩。

---

⑩ 此一立論並不是否認藝術的傳統不變。事實上，藝術也會因時代之核心象徵理念與社會結構的改變而改變。關於此一問題，因非本文之討論重點，故不再加申述。

十二、結語——傳統與變遷

以上的討論指明了一個很重要的事實，即傳統並不是一個不可再分割的最後實體。其實，正相反地，傳統是一個統攝甚廣的總稱概念，它應當可以再緻化來加以討論的。在本文裏，我們列舉三種文化體：象徵理念、典章制度、與器用物品來討論傳統的性質。我們所以如此區分，主要是爲了說明傳統具有核心與邊陲之分的事實，而此一區分乃是瞭解傳統與變遷之間關係的關鍵，是不能不加以澄清的。

對傳統做了如上兩個相度的分類之後，我們即可以明白何以傳統同時具有延續性和可塑性。在此，我們只指出一個較爲重要的論證，那是：任何社會的傳統，一定有一部分是較具持續性，不會輕易地因創新的挑戰而改變。大體而言，屬於核心地位之象徵理念與典章制度是屬此類。但是，傳統之中，也有一部份可塑性甚高，很容易加以修飾，乃至完全揚棄，而爲其他的形式所取代；或形體繼續存在，但其所具之社會功能意義完全改變了。一般而言，屬於邊陲地位之器用傳統較具此一特性。

然而，我們從人類的歷史也發現，縱然是屬核心地位的傳統，也可能因面臨具高度異質性而又屬核心意義的另一種文化元素的挑戰，而受到嚴重的威脅。此一外來的挑戰文化元素，一旦所觸及的是有關一個個體或社羣之獨立生存的機會問題，亦即涉及到「生機控制」的根本問題時，則很可能導至核心傳統的解體。當此時，社會會產生危機意識，整個文化叢體就可能面臨重組的困境了。近百年來的中國社會，面對著西方科技文化的衝擊，即產生了類似這樣子的文化危機。一百多年來，中國人，尤其知識份子，一直在爲中國尋找出路，也一直徘徊在傳統與外

來文化之間，心理上始終存有矛盾和曖昧。雖然知識份子努力企圖於傳統和外來之間尋找一條折衷的出路，但卻顯得欲振乏力，困難重重。站在社會學的立場來看，要爲中國，或廣義地來說，爲急速變遷中的社會，尋找出路，首要之務即是對「傳統」與「變遷」之本質加以解析，本文之用意也正是如此。至於傳統與變遷的關係爲何，傳統如何在變遷之中加以定位，則留待以後有機會再加以探討了。

(原文刊登於中華文化復興運動推行委員會編 「傳統文化與現代生活研討會論文集」，民國71年，65-92。)

參 考 文 獻

余英時
　1976　「章實齋與柯靈烏的歷史思想——中西歷史哲學的一點比較」，見氏著歷史與思想。臺北：聯經出版事業公司，168～222。

葉啓政
　1979　「現代工業社會中的知識份子」臺灣大學社會學刊，第一三期，61～82。
　1980　「近代中國文化面臨的困境」，見中國論壇社編 挑戰的時代，臺北：聯經出版事業公司，17～43。
　1982　「結構、意識、與權力——對『社會結構』概念的檢討」見 瞿海源等編 社會學理論與方法研討會論文集，中央研究院民族學研究所專刊乙種之十一，頁1～69。

Cassirer, E.
　1944　*An Eassay on Man.* Yale University Press.

Collingwood, R. G.
　1946　*The Idea of History.* Oxford University Press.

Durkheim, E.
　1933　*The Division of Labor in Society.* Free Press.
　1964　*The Elementary Forms of Religious Life.* George Allen & Unwin.

Eisenstadt, S. N.
　1972　"Intellectuals & Tradition," *Daedalus,* Spring, 1-19.

1973 *Tradition, Change and Modernity.* N. Y.: John Wiley.

Lewin, K.

1951 *Field Theory in Social Sciences.* ed., by D. Cartwright, New York: Harper.

Malinowski, B.

1926 "Anthropology," *Encyclopedia Britannica*, First Supplementary Volume.

Mannheim, K.

1956 *Essays on Sociology of Culture.* London: Routledge & Kegan Paul.

Merton, R. K.

1968 "Manifest and latent functions," in *Social Theory and Social Structure.* Enlarged edition, Free Press, 73-138.

Parsons, T.

1966 *Societies: Evolutionary and Comparative Perspectives.* Prentice-Hall.

Polanyi, K.

1957 *The Great Transformations,* Boston: Beacon Press.

Rock, P.

1976 "Some problems of interpretative historigraphy," *British Journal of Sociology,* 27:351-369.

Rokeach, M.

1960 *The Open and Closed Mind.* N. Y.: Basic Books.

Schutz, A.

1973 *The Collected Paper I.* The Hague: Martinu Nijhuff.

Shils, E.

1958 "Tradition and liberty: antinomy and interdependence," *Ethics*, 68, 155-157.

1974 *The Intellectuals and Power and Other Essays.* The University of Chicago Press.

1981 *Tradition,* The University of Chicago Press.

Simmel, G.

1950 *The Sociology of Georg Simmel.* The Free Press, Trans. by K. H. Wolff.

Tönnies, F.

1957 *Community and Society.* trans. by C. P. Loomis, Michigan State University Press.

三、「理論—實踐」的轉型與安置： 知識份子的理想和社會的現實

一、前　言

中國人常說：「時勢造英雄，英雄造時勢。」在以往專制統治的社會裏，英雄往往卽靠槍桿子打天下立萬字的人物。因此，劉邦、項羽、韓信、趙匡胤、朱元璋等人，在中國歷史中，都可以稱得上是英雄。雖然英雄人物是打天下的材料，但論說要治理國家，維持社會穩定，卻往往得靠另外一批一般中國人稱爲「儒生」的人物，如張良、劉伯溫、洪承疇等人。

把人物分成英雄和儒生，說起來是不合乎學術界的科學要求，用做分析上的依據顯然是不適當的。然而，我們所以如是說，爲的只不過是肯定一個社會事實，那就是：在人的社會裏，有些人的做爲，比其他人，更具有直接或間接影響決定廣大大衆的能力和機會。這些人掌握有

相當有利的社會資源，可以有所做爲，通常我們稱他們爲「精英份子」，而「知識份子」❶就是其中一羣具特殊社會意義的人物。

倘若我們打開人類歷史，尤其中國歷史來看，我們將不難發現，歷史所記載而流傳下來的，大多是有關精英份子的活動和其所具的社會意義。當然，依據常理來判斷，我們都明白，沒有廣大羣衆的支持活動搭配，只靠精英份子的設計、推展、和實踐努力，歷史仍然是無以締造的。人類的社會行動成果，原就是展現整體社會成員的活動組合模式。精英份子與大衆之間的關係是互依互賴的，其關係就像鑼與錘之間的關係一樣。要使鑼響，就必須有錘子，而且也必須要用力來敲打。說來，精英份子就是有如執錘的人，他往往比較可以根據自己的意思，選擇敲錘的地點和時候，也可以決定怎樣地敲法。嚴格來說，精英份子並不一定有這般的自主決定權，他們也會應大衆的喜愛，而決定什麼時候敲、敲什麼地方、怎麼敲，因爲終究大衆是精英份子所以是精英份子的比較對象。沒有了大衆，精英份子的社會意義將是喪失殆盡的 (Bottomore, 1964)。

在此，我們所企圖表明的是：在一個社會之中，精英份子與大衆都有其一定的位置，因此，在討論其社會意義時，不能任意越位的。只是，在指導和實踐整個社會的變遷過程中，精英份子，尤指知識份子，往往居著決定性的地位，有它特定的社會涵義❷。在這篇文章裏，我們

---

❶ 知識份子是什麼？學者之間意見頗爲分歧，其說莫衷一是。筆者以爲應採取類似千層糕方式來定義。有關此一說法，參看葉啓政 (1977; 1979)。至於不同的說法，可參考 Feuer(1976)、Gella(1976)、Mannheim(1936) Shils (1968, 1974)。

❷ 有關知識份子、或廣義地說，精英份子之性質的分析，在此不擬詳述，讀者有興趣可參考 Shils (1968; 1974) 或 Bottomore (1964)。關於現代社會之知識份子，則可參考 Gouldner(1979)、Bell(1976)、Nettl(1969)、Gramsci (1971)、或 Shils (1974)。

的主旨即在於解析知識份子的社會意義，尤指其所具社會角色的本質。
雖然，表面上，如此對知識份子從事普遍性的社會學解析，乃與本研討
會的主旨不盡完全符合，但是，從事理論性的討論，相信將有助於瞭解
中國知識份子，尤其近代中國社會變遷的問題癥結。況且，就知識社會
學研究的領域來看，自從二十世紀初 Mannheim (1936) 以降，直至晚
近研究「知識份子」出名之 Shils (1974)，均未曾對知識份子從事有系
統的理論性思索。基於如此的社會學傳統，筆者認為，欲以社會學的眼
光來探討中國知識份子的問題之前，先對知識份子之社會本質從事具普
遍意義的思考工作，是有必要的。

二、知識份子的社會涵義

　　對於知識份子之社會角色和其意義的討論，學者之間的說法是分歧
紛紜 (Gella, 1976: 9-34)，但是，從眾多不同說法之中，我們還是可
以整理出一些共同同意的論證脈絡來。大體而言，知識份子和社會之間的
關係，在本質上，是經由文化象徵 (cultural symbol) 及其展現的社會
形式來相互掛鈎的。Mannheim (1936:10) 對知識份子的定義，最能傳
達這樣的意思。他說：「知識份子乃是一羣人，其特殊的任務是為其存
在之社會提供關於世界的解釋。」Parsons (1969) 在論知識份子時，也
曾指出其所以產生有二條件：(1) 文字的發明和象徵的使用，和 (2) 哲
學的突破。Shils (1958,1974、Eisenstadt(1973)、與 Lipset(1963,1976)
也都認為，知識份子的核心意義乃在於：他們擔當「觀念精鍊化」(
idea-articulation) 的任務。

　　以上的說法有一共同的特徵，即強調「知識份子」這一類人所具有

的「文化象徵」意義。概以述之，知識份子的社會角色本質上被認為卽是從事文化象徵的建構、修飾、詮釋、和批判 (Ludz, 1976)。他們乃是一羣在社會中比一般人更善於使用象徵形式，並且秉賦哲學思考和科學認知能力，以來詮釋理解宇宙、人生、和種種社會制度。他們創造、保存、修飾、傳散，並且經常使用象徵性文化品 (Shils, 1974; 葉啓政, 1977, 1979)。

文字是使人類過去共同的經驗能够保存和累積下來的主要媒體。它可以使一個人超越個人有限之親身經驗的格局限制，擴展見聞，並且添加經驗。象徵的使用則是使人能够突破日常生活之具體形式的限制，產生抽象的意義體認。這種象徵之抽象化事實上是人類行為之動機來源之一。Mills (1967)所謂「動機字彙」 (vocabularies of motive) 的說法卽是明例。他認為，人類的行為所以引發，往往並不一定依賴具有直接之增強效果的具體報酬品（如食物、衣服、乃至金錢），而是一些抽象的象徵（如獎章、口頭上的勉勵或讚賞）。因此，對人類而言，日常生活中種種具體的行為，往往祇是實踐一些具抽象象徵意義之價值、信仰、或理想的既定社會形式。從這個角度來看，人類生活之意義和其運作本質上是象徵的。因此，一個善於使用抽象象徵，並運用文字來表達意義的人，在社會中，往往具有特殊的地位，而其所具之社會意義自然也就不一樣了。就上述知識份子的社會角色而言，無疑的，他們對此「文化象徵」擔當有「正當化」 (legitimization) 的任務。他們對文化象徵的創造、保存、修飾、傳散、與再造，有透過制度化的過程，使之成為具有社會之「正當」文化傳統典範的作用。因此，對社會而言，知識份子可以說是有關文化象徵創造的天縱神才精英 (charismatic elite)。一個文化體要為社會中大部份的人接受成為不可分割，乃至是必要的一

部份，往往在事先都必須經過知識份子加以詮釋，才可能成立的❸。

如此一說，很明顯的，知識份子的社會意義的本質，可以說是「文化」性的。但是，綜觀知識份子在社會中所扮演角色的涵蓋面，我們將不難發現，知識份子的社會意義並不侷限、乃或終止於文化層面而已。相反地，知識份子與社會之間的關係是多元，至少它與政治之間是有密不可分的關係。（Eisenstadt, 1972; Gramsci, 1971; Lipset, 1963; Lipset & Basu, 1976; Mannheim, 1956; Nettl, 1969; O'Dea, 1972; Shils, 1974）在此我們所以從文化的角度來界定知識份子，只是要點明出一個重要的特色，卽：知識份子與社會之間關係的建立，基本上都是經由「文化象徵」來掛鈎的。

以上對知識份子之文化象徵意義的描述，似乎是側重其對文化之創造與詮釋所具有的地位，讓我們稱之爲知識份子的「文化象徵的理論創釋性」。爲了下文討論上的方便，我們簡稱爲知識份子的「理論性」❹。但是，人不但是觀念的動物，而且也是行動的動物。人類不可能只停留在創造、修飾、或詮釋觀念的階段，而是更進一步地嘗試以觀念來指導行動，並以具體外顯的行爲，經由種種社會管道，來實現其理想。因此，行動（或稱「實踐」）也是人所具備的基本特徵（Etzioni, 1968）。知識份子自然也不例外的，他們不但是觀念人，而且也是行動人。只是，就整個社會、尤其文化傳統的歷史傳承的角度來看，知識份子的實踐性具有不同於其他類型之人物的特殊意義。

---

❸　相對於知識份子，政權擁有者可以看成是文化象徵實踐的天縱神才精英。他們乃是使具正當意義之文化象徵成爲制度之一部份的「合法界定者」，而且也是使此一制度化之文化體付諸實踐，形成行動體系的所謂「合法者」。

❹　所以使用「理論性」與下文將提及之「實踐性」，乃嘗試與德國批判社會學（critical sociology）的「理論──實踐」（theory and praxis）論證相呼應，希望藉此二觀念來理解知識份子的社會意義。

以最爲廣義的角度來說，知識份子所涉及的文化對象乃包含自然現象和社會現象。就自然現象來說，知識份子的實踐意義乃在於如何把有關自然現象之抽象的基本知識轉變爲其實用的「科技」性（technical）知識，從而再轉變爲具體實用的工具或方法，以運用於實際的日常生活之中。就社會現象來說，知識份子的實踐意義則是如何把有關人與人羣活動的基本知識，轉換成可資用於政治、經濟、軍事、敎育、家庭、社區、或人際交往中的知識，藉此以約制、掌握、運用個體或羣體的行爲，以圖使某些理想，能在現實的人世間實現，譬如人事或企業管理、心理治療、行政管理等等均是此類具「實踐」意義之社會知識。

綜合以觀之，不論是自然現象抑或社會現象，知識份子的實踐性的意義並不一定是指涉最後運用於個人、羣體、或社會上的行動本身，而是包含抽象理論知識轉換成爲具體實用知識的過程。尤其重要的是，知識份子的實踐性的意義旨不在於滿足個別個人或初級團體成員（如家庭成員或朋友）的需求的行動實踐，而是在於整個社會之種種需求的「實踐制度」的建立。因此，它的本質是具羣體意義之「制度」的，而不是「個體式」的實踐社會體系的樹立。這一個性質是知識份子之實踐性有別於一般大衆之實踐行動最爲明顯的地方。正因爲如此，有些學者才會主張知識份子的本色是「具強烈社會責任意識和歷史使命感」（Dahrendorf, 1969；金耀基，1971；劉述先，1973）。

旣然知識份子兼具理論與實踐的雙重性格，此二性格如何完成、彼此之間如何轉換掛鈎、對社會具有什麼意義，很自然地成爲必須進一步追問的問題了。要回答這些問題，有兩個現象——「轉換」與「安置」，是密不可分，而且首先必須加以澄清的。所謂「轉換」乃指由一種旣定狀態轉變成爲另一種不同之狀態的過程。譬如，把兩進位的數學概念和理論系統轉變爲電腦的運作體系；或把心理學上的基本學習理論轉變爲

教育上的實際教學方法。所謂「安置」，則指由甲狀態轉型爲乙狀態之後，乙狀態逐漸定型下來的發展過程。譬如，政府型態由君主專制轉爲民主憲政之後，民主憲政如何制度化，憲法如何制定，才能够具體地發揮民主憲政的理想，卽屬「安置」的問題了。

雖然，我們把「轉換」與「安置」當成兩個現象來看待，但是，事實上，任何現象的衍生發展都同時地包含此二過程。此二現象不但存在於理論轉爲實踐之間，也同時分別地存在於理論或實踐本身之內的不同衍生發展階段之中。職是之故，當論及知識份子的理論性和實踐性的社會特徵時，勢必包括了三個具階段性的問題了。它們分別是：(1)理論如何地轉換與安置，(2)理論如何地轉換爲實踐，和(3)實踐如何地轉換和安置。

三、知識份子之「理論──實踐」
性的轉換與安置社會過程

上述三個有關知識份子之「理論──實踐」性的轉換和安置的階段發展，基本上乃屬於知識社會學的研究範疇，其中涉及的問題甚爲繁複，自然無法在這篇文章之中一一加以談論釐清的。在此，我們只能把一些原則性的問題拿來做爲解析的主題。做爲研究知識份子的起點，這樣子的討論應當是可行，而且也是足够自成爲單元的。

在上文中，我們曾指出，就社會角色而言，知識份子本質上是「文化象徵」的詮釋者，也是使之在社會中「正當化」的權威代理人。因此，欲澄清上述三個具階段性的問題，從「詮釋」和「正當化」兩個概念著手，在理解過程上，應當是一條必要的途徑。大體而言，不論是理論性的或實踐性的知識，轉換過程的核心問題是有關知識的詮釋或典範

的更變（Kuhn, 1962）；而安置過程最主要的問題則是正當化，乃如何使一套經過修飾、詮釋過的文化品，具有相當之正當性的權威涵義，而成為具典範意義的規範行為或制度。倘若使用 Weber（1968）的概念來表達，安置即是使一套經過多次詮釋的既成文化體現具備「路徑化」（routinization）性質的過程。

從心理上的轉變來看，任何社會化過程都包含三個階段，即無意識、意識化、和潛意識化。簡單地說，一樣創新要成為社會成員普遍接受的文化品（亦即社會化），首先此一創新往往一開始並不為成員所知悉的（也就是處於無意識的狀態）。但是，透過種種社會管道（如家庭中父子的互動、學校教育、大眾媒體），此一創新會逐漸為成員所意識到（即意識化）。一旦經過長期的學習，此一創新可能逐漸為人們所熟知，而乃至成為日常生活中習以為常的東西。久而久之，此一文化品即潛入成員的心靈之中，成為社會裏理所當然的文化成份了（此即潛意識化）❺。

準此社會化的三階段，知識份子對文化象徵體從事轉換工作，乃屬「意識化」的社會過程，而安置的工作則具有濃厚之潛意識化的意味。這話是怎麼說的呢？使用上述的語言來說，轉換即是一羣人先把一些原在某一階層或羣體（如理論物理學界）既有而且往往是習以為常（即已被潛意識化）的文化品，再度提回到意識層面來加以檢討、反省、和批判，然後，或者全盤更動其典範（paradigm）（Kuhn, 1962）、或添加入一些新的成份（也就是再詮釋），以使之轉進入另一種狀態，轉換才暫時地告一終結的社會過程。然而，此一新狀態一旦具形之後，若不再經由種種社會（尤其優勢份子）接受的管道加以塑造，尤其是賦予正當化的地位，而使之成為具「路徑化」的潛意識模式，則無以發揮其在行

---

❺ 詳細的討論，參看 葉啓政（1982）。

為或制度上的精簡效果，因為行為及制度上的運作，若不具有精簡的可能，則人類社會互動將是難以推動的。否則的話，人們每做一個動作，都必須加以定義、辨認、篩汰、排比。如此一來，社會互動就很不容易順利而有效地進行。所幸，人類具有學習、概推、和記憶的能力，因此行為與制度的社會過程，分析起來，縱然是相當地繁複，但相對地實際運作卻往往是簡縮而且流暢的。在日常生活中，人們能夠熟練地使用語言溝通，而不至於有大的障礙，卽是一個明例。循此而觀，安置過程的基本意義卽在於使已具形之狀態具備有「正當」的地位，而且普遍地「路徑化」為社會成員之認知體系中的習慣，如此以成為社會大多數人共同接受的文化體。

說明了轉換和安置的基本社會學涵義之後，再來讓我們分析與「理論」之轉換和安置有關的一些基本現象。在此，有三種現象似乎是全明而且相當重要的。其一是理論由「特屬」轉為「普及」的社會過程；其二是理論之抽象度的提升或降低；其三是理論典範的轉變。本質上，前二現象均是具雙向之轉換與安置可能性的社會過程。換句話說，理論可以是由特屬轉為普及，也可以是由普及轉為特屬；可以是由抽象而至具體，也可以是由具體而至抽象的。但是，第三現象則不同，固然新典範乃由舊的之中脫胎而出，但往往卻是只有單向的關係，新典範很少再轉回舊典範的。

當論及理論的普及和特屬性時，一般而言，乃從命題之指稱有效涵蘊的意義範疇來界定。這是語言哲學層面的考慮。但是，倘若把知識份子之理論建構活動看成是一種具社會互動意義的活動時，我們就不能只從哲學層面來關照命題之指稱涵蘊的普及和特屬問題，而必須再從社會學的角度來觀察理論的社會傳散和飾化（或謂轉型）的社會過程了。從此以後者的角度來看，所謂的「普及性」和「特屬性」指涉的並不是理

論命題指稱之有效涵蓋範疇的大小的問題，而是理論傳散和施用範圍的社會性質的問題了。因此，它嘗試指涉的是人際間的社會關係，而不是語意涵蘊的邏輯性質了。

從社會學的眼光來看，雖然理論的孕發往往都有源遠流長的知識傳統為其後盾，任何的理論都不可能只是反映一個人的思考模式，但是，追本溯源，理論終究必是由一個人或少數人所薈集融化而創造提出的。因此，任何的理論一開始即反映創造者特有的認知造型模式，具有濃厚的特屬性。倘若理論的建構只停留在此一格局，那麼，理論將只屬於創造者私人所有，乃隱而不顯。容或以相當有限而隱蔽的方式來傳遞，就如一般所謂之邪教、或羅馬帝國時代之基督教一般，則理論也將只在有限的人口中流傳，未能成為社會中普遍流行的認知模式了。然而，在某種有利的情況之下，理論並不只為創造者本人所掌握，它往往會有意或無意地傳散出去而為別人所知悉。一旦一個理論從原創者手中傳遞出去，原創者就喪失了完全控制的能力了。雖然，在現代社會裏，許多國家訂有著作權法，專利與商標法來保障創作的權益，但此一保障重點在於創作所表現之具體形式（如書籍、唱片、錄影帶等）的權益，而不是創作內容不容有加以修飾再創的機會。相反地，立法保障創作的權益，乃有鼓勵創作之意願的作用。現在，不管立法的問題，因為這終究不是本文討論的重點。我們所以提及此一有關文化創造的現象，只是嘗試指明一個事實，即：縱然現代社會大多均立法保障創作之權益，但創作脫離原創者之完全控制掌握，而成為社會大眾共有的文化形體，是一共認的社會事實，也是創新得以一再迭現、文化得以綿延迭續的社會過程。

一般而言，尤其是在具開放民主性格的現代社會裏，理論創新的建構和傳散都不是停留在私人業餘的格局狀態，而是以專業制度化的形式來運作（如有大學的設立）。它有一定的認知、詮釋（如科學法則）和

傳散（如教育機構中的授課、或透過大衆傳播媒體）方式，而且也有專業的人員從事創新、詮釋、修飾、批判、和傳散的工作。在此一制度化的運作下，理論的創新很難一直保留在私人的格局之中。一個理論一旦具形，它泰半都會透過種種大衆傳播媒體（一般以文字與口語形式爲最主要）而傳散出去，終可能成社會共有的文化品。

上述有關創新之傳散和飾化過程乃意涵理論的轉換和安置具有一明顯的特色，卽特屬性和普遍性交替地迭現。這也就是說，就創新之產生和傳散過程來看，誠如上述的，任何理論都是源於一個人或少數人的創造，因此它本質上乃反映創造者特有的思惟與認知模式，可以說是具有創造者之個性的產品。這種原本具有特屬性的文化成品，一旦經由傳散而爲較多人所知悉後，往往會被加以詮釋、修飾、和批判，注加入另外一些特屬性。在制度化的過程中，如此特屬性的疊加，使得理論在建構過程中一再地產生轉換。在此轉換過程的同時，理論會經由種種管道傳散出去。尤其在知識傳散具高度制度化的現代社會裏，系統的社會化過程（如學校的教育）使得理論的傳散效果更加深遠而具體。如此傳散的結果，使得對理論知識的瞭解乃由少數人擴散至更多的人口，甚至終成爲一個社會之絕大多數人的基本認知模式和文化典型。如此傳之以久，也就是我們慣常所說的「傳統」❻。這種擴散的情形有一結果，卽使一個原屬少數人的理論知識成爲普及的公衆知識。如此返而復始地，使特屬性與普及性交錯孕生，一個理論就如滾球一般的，將一再地被修飾、批判、與詮釋，終可能原貌盡失，乃至最後爲人所揚棄。

在上述特屬和普及性交錯孕生的過程裏，理論的抽象度也同樣地會因考慮不同的時空意義而反覆地調整。一般來說，理論抽象度的調整乃建構理論之適用有效性必要的步驟，而且也是理論轉換爲實踐行爲時必

---

❻ 有關傳統的社會學分析，參看 Shils (1982)。

然面對的問題。當要把一個已具多次檢證而有相當適用與效率性的理論付諸實踐行動，抽象度勢必要屢再地降低。這種抽象度的轉換，在現代的知識發展的體系裏，已是專業制度化，由不同的部門來分工員責。譬如科學研究的領域裏，卽按其研究內容的抽象程度與實用性，分成基礎與應用兩大類。

根據 Kuhn（1962）的說法，一般情況下，科學（在此應泛指「知識」）乃在一旣定的認識體系下運作，他稱之「常軌科學」（normal science）。但是，人類知識的發展可貴之處，不只在於循一旣定的認識體系從事擴展、修飾、或詮釋，而是可能從舊有的理論之中脫胎換骨，發展出一套有別以往昔的認識典範出來。這種典範的改變卽是知識的革命。在人類的歷史中，不乏如此革命性的轉換發生。文藝復興以來的人本思想、科學精神的建立，乃至馬克思的階級論等等均可說是一種典範的轉換。就此來看，上述理論轉換與安置中的「普及性」與「抽象度」的轉換，主要的是指涉在常軌知識體系下抽絲引線的細緻化工作，而「典範」的轉換則是一種理論轉換與安置過程中革命性的變遷，它代表着一種嶄新認知體系的重建，也可能是新本體論的建立，這可以說是知識份子對人類文明最重要的貢獻。

進一步來看，在現代社會中，理論的轉換與安置是一個頗為具有內衍性質的修飾精鍊過程。它的運作基本上是在「學院」裏，其成員的主體是學院中的研究與敎學專業人員（敎授是其中最為主要的成員）。在這樣的社會環境裏，理論建構的行為一般有一定的規範可循，此卽一般所謂的「學術規範」。在今天，很明顯的，學術的優勢規範是建立在演繹邏輯和經驗實證歸納之上的科學方法與程序。此一科學方法與程序卽為現代知識理論的認知建構基礎，由此而形成一套具「理性」意涵的文化體系。科學知識也因而成為判定一切現象的優勢標準（superior criterion) ❼, Gouldner (1979) 稱此爲「批判論說的文化」（culture of critical discourse)。

　　從歷史發展的眼光來看，學術界裏，具「批判論說」特色的文化判準並非一直恒定地以科學理性爲其依據，而是隨着時空的不同有不同的判準依據，譬如，巫術在初民社會卽具有判準權威的地位。總之，不管判準依據爲何，無論是特屬性與普及性的交替互孕、抑或抽象度的轉換變化，通常都有一特定之合法認知規範爲歸依。一旦知識份子所歸依的認識論基礎不同，則對理論的轉換與安置往往也就會產生不同的主張，乃至有矛盾與對立的情形產生。譬如，十九世紀以來，對資本社會，卽因基本認識論的不同，有了共產主義與資本主義兩種明顯不同的理論建構，因而有了不同的理論推演和安置，也在典範上有革命性轉換。

　　理論轉換爲實踐行動，　直是西方知識社會學，尤其馬克思主義社會學傳統所關照的重點。在此，有一個關鍵性的概念首先必須加以澄清，那就是：此文所言之知識份子的「實踐行動」的本質的問題。大體而言，知識份子的「實踐行動」具有兩個層面的意涵。第一、他可能是把理想付諸實現的實踐行動者。譬如當年梁漱溟的農村建設運動、孫中山先生的革命運動等等都是屬於此一類型。第二、他不是實際的行動者，而是實踐行動之理論、步驟、策略等的提供者。用句通俗小說裏常用的字眼，所謂運籌帷幄的謀士、或謀定安邦大計的文士卽屬此類。譬如，列寧在俄共革命之中，除扮演第一類的實踐者之角色外，卽亦扮演此類策略提供者的角色。在本文之中，我們若沒特別加以說明，則「實踐」的意義乃泛蓋此二方面的意思。

　　從理論轉換爲實踐，尤其是轉換爲實際的實踐行動時，最爲明顯的特色是：理論本身首先必須要有降低抽象度的轉換；其轉換的基本方向

---

　　❼　此一概念乃引自 Habermas(1970; 81-122)，其內涵之闡述可參看是文。

是由具普遍意義的抽象知識命題，轉爲具特殊時空意義、而且往往較爲具體、或抽象度低些的知識命題。在此過程中，實用和具體化往往是最爲主要的考慮。若用 Bell (1973) 的概念來說，理論轉換至實踐的首要特性乃是知識性質的轉換，它由理論性知識 (theoretical knowledge) 轉爲技術或組織性知識 (technical or organizational knowledge)。譬如：由運動力學轉換爲彈道學；由「科層制」(bureaucracy) 的理論轉換爲工廠或公司的人事管理方法；由民主的哲學理論轉換爲民主的制度（如採普選制）。

在此一轉換的過程中，知識份子所涉及的不只是知識性質的轉換，而是牽涉到特定時空條件下的特定社會需求了。易言之，理論轉換至實踐不但涉及上述之知識份子的批判論說文化的本質，而且也受制於一些具外衍意義的特定社會因素。譬如，要使民主政治的理論付諸實踐，所涉及的不單祇是民主政治之理論的哲學基礎或邏輯周延性和適宜性而已，而同時也必須涉及其他外在的條件，如國民性、一般教育程度、經濟結構、旣有之權力結構型態、和其他歷史文化條件。總的來說，在理論轉換爲實踐的過程中，這種外衍因素的介入不但見諸於有關人與社會的理論系統之中，而且也可能存在於有關自然的理論裏，因爲從理論到實踐卽已意涵用諸於人之日常生活中具功利實用意義的「功能」考慮了，而此一功能考慮的重點卽建立於對「人」的種種價值的肯定之上。

只是，有關人與社會的理論與有關自然的理論，終究是有着本質上的不同。譬如，後者所處理的對象，若非不具認知意識的無生命物質，就是具生命之動物中不受認知意識所影響的生理或物理反應部份（如肝組織與功能）。因此，任何建構出來的知識理論可以獨立於研究對象而存在，基本上它不會自主地影響研究對象的活動和性質。就拿牛頓的運動慣性定律來說，任何物體不會因此定律的存在而宣稱說：「我就偏偏

不如此地運動。」但是，社會現象則不同，任何建構出來的知識理論並不與研究對象完全獨立。理論不但可以成為一股社會力量來改變研究對象（即人），也可能為研究對象所改變。正因為如此，學者們稱社會科學的理論為實踐理論。（參看 Weber, 1968; Schutz, 1973; Horkheimer, 1972; Habermas, 1968, 1971; Radnitzky, 1968）理論之效率的檢定往往靠人們的實踐來決定，也因此，Merton (1968) 謂：社會科學的知識往往具有「自我實現之預言」（self-fulfilling prophecy）的性質。

由於社會科學的知識具有「自我實現之預言」的實踐意義，加以知識份子的社會角色之一即是使「理想」加以實踐，因此，社會理論和社會實踐間的轉換性質，很自然地成為一個值得加以特別注意的問題了。就拿馬克思主義的思想來說吧！它之所以成為現代社會理論中不可或缺的一部分，即因它妥貼地捉穩了社會理論此一實踐性的本質的緣故。現在，讓我們對此一特性再多加以說明。

Cassirer (1944) 說過，人是一種懂得使用象徵的動物。人的社會行動本質上即是一種尋找、肯定、與實踐意義的活動。Weber (1968) 因此認為：社會學的研究即在於對社會行動之意義從事瞭解的工作，瞭解則必須從其動機着手❸。Schutz (1973)更進一步地指出：社會理論建構的重點即在於關涉架構（frame of reference）的建立，因此，就此意義而言，社會科學的研究工作，乃企圖從一般人在日常生活中所參照的關涉體系中，重建一個在解釋上合乎某種本體論和認識論之適宜性與有效性的關涉架構。這種詮釋工作可以說是二度的解釋──解釋一般人在日常生活中如何解釋其行為和發生在其週遭的事件。

由於人具有意識，也具有悟解和詮釋的能力，更由於社會理論本質

❸　動機之意義的討論是 Weber 方法論上的重點，對此，Schutz (1967: 3-44; 1973; 69-73)。有相當嚴屬的批判，值得加以參考。

上是對人之社會生活的認知重建，社會理論本身即可能成爲一般人日常
生活中指導行爲和詮釋意義的一種特殊理論體系。 換句話說， 社會理
論具有形成爲普遍流行之社會意識的潛勢，它本身可以成爲一種社會力
量， 足以改變人的行爲和社會既有的結構型態。職是之故， 社會理論具
有「實踐」的潛勢性，理論與實踐，在社會之中，因而是相輔相成的。
正因爲社會理論有轉變爲日常生活中之社會活動的特質，一個理論所以
被證實， 往往不只是理論本身具有演繹邏輯的內在周延性，而是因爲人
們獲知此一理論之後， 有意努力貫徹執行而使之實現的緣故。同理， 一
個理論所以被否定，也並不一定是理論本身不具有演繹邏輯的內在周延
性、或用以檢證的方法和程序缺乏客觀科學性，而是人們有意規避或背
道而馳使之如此的。

　　Marx 的社會理論卽是上述理論具實踐性的最佳說明。 Northrop
(1947) 所以稱其理論爲規範性理論(normative theory)， 道理卽在此。
當 Marx 的社會理論普及成爲顯學， 尤其經由共產國際組織加以推動
之後，人們對其理論卽有四種可能的反應模式。其一是冷漠不關心。其
二是保持中立的立場，認眞地加以理解，許多學院中的馬克思專家卽如
此。其三是肯定它，努力動員種種社會資源，以合法或非法的方式，使之
實踐， 因而認爲 Marx 之理論是代表眞理， 如共產集團卽屬此類。其四
是採取種種制度化的方式，針對 Marx 對十九世紀工業化初期之資本社
會缺點的指責， 加以彌補和修正。彌補修正的結果使得資本社會並沒有
完全爲共產社會所取代。同時， 共產革命也並沒有如 Marx 所預期的，
首先在工業化最早最明顯的英國發生， 反而是在當時工業落後，資本主
義不是最成熟的俄國發生。往後共產革命成功的， 也都無一是工業最發
達、資本主義最鼎盛成熟的社會。

　　總結來說，理論轉換爲實踐的關鍵問題，不應只在於理論之演繹邏

輯的內在周延性或經驗實證檢證的客觀性，而是一些外衍意義的社會因素，諸如既有文化傳統、傳播體系的性質、權力結構的型態、經濟體系的特性等等。我們所以如是說有兩個理由。第一個理由卽上述之社會理論效率的檢證極可能因理論與實踐之間具有互輔互成的作用，而只是反映其所具之實踐性。第二個理由是：縱然知識份子所關心的是有關自然界的知識，除非他的興趣只停留在理論層面，否則，只要是把理論轉爲實踐，則必然牽涉到用於人之社會的實用問題，因此也就不能擺脫外衍性社會因素的干預了。基於這樣子的理解，有關知識份子的「理論──實踐」轉換和實踐本身的轉換和安置，就必須從社羣間之權力、利益、和意識的關係來探討，才可能獲得較爲滿意的答案。

　　與理論轉換爲實踐的過程相比較，實踐本身的轉換和安置是更爲具體化，也更具功利的實用意義，因此效率和效用是兩個最爲基本的考慮法則。這種考慮不論對具實際實踐行動者或對從事實踐之策略提供者，都是重要的。大體而言，若說由理論而實踐的特色是在於抽象度的降低和實用性的增高，則實踐本身的轉換和安置的特色，不但是抽象度的再降低，而且是實用範疇的多元化和特殊化。關於這個命題，我們必須加以說明。基本上，從理論轉換爲實踐卽是欲使理論能與現實結合，而應用於某些實際的場合。由於理論具有通則普遍性，因此一個理論轉換成實踐（包含策略與行動）時，其適用的場合，容或是源始於一，但絕非終止於一，而是多元的。譬如，科層理論可用於政府組織，也可用於工廠、學校，乃至小團體之內。這種理論與實踐間關係的多元分枝化，乃由理論轉換爲實踐必然的現象，也是實踐之安置的最主要課題之一。

　　實踐本質上是具特定時空格局之意涵的；也就是說，實踐必然是指在某一個時間和空間下，對某一些特定對象的一些特定活動。因此，相對「理論」而言，實踐具有特殊性，這是與理論具普遍性相迥異的地

方。表面上看來，實踐所具多元性和特殊性似乎是矛盾而對立的，然而實際上可以說是互爲表裏、相互滋長的。誠如上述的，實踐的多元性乃由理論之本質在轉換過程中衍生出來的，職是之故，實踐此一性質乃源於理論而非實踐本身。在崇尚功利實用的社會裏，抽象理論的研究所以能够獲得社會的支持而繼續存在，其關鍵因素之一，即是它所具之普遍性，經過一再地轉換之後，有產生多元之實踐形式的可能的緣故。相反地，實踐的特殊性，則是源於實踐本身的社會意涵；而並非由理論轉換來的。因此，實踐所具此二特性來源不同，但卻是同時地內涵在其衍展的社會過程之中。其並存的現象。乃使理論得以轉換成爲實踐，而具有實用的社會功能，同時也使得實踐得以能够順利完成。

對於既有社會秩序而言，任何由理論轉換而來的實踐形式都多少帶有創新的意味。當然，其與既有社會秩序之間的差距有多大、會有多大的影響，端看此一實踐形式所具之特質、其所具象徵理念、和對既有權力與利益體系的威脅程度而定❾。不過，不管如何，任何創新總或多或少會對既有的社會秩序和心理認知結構挑戰，也因此往往產生 Ogburn (1950)所謂的「文化步調不一」(cultural lag) 的情形。此一情形即意味著，任何的實踐多少都將破壞原有的均衡秩序狀態，產生某個程度的緊張和衝突。此一緊張或衝突尤其會明顯地體現在權力和利益關係與意識形態上。同時，社會也會因失調現象的產生，而在實踐的形式上產生連鎖反應。實踐行動會一再地修正、調整，並且由一個層面逐漸擴展到其他的層面，而每一擴展之後，也會因一再修正和調整而更加區域化。這種實踐層面的多元化和特殊層面的深刻化，即爲實踐之轉換和安置的最大特色。它的轉換層面會擴散多廣，安置會多深，端看 (1) 其所源自

---

❾ 關於「創新」之社會意義的討論，參看 Barnett (1953) Rogeis and Shoemaker (1971)。

之理論的內在邏輯和經驗依據基礎是否週密圓融、(2) 其所涉及之經驗具體現象之範疇有多廣、其效準度有多高、(3) 可運用之社會資源有多少、(4) 社會旣有之權力和利益結構型態爲何、和 (5) 旣有之心理認知結構的文化基礎的彈性度。

顯而易見的，除了第一項之外，上列條件均具有外衍的意味。因此，在實踐策略與行動的轉換安置過程中，知識份子所面對的問題，最具社會意義的莫過於是如何使其實踐發揮最大的效用。在講求制度化的現代社會裏，無疑的，實踐的制度化將是最重要的課題。根據 Weber (1968)的說法，制度化的基本問題乃卽權威的正當化 (legitimation of authority) 的運作。在人的社會裏，政治權力一向乃被公認爲實踐社會目標的合法執行者，Parsons (1966) 稱之具「目的達致」(goal attainment) 的功能。就此角度來看，知識份子在處理實踐的轉換和安置時，勢必與政權擁有者產生密切的關係。事實上，從實踐與理論的掛鈎到實踐策略的釐訂而乃至實踐行動的推動，知識份子和政權擁有者之間均一直具有密切而微妙的關係。所以，一向學者們研究知識份子時，都十分重視知識份子和政權擁有者間的關係。(Eisenstadt, 1972; Feuer, 1976; Gella,1976; Shils, 1974; 余英時, 1976, 1980, 1982; 葉啓政, 1979, 1981)

四、知識份子和政權擁有者的關係

Weber (1954) 分析人類的社會，發現幾乎任何社會都有角色分化的現象。他認爲人類的社會有三股伴生的主要力量，分別處理人類社會生活中三個重要層面的問題。它們是物質利益 (material interest)、

權威（authority）、與價值取向（value orientation）⑩，物質利益是人生存所不可或缺的實體，它提供一個人日常生活的必需條件。在有交易行為的社會裏，「金錢」或其代替品（如物質本身）乃此一次體系或擁有此種社會資源，能够與其他人交換的最典型媒體(Parsons, 1975)。就現代社會之職業角色而言，企業家、工程師、醫農科技人員、企管人材等等，可以說是代表此一次體系的精英份子。

權威本質上是運用於人際互動的，乃表現在人與人之間的一種具正當合法意味的約制形式，也因此是對社會資源給予一定之分配法則的準則依據。此種權威的最具體形式即一般所謂的「正當權力」（legitimate power）。一般，在社會裏，這種正當權力的給予有一定的程序，也就是說，它是制度化的⑪。在現代的科層體系中，一個社會要實現其共同的目標⑫，往往都是經由掌握有此交換媒體者來執行，政權擁有者是最主要的代表人物。然而，不管是物質利益抑或權威，其運作和使用都具有一共同特點，即實踐某種象徵理想。在前文中，我們曾引用 Cassirer 之言，謂：有具象徵意味之價值、思想、和信仰乃人之所以為人的特色。因此，對自然界及人與人之間的互動賦予以意義，並給予一定的規律形式的約束，乃人之社會生活的本質。尤有進之的，人的價值、思

---

⑩ Bell（1976）亦持類似的看法，同時參看 Bendix（1960: 286-297），Gerth & Mills（1946: 197, 448）。

⑪ 用 Weber（1968）的概念來說，此一制度化的權威可有三類：傳統性（traditional）、天縱神才性（charismatic）與立法性（legal）。關於此種分類，後來學者討論頗多，可參看 Shils（1965）。

⑫ 其實，一個社會是否有所有成員均共認的共同目標，乃頗為可疑的命題。一般，共同目標事實上只不過是社會中之優勢份子（如父母、教師、立法者、政治精英、知識分子等），在個體社會化過程中，以種種方式（包含恐嚇、迫害、教育、利誘等等），加諸在劣勢份子（如子女、學生、大衆等）身上的一套東西。因此其所以形成為「共同」，基本上乃是一種統制（domination）的過程，「共同性」無疑的只是一種「優勢性」的代用語。職是之故，理論上，沒有一個社會可能有所有成員均共認的共同目標的。

想、和信仰，也一樣地並不是憑空而來，而是經過社會化的過程學習得來。準此類推，就一個社會整體而言，價值取向是來自一羣人所創造、修飾、傳散、和保存的集體結果，而且一定有其「傳統性」。人們會締造一套理論以用來支撐價值取向。這一羣人通稱之卽是知識份子，他們可以說是文化傳統的奠基者。無怪乎，Coser (1965) 稱此類人爲觀念人 (the man of idea)。他們在社會中所以有其地位，不是因爲他們掌握有金錢或權力，而是他們具有提供理論以來詮釋現象，並足以影響 (influence) 其他人，使人信服的能力。更重要的是他們具有從事解析現象，以提供其他人獲取金錢與掌握權力的能力。這些能力卽是知識份子與其他人具有交換的最主要資源媒體。

　　上述三類精英人物很明顯地掌握不同的社會資源，而這些社會資源又都是人在社會中生存所必需的，因此精英人物常可左右社會大衆的生存條件。總之，若把人際互動看成是一種交換過程的話，人與人間之互動說穿了主要地卽是這三種主要資源的互惠交換。然而，這三種資源之間雖可以交換，但卻因各有其獨立不可分割的屬性，三者之間並不是完全可以取代，其獲取的社會過程也是相當不同的。就此而言，基本上，金錢是屬於經濟的範疇，在絕大多數的社會裏，它乃是人換取生存物質和充實生活內涵的必要媒體，因此它是一種社會交換的最基本形式。雖然誠如 Parsons (1975: 96) 所言的：「它（按：指金錢）乃運作於經濟交換中的一種媒體，但人與人間許多交換關係是不能由金錢來當媒體的」，但是許多社會資源（如知識、權力、情感）的累積、乃至交換，卻往往必須以金錢來當條件的。譬如，要追求知識，必須要繳得起學費，也必須要有金錢購買書籍與維持基本生存。因此，金錢就其性質而言，可以說是具條件性的 (conditional or instrumental) 意涵的。

　　把權力當成一種社會資源看待，則其形成基本上乃是建立在強制

(corecive)的社會形式之上。強制可以藉對身心具壓迫的武力來執行,但在現代社會則往往依靠具制度形式的正當化權威的力量來塑造 (Weber, 1968),立法乃最爲常用,也被認爲是最爲合理的形式。職是之故,最合理的權力運作乃基於兩造對其關係規範的共設,其形成的根源因此是具「溝通」意味的。「影響」不同於「金錢」和「權力」,它要產生力量乃靠「說服」來使人接受其論說,以收心悅誠服之效。因此,與前二者相比,影響能否成功直接仰賴「理論」本身是否周延,具有魅力。理論因而可以說是此一社會資源的基本資本。總之,此三種社會資源都有其獨特面,不可能完全相互取代的。正因爲如此,擁有此三種不同社會資源的人們之間就必然產生互補互賴的關係了。當然,若三者能集中在一個人身上,那這個人無疑的是一個最具有決定力的人了,Plato 主張之哲王 (philosopher king),可以說卽近乎此種人。

就上述三種資源的主宰者的角色內涵來看,掌握「影響」的知識份子乃是有關社會文化象徵和理想的創造、修飾、詮釋、和傳散者。他們是使創新與使之在社會中的詮釋具有「正當性」而爲人們樂於接受的精英。政權擁有者的角色則不同,他們本質上不是文化象徵和理想的原創者,也不是其「正當性」的修飾、詮釋、和奠基者,但卻常被視爲是文化象徵和理想的合法執行者。易言之,他們乃社會中具合法地位的實踐行動者,而知識份子則是提供他們理論和實踐策略的負責人。至於經濟精英,就文化的角度而言,既非文化象徵的原創者、修飾者、詮釋者、或傳散者、也非實際的保存或實踐者。他們的角色主要是鞏固下層物質條件,提供良好的經濟基礎,以使知識份子和政權擁有者能充分發揮其功能。理論上,如此文化、政治、和經濟力量的分化乃意涵著,三者之間極可能具有互相牽制制衡的關係。此三種勢力難有其中之一具一枝獨秀的絕對優勢,也不可能完全的勢均力敵,他們之間的勢力總有消長不

勻之現象。不過，在人類歷史中，三者之間相比較，常見有政治勢力駕
凌其他二勢力的現象，而很少見到其他二者壓倒政治勢力的情形。何以
會如此，則與此三勢力的社會基礎有關了。因爲這是一個關鍵問題，
現茲簡述如下。

除了近代西方民主思想中主張權力必須來自人民同意以外，對於政
治權力的來源尙有不同的主張。它可以委之於「天意」或「神授」，也
可以建立在武力強壓的基礎上。當然，在絕大多的情況下，權力乃在多
種的基礎相互呼應支撐中成長❸。在此，我們要指出的是：固然權力的
來源形式不同，其所表現出來的結構型態也未盡相似，但是它有一基本
的共同特質，那就是權力往往需要賦予以正當合法性，其強制作用才得
以穩定地發揮。自從人類有文明以來，權力的正當合法性，至少在表面
上，似乎都經過某種儀式的方式，以求獲取被統治者之共識而確立，因
此它要求有一套系統化的理論體系來做爲樹立和詮釋其權威合法性的後
盾。關於此一支撐權力正當合法性之理論建構的社會過程，因牽涉到知
識份子的社會本質，我們留待下文中再加敍述。

在此，讓我們先假定權力正當合法性可以確立，或至少已具有實質
控制局面的運作效果。那麼，在此一條件下，政權擁有者可能產生怎樣
的統制情形。從人類的歷史，我們發現，政治權力的合法性成立，尤其
當它有效地掌握武裝力量之後，則由於它可以運用制度化之組織的行政
權，也可以動員武裝來從事監視、壓制、和懲罰，權力往往產生自主化
而有過度膨脹其合法性、乃至濫用的現象。此一情形，尤其當社會中缺

---

❸ 如此來談論政治權力的基礎，顯然與 Weber (1968) 之權威的理想型的
理解方式不同。何以在此不採 Weber 的進路，除了因其天縱神才 (cha-
rismatic) 權威的概念過於含糊，與其他兩類之權威（參看❿）在意涵上
有重疊之虞外，其所提之傳統權威未能充分發揮分析上之「歷史」意義，
儀最週全的涵蓋，亦是理由之一。

乏獨立自主之有效制衡體制時特別明顯。此時，由於政權擁有者掌有決定社會行動之合法性的權力，尤其在一些知識份子的支持之下，爲了保護旣得利益或矜持其意識型態，他們或者罔顧立法規範、或者扭曲地修改或詮釋法律內容，重新界定了「眞理」和「正義」的內涵。其扭曲的程度有多大，乃與權力形成之社會基礎、其有效控制之能力、社會之意識型態主流勢力的大小、經濟水準、一般國民之知識程度等等因素有關。

　　說到這兒，我們還得回過頭來看看知識份子之社會動力的本質，才足以瞭解何以政治權力具有恣意之駕凌潛勢的可能？我們提到，知識份子對社會所以具有決定力之本質在於「影響」，而其所以有影響乃因他們具有建構理論和從事詮釋的知識，他們靠知識的魅力來說服別人，讓別人接受意見，進而這些人可以採取行動以實踐。因此，知識份子之理想要有實踐的可能，若不是自己實際轉納入政權體系中，一般有兩個主要的管道來貫徹：(1)透過種種方法直接或間接地影響政權擁有者的認知，或(2)掌握大眾以集體行動來貫徹。無論是前者或後者管道，很明顯地都必須要求社會有捷便而自由流暢的溝通管道（尤其是大眾傳播管道），也都必須要有相當開放的言論自由保障。但是，很弔詭的是：一個社會是否有充分的言論自由和溝通管道，則又相當程度地取決於政治權力的特質❹。

　　在前文中，我們提到，一個政治權力一旦獲得之後，可以和原先委託授予的來源脫離，而具有自主性。這是政治權力正當合法化後，可以產生強制作用，乃至濫用的社會基礎。在此基礎下，讓我們來檢討言論

❹　在此，我們無意採單因素決定論的立場來考察言論自由，而完全歸因於政治權力的特質。我們所以強調政治權力的特質，主要是爲了澄清知識份子和政治之間的關係。因此，在方法論上，對政治權力做了選擇性的親近（elective affinity）。(Gerth & Mills, 1946)

自由此一知識份子欲產生影響力的社會條件。就其社會效果而言，言論自由必然地觸及到人與人之間權力和利益的問題。人都有保全自己之生命與所有物的私心，因此，在政治現實世界裏，言論自由的尺度及其施用往往都加以界定，在人羣之中建立起標準來，否則將因漫無標準而帶來衝突和混亂。準此，以制度化的形式（一般卽立法）來界定言論自由卽成爲現代社會的共相，儘管其所採取的標準可能不同。既然必須制度化，政治權力的干預程度和形式自然就成爲重要的決定因素了。一般而言，爲了維護既有的利益，同時也基於權力正當合法性之理論依據必然要路徑化的緣故，政權擁有者都有傾向控制的趨勢，否則其權力的正當合法性將不時接受到挑戰，乃至動搖其成立的根本基礎。基於這樣的社會特質，若不把言論自由的保障制度化，制度不具合法化，而且成爲政治文化的傳統（如近代歐美的民主憲政思想傳統），社會中也沒有建立具制度化之權威地位的獨立制衡體系（如近代民主國家的司法獨立與代議制度），則政權擁有者爲了維護既得利益和意識型態，很容易扼殺言論管道，使行政權無限膨脹，而駕凌其他精英。這種行政權膨脹的情形在極權社會卽十分地明顯。誠如 Shils (1974: 79) 所言：「在極權社會裏，政治精英經常竭力導引知識份子的創造，以期其所創造的能夠佐證和肯定統治階層的意識型態，爲達此目的，極權精英設立一套周延的控制體系。他們企圖超越近代知識活動之內在本質所要求或展現在知識份子眼前對政府、經濟與社會之功能任務來組織知識生活。在許多範疇之中，這種政治機制（political machinery）預定一些相當程度的劃一性，此一劃一性乃與內涵在任何創造活動之未定性是相悖的。透過對任用、遷昇、經費、和出版與行銷設施的控制，極權精英一再嘗試預定知識份子的產品內容，尤其當產品內容與具神聖意義之意識型態或具政治敏感性問題有密切關係時，更是如此。」

　　總而言之，不管權力是否無限膨脹，由於正當化乃任何社會活動，尤其社會制度形成和運作的必要過程，規範之權威來源和運作方式順理成章地成爲關鍵問題。文化象徵的創造、詮釋、修飾、和傳散活動是一種社會活動；其有關的制度也因此是一種社會制度。既然如此，政權擁有者對文化制度之權力如何運作，很自然地成爲界定文化活動內容範疇和其制度之合法正當性的重要決定力量。他們的介入文化體系之權威的建立，也因此是可以理解的 (Lipset & Basu, 1976:116)。

　　雖然政治權力的本質有使知識份子顯得軟弱無力的可能，但是，終究物質利益、權力、與價值取向（或謂經濟、政治與文化勢力）有其不可化約和取代的社會性質。這種性質使得知識份子和政權擁有者之間一直具有一種曖昧、矛盾、而又緊張的關係 (Eisenstadt, 1971; 1972)。在主觀意願上，雙方都有一種「欲保持最大的自主性，但又欲對對方加以最大控制」的傾向 (Eisenstadt, 1972: 8-9)。政治擁有者的這種傾向已在前文中略加敍述了，底下讓我們再來看看知識份子，從而來談論知識份子之理想和現實間的關係。

　　從現實的社會運作過程來看，縱然政權擁有者之權力可以憑藉武力來取得，任何政治權力要能長久維持不墜，都必須建立在制度之上，以使其權力的運作路徑化。誠如上面提及的，這種正當合法性的路徑化本質上即是支持政治權力存在和延續之理論與詮釋體系的建構，也是使之在被統治者心中產生內化作用的社會過程。在此過程中，權力理論之建立和正當合法性之詮釋，往往不能由權力擁有者自己來執行，而是由其他人來負責，這些人即知識份子。如此的角色分化即構成了政治權力之正當合法性的認定外衍性。其所以經常如此，有兩個理由：第一、雖然政權擁有者是權力的執行和使用者，但是他們卻往往缺乏從事理論化和提供周延具說服力的詮釋能力。尤其，當一個社會結構分化繁複，欲有

效率和效用地運用政治機制，以處理日益複雜的公共事務，勢必不時地更新和充實知識才足以應付。在此情形之下，知識份子所具專精之知識與技術，正是政權擁有者欲有效推動行政工作和確保權力所不可或缺的條件，他們可以提供理論，也可以負責從事詮釋工作。第二、縱然政權擁有者本身深具建構理論和從事詮釋的能力，而事實上在現代社會裏政治體制也一再吸納具專業知識的知識份子參予行政工作，權力正當合法性還是需要仰賴知識份子來詮釋支持，才具有說服力；也才具有可信度。何以需要如此呢？這得從政治權力施效性的社會本質來看了。一般而言，政治權力所以具有效用，並不是因為它只在統治圈內自衍地運作，為統治者自衍地承認，而是它能伸延至社會中絕大多數的成員。因此之故，權力之正當合法性不能只是權力精英本身的囈言，而必須是來自意義他人（significant other）的認定。易言之，它必須由政治權力之外圍而又具有權威可信度的成員來加以肯定。知識份子在社會中從事象徵意義之詮釋的合法角色，無疑地使得他們成為政權擁有者竭力爭取、拉攏的對象。政權擁有者能否獲取他們的支持，他們如何為政治權力之合法性提供詮釋，很自然地為政權擁有者所關心。說來，這是社會角色分化後不可避免的結果。

　　上述有關知識份子和政權擁有者的關係說明著：他們彼此之間，一方面在功能上是互賴的，但另一方面卻也具有衝突對立的緊張潛勢。這種雙重的關係，除了從組織之制度層面來理解外，還得從象徵理念的層面來剖析，才可能得到圓滿的答案。在上面，我們已就組織結構的關係來看而發現：政權擁有者需要知識份子的支持，才可能使其權力具有正當合法的意義，而知識份子，尤其知識體系，也必須靠政治精英提供立法上的保護和協助，才可能建立維續。（葉啓政，1979）因此，從組織結構上來看，兩者之間互賴互惠的成份似乎多於對立矛盾的。但是，若

從象徵理念的角度來看，則情形就不一樣了。

在上一節中，我們已提及到，知識份子的重要社會特質即在於他們
兼具理論和實踐之「轉換——安置」的雙重性格。其中所涉及的不單只
是知識份子本身的社會結構（或簡稱之「知識體系」的結構），也牽涉
到整個社會文化條件，其中最爲重要的即是政權擁有者的干預了。現
在，讓我們先就知識份子的理論轉換和安置來談起。概如前述，理論的
轉換和安置的重要內涵乃在於概念之抽象度和「普及——特屬」性的轉
換。由於學習條件、個人性向、才智、社會背景等等因素的不同，知識
份子對於理論往往會有不同的見解和執著。尤其在知識趨向專精（spe-
cialization）的分工狀況下，知識份子在理論上產生分歧，幾乎是無可避
免的現象。理論上，若是一個社會的知識體系具有高度自主性，則此一
層面之轉換和安置所遭遇到的問題，本質上應當是屬於知識份子本身對
有關現象之本體論和認識論上觀點的爭執，而不應糾纏其他外在的干擾
才對。若以現代西方文化傳統爲中心的知識體系來說，知識份子乃應在
同一個「批判論說文化」的優勢標準下進行對話和辯論。概如前節所述，
此一文化的優勢標準基本上是建立在科學法則上的理性展現，它乃要求
客觀、公正、和平、而不是依附權力、金錢、地位、情感、或暴力而產
生的武斷扭曲抉擇。

話雖如是地說，以現實的條件來看，知識份子在理論之轉換和安置
層面上的辯論，乃至因意見分歧而形成學派的社會過程，並非一直有保
持純學術之論爭而不牽涉政治干預的可能。即使是相當抽象的哲學理論
的論爭，尤其是有關社會現象的理論典範的轉換，也往往都無法完全擺
脫政治權力的干預。其理由相當明顯，理論典範乃社會秩序所以能夠維
繫的根本依據。一切有關社會資源的生產和分配法則的正當合法性均建
立在一套行之已久的理論典範之上。一旦典範更改了，無疑的整個社會

秩序都得重新安排，既有權力結構也因此會有所動搖。在此情況之下，為了維護既得利益和平衡根植之意識狀態，政治精英干預知識體系的理論轉換和安置，自是可以預期的。只是，其干預的程度和方式乃與學術自由之保障制度是否健全獨立有密切的關聯，而事實上政治干預幾乎是任何社會都可見到的。

大體而言，最嚴重的政治干預形式是以種種方式對知識理論內容直接加以干涉，由政權擁有者來界定理論的基設前提和結論。這種對知識的直接干涉，在具有學術自由之傳統的社會，一般而言是較為有限，乃至相當輕微的。不過，若所涉及的是基本典範的根本變動，則情形就未必如此。此時，學術自由的保障制度往往未必能發揮其自主獨立的功能，因為典範的根本變動（尤指政治及社會理論典範）也可能觸及到學術自由之保障制度的權威地位的基礎問題。基於這個理由，人類有史以來，學術幾乎不曾有過絕對自由的情形。當然，在政治權力高度膨脹的社會裏，學術自由度是更加受到限制，其對知識內容之直接干涉是更為明顯而毫無顧忌。總之，除了直接干涉之外，最常見而普遍的政治干預是來自間接的控制管道，譬如控制知識創新與傳散機構（如大學）的編制和預算、或預定學術研究的主題與重點、或控制學者的昇遷與待遇。這種政治的干預基本上是權威分化後的一種結構必然現象，已不是保障學術自由之制度是否健全的問題了。只是，在一個比較具有學術自由之制度化傳統的社會裏，政權擁有者企圖干預知識份子時，較常用如此間接的管道，而儘可能避免使用直接干預的方式。

再說，由理論轉換為實踐，不但抽象度必然降低，而且實用性也增高。實用性很明顯地意涵著條件與策略的考慮，也必然牽涉利益取得的效率和效用。這些選擇的考慮直接觸及到意識型態的取向，因此很難以保持在「理論轉換和安置」情況下較常具有的自延性，而容易接受來自

知識圈之外種種利益團體的牽制，政治干預無疑的是其中最爲重要，而且幾乎是無以避免的。誠如在前所述的，在此一階段與前一階段一樣，政治干預可以是直接的，也可以是間接的，而且更爲明顯。

與「理論的轉換和安置」階段相比較，知識份子如何把理論轉換爲實踐，也就是說以何種方式來實踐，乃與政治權力之運作與其運作內容有更爲密不可分的關聯。一般而言，當某一種理論（尤指社會政治理論），如人權平等論，乃普遍爲社會成員所接受而蔚成潛意識化的文化傳統，則政權擁有者對理論轉換爲實踐的干預往往較爲有限。假若有所干預，甚至可能是建設性的保護，而不是破壞性的阻撓或扭曲。但是，一旦一個社會主導政權之優勢標準乃與知識界之理性文化批判論說的優勢標準相左，則其干預就將廣泛而且劇烈。尤其，當理論所內涵之價值理想具有普遍共認的權威地位，但政權擁有者或爲維護自身利益或爲矜持不同的意識型態時，其干預就更是在所不免。此時，由於理論本身具有權威意義，由理論而演繹的實踐策略與行動也因此被視爲是一種合理的安排措施，政權擁有者往往不敢明目張膽地杯葛理論本身，他們轉而在理論轉換爲實踐的過程中動手腳。最爲常見的作法是：動員一些與他們契合的知識份子提供一套補充的理論體系，以「移花接木」的方式來扭曲原先的理論，如此以使由理論引伸出的實踐策略可以符合他們的利益和意識型態。

上述之移花接木的手腕，所以常可爲政權擁有者使用而不至於使其合法性遭受到嚴重的挑戰，除了常藉武力來強制執行以使知識份子不敢反抗之外，尚有源於理論與實踐之轉換的社會本質的原因。就其社會本質而言，理論與實踐的對應，固然在內涵的意義上有不可化約或替代的演繹邏輯關係，但是其表達形式則基本上是具外延性的（denotative）性質，它受特殊歷史與文化條件所制約。譬如，選舉制度乃是由內涵在

「天賦民權」之民主政治理論所演繹出來的一種實踐形式，但卻不一定是實踐民主政治之理想的惟一形式，而且縱然是，也不一定採取某一特定的選舉方式或有相同的選舉權的規定。人們以何種方式來實踐民主政治的理論，常隨著社會之政治文化傳統與歷史條件而有不同。

在此，姑且不論由理論轉換為實踐的內在演繹性和條件外延性的分寸為何，因為這不是此處討論的重點。我們所要指出的是：由於理論轉換為實踐過程具條件外延性，因此，在轉換時，除了主導理論之外，常需要、也常為一些補充的理論論證來支撐。儘管這些支撐理論只是用來補充主導理論，而且本身也可能是外延的，但長期發展下來，卻與主導理論糾纏在一起成為一個複雜的理論叢結，甚至駕凌取代主導理論的地位。在一般的情形下，社會一般成員、乃至具專業知識之知識份子，因缺乏釐清此一理論叢結之邏輯脈絡的知識能力條件，往往提不出有利的反對論證。縱然他們有此能力，也未必具有說服的魅力。尤其，設若社會缺乏獨立自主的制衡體系與保障人權的制度，政權擁有者為了保障既得利益和淨化意識型態，往往動員迎合他們之意旨的知識份子來修潤扭曲主導理論，並挾持合法之名地掌握種種社會化的制度管道來宣揚灌輸其所接受的理論和實踐形式。在此情形下，理論與實踐之內在邏輯性往往就難以保持和發揮，而讓其外延性在政治利益之意旨下恣意地泛濫。

況且，既然理論轉換為實踐乃具條件外延性，主導理論和銜接理論與實踐之支撐理論間的關係是否適當，是否為人們接受，並不全然地取決於主導理論之內涵意義的演繹詮釋，而是受制於社會的歷史文化傳統和習慣的認知模式，因此其間關係建立的合法性更易受制於政治建制的強制力和說服技倆。這種條件式的詮釋和修補工夫，只有當支撐理論明顯地抵觸了主導理論的基本理念內涵時，其間的矛盾才容易為人們（往往也只是少數的知識份子）所察覺出來，也只有此時，知識份子和政權

擁有者的緊張對立關係才具體地表現彰顯。

就實踐的轉換和安置的社會特質來看，此一階段與前二階段最大的差異有二：(1)外延性更加明顯，因此外衍干擾因素加多。(2)此一階段乃知識份子與政權擁有者之角色分化的正式合法交接場所。現讓我們就此二特質分別加以討論。

在上文界定知識份子的「實踐」的內涵時，我們特別指出它具有雙重的意思。一方面，它指實際的實踐行動本身；另一方面，它指提供實踐行動的指導理論和策略。倘若知識份子實際參與實踐行動（如參與消費者保護運動），很明顯地極可能與政權擁有者的職權領域有了直接的接觸。在此情形下，外衍干擾因素自然很多。再說，即使知識份子的實踐只是停留在策略的釐訂，也必然地因與現實有面對面的關係而有諸多外來的因素干擾。總之，實踐是理論轉化成為現實的最重要也是最終的關卡。為了應付現實的需要，實踐本質上是實用的，而且也必須關照到現實環境的特殊條件，因此它具有濃厚的區域性格。同時，也不能不與既存的社會秩序和心理認知結構謀求妥協調適。凡此種種在在顯示實踐的轉換與安置乃深具外延性格，因此此時的運作已不只是知識份子社會圈內的內在活動，而是與其他社會羣體產生密切關聯的互動活動。無疑的，這種社會特質說明著實踐的轉換和安置乃遠較其他兩種過程更易受政權擁有者的干預。專司此一方面之工作的知識份子與政權擁有者的關係自然也就較為密切，而且互動也會較為頻繁。此類具策略意義的知識份子，與政治結合者，若不是直接轉成政治圈子參予政治實務，往往即以顧問之類的身份提供諮詢或策劃的協助。而與政治權力相左者，若不是成為直接抗衡的反對政治勢力，即為擔負言責的批判角色。

由於實踐的轉換和安置乃知識份子之社會角色中與政治社會現實直接銜接的部份，因此，就制度化的結構角度來看，此一階段，與前二階

段不同，具有一重要的性質，此一性質，讓我們稱之制度機制轉化的功能限制性 (functional imperative of the transformation of institutional mechanism)。在人類的社會裏，縱然制度機制可能源於偶然的發明，但都必要經過人們精心地修飾設計，才可能有效地發揮滿求成員某種相同或共同的需求的功能。因此，一般而言，任何制度機制一旦形成之後，其既定的角色規範形式，多少都會限制該制度可能具有的功能 (Merton, 1968)。這種功能的限制往往即界範了一個制度機制的有效施用範疇。一旦需要不同了，就必須轉由其他的制度機制來履行。這種制度機制的轉化，在社會分化的情形下，更是明顯而且具有體系性。

就拿知識份子的實踐轉換和安置來說，知識份子在此階段所具有之社會功能主要在於：(1) 對不同實踐形式的實際適用性從事檢證、修飾、和闡明；(2) 對不同實踐形式所具之社會意義加以詮釋，以俾能再轉換成為實際的社會行動；(3) 在實際之實踐行動付諸實現之前，對最後的形式給予理論或論說上的正當化定位，此即知識份子對實踐的安置功能。此三項工作本質上還是屬於「知識」範疇的飾化過程，而不是行動本身。但此一知識上的確立定位過程，卻是最終實踐行動得以產生所不可或缺的程序。然而，知識份子此三項工作只是整個實踐活動過程的必要步驟，而不是全部。實踐活動要發揮其社會意義，尚需要包含實際的行動。就社會之制度機制的正當功能而言，知識份子並不是從事實際實踐行動的合法執行者；也就是說，當論及此時，知識份子在制度機制的結構上有了角色功能上的限制性。此一工作往往是由另外一批人來負擔的，易言之，在制度機制上角色必須要有轉化，實踐行動才得以付諸實現。

概如前述，就其所可能運用之合法社會資源而言，知識份子和政權擁有者的角色分化在於：前者是確立社會行動正當性的詮釋者；後者是

社會行動實踐的正當合法執行者。這種功能上的分化要求乃是知識體系和政治體系分立但又互賴的基礎，也是知識份子與政權擁有者之間存在有合作與對立之雙元矛盾關係的結構因子。爲了維護既得權益、權威的尊嚴、和意識型態的完整，政權擁有者可能在整個「理論──實踐」之轉換與安置過程中，一直對知識份子的建構加以干預。這些干預，就此處功能正當性的分化立場來看，往往被視爲是知識體系的外衍干擾。

在「理論的轉換和安置」和「理論轉換實踐」此二階段，政治干預知識建構乃明顯地冒犯了知識權威的完整性，也嚴重地威脅了「學術自由」的傳統。理論上，倘若在「實踐的轉換和安置」階段，政治對知識份子的活動亦加以干預，也應是有相同的威脅意義。但是，由於政權擁有者乃社會行動實踐的合法執行者，值此社會分化之角色的銜接交替階段（卽由實踐之理論與策略指導原則的釐訂至實際實踐行動之推展），制度機制轉化之間多少會在角色職掌的分化之間產生曖昧與模糊。一方面，在此交接點，角色合法性難以明確地釐清；另一方面，知識份子與政權擁有者之社會資源（一是知識，另一是權力）在此有著直接交換的合法地位。其間的交換能否完全依循社會既定的運作流程，往往成爲關鍵的重點。易言之，值此際會，雙方爲了個人之權益或其他考慮，資源之濫用與不正當交換常常會發生。而且，因爲此一階段知識份子的活動（如草擬法規）與政權擁有者之權益有著直接而密切的關係，政權擁有者使用利誘、威脅、或強制的機會也往往會加大。職是之故，此一制度化權威的轉化階段，乃關係社會理想是否可以貫徹的關鍵，亦卽是「理論」至「實踐」行動的轉換與安置是否會順利完全抑或產生裂罅的關鍵時刻。此時，知識份子與政權擁有者是串聯或對立，也特別地明朗化。

五、理想與現實的掛搭──知識份子的矛盾困境

談論到此，有三個現象似乎是明顯的。第一、就結構的角色來看，欲瞭解知識份子之社會特質，乃不能不探討他們和政權擁有者之間的關係。第二、政權擁有者對知識份子的干預，可以是無時不在，無處不有的。第三、政權擁有者對知識份子之「理論──實踐」建構過程的干預程度，端看社會對權力的制衡和約束體系是否存在與是否勢均力敵而定。不過，不管如何，知識份子的「理論──實踐」轉換和安置，可以說是一種社會理想之締造、修潤、與實踐的制度化過程，乃知識份子之社會角色的最核心部份⑮。在此過程中，知識份子的努力將涉及理念內容之選擇、方法進路的確立、具效率和效用之實踐策略的建構、和行動程序合法性的樹立等等工作。關於這些工作，在此將不詳加討論。

處於如今日知識專精分殊化的社會裏，人們面對著的是一個複雜多變的世界，知識的創新、修飾、和轉換多元而且多變，因此，知識份子原本就很難說是一羣同質性甚高的人羣，他們也難以完全認同某一個階層的。無論就其利益立場、意識型態、期望價值、知識專精的領域、或社會背景等等角度來看，知識份子都是分殊歧異的⑯。基於此，知識份子如同大眾一樣，在嘗試把個人特殊經驗轉換成為社會共同經驗的過程中，其所可能提供的理論和實踐必然也常是分歧的。嚴格地說，分殊、分歧、而至分裂並不是知識份子特有的現象，而是社會中人羣具備的常性。基於這個理由，欲瞭解知識份子的分殊與分裂，若只單純地把它歸

---

⑮　此一論點乃如 Nettl (1969) 所強調的，認為不能只從角色的結構來瞭解知識份子，而必須從「觀念」(idea) 出發來認識知識份子的本質。

⑯　Mannheim (1936; 1956) 認為知識份子是不特屬任何社會階級的。後來學者對此一命題爭論頗多，可參考 Lukacs (1971)、Gramsci (1971)、Gella (1976)、Gouldner (1979)、或 Konrád & Szeléryi (1979)。

因於人羣的常性，那就未免簡化了整個現象的複雜性，實難以適當而恰確地捕捉知識份子所以分裂和其分裂之性質的特殊意義了。要認清知識份子的分裂性質，乃必須從知識份子的社會結構與觀念（知識）的本質來著手。

從觀念或知識之衍生的本質來看，知識份子一直是具高度個人取向的。雖然我們常可看到知識份子因共享理想和意識型態而沆瀣一氣，而且在今天高度仰賴知識的社會裏，我們也看到知識似乎已稍具自延規模的組織型態（如大學），但是我們更發現，由於知識份子的「批判論說文化」崇尚個人創新，尊重個人自由意志，理性也依附科學邏輯的基礎，肯定個人生存與權益的保證乃最終的社會價值，因此即使知識份子同處於一個組織之中，其理念還是以肯定理性的個人主義爲最終的指導原則（Goulder, 1979），其行動雖可能一致，但其理想卻是源於個人的自由意志，而不是出於組織的強制（corecion）或對角色的順從（conformity）。

再者，從今天的知識體系的結構來看，我們發現，知識的創造自成一個獨立的社會制度之後，知識份子、至少學院中的專業知識份子，往往並不對其所歸屬之工作組織有強烈的認同，其所認同的常是專業知識圈（Plez & Andrews, 1966）。尤其在知識專精分殊化的情形下，我們常可看見專業知識份子與其同行之來往互動，遠比與同一個組織中不同行的同僚來往的頻率爲高。這種基於對某一特殊知識範疇有共同興趣而形成一超地域的溝通組織網路，Crane（1972）稱之「看不見的學院」（the invisible college）。此種對專業知識產生角色認同的現象，無疑的更不利於知識份子形成一如政權擁有者一般具有嚴密組織紀律與羣屬認同的團體。

上述的知識制度若是歸集於一個單一的科層組織系統，縱然組織十

分鬆散，而知識的「批判論說文化」也是個人取向，終究還是可以形成一個準體系，具有相當程度的共屬意識，且具組織型態的準階層。但是，知識份子的社會結構一直就缺乏形成具共屬意識之階層的有利條件。上述對專業知識認同而形成「看不見的學院」的普遍存在是其中的因素之一。此外，知識份子分散寄養在不同的組織（或行業）之中（如研究機構、大學、大眾傳播機構、自由業、乃至政府）是另一結構上的重要因素。依附於不同的組織，縱然其對所屬組織的認同是薄弱的，也會因歸屬之組織不同而有了不同的權力牽制、利益歸依、和情感認同。況且，他們所寄養的組織又往往是庇蔭在龐大的政治官僚體系的控制之下，政治權力界定了組織與其運作的合法性，知識份子自然難以形成為一個自延自足的階層，其利益也必須依附其他的社羣實體（如政權、資本家、工人、老人、少數民族等）之上才得以獲取，其理想也必須指向於對其他社羣實體的福祉之上，才得以建構完成。

總的來說，知識份子本身的社會意義內涵和其社會結構的本質，乃使知識份子在理論和實踐的轉換安置過程中必然走上分裂的道路。分裂可能體現在理想和意識型態上，但也可能共持相同的理想和意識型態，卻持有不同的理論架構、或實踐形式、或行動策略、乃至利益的歸依。一般而言，社會分化愈是明顯、理性個人主義色彩的「批判論說文化」傳統愈是濃厚，則知識份子分裂的可能性也就愈高(Eisenstadt 1972)。

對政權擁有者的權力維續而言，知識份子在理論和實踐上的分裂（或者說，其理想的分裂），與其看成不幸的社會體現，勿寧說是一個有利的條件。大體而言，對既有政治勢力，知識份子至少分裂成三個不同的態度陣營。第一類是秉持批判的精神傳統，對政權一直採取言論批判的態度。這類的知識份子可以說是帶有浪漫色彩的理想主義者，他們是忠於理想，而且往往具有貫徹其所認定之實踐形式的道德勇氣，因此他

們的基本特徵是不滿。Nettl (1969) 和 Feuer (1976) 卽重視此一特徵，以爲這是知識份子的基本典範。一般所指的知識份子的純粹類型卽指此類。 第二類的知識份子則是對政權採取妥協、 乃至完全屈服的態度。或許爲了謀取個人私利、或許出於羣屬情感的認同、或許基於意識型態的共識， 他們成爲政治權力之合法性的詮釋者、 辯護者、 和支持者。這類知識份子可以說是傾向對現實認同，對政治現實順從，對理想採取彈性可變的態度，往往成爲政權擁有者的代言者。第三類的知識份子則是對政治採取疏離的態度，他們只對某一專業認同。若說他們尙保持有批判的精神傳統，那麼批判的對象並不是指向政治，而是針對其所從事的專業知識。在知識專精分殊化的今天， 許多人把政治看成是一種特殊的專業領域，認爲平常人若無此方面的專業知識，不應當涉入的。在此情形下，這類的知識份子也因此爲數甚多。他們可以說是敬業的專業主義者， 對於理想採取謙虛冷靜有分寸的侷限態度來處理，對政治理想往往是冷漠不關心、至少關心的程度相當有限，作法也相當保守。

上述三類知識份子的分裂情形說明了一個重要的現象，那是： 並不是所有的知識份子對理論和實踐 (或理想與現實) 之間，主觀上都有明顯的裂罅感。粗略地來看，第二類的知識份子往往把理想淹沒在對政治現實的妥協或屈服之中，他們未必有道德上的兩難意識[17]。 在這一羣知識份子中，其極端者成爲政治權力的護航， 曲學阿世、 諂佞、 貌恭順、刻意揣摩政客的心意、百說千從、百呼萬諾。一旦捕捉機會，則肆行蔽詐， 獲取報酬。 他們乃以個人小利小害爲中心的便宜主義者 (徐復觀 1956:152) 。胡秋原 (民 67) 謂此類知識份子具「客氣」；或用荀子的話， 他們是「賤儒」。至於第三類的知識份子，若非專心一意地忠於自己的專業，成爲 Ortega Y Gasset (1932) 所謂的「有學識的無知者」

---

[17] 關於知識份子的道德兩難意識的內涵，將在下文中敍述。

(learned ignoramus)、或荀子所謂的「俗儒、陋儒」，就是想做官做不到、或是做官不得意、牢騷滿腹，或是退隱，或是憤世狂狷、玩世不恭，與政治理想脫節，具有胡秋原所謂的「潔癖」。

排除上述兩類知識份子後，很明顯的，理想上只有第一類知識份子才具有強烈道德勇氣和社會責任意識的可能，也因此才可能產生道德的兩難意識的。這類知識份子具備古今中外所宣稱之知識份子的典範，其理想者具有三個自我戒律：(1) 忠於自己所研究的學問，不會指鹿為馬；(2) 不作清客、不幫閒，因此即無客氣，也無潔癖，乃在濁世之中的清蓮，積極而勇敢；(3)他們體念自己所受教育的獨立性。(牟宗三，1973:163-164) 在下文中，論及知識份子之理想與現實之間的困境和道德兩難意識時，所指的知識份子即特指此一類。因此，若非特別聲明，下文中之「知識份子」一詞乃專指此一類型者。

從上文的討論中，我們已很清楚地可以看到，知識份子的「理論——實踐」轉換安置過程已內涵著其所主張之理想與現實之間具有裂縫的潛勢。事實上，知識份子之可貴也正在於其所主張的是與現實之間有一段差距。否則，一個社會沒有理想，將是難以想像；而一個社會之中沒有一些人矜持理想，社會也將是了無生機的。

大體而言，知識份子之理想與社會現實之間所以有差距，推其緣由，最主要的是來自於知識份子所處之社會結構與其角色所具的特質。首先，如上述的，知識份子無論對理論或實踐的轉換與安置，都可能是分歧的。這種分歧可以說是結構必然註定的。容或知識份子秉承共同的終極理想一如肯定自由、平等、與理性，但在理想之理論建構和實踐形式的轉換安置過程中，理想並不是以完整無缺、不可化約、乃至不必化約的型態展現。隨著理論的轉換、實踐形式的確立，理想必然要有抽象度與適應時空特殊性的轉換，也因此無可避免地會因理論依據和認知態

度等等的差異，而有不同的展現。因此，理想要由理論轉換為實際行動，而終成為社會現實，必竟是無法完全一致的。理想和現實之間有一段差距也因之是很自然的，乃至可以說是一自然法則。這種結構必然性的限制，對知識份子而言，往往是可以心平氣和地接受的。他們所不能接受的是，在轉化理論與實踐理想過程中，受到不合乎既定精神原則的外來干擾。無疑的，政治權力的干預往往是最為主要的外衍干擾因素。

除了因為理論和實踐之轉換與安置必然使理想多元分歧化，因而導致理想與現實之間難以有完整的對應之外，理想與現實所以會有分歧，尚有另外的理由。這個理由乃必須從社會秩序的本質和政權擁有者與知識份子的關係來著手，才可能鋪陳清楚的。

任何社會都必須有一特定的秩序形式，這幾乎可以說是一個鐵律。不管秩序的形式是什麼，秩序即意涵某種權威、階層、和行為規範形式的合法性，也肯定它們存在的必然性。然而，就此處所敍述的知識份子而言，其所秉承之「批判論說文化」中主張個人自由意志為本的科學理性的典範，無疑的內涵有反建制、反現實的批判潛勢。此一批判的傳統與維持秩序的現實法則之間存有著緊張的內在關係，自是可以理解的。

誠如上面引用 Parsons (1966) 的說法，政治權力乃負責實現既定目標的合法權威體。再者，按 Weber (1968) 的意思，這個專司「目的達致」的權威體要有合法的行使權力，必須經由某種形式，獲得社會成員（至少一部份成員）的承認。既有秩序中所建立的權威、階層、和行為規範往往即支持其權力之合法性的基礎。基於這個理由，政治權力本質上是傾向保守的。他們往往以穩定現實狀態以調整、乃至箝制理想。這種現實傾向是正與知識份子的「觀念」、「理想」取向相對立的。後者有更新理想，並以理想法則來指導現實運作的典範傾向。如此基本典範上的對立矛盾，不但加劇了知識份子與政權擁有者間的緊張潛勢，而

且也因角色分化的必然要存在，而使得知識份子的「理想」與政權擁有者所掌握的「現實」之間有了必然存在的裂罅。

尤有進之的，理想與現實間的裂罅所以產生，追求溯源，很難完全委之上述兩個緣由。尚應從工業革命以來西歐社會所體現之變遷過程來理解，也因此必須從十八世紀以來西歐之社會思想中所呈現之對立社會觀來解析才夠週延的。從歷史發展的脈絡來看，法國社會學的誕生卽是反映此一社會內在矛盾的最佳寫照。Eisenstadt (1976) 有關社會學發展的解析正確地指明了此一特性。他指出，在西方社會學傳統裏，對社會秩序之本質有五組比較明顯的對立主張。它們分別是：(1)「穩定和延續」相對「變遷」、(2)「權威」相對「自由」、(3)「階層」相對「平等和參予」、(4)「非理性」相對「理性」、和 (5)「順服」相對「操控」。現代西方社會學所以有不同的理論，根據 Eisenstadt 的說法，事實上卽嘗試在這五組對立的理念之中，對社會秩序的本質做不同的解釋，以及尋找不同的出路。不同的學者因其社會本體論和認識論不同，而有不同的理論建構，也因而有了不同的實踐主張。

O'Dea (1972: 163) 在論及歐洲天主教的知識份子時，也曾提出類似 Eisenstadt 的看法，指出知識份子常在理念上產生三種對立與矛盾的困境。它們分別為：(1)傳統主義──理性主義、(2)穩定和延續──創新與創造、和 (3)肯定制度合法性──強調批判評估。他稱知識份子這種理念上的矛盾對立為蘇格拉底的緊張 (Socratic tension)。在此，我們無意對此矛盾對立的宣稱主張從事內涵細部的分析。我們所要做的只是指明工業化以後西歐知識份子對社會秩序之本質所具有的一種心理認知上的矛盾。此一矛盾卽是近代知識份子常具有道德兩難意識的歷史根源。每當知識份子為社會尋找出路時，此一對立的兩難社會本質觀念往往隨之而浮現，因而，不但使其在理想上的主張分歧，也使其在實踐形

式上分殊。這一個思想上的兩難，說來是知識份子在理想與現實上產生嚴重分裂狀態的重要歷史根源，乃是不容忽視的重要因素。

　　無疑的，知識份子這種認知上的兩難的極點，各有其哲學理念上的基礎。若是知識份子只停留在觀念層面(或卽理論層面)的建構，此種兩難的困境尚爲單純，他們可以在學術象牙塔中，從事純知識性的論辯。但是，知識份子之所以爲知識份子是在於他們有強烈社會責任意識與道德上的認同，這也是他們之所以也是「實踐」人的理由。因此，對知識份子而言，這種表現在理論層面的認知兩難困境，立刻卽轉爲實踐層面上的道德兩難困境。這種雙重的困境加深了知識份子之間的分裂，也使政權擁有者可以與某些知識份子結合，而與另外一些知識份子對立。在今天的世界體系中，對處於邊陲社會的知識份子來說，由於外來與本土文化之間的衝突、社會結構劇烈地變遷、政治權力結構相伴地有了危機等等因素，其所面臨的兩難困境更是嚴重。因此，知識份子所接受的挑戰更加劇烈，其表現在理論與實踐的轉型和安置過程中的問題也更爲複雜，理想與現實之間的差距很自然地也就加大的。面對這樣子的困境，人類文明可以說是處在一個轉捩的關鍵點，知識份子應當扮演什麼角色，如何地扮演，也因此成爲重要的課題。就社會學的研究而言，知識份子的研究，尤其建構理解知識份子的知識模式，更是值得用力的領域。

　　（原文宣讀於中國時報社主辦「近代中國社會變遷與發展研討會」民國71年，7月28-30日。）

參 考 文 獻

牟宗三
　　1973　「中國知識份子的命運」，見　論中國文化問題，臺北：新文化事業供應公司。156-164。

余英時
　　1976　歷史與思想。臺北：聯經出版事業公司。

1980　中國知識階層史論（古代篇）。臺北: 聯經。
1981　史學與傳統。臺北: 時報出版公司。

金耀基
1971　中國現代化與知識份子。香港: 大學生活社。

胡秋原
1978　古代中國文化與知識份子。臺北: 衆文（再版）

徐復觀
1956　「中國知識份子的歷史性格及其歷史的命運」吳氏著　學術與政治之間　甲集。臺中: 中央書局。p. 136-153。

劉述先
1973　「關於知識份子問題的一些反省」見　論中國文化問題。臺北: 新文化事業供應公司，165-168。

葉啓政
1977　「從文化觀點談知識份子」仙人掌雜誌，第一卷，第四期。
1979　「現代工業社會中的知識份子」臺灣大學社會學刊，第 13 期，61-82。
1981　「近代中國文化面臨的困境」中國論壇社編　挑戰的時代。臺北: 聯經，17-43。
1982　「結構，意識與權力──對社會結構，概念的檢討」，見瞿海源編社會學理論與方法研討會論文集，中研院民族所專刊乙種之 11;1-69。

Barnett, H.G.
1953　*Innovations: The Basis of Cultural Change*, New York: McGraw-Hill.

Bell, D.
1973　*The Coming of Post-industrial Society*, New York: Basic Books.
1976　*The Cultural Contradictions of Capitalism*, New York: Basic Books

Bendix, R.
1960　*Max Weber: An Intellectual Portrait*, Doubleday.

Bottomore, T.B.
1964　*Elites and Society* C.A. Watts.

Cassirer, E.
1944　*An Essay on Man*, Yale University Press.

Coser, L.

1965 *Men of Ideas: A Sociological View*, New York: Free Press.

Crane, D.

1972 *Invisible College.* New York: Free Press.)

Dahrendorf, R.

1969 "The intellectual and socity; The social function of the fool in the twentieth century." in Rieff (ed.) *On Intellectuals: Theoretical Studies, Case Studies.* Garden City, New York: Doubledcy。

Eisenstadt, S. N.

1971 "Contemporary student rebellions—intellectual rebellion and generational conflict," *Acta Sociologica*, 14: 169–182.

1972 "Intellectuals and tradition,"*Daedalus*, Spring:1–19.

1973 *Tradition, Change and Modernity*, New York: John Wiley.

1976 *The Form of Sociology: Paradigms and Crises*, New York: John Wiley.

Etzioni, A.

1968 *The Active Society: a Theory of Societal and Political Processes.* New York: The Free Press.

Feuer, K

1976 "What is an intellectual?" in A. Gella (ed.) *The Intelligentsia and the Intellectuals.* Beruly Hills, Calif.: Sage Publications. 47–58.

Gella, A

1976 "An introduction to the sociology of intelligentsia," in A. Gella (ed.) *op. cit.*, 9–34.

Gerth, R. & C. W. Mills

1946 *From Max Weber*, Oxford University Press.

Gouldner, A. W.

1979 *The Future of Intellectuals and the Rise of the New Class*, Seaburg.

Gramsci, A

1971 *Selections from the Prison Notebooks*, Naw York: International Publishers.

Habermas, J.

　1968　*Knowledge and Human Interests*. New York; Beacon.

　1970　"Technology and science as 'ideology'", in *Toward a Rational Society*. Beacon, 81-122.

　1971　*Theory and Practice*, New York: Beacon.

Horkheimer M.

　1972　*Critical Theory: Selected Essays*, New York; Herder & Herder.

Konrád, G. & I. Szelényi

　1979　*The Intellectuals on the Road to Class Power* New York: Harcourt Brace Jovanovich.

Kuhn, T.S.

　1962　*The Structure of Scientific Revolutions*. The University of Chicago Press.

Lipset, S.M.

　1963　"American intellectual: their polities and status," in S.M. Lipset. *Political Man*. New York: Donbleday; 332-371.

　1969　"The possible political effects of student activism," *Social Science Information*, 8; #21.

Lipset, M. & A. Basu

　1976　"The roles of the intellectual & political roles," in Gella (ed).*op. cit.*, 111-150.

Ludz, P.C.

　1976　"Methodological problems in comparative studies of the intelligentsia," in Gella (ed). *op. cit.*, 37-45.

Lukács, G.

　1971　*History and Class Consciousness*. The MIT Press.

Mannheim, K.

　1936　*Ideology and Utopia*. New York: Harvest Books.

　1956　*Essays on the Sociology of Culture*. London: Routledge & Kegan Paul.

Marcuse, H.

　1972　*Studies in Critical Philosophy*. New Left Books

Merton, R.

1968 *Social Theory and Social Structure*, Free Press

Mills, C.W.

1967 "Situated actions and vocabularies of motive," in J.G. Manis and B.N. Meltzer (ed.) *Symbolic Interaction*. Boston: Allyn & Bacon. 355-366.

Nettl, J. P.

1969 "Ideas, intellectuals, and structure of dissent," in Rieff (ed) *op. cit.*, 53-122.

Northrop, F.S.C.

1947 *The Logic of the Sciences and the Humanities*. New York: The World Publishing Co.

O'Dea, T. F.

1972 "The role of the intellectuals in the Catholic tradition," *Daedalus*, Spring, 151-189.

Ortega Y Gasset

1932 *The Revolt of the Masses*. New York: WW. Norton.

Ogburn, W.

1950 *Social Change*. New York: B.W. Huebush.

Parsons, T.

1966 *Societies: Evolutionary and Comparative Perspectives*. Prentice-Hall.

1969 "The intellectual: a social role category," in Riff (ed) *op. cit.*, 3-24.

1975 "Social structure and the symbolic media of interchange," in P.M. Blau (ed.) *Approaches to the Study of Social Structure*, The Free Press. 94-120.

Pelz, D.C. &F.M. Andrews.

1966 *Scientists in Organizations*. New York: John Wiley.

Radnitzky, G

1968 *Contemporary Schools of Metasciences*. Scandinavian University Books.

Rogers, E.M. & F.F. Shoemaker

1971 *Communication of Innovations*, New York: The Free Press.

Schuz, A

1967　*The Phenomenology of the Social World*, Evanston: North-western University Press.

1973　*Collected Paper I*. The Hague: Martinus Nijhuff.

Shils, E.

1958　"Tradition and liberty: antinomy and interdependence," *Ethics*, 68: 155-157.

1965　"Charisma, order and status," *American Journal of Sociology*, 30:199-

1968　"Intellectuals," in *International Encyclopedia of the Social Sciences*, Vol. 7, 399-415.

1974　*The Intellectuals and the Powers*, University of Chicago Press.

Weber, M,

1954　"On Law." in *Economy and Society*, Simon & Schuster.

1968　*The Theory of Social and Economic Organization*, Free Press. 117-130.

四　現代工業社會中的知識份子

　　自從有了歷史的記載可考以來，我們發現人類的社會結構和文化內容一直是在變遷之中。尤其晚近一、二百年來，社會結構和文化內容變遷的快速和複雜是以往時期所望塵莫及的。到底人類的社會和文化有了怎樣的變遷？什麼因素使它們變？爲什麼這一、二百年來變遷那麼迅速而複雜？這些問題一直爲社會學者們感到興趣而且迫切地期待解答。

　　經過幾十年來的研究和反省，社會學者們對上述的問題提出了許多不同的解說，也因此形成了不同的理論和學派。儘管解說紛異、理論不同，但是其間似乎有著一個共同的脈絡可循。這個脈絡乃建立在一個共同的基本概念上，而循著兩個基本方向來發展理論體系和衍生問題內容。

一、理論上的理由——從功能結構到社羣分析

　　在探討社會變遷的問題時，歐美社會學者一向有一個共同的基本概念：他們認爲，社會變遷本質上乃是有關結構與結構之間關係的變遷問題。因此社會變遷的研究對象是「結構」之型態及功能的是否變遷和變遷方向。而欲瞭解變遷的緣由，也必須從「結構」之中去找尋。

在上述之基本概念的支持與指導下，有一部分的社會學者把變遷的焦點擺在社會的下層結構方面。譬如，Marx 強調生產力、生產關係、和經濟階級結構的變遷，以及它們對整個社會的影響；Moore (1963) 把現代社會變遷的主因歸諸於工業化的產生和發展；Rostow (1960) 強調經濟的成長問題；Boulding (1965) 以為，人類社會的變遷是一個大過渡，其基礎在於科學及工技的發展；Hauser (1969) 認為，當前社會所以混亂的根本原因，乃由於人口集中和膨脹所帶來之「社會形態革命」(social morphological revolution) 使然。

另外有一部份的社會學者，則著重人類觀念，價值、和規範體系的轉變。最著名的例子如 Max Weber (1958) 認為，基督新教的倫理 (Protestant ethics) 乃是喚起資本主義精神的歷史因素之一；Durkheim (1933) 強調社會聯帶 (social solidarity) 特質的改變，和道德對社會重建秩序的功能；Tönnies (1957) 以為意志乃區分社區社會 (Gemeinschaft) 和結社社會 (Gesellschaft) 的根本；Parsons (1951) 重視社會價值體系對社會秩序之維繫和延續的影響；Bellah (1970) 認為德川宗教 (Tokugawa religion) 與日本現代化有密切關係；McClelland (1961) 以為成就動機是導致資本主義興起的主因；Pye (1968) 提出現代人具有認同危機。凡此種種均是強調觀念、價值、思想、或信仰等上層結構的問題。

毫無疑問的，檢討社會及文化的變遷，是無法完全撤開社會之經濟、生產、工業、科技及人口等等下層結構的分析，也無法避開價值、規範、思想、或信仰等等上層結構的討論。誠如 Merton (1975) 所說的，社會學者並不是採取同一個角度來審視社會結構，而是從不同的理論觀點和典範來探討。因此結構的分析一直是多原和多型的 (polyphletic and polymorphous)。在多原和多型的不同傳統中，大致有二個主

要的傳統：一是來自 Durkheim 而以 Parsons 為代表，另一是來自 Marx。前者從社會的分化和統整角度來看，而後者強調社會中的衝突和對立。但是，儘管社會學對於結構的探討有了這兩種不同的理論傳統，整個歐美社會學的傳統把社會學的研究界定為「結構」的分析，是社會學者一致共同接受的事實，社會學的知識也就因此建築在結構和功能的瞭解上。

事實上，社會學的研究是不可能完全擺脫結構和功能的分析，結構和功能的探討是瞭解人類社會與其變遷的最根本問題。這種研究的方向恐怕不只適用於研究人類的社會，而且也是研究人類文化、心理現象、及物理與生物現象的共同方向，至少結構的分析是不能避免與否定的。因此，這種由反省西歐社會所得來約定俗成的社會學研究範疇傳統，是有其存在和被衍用的意義，接受了也無不可。但是，問題在於以何種觀點來探討社會結構和功能。晚近，西方的社會學者，尤其是美國的社會學者，一直即以 Durkheim 及 Marx 這兩個大傳統為主幹，佐以其他觀點，致力於尋找一條較為可行的折衷途徑❶。

儘管近來社會學者已逐漸擺脫以往之結構觀的窠臼（如 Parsons 之結構功能觀或 Marx 之衝突論），而嘗試融合不同的典範，但是他們還是一直強調從結構本身來看結構的型態和變遷，仍然停留在以一層面之結構來解釋另一層面之結構的傳統方法架構中。譬如，美國社會學會於 1974 年八月間，在加拿大蒙特律 (Montreal) 舉行之第 69 屆大會即以「社會結構」為大會主題。於此次大會之主旨說明中，就有這麼一段

---

❶ 有關最近「結構及功能」的爭論和檢討，參看 Demarth and Peterson (1967); Gouldner (1970); Blau (1975)。晚近有些學者嘗試融合上述兩個對立的傳統，如 Bottomore (1975) Lipset (1975), Berghe (1963)。至於有關社會學家對「結構」之不同看法，Merton (1975) 已做了很好的整理，讀者有興趣可參考該文。

話:

我們已有了許多不同的方向來改善對社會結構及其動態的瞭解。他們把注意力集中在許多不同的問題上；包含了：階級結構及其對歷史發展的意義；社會結構中逐漸分化的演化過程；結構變遷的辯證結果；分工及其對互賴與衝突的結果；使社會關係具形之聯繫形式；制度化次體系之結構功能分析；有助於澄清社會結構之動態的地位組及角色組的研究；偏差和叛離之結構根源；環境、人口及社會結構的相互關係；孕生於面對面之互動的微視結構；社會實體的建構；親屬與迷思 (myths) 的結構分析。

社會生活中的任何事均可從社會結構或社會心理的觀點來看。不管所採之取向為何，結構的方式並不用來解釋個體行為，而是用來探討羣與羣及個體與個體間之關係的結構，而此結構乃表現於行為之中。因此，我們極終的目標乃是，借用這種社會學的解釋來增進對社會，社會變遷如何發生，和它何以會發生等問題的知識。（以上引自 Blau, 1975:2）

從上面這一段話，我們可以看出來，在以結構和功能的觀點為主流的歐美社會學傳統下，社會學家對於社會及文化變遷的研究，一直還是保持有下列四個傳統觀點：(1) 著重結構及功能的類型解析；(2) 從演化的角度，探討社會變遷中代表不同階段之社會結構類型的轉變關係；(3) 希冀從實際社會生活中抽離出一些概念架構，以為帶動社會及文化變遷的具形社會力量；(4) 嘗試以一種結構層面的特質來解釋發生於另外一種結構層面的現象。

總而言之，企圖以上述抽象的結構和功能概念來探討社會現象，使得社會學者在解析社會變遷現象時，不自主地把活生生的人從社會結構中抽離掉，以為單從「生產關係」、「家庭結構」、「政治制度」、

「思想體系」、「價值與信仰」、「規範架構」、「角色集合」、「順從」、「道德」或「分工」……等等抽象的概念架構，就能够週全地解說了社會的變遷。這種「社會化」（socialized）的解釋體系，與一向社會學者所反對的「心理化」解說一般，很容易患了化約論（reductionism）的簡化謬誤，把社會現象的產生和變遷化約成是「結構」這個抽象無形怪物的作祟結果，而不自覺地走上了結構強制命定論（structural imperative determinism）的路子上去，以爲社會之中自有一套獨立於人的結構規律和功能關係的存在。

結構強制命定論的產生恐怕是歐美社會學者患了疏離（alienation）症的結果使然。正如許久前 Mannheim（1936）所言的，人類發明了制度、創造了關係結構，所發明的制度和創造的關係結構逐漸脫離了一般人的掌握，成爲獨立存在的力量，反轉過來扼住了社會。這種社會結構的自主作用很容易使人喪失了控制力，也因此使得社會學者有理由強調結構功能的重要，而有了結構功能的化約論調。

很明顯的，結構功能化約論會低估了「人」本身在實際社會生活中的主動與自主性，終於使「人」在社會學家的眼中，一直被看成是被動的社會產物，社會因此是依循著一套固定的結構規律在運作。如此的觀看人和社會過程，顯然的是一種「過度社會化」（oversocialized）的思維模式結果（Wrong, 1961），這是不切合人與社會的本質。

社會及文化變遷本質上可以說是人類行動所表現出來的羣體互動表徵，它可以看成是人們對一種事件（創新）之社會意義的尋找、確立、解釋、和實踐的動態社羣互動過程和結果。因此，分析社會和文化變遷應當著重社羣之互動關係的性質和過程，尤其應當注意可能帶動變遷和承受變遷之社羣結構與關係特徵。更具體地說，社會學的研究固然是以「結構」和「功能」的分析爲其傳統認定的基本任務，但並不應只是抽

象概念的討論，而是分析不同社羣表現於各種社會制度或體系上（如政治、經濟、科技、思想、教育……等）之權力、利益、或意理（ideology）的結構關係和功能界定與轉型。

假若我們接受了上述的論點，則我們將明白，對社會現象（尤其社會變遷）的討論，不應僅祇侷限於結構及功能的表徵和轉型問題，而應當包含下列諸問題的探討：

(1) 誰或什麼是具有普遍性之社會（或社會學）意義的社羣？

(2) 這些社羣如何孕生、發展、轉變、及作用？

(3) 它們之間的結構及功能關係如何？

(4) 它們在社會變遷過程中扮演著怎樣的角色？

相信惟有考慮了上列的問題，才可能使社會學的研究跳出了一向歐美社會學所具之抽象結構及功能觀的傳統，走出過度社會化的偏見陷阱，把具主動及自主性之「人」重新納入社會學的探討之中。

其實，「誰或什麼是具有普遍性之社會（或社會學）意義的社羣」是一個古老的社會本體問題。自從十九世紀有了社會學以來，「什麼是社會學的分析基本單元」一直就困擾著社會學者，學者之間始終有著爭論，未能獲得一致的意見。在此，我們無法也無意對這個本體的問題做哲學性的探討，因為這不是本文的主要關心問題。況且，能否對這個本體性的問題尋找出答案來，也還是一個大問題。不過，儘管一致的同意或許是無法獲致，一個社會學者仍然可以就其個人的理論架構與經驗體認，來界定所予討論之社羣的社會（學）意義。只要他能提出一套合乎邏輯的論點，而且具有經驗實徵的適宜、及可行性，則其所提供的社羣的社會意義就有拿來當成學術討論的價值了。

本著以上的立場，我們可以就文化、權力及角色等三個方面，把社會中的人羣分成三種具不同社會意義的羣體：(1) 擁有合法執行權力的

精英份子（尤指政權擁有者），(2)知識份子、和(3)普遍大衆。如此的
分類固然是武斷的，但絕非沒有理由。由於本文的目的並不是提出一套
的社羣關係理論，而僅衹是對知識份子在現代社會中的地位與角色，做
個初步的探討，所以作者在此不擬進一步地討論何以把社羣分成此三種
的原因與理論依據，讓我們暫時假設它的理由是自明的。話說回來，事
實上，討論知識份子在現代工業社會中的地位與角色，乃是重建社會學
之巨視理論的必要基本探索，許多有關社會之基本理論問題，將在這樣
的討論中逐步地顯露出來。

二、知識份子與文化

在探討現代工業社會中知識份子的角色和地位以前，我們面臨了一
個有關定義的問題：誰才是知識份子；或者說，誰才是具有社會（或社
會學）意義的知識份子？這是另外一個爲社會學者們常感困擾、而且爭
論頻繁的問題，迄今尚未有妥善的共同看法❷。

不過，審視一些中外學者們對「知識份子」所做的解析，我們勉強
可以抽離出一些共同的看法來。大體地說，他們認爲，知識份子乃一羣
爲社會提供有關宇宙、人生、社會及文化之解釋者（Mannheim, 1936）。

---

❷　在社會學的文獻中，迄今一直未見有專文討論「知識份子」之內蘊的歷史
　　變革，筆者曾應雜誌社之邀，以通俗且相當粗糙的方式討論過，讀者有興
　　趣，參閱陳國祥（1977）。就歐美傳統來說，知識份子之歷史來源有二：
　　一是法國；另一是俄國。關於法國知識份子的討論，參閱 Lüthy（1955），
　　Kirk（1956），Salomon（1960）或 Coser（1965）。關於俄國知識份子，
　　參閱 Seton-Watson（1955），Feuer（1957），Malia（1961）及 Pipes
　　（1961）。Gella（1976）最近指出俄文之知識份子（intelligentsia）事實
　　上晚於波蘭文之 intelligenija。該文中對波蘭知識份子有精闢的討論。
　　至於有關中國知識份子之定義的討論，筆者以爲與「士」的概念最爲有
　　關，讀者可參看胡秋原（1978），錢穆（1960），金耀基（1971）。

他們對社會具有強烈的責任意識和使命感 (Dahrendorf, 1969; 劉述先, 1973; 金耀基, 1971)，對政治探取批判的態度，而且往往有不滿現狀的行跡，甚至有些學者 (如 Nettl, 1969; Feuer, 1976) 認爲不滿卽是知識份子的基本特徵。

　　檢討上面這個綜合性的簡單定義，我們發現它具有兩個特徵 (或意義)。第一、這個定義帶有相當濃厚的意理和理想期待色彩，諸如強烈社會責任意識，使命感，不滿心態等皆是。定義本身不但顯示經驗實存的可能，卽社會中確實有如上定義的人物存在，而且更重要的，它反映社會所期待的一種理想人格。我們可以稱此特徵爲知識份子的「理念期望性格」。因此，具有這種理想人格的人存在嗎？有多少？有什麼類型？扮演怎樣的角色？這些問題在在均有待從事系統的探討。但是，它們卻未必卽是最具現階段社會學意義的知識份子所必然具有的內涵，其理由可從第二個特徵中找到。第二、由於知識份子乃指一羣對宇宙、人生、社會、文化、或政治最具敏感觸角及批判態度的人，其所具之「理念期望」的社會意義則常可隨著文化背景和歷史條件的不同而有所改變。換句話說，知識份子的理念期望角色及意義可隨著特殊歷史、政治、社會、及文化傳統的性格而轉變。基於這個理由，上述的性格乃具時間 (卽歷史) 及空間 (卽文化) 約定性的 (Ludz, 1976)，因此知識份子的「理念期望性格」乃是「歷史文化的性格」。欲了解知識份子的普遍內蘊意義爲何，也就惟有從歷史及文化性格中去抽取，才有獲得的可能。如何從人類的特殊歷史、文化、和社會性格中，尋找知識份子的社會本質與現階段性格，遂成爲重要課題。下面卽將就這個觀點來檢討上述的綜合性定義，進而提出一個較具普遍性，且又具時代性格的定義來。

　　有些學者 (如 Morin, 1960; Shils, 1958, 1974; Lipset 1959, 1963;

Eisenstadt, 1973）認爲知識份子的核心意義是在於他們擔當精鍊觀念（idea-articulation）的任務，因此知識份子最重要的特色是在於他們與文化之間的關係。正如 Nettl（1969: 55）所說的，雖然知識份子因爲是社會中的一份子而扮演著複雜的社會角色，但是我們不應當以社會結構爲出發點來界定知識份子的意義，這是一種「 拉 」（pull）的看法，「這種分析的方式忽略了知識（intellect）本身所具之基本必需性質」。因此有關知識份子之定義的問題不能只從角色及社會結構，甚至也不能只從人本身來看，應當首先從觀念本身來探討。換言之，界定知識份子時應當從內往外伸展，卽從不同類型之觀念精鍊者所持有之觀念型態來界定。假若這種看法是可採取的話，要認識知識份子卽應當從文化（卽觀念的社會表徵）的分析著手。如此一來，首先面臨的問題卽是知識份子產生的社會條件。

Parsons（1969）認爲知識份子的產生有兩個重要條件：(1) 文字的發明和象徵（symbol）的使用，和 (2) 哲學的突破。文字使得人們可以把過去的經驗保存下來，因此在社會中懂得使用文字的人遂具有了特殊的地位。再者，人們能够運用智慧，從經驗世界中抽取概念、衍生意義來解釋宇宙及生命，因此特別具有使用抽象象徵的人也遂具有特殊的地位，尤其是那些能够創造突破性之意義及賦予突破性之解說者更是如此。就這兩個條件來說，知識份子卽是在社會中比一般人更懂得使用象徵符號，並秉賦哲學思維來解釋宇宙及人生的一羣特殊人物，是故，知識份子與社會產生關係最具意義的應當是在於「文化」上面。他們乃是創造、修飾、保存、傳播、解釋、和經常使用象徵性文化的主要人羣。經過他們的創造、解釋、修飾、保存、傳播及經常使用，人類的文化得以綿延和發揚。因此，知識份子可以說是一個社會的文化創造神才精英（charismatic elite），乃代表一個社會的文化中心精神。那麼，到底是

那種文化與知識份子最具有關係呢？這就不得不再探討一下文化的類型
了。

Shils（1966）根據表現在美性（aesthetic），知性（intellectual）
和德性（moral）三方面的素質程度，把一個社會中的文化分成三種不
同的型態。第一種他稱爲精緻文化（refined culture），又稱高級文化
（high culture）或優秀文化（superior culture）。所謂精緻文化乃泛指
人類所創造之文化基素中，那些內容相當嚴肅，所表達的感受敏銳、豐
富，而且觀察深具滲透力和一貫性者。人們需要經過長期的訓練、學習
和體味，才可能領略這種文化基素中所具之眞性、美感或感召力。具體
地說，它所指涉的內容包含具高度藝術價值的音樂、繪畫、彫刻、塑
像、攝影、詩詞、小說、散文、戲劇等等以及哲學、神學、和各種科學
的研究成果。第二種文化類型，稱爲平凡文化（mediocre culture）或稱
中級文化（middle culture）。這一層面之文化的內容基本上與第一種並
無兩樣，所不同的是，與第一類相比較，這一類的文化內容較不嚴謹，
缺乏原則性。換個角度來說，平凡文化較爲通俗，娛樂成份頗大，複製
及模仿的成份也很高，其製作過程往往標準化，偏重於以宣揚及肯定(而
非批判)某種道德及價值取向爲其宗旨，譬如音樂鬧劇、言情小說、武
俠小說，連環圖書或通常的電視連續劇等較大衆化的文化產品。第三類
型的文化稱爲粗俗文化(brutal culture)，或稱低級文化(low culture)。
這種文化內容所包含的除與通稱的「藝術」具相同形式的東西以外，尙
包含各種比賽、競技等較缺乏象徵意義的東西。這些文化基素較缺乏感
受上的敏感性和滲透力，旣無深度也無豐富感可言，所具有的只是感官
上較原始的感受和滿足。尤其重要的，這種文化產品缺乏源遠流長的「
美」與「知」兩方面的傳統性。黃色小說、春宮照片、鬥鷄、賽馬、拳
擊等都是這種文化產品的典型代表。很明顯地，這三種文化素質的區分

是相對的，　其標準純然是依據一般社會的主觀價值取向而訂定的。　不過，不管區分標準和價值取向為何，任何社會總有一套流行且共同可接受的標準來評量文化產品的等級和格調的。

　　在任何社會中，平凡文化和粗俗文化所佔的數量通常遠比精緻文化為多，而且流傳幅面也遠比精緻文化為大。然而，精緻文化乃反映一個社會之優異份子表現在美感、知識和道德上所從事嚴肅的創造或修飾成果，這種成果長期累積起來卽被當成為代表該社會的傳統。同時，因為這種成果又必須針對既有的傳統做適當的修飾或轉變，才能顯出他的意義和價值來，因此，一個社會的文化典範往往是以歷史過程中優異份子所共同創造或修飾之精緻文化的傳統為其內容；一個社會的文化素質也以所表現之精緻文化的傳統為評價基礎。那麼，誰是精緻文化的創造者或修飾者呢？簡單一句話來說，創造和修飾精緻文化的優異份子卽是核心的知識份子。因此，我們在此可為知識份子下一個更為明確，而且是最具核心性的定義：知識份子乃是一羣在社會中比絕大多數的人較常使用抽象象徵來表達及瞭解人、社會與宇宙的人，他們是使平凡或粗俗文化精飾化的主要人物，因此乃是精緻文化傳統的創造者、修飾者、批判者、保持者、解釋者、傳播者、或經常使用者。如此從文化的製造過程的角度來界定知識份子，有一個明顯的特徵，卽知識份子的這種性質似乎乃普遍存在於任何社會的，這是知識份子的超歷史和超文化的本質。這種本質是不涉及意理或期望色彩的。但是，當我們往下再問，到底與知識份子有關的精緻文化有那些類型、在現階段之工業社會中，與不同類型之精緻文化有關之知識份子有何不同的社會意義、有什麼不同的角色等問題時，則就不能不牽涉到現階段的歷史與文化特質了。

　　就其性質說，一個社會的精緻文化並非完全同質的。Machlup (1962)把知識分成五個類型：(1) 實用性知識（包含有關自然科學、工程、管

理、行政等專業知識)、(2) 智慧性知識 (intellectual knowledge)，如哲學及藝術、(3)精神性知識，如神學、(4)閒談性知識，如話家常的內容，及(5)無用的知識。除了(4)及(5)以外，(1)、(2)及(3)均可能是屬於精緻文化的。這三種知識事實上可以歸納成爲兩個類型。第一類型是屬與社會及個人生存條件有關的知識（或文化基素），實用性知識卽屬這一類。對這一類知識的追求基本上是，嘗試從對自然世界及人之世界的瞭解來控制環境，以謀求改善生存的條件。從事這類精緻文化之創造、解釋、修飾、保存或傳播的知識份子可以稱爲科技知識份子 (technological intellectual) 或稱之世俗性知識份子(secular intellectual)。除此以外，另外一類型的知識是與締造、解瞭社會與個人之極終價值與目的的象徵意義有關的，智慧性及精神性的知識卽屬這一類型。這一類的知識並不祇是指向於謀求改善生存的物質及社會條件，而是指導人們創造與建構生命的意義以及提供有關宇宙與社會之意義的解說。從事這類精緻文化工作的知識份子可以稱爲文學知識份子 (literary intellectual) 或稱之神聖性知識份子 (sacred intellectual)。

　　除了就精緻文化的性質，可以粗略地把知識份子分成「 世俗 」與「神聖」兩個對比的類型外，我們尙可就知識份子對其所處之社會與文化本身的關懷與否，分成兩個基本類型：一是批判性知識份子 (critical intellectual)，另一是冷漠性知識份子(silent intellectual)。前者乃指關心發生於社會以及存在於文化中之種種普遍性問題（尤其有關社會和政治之規範或制度的問題），而勇於提出批判及意見的知識份子，此卽一向我們所謂的「知識份子的風範」，乃東方及西方社會均共同肯定的知識份子本色與精神。在本節一開始，我們所提到以往學者的綜合定義指的卽這種類型的知識份子。相反地，就定義而言，冷漠性知識份子是不關心發生於社會及存在於文化中種種普通性的問題的。他們對於這些問

題始終保持靜默，卽使自己有意見和主張，也不願意公開表現出來。他們往往只忠於自己的知識範疇，若說稍有批判的精神表現，也往往僅及與自己知識所及之精緻文化內容而已。因此，他們是不關心與自己無太大關係之精緻文化所具有的社會意義，也無識於自己所創造、修飾、保存及傳播之精緻文化，在整個文化及社會中到底佔有什麼地位，可能帶來什麼影響的。他們在社會中是個疏離的邊際人，對社會責任和意識來說，是個如 Simmel (1950) 所謂的陌生人。

　　循著上面兩個層面的考慮，知識份子可以有四種不同的類型：(1)批判神聖性的、(2)冷漠神聖性的、(3)批判世俗性的、與(4)冷漠世俗性的。毫無疑問的，這四個類型的知識份子乃代表著知識份子的不同「理念期望性格」，雖然大多數的社會一向都以第一類型的知識份子所具有的特徵為知識份子的基本典範。因此，從這種類型學的觀點來看，以第一類型的特徵來定義知識份子是無法抓取到知識份子的本質的。不過，放在歷史及文化的天平上來看，這四種類型知識份子數目的多寡、力量的互相消長、對理念矜持的勇氣大小、對理念創造的彈應度……等等，均與歷史的條件和文化的傳統有密切關係。換句話說，隨著社會的文化歷史性格和時代意義的不同，這四類型的知識份子的社會意義與角色也將不一樣。因此討論這四種類型之知識份子在現代工業社會中到底扮演了什麼角色，是研究知識份子不可或缺的課題。總結來說，我們不能僅從上面所述知識份子的文化本質意義來建構「知識份子社會學」，缺乏歷史及文化性格的審視，是無法完全了解知識份子的社會意義的。是故，討論知識份子的定義時，除了必須了解其社會本質以外，尚應當注意到其歷史及文化的特殊性格。類型式的定義知識份子卽有兼顧這兩種考慮的可能。

三、現代工業社會的社會結構及文化
內容的特質

　　現代的工業社會因其所採用的經濟生產型態（資本主義或共產主義）和政治型態（民主政治或專權政治）的不同而顯現出不同的表徵。但是，儘管是如此，由於現代工業社會的基本結構是建立在「工業化」，而且幾乎完全是承襲西歐的思想傳統和歷史精神，因此，在殊異紛端的社會表徵之中，依稀可以尋找到一些共同的結構痕跡，這些痕跡可以說是代表著現代工業社會在結構上所共享的歷史結果。本文所將討論的即是這種共同的結構特徵，我們稱之現代工業社會所共具有的歷史結構強制性（histro-structural imperative）。

　　雖然資本社會與共產社會是有著很多明顯的差異，但是這兩種社會並不是相互對立、絕然迥異的體系，它們事實上只是一種共同社會形式──科層（bureaucracy）的兩種不同表現而已。科層制度的普遍存在於現代工業社會是一件共認的事實。這種制度運作的最大特色在於它所使用的理性行政管理，尤其是期冀透過科學技術和有關人與社會的科學知識，來掌握資源、環境和人羣，以期有效率地達到預期的目的。兹是之故，現代工業社會的特質乃是理性運用工技（technology）❸所表現出來種種科層化的特性。這些特性可從四個方面來探討：(1)科學與工技在現代社會中的地位，(2)理性發揮的方向──手段抑或目的，(3)社會的分工型態，以及(4)社會發展的基本方向。

---

❸　此處我們所使用「工技」的概念是廣泛的，它不但指涉人類利用智慧，用天然資源所創造出來的種種工具成品，同時也包含人類所創造出來的種種管理技術。

人類使用工技和科學方法來控制和改善環境爲時已久，但是廣泛且有效地運用工技和科學知識，來操縱環境和改善經濟生活，還是在工業化大幅度發展以後。由於科學方法和工技一再地證明出它對於控制環境具有相當可信且立卽的效率和效用，它們對於人類具有功能理性（functional rationality）的意義，或卽 Weber 所謂的 Zweckrationalität；換言之，科學方法與工技汝爲人類解決問題最佳的理性手段，也因此在現代工業社會中建立起相當崇高的神才（charismatic）地位。對活在現代工業社會的人來說，工技與科學已並非只是保障、改善生存條件或提高生活素質的理性手段而已。由於它們爲人類帶來「有效控制」的信心和效率發展的滿足，它們逐漸變成一股獨立的社會力量，刺激引導社會追尋更多更有效的控制和發展，變成爲任何現代社會中一個不用再求證、再懷疑的不二絕對目的。 人們強調理性的控制物質世界， 控制社會關係， 終至於也控制了自己而無以自拔 （Berger, Berger and Kellner, 1973; Gouldner, 1976），這種情形在社會愈趨向於組織化，生產愈趨向於機器化及集中化時更加明顯。尤其，控制實質地提高了個人物質生活的水準，這個結果很容易導引一個人把自己濃縮成只爲一個目標——掌握更多的控制力和更大的發展，控制和發展遂由手段而轉化成爲目的本身。這種結果表現在現代工業社會最明顯的卽是「 經濟 」的控制與成長。

Aron（1967） 卽認爲現代工業社會所含蘊最重要的概念是經濟成長——不管是共產或資本社會皆然。當然，單憑經濟成長是無法完全攝取工業社會的全貌，但是經濟成長卻可說是現代工業社會「理性」表現之最典型的具體指標。對現代工業社會中的人來說，經濟成長不但是執政者的執行目標，也是人民共同預期的目的；謀求財富的累積和私人消費的擴展是生存的目的。正如 Bell （1973: 279-280） 說的:「工業社會的

價值體系（共產與資本皆然）一直是圍繞著經濟成長的可欲性（desir-ability)發展；西方社會的文化價值，尤其美國社會，乃是謀求經濟成品之私人消費的增加。」在以經濟為主調的文化價值體系下，經濟成長和物質化的生命意義成為大眾所共同接受的絕對價值。理性的考慮常指向於有效手段的選擇而非對絕對目的的重估，因此社會強調科學與工技而非哲學，是可以瞭解的。

早在 1920 年 Karl Mannheim (1936:222-236) 已預期到，工業社會中人們表現在政治及知識思潮的意理與追尋烏托邦的驅力必然會逐漸消滅，人們已喪失追尋極終實質理性(substantive rationality) 或 Wer-trationalität 的心願，整個宇宙人生觀（Weltanschauung）被化約成片面破碎的實用手段（即以功能理性為本）。二十世紀以來的工業社會已喪失追尋宗教、政治及經濟秩序之極終基礎與理想的動力，人類的理想被科學工技的效用路徑化（routinized）成為現實的實際運作。人類的意理逐漸地被融化在一些世俗性的功能理性名辭中——如發展、有效地掌握社會秩序、擴充、起飛、進步等等虛幻的名辭。結果，意理在現代工業社會中喪失了其意義與作用，這也才有如 Bell (1960) 的宣判意理的死亡（the end of ideology）。然而，在人的社會中，意理的存在和矜持是必然的。意理是不可能死亡的，它只是在龐大的科層組織的籠罩下，被肯定下來，潛在地發揮著它的作用而已。

強調功能理性的現代工業社會，尤其是同時又強調自由民主的社會，隱藏著相當嚴重的矛盾（Bell, 1976）。一個民主自由的社會一向均以強調自由、平等及參予為其極終理想，也以個人性格的自由發展和個人尊嚴的絕對肯定為其前題。然而，這些理想，卻因經濟成長產生的種種龐大的科層組織層層壓力下，無法實現。這種衝突的潛勢無疑地帶來緊張，尤其為受過教育的年青人及知識份子帶來相當地挫折（Lipset,

1975）。正如Eisenstadt（1973:269）所說的，當今歐美的大學已成爲社會緊張與壓力的象徵，且被控爲是虛僞的製造所，這種論點的所以發生可說不是意外的。總而言之，實質理性與功能理性的基本衝突乃現代工業社會中知識份子的一個大問題，這個問題爲知識份子帶來相當嚴重的困惑。

一個講求功利實效的科技社會，要求相當精細的專業分工，幾乎是必然的趨勢。對現代工業社會而言，分工的性質大致可就下列兩點來討論：第一、分工乃針對工技器械之使用與保養所具有的技能（skill）而來，第二、分工乃就創造、改良、維護工技器械及方法所具有的知識（knowledge）而建立。第一類型的分工本質上是謀求對生產工具有合理的使用，以達到經濟實效的目的，這種分工乃強調個人技能的熟練。在工業化的早期，機器尚未十分精密以前，生產實效尚相當仰賴工人的熟練技巧，因此，工人在生產過程中佔有相當的影響地位。但是，科學技術逐漸地發達，機器本身愈來愈自動化，生產的操作也愈來愈不必仰賴工人的技能和訓練，而且，生產操作標準化、單元化和簡單化，這些條件使得生產線上的分工更加精密，但也更加刻板路徑化。相反地，由於人類愈來愈相信控制的可能，改善機器性能，重估生產結構，運用社會、心理、及人類學學理來管理人員以及改進工作環境等等，均被認爲是達成經濟實效的合理手段。在此情形下，強調知識是可以瞭解的，而且知識也愈來愈專業化，因此第二類型的分工在現代工業社會中愈來愈形發展、愈加重要，專業人材逐成爲生產的中堅份子。總而言之，現代工業社會分工的趨向精細使得某些工作更加刻板路徑化，某些其他工作卻更專業化。如此一來，逐漸地加深了勞動力間技能要求的差距，帶來了技能的兩歧化（bifurcation of skills）（Blau, 1974）。兩歧的結果顯現出專業性的工作比熟練性的工作更形重要，更加龐大。

　　既然知識成爲現代工業化社會生產及發展中最不可缺乏的部份，知識逐漸成爲一個重要的社會體系，尤其是實用性的知識更是如此。這種強調知識有兩層重要的含義：第一、社會創新的來源更多直接來自研究及發展；換言之，理論性的知識愈來愈被看重，愈加集中化，使得科學與工技之間產生嶄新的密切關係。第二、社會耗費於屬知識範圍的經費比例及專業知識人員就業量愈來愈增加，而且許多專業知識性職業陸續出現，如企劃人材，廣告人材，電腦設計員等等 (Bell, 1973)。除此以外，這種仰仗專業知識的生產計劃體系也帶來了另外一個現象，即管理和決策權與生產所有者的分離 (Galbraith, 1973)。由於有效的管理必須依賴專業的知識，生產所有者（不管是資本家或政府或人民本身）往往沒有能力來策劃及管理整個生產過程和組織，而必須依靠一些學有專長的專業人材。這種功能上的分化並使得組織形態改變，社會中產生了一羣雖然沒擁有所有權，但卻有決策影響力量的人。這一羣人乃屬於具有管理、經營、組織、創造、發明或改進等實用知識的專業人材。他們擁有有效地推動和達成經濟實效目的的能力和信譽，在社會中穩然形成一個階層，影響社會的運轉，我們通常稱由這種人所形成的體系爲工技結構 (techno-structure) 或工技體制 (technocracy)。

　　由於工技體制的存在本質上乃基於其所具有的經濟實效性，因此以工技體制爲主軸的社會，在強而有力的組織和工技體系支持下，最重要的特色是發揮其有效的控制和發展功效，而不是對社會的基本絕對價值作根本的反省與檢討。在這種以功能理性爲主調的社會中，社會的發展集中於經濟化社會結構，科層化人類的組織；組織與管理是進步與秩序的同義辭。如此一來，人所具有的社會意義不在於他是一個獨立完整的個體，也不在於他有自由的意志，而是他所可能具有可資運用的實用社會功能（尤指對組織的功能）。這種「人」觀基本上是「角色」觀，以

社會（尤其職業）角色來界定一個人的價值，肯定一個人的自我。

四、現代工業社會中的知識份子

　　不同類型的知識份子對於上述現代工業社會特徵的反應往往是不同的，而且，上述現代工業社會的特徵，對不同類型之知識份子所具有的意義，也是不一樣的。我們現就這兩個角度來討論知識份子在現代工業社會中的處境和地位。

　　我們在上面提起過，現代工業社會是相當強調實用的專業性知識，社會的分工也逐漸地趨向於以專業性的職業為主幹。知識份子既然是與精緻文化的創造與使用最早有關聯，因此在這樣的社會中，人們認為一個知識份子是否重要，大體上即以他對社會（尤其組織）所能產生具體之實用功效的多寡為衡量依據。在這樣的社會型態下，世俗知識份子地位的重要性自然是被肯定的。尤其，科學及工技替代了宗教和政治意理成為社會的神聖象徵（sacred symbol），以科學及工技為中心的功能理性強化了「控制」與「發展」這兩個現代中心意理，使它們結晶化而且被引導、極化於經濟層面，具體地表現在現代的組織體系中，這種情形在以自由競爭為絕對價值的民主資本社會中尤其明顯。為了達到更有效的控制和更成功的發展，管理、決策權力與所有權分開，乃是一種勢在必行的趨向。如此權力的分化使得世俗性知識份子更加有抬頭的機會，也使得他們的權力合法地位更加確定，更加集中，更加茁壯。因此，重用世俗性知識份子成為是講求功能理性社會的必然現象。

　　單憑權力的分化和轉移尚不足以週全地說明世俗知識份子在現代工業社會中的地位，還有一個重要的社會表徵更是助長了這類型之知識份子廣受器重，此即社會的組織趨向科層化和日漸龐大。現代社會之科學

與工技之所以發展迅速實有賴於現代組織的推動。透過科層制度和組織所形成的集體力量（尤其雄厚的經濟力量），獨離的世俗性知識份子可以集中在一齊，從事某種精緻文化基素的創造與修飾，這種情形在以往的社會中是不常見的。組織的力量使得世俗性知識份子的心智結晶能夠結合，締造更有效率，更有影響力的文化創新。這種創造過程的組織化尤其是明顯地表現在自然科學及工技上。創造過程組織化後，它卽產生了一種社會作用，使得創造組織的功能因組織的存在及發展而逐漸獨立，形成一股強而有力的社會力量，反轉過來左右世俗性知識份子。因此我們可以很容易地發現，現代的知識份子（包含神聖性的）往往是無法脫離組織而獨立的。尤其，知識領域本身內部的專業分化愈來愈明顯，愈來愈精細，分化的基礎又是以科學及工技兩層面的分工爲本，世俗性知識份子的個別力量遂相對地顯得片面而且相當薄弱，他們的努力必須經由組織的重新安排和組合串聯，才可能集合成爲明顯具體的社會力量，因此知識份子是相當脆弱，必須依賴組織才可能存在的。

基本上，知識份子與組織之間的關係是雙重性的。現代組織的效率與功能必須有知識份子（尤其世俗性的）的參予，才有發揮的可能，但是知識份子的才能與努力，也惟有透過組織的力量，才有具體見形的機會。這種雙重的關係肯定了組織存在及其影響的必然性，但對知識份子而言，它只肯定了知識份子之「整體性」的重要性，卻沒有保證各個知識份子的必然價值。這種情形反映著知識份子處境的不利和不幸。

除了上述的因素以外，現代工業社會中一個個知識份子之地位所以是脆弱，處境所以是不穩定，心理所以缺乏安全感，尚有兩個原因。第一、現代社會的知識（尤其工具器用性的專業知識）進展是日新月異的，尤其社會的生產及組織的管理處處均顯出，惟有採用最新工技器械及方法，才能繼續發展和存在。如此情形之下，一個世俗性知識份子，

若不時時使自己的知識保持相當水準，以配合新的潮流，雖還不至於使地位完全喪失，但至少帶來相當沉重的心理壓力。況且他所擁有的知識本質上是因其具有實用工具意義，才產生使用價值的，一旦自己所有的知識不再具有實用價值，毫無問題地將會馬上威脅到自己已有的地位和位置。第二，現代工業社會教育普及，這可能對世俗知識份子帶來威脅。專業教育的普及，使得世俗知識份子新血的補充迅速，而且來源逐漸擴大。尤其，新出道的世俗知識份子夾帶嶄新的實用知識踏入市場，這對已在市場中，但知識已嫌落伍的世俗知識份子，多少是帶來威脅的。

總之，世俗性知識份子所具有的實用工具特質和依賴組織的必然性，逐漸使得他們養成踏實而且冷漠的性格，這種情形在競爭劇烈，講求功效的社會中特別地明顯。世俗性知識份子的冷漠、踏實和工具意義往往會逐漸地磨蝕了他們對社會及文化的敏感，終至於使得他們缺乏從事批判社會和文化的習慣和意願。這種對於社會與文化的冷漠和默寂的產生，無疑地與世俗性知識份子的知識本質和現代組織之絕對壓勢有關。一方面，由於世俗性知識份子所擁有的知識是專業性而且是實用工具性，這使得他們缺乏批判社會及文化的能力和自信。即使他們有心要批判，也常自感力不從心，無從批判起。這種情形在知識領域相當分化的今天特別地明顯。今日的社會結構和文化內容愈趨複雜，要批判社會與文化，往往需要經過相當時間的培養和專業知識的累積才有可能的。這種趨勢的發展，更加深了專業化之世俗性知識份子的無力感和疏離性格。另一方面，現代組織的絕對壓勢也使得世俗性知識份子清楚地明白，自己的專業成就惟有依賴組織，尤其政府，才有實現的可能。這種專業的依賴性更是催化他們喪失批判的勇氣和信心，就算他們具有批判的能力，但也往往如此的。基於這兩個方面的原因，在絕大多數的社會中，

絕大多數的世俗性知識份子，常常是無助地接受了自己的「工具性」社會角色的安排，機械地默認、肯定既成流行的意理，逐漸喪失了傳統知識份子追尋、懷疑、及超越某種秩序的努力習慣。

世俗性知識份子的冷漠、沉寂和默受既成的意理，有助於他們爲政權所接納和與政權產生結合。本質上，世俗性知識份子是傾向和政權相結合的，他們的冷漠與沉寂只是更加有利於催動他們與政權產生更緊密的結合。我們在上面已經說過，由於世俗性知識份子所具有之社會資本，乃是其專業實用知識，這種資本惟有透過組織的契合，才可能發生實際的作用，因此他們仰賴組織是必然的，這種情形推展至知識份子與政府之間的關係，也同樣可以適用。

政府除了是社會中最高層、最有力量的合法權力運作中心以外，它還可說是社會中最大的資本組織。這兩種的地位使得一個世俗性知識份子，若欲發揮自己的專長，順服政權往往是勢在必行的。尤其，當政府經常掌握了龐大的研究及發展經費時，這種情形更加明顯。再者，利用科學與工技來改善人類生存條件和提高物質生活水準，一向卽是政權所以穩定及繼續存在的重要條件，因此任何國家莫不以經濟成長爲其政績的重要指標。在這種共同的意理指導下，政權必須籠絡世俗性知識份子來參予推動經濟成長。總之，基於上述種種因素，世俗性知識份子與政治精英往往是互相依賴，結合在一起的。這種互賴與結合無疑地更加助長世俗性知識份子的冷漠與沉寂，鼓勵世俗性知識份子傾向於贊同及支持政治精英的主張和措施。尤其，政治精英擁有合法的制裁控制權威，這更強化了世俗性知識份子的冷漠感，而政治精英正可利用知識份子的這種處境，來建立和維持其象徵中心的基石。

儘管世俗性知識份子是冷漠，普通地缺乏批判的熱誠和意識的矜持，而且他們的數目也日益增加，但是人類的文化並不因此而停止發展，社

會也並不因此而喪失檢討意理的原動力。事實上，現代社會的結構，尤其是採民主及資本主義的社會，仍然隱藏著批判的原動力，深植著矛盾兩難的種子，這個種子以埋在大學爲最多、最深。

以大學爲核心形成了一個龐大的知識制度(intellectual institution)可說是現代工業社會的特色之一 (Shils, 1968)。科學及工技的社會實用價值一再地被肯定，這使科學及工技的發展逐漸組織化、制度化、分工更趨專業而精細。由於知識領域的開拓與分化，現代工業社會已無法使用傳統學徒式的方法，利用在職時間來培養訓練人材，而必須使職業角色的訓練與使用有著制度化的分離。在這樣社會制度變遷的要求下，大學擔當起作育專業人材的責任。單就這個社會功能來看，大學在整個社會的生產及發展過程中，卽扮演相當重要的「工具性」角色，也容納有相當數目的世俗性知識份子在內。

但是，除了少數集權專制的社會以外，今日的大學尚保存有西歐的知識傳統，相當重視人文精神和意理的探討，也以追尋人類的「實質理性」和批判時代與歷史的意義爲目標。我們不妨把這種知識稱爲人文知識，以別於實用專業知識，同時，把大學的這種角色稱爲「目的性」角色，以別於上述的「工具性」角色。此處必須聲明，我們所以稱這種傳授人文知識的角色爲「目的性」，乃因爲人文精神的探索是有關人類對自己生命及社會制度之極終意義與價值的肯定與批判，這是相當不同於實用專業知識的傳授，它們僅具謀求人類生存條件之改善的工具性質，這種知識本質上是不涉及極終價值和意義的問題。

因此，現代的大學是知識份子的大本營，而且也成爲製造矛盾與兩難的場所，這種情形在民主社會中特別的明顯，因爲民主本身就是容忍，它的內含有「反對」的辯證本質。在民主社會裏，基於工具性的實用考慮，政府必須贊助大學的成立（甚至發展），爲了維持民主的基本

意理，政府也不得不接受大學人文「目的性」的角色，卽使這一部份的角色行爲對政權可能構成相當嚴重的威脅。是故，在現代的「民主」工業社會中，世俗性知識份子乃代表現代「工具性」文明的知識產物，而神聖性知識份子則代表傳統「目的性」文明的延續命脈。它們的並存，尤其是在大學中，爲知識制度帶來相當大的困擾，也帶來活力。

除了「民主」的制度與規範提供行爲有利的保障以外，現代工業社會還有一些條件，有利於使批判神聖性之知識份子產生作用。第一、許多社會原有的意理傳統和儀式形式的行爲約束，因尊重「自由」之信念普遍的宣揚，而變得相當鬆懈、甚至瓦解。尤其在西歐，肯定與追求自由的結果，養成了尊重容忍的習慣，也形成了保障人權的法治制度。這種習慣與制度也隨著西歐的科技傳散到亞非國家。儘管隨著社會條件及文化背景的不同，不同社會對尊重與容忍的習慣程度不一，法治制度的實質運作也未必一樣，但是無疑的，自由的信念、法治的制度、尊重與容忍的規範有助於思想、價值、信仰多元化的形成，也因此有利於批判神聖性知識份子產生實質的社會影響力，他們可以從事批判，而不至於遭受到社會的強制壓力。當然，知識份子有多大的批判自由，乃取決於 (1) 社會中種種壓力團體，尤其是政權擁有者之權力形式、實質權力大小、及其合法性，(2) 知識份子本身之集體力量的具形方式、程度、合法性、及說服力，和 (3) 法治制度的彈性尺度與被尊重程度等因素。

另外一個有利於批判神聖性知識份子的存在及產生作用之因素是：大眾之教育程度的普遍提高，心靈的趨向開放，自我判斷能力的增加、和社會參予願望的高昂 (Knopfelmacher, 1968)。與剛才提到的批判自由的程度一般，大眾具有多少這些特質，乃與社會中的許多條件有關，諸如教育的方式與內容、傳統文化的特質、政治制度及權力運用的方式等均是。不過，不管如何，只要一個社會有了普遍強調民主、自由、平

等、及科學的需要，並且社會也以此等觀念爲文化主調，則敎育（尤其高等敎育）的普及無疑的將醞釀更多批判神聖性知識份子，也將更有利於批判神聖性知識份子矜持其信念，尤其將使更多的大衆與世俗性知識份子具有更多的批判性格。凡此種種也將使更多的大衆具有批判神聖性知識份子的原型，這有助於大衆與批判神聖性知識份子的結合。尤其，當具合法實踐權力之政治精英並未能確實的遵行上述原則時，這種結合的可能性更爲加大。

第三個有利於批判神聖性知識份子產生影響的因素是大衆媒介的廣泛流行。大衆媒介的普及使得知識份子能够與大衆有著迅速而廣泛的訊息聯繫。透過訊息的傳遞，知識份子可以不經由面對面的溝通形式來說服大衆，建立雄厚的羣衆基礎，而形成一股社會影響力。同時，知識份子也可以藉著說服所得的羣衆擬情（empathy）結果，獲取羣衆認知與情緒上的支持，這是他們用來批判權威的最好社會工具。尤其當受批判者擁有絕對或相當優勢的合法權力，但社會中又缺乏一套共循合法的遊戲法則（rule of game）、或遊戲法則未能有效地運作時，知識份子透過大衆媒介來贏取同情與贊同是相當常見的。

總之，在「民主」、「自由」、「平等」、與「法治」等等的意理傳統的庇蔭之下，神聖性知識份子在現代工業社會的確能產生相當的批判功能。當然正如上述的，他們所具有的批判幅度，是與一個社會之政權中心的開放及民主之程度等因素成正比的。現在，讓我們在假設社會是有相當尺度的開放與民主的條件下，來討論神聖性知識份子在現代工業社會中的地位。

在西歐之知識傳統的優越壓勢下，當前社會中之神聖性知識份子，普遍地具有下列三個特質：(1)強調理性與經驗事實，(2)重視創新與原創力，(3)傾向批判與開放(Shils, 1974: 71; Lipset and Basu 1976)。

但是，很不幸地，這三個特質正好是與政治精英所內含的三個趨向相對立，此三趨向分別爲：(1)尊重傳統與權威，(2)強調穩定與延續，(3)肯定制度與合法 (legitimation) ❹。由於這種對立是指向同一性質及同一層面的象徵事物與活動，因此使得政治精英與神聖性知識份子之間可能產生緊張狀態 (Eisenstadt, 1971)。換句話說，神聖性知識份子（尤其有批判傾向者）所關心的象徵通常是落在政治層面上的普及精神與神才象徵 (charismatic symbol) 的結晶化，這正是與政治精英的權力對象相吻合，因而產生緊張是相當可能的。這種緊張或壓力往往發生於「創新」產生或由外被引介進入社會之當時。在此，必須特別的指出，創新本身並不是社會緊張或壓力的直接來源，人們對創新事物或觀念之實質內容所解釋的意義，才是眞正的來源 (Lopata, 1976)。這也就是說，只有當創新是（或被認爲是）與某些人之旣有的某些價值、利益、觀念、或地位象徵相違背時，創新才帶來緊張與壓力。但是，由於創新必然會某程度地破壞了部份的旣有的社會秩序體系，因此它一定會在一個時間內損及某些人，而有利於其他某些人，儘管長期來看它可能對雙方均有益。這個觀念啓示我們一個可能的現象，卽緊張與壓力並不祇可能存在於神聖性知識份子與政治精英之間，而且也可能存在於神聖性知識份子本人或他們相互之間。這種緊張通稱爲蘇格拉底的緊張 (Socratic tension) (O'Dea, 1972: 163)，它乃是現代工業社會知識份子常常具有的特點。生存在一個創新日新月異的社會中，知識份子本身及相互之間怎會不於 (1)傳統性與理性，(2)穩定、延續秩序與創新、創造、改變，以及 (3)制度合法化與批判評估三個兩極對立價值中產生猶豫與徘徊呢？這種躊躇顯示神聖性知識份子本身的矛盾與相互之間的可能對

---

❹ 這三組對立的概念早已見諸於十八世紀的歐洲社會，社會學卽起源於這三組對立概念的檢討。Eisenstadt (1976) 認爲，整個歐美社會學理論的傳統卽建立在這三組對立的概念上。

立，也命定了神聖性知識份子認同的困境和力量的分化。

因爲蘇格拉底的緊張普通地存在於神聖性知識份子之間，神聖性知識份子遂與政治精英產生相當微妙的關係，他們之間可以是互賴互長，但也可以是緊張對立的 (Eisenstadt, 1972)。當神聖性知識份子偏重傳統、穩定及制度合法化時，他們很容易與政治精英結合。這種結合雙方帶來互補性的利益。對知識份子而言，他可因政治精英的支持，而獲得合法的利益和地位。他們也可經由政治精英的合法權力的運用，使自己的理想付諸實現，獲得合法制度化的共認地位。對政治精英而言，神聖性知識份子的贊同，乃意味著他有神才性之文化象徵權威的支持，這可加強他實際以行動來執行權力的合法性。在此情形之下，神聖性知識份子與政治精英是互相輝映，互爲表裏。但是，相反地，當神聖性知識份子偏重理性、創新或批判評估時，則他們與政治精英之間往往因對立而緊張。雙方的緊張可能一直潛伏，也可能顯現出來而有衝突的產生。此時，一個社會中政治體系的「民主」、「容忍」及「尊重異己」制度化的基礎穩固與否，將決定神聖性知識份子的影響力以及他們的命運。底下，讓我們就這個問題略做引申。

在上面，我們已約略提起，神聖性知識份子所以能够發揮其批判作用，最重要條件是民主、容忍及尊重異己制度化的程度問題。一個社會的民主政治制度愈趨向於容忍、理性與尊重異己，神聖性知識份子的批判作用愈能產生效果、也愈能發揮。反之，則相反。但是，由於民主並不是現代工業社會都具有的特徵，就是具有了，程度與性質也未必一致，因此此處不擬做進一步討論。現在僅討論一些現代工業社會中神聖性知識份子所較普遍具有的現象。

固然現代工業社會的基本意理、廣播工具和大衆的開放心靈有利於神聖性知識份子之批判態度和精神的表現，但是社會結構（尤其知識結

構）本身卻隱藏著抑制這種態度發展的力量。這種抑制原動力的根本可歸諸於知識專業化和我們在上面一直強調的知識工具化兩種現象的普遍存在。知識專業化使得知識領域分離而區間化（compartmentalization），不同性質的知識之間，甚至同類型的知識之間的隔閡愈來愈大，知識份子之間也逐漸地產生了溝通上的困難，正如俗語所謂的「隔行如隔山」。這種知識的區間分化使得知識份子之間的共同認同基礎愈來愈薄弱，愈來愈分離。這種區間隔離的情形發生於世俗性知識及其知識份子之間，還不至於帶來嚴重的問題，因為世俗性的知識只是一種社會工具，它還可以透過組織決策中心來加以統攝及解釋，產生相當程度的整合效果。但是，倘若區間隔離普遍發生於神聖性的知識領域中，則將產生嚴重的後果。神聖性的知識本質上是目的的，它是關涉到整個社會之宇宙人生觀的建立、修飾與批判的問題，若欲使之產生社會意義，則必然是不容分割，而應當是整體的。但是，很不幸地，由於知識的分化也蔓延到神聖性的知識領域來，這一類型的知識也正如世俗性的知識一般，逐漸地專業區間化。尤其，知識制度（如大學）本身逐漸地產生了功能自主（functional autonomy）的現象，成為一個相當自足的封閉社會體系，這使得培育知識份子只是為了培育另外下一代的知識份子，結果，知識制度的存在本身解釋了它存在的理由。讓我們舉個例子來說明這種現象，譬如我們常可看到大學中設有某些系，其結果主要是為了培養教授這些系學生而教育學生。這種循環性的封閉自給體系使得在此體系中的知識份子可以與外界隔離，滋養了知識專業化和區間化的形成。在這樣的體系下，神聖性的知識漸漸地與世俗性知識一般工具化了。但是，由於神聖性的知識本身對人類及社會生存條件並沒有明顯、清晰的初基性工具意義，因此它缺乏世俗性知識所具有的魅力，在社會中只成為點綴性的奢侈品，充其量只在封閉的知識界中產生自我循環與分化，終於逐漸地

喪失了它一向在社會中所具有之神才性的象徵意義和價值。

　　神聖性知識的專業化與知識制度功能的自主和自足，具有扼殺神聖性知識份子的批判傳統、萎縮他們的批判能力、退化他們的批判精神的作用。尤有進之，神聖性知識的逐漸流於世俗化，也漸漸地磨削了這類知識份子對所處之社會及文化的關懷和批判的意願。這種特徵的蔓延毫無問題地更發生在世俗性知識份子身上，終於助長了兩種現象的產生：(1)宇宙性 (cosmopolitan) 知識份子的產生，和 (2) 平凡知識份子 (mediocrate intellectual) 的絕對優勢 (Feuer, 1976)。現茲簡單分述這兩種知識份子的特徵。

　　知識份子的冷漠和無力感是催化了宇宙性知識份子形成的主要條件之一。這類知識份子對區域性的事務、社區與社團一向較缺乏參予的熱誠，也不感興趣。他們關心和興趣的是創造、修飾、解釋、或傳播認為是永恒性的文化基素，追尋的是普遍性的現象法則或概念❺。除了知識份子的冷漠和無力感是催化這種知識份子產生的條件外，他們之所以能夠廣泛的存在，尚有三個重要的條件。

　　第一、人類的社會逐漸地發展出一套普全性的文化精神(ethos)。近百年來，歐美文化夾持著科學與工技的力量，以壓倒性的優勢扣開了亞非國家的大門，也因此幾乎瓦解了亞非的既有文化傳統，使得埃及、印度、及中國文化面臨破產。姑且不去探究何以歐美文明有如此優勢地位的原因，綜觀當今世界各個社會，我們不能不承認，歐美之科技為中心的文化乃是佔絕對優勢的文明核心，早已跨越地域與特殊文化傳統和歷史背景，成為新世界文化傳統的趨勢。這種文化的擴散無疑的是助長了宇宙性知識份子產生的最有利條件。

　　第二、由於歐美文化傳統逐漸形成文化中心，產生壓倒性的影響，

---

　❺　關於宇宙型及區域型人之討論，參看 Merton (1968: 441–474)。

人類產生了使用共同的象徵符號及概念的趨勢。譬如英語成為世界語言，歐美的哲學本體論、知識論和方法論、科學架構、藝術、文學等有關對宇宙及人生的知識觀，也成為全人類認識世界及生命的基本認知藍本卽是明例。

第三、科技的發達改善了大眾媒介的傳播範圍和效果。這種成就無疑的縮短了人與人之間的距離，也破除了以往因地理環境所造成的溝通障礙，人類親身往來的機會大為增加。凡此種種均有助於宇宙性知識的產生。

總之，上述的條件有助於優勢的中心文化產生影響作用，也因此大大地減弱文化邊陲地帶之知識份子，對其所處地區及文化傳統的認同與矜持。況且，由於知識愈來愈是專業分化，宇宙性的知識因此帶有相當濃厚的區間性格；換句話說，知識份子的宇宙傾向往往只限囿在他所專業的精緻文化中。基於共同的專業興趣與心向，他們產生國際性的連繫，這種連繫形成如 Crane(1972)所謂的「看不見的學院」(invisible college)。知識份子超越了本土社會及文化，透過共同的專業認同和語言，產生了一套超國界及文化的社會網絡。這個社會網絡的形成與發展無疑地助長了知識份子對其專業的認同，在其專業中之既定的聲望階層秩序中，追尋個人超特定社會及文化的地位肯定，也強化了知識份子以專業來界定生存目的和肯定自我的價值趨向。其結果，使得知識份子逐漸具有他人導向的性格，成為極化於對職業認同的知識人，他們可以以陌生人姿態活在社會中，與週遭的文化疏離，但自我卻得到相當的肯定，這種情形尤其明顯地表現在以創造知識為專業的世俗性知識份子身上。

知識份子的世俗化和專業化更帶來了一個相當突出的現象，卽精緻文化消費的分化。由於知識份子的專業化及工具化，知識份子（尤其世俗性知識份子）普遍缺乏欣賞本行以外之精緻文化結晶的能力、習慣與

意願。因此現代專業性的世俗知識份子，甚至神聖知識份子，乃如 Ortega Y Gasset (1932) 所說的，是「有學識的無知者」(learned ignoramus)。他們並不是完全無知，因為他們是科學家、工程師、律師、醫生……等專家，相當瞭解他們自己所擁有那一小部份的專業知識世界，但他們卻與一般人一樣的，對於其他部份是無知的，若有，也僅具常識性的認識。這種失衡的專業化所產生最明顯的立即結果卽我們有了更多、更優秀的專家，但卻有了更少的文化人 (cultured men)，這種情形在現代工業社會中相當明顯的。平凡的專業知識份子的充斥，無形地幫助了知識從消遣活動中離析出來，文學、哲學及藝術性的精緻文化成爲曲高和寡的奢侈品，一般知識份子是不屑也不願顧及的。另一方面，文學、藝術及哲學的創造也因普遍的專業化，愈趨形式化、區間化，甚至虛無、抽象而脫離現實，終於使得這些精緻文化與大衆（甚至與知識份子）愈來愈隔離，愈來愈萎縮。

五、結　論

在現代工業社會裏，科學與工技被看成是社會中兩個最主要的動力主流，所表現的文化精神是以「控制」與「發展」之功能理性爲核心的功利形式，社會結構已逐漸擺脫以「神」爲中心的結構形態，轉而以「科學」與「工技」爲基礎。凡此種種在在不利於神聖知識之傳統風範的發展。其結果，一方面使得神聖性知識份子乏力、世俗化，另一方面使得知識份子批判的傳統精神與風範萎縮，批判的性格喪失，批判的能力不足，批判的範圍縮小。再者，在以「控制」與「發展」之功能理性爲社會的神才象徵中心的情形下，世俗性的專業知識份子抬頭，知識份子的冷漠機會增加，他們對改善人類生存及生活條件的確有了很大的貢獻，但卻也爲人類文明平添更多、更深的困擾。不過，情形雖然是如此，現

代社會卻保持、甚至強化了一些意理（尤以自由、理性、民主、及科學的信念）。這些意理鼓勵、也保障知識份子發揮批判精神、塑造批判性格，使他們更能够從事創造、批判、修飾及解釋文化意義的工作。人類的文明有再邁進的一天，將尤其有賴批判神聖性知識份子的努力。

因此，在現代社會中，尤其是具有高度容忍和尊重異己的法治社會裏，知識份子的角色分化是可能有助於文化的締造。世俗性的知識份子儘管是冷漠，但是他們的創造與努力將提供我們更豐富、更便利的生活條件；神聖性的知識份子可以以他們的熱情、學養、與智慧，來批判、檢討人類已有的文化結晶，創造更豐富的生活意義。在一個重容忍與尊重異己的現代法治工業社會裏，假若對人類文化的締造、和生命意義的再創有所障礙的話，其主因將不是因爲有學識之無知知識份子數量上的增多、或種種外在因素的壓力，而是出於現代工業文化本身的內含意義，這是批判神聖知識份子的最主要社會責任。

（原文刊登於國立臺灣大學社會學刊，第十三期，61-82，民國68年。）

參 考 書 目

金耀基
    1971   中國現代化與知識分子，香港：大學生活社。
胡秋原
    1978   古代中國文化與知識份子，臺北：衆文圖書公司（再版）。
陳國祥
    1977   "從文化觀點談知識份子"，仙人掌雜誌第一卷，第四期，117-130。
劉述先
    1973   "關於知識份子問題的一些反省"，見論中國文化問題，臺北：新文化事業供應公司，165-168。
錢 穆
    1960   國史大綱，臺北：國立編譯館（臺北版）。

Aron, R.
 1967 18 *Lectures on Industrial Society*. London.
Bell, D.
 1960 *The End of Ideology*. Glence. Ill: Free Press.
 1973 *The Coming of Post-industrial Society*. New York: Basic Books.
 1976 *The Cultural Contradictions of Capitalism*. New York: Basic Books.
Bellah, R. N.
 1970 *Takugawa Religion*. Boston: Beacon Press.
Berger, P. B. Berger & H. Kellner
 1973 *The Homeless Mind: Modernization and Consciousness*. New York: Random House.
Berghe, Pierre Van den
 1963 "Dialectic and functionalism: Toward a theoretical synthesis," *American Sociological Review* 28: 695–705.
Blau, P.
 1974 "Parameters of social structure," *American Sociological Review*, 39:615–635.
Bottomore, T.
 1975 "Structure and history," in P. M. Blau (ed.) *Approaches to the Study of Social Structure*. New York: Free Press, 159–171.
Boulding, K.
 1965 *The Meaning of the 20th Century: The Great Transition*. New York: Harper Colophon Books.
Coser, L.
 1965 *Men of Ideas: A Sociological View*. New York: Free Press.
Crane, D.
 1972 *Invisible College*. New York: Free Press.
Dahrendorf, R.
 1969 "The intellectual and sociery: The social function of the fool in the twentieth century," in P. Rieff (ed.)*On Intellectuals: Theoretical Studies, Case Studies.* Garden City, New

York: Doubleday.

Demerath III, N. J. & R. A. Peterson

1967 *System, Change, and Conflict.* New York: Free Press.

Durkheim, E.

1933 *The Division of Labor in Society.* New York: Macmillan.

Eisenstadt, S. N.

1972 "Intellectuals and tradition," *Daedalus*, Spring: 1-19.

1973 *Tradition, Change and Modernity.* New York: John Wiley.

1976 *The Form of Sociology: Paradigms and Crises.* New York: John wiley & Sons.

Feuer. K.

1957 "Russian's young intellectuals," *Encounter* 8:10-25.

1976 "What is an intellectual?" in A. Gella (ed.) *The Intelligentsia and the Intellectuals.* Beverly Hills, Calif.: Sage Publications. 47-58.

Galbraith, J. K.

1973 *Economics and the Public Purpose.* New York: Houghton Mifflin.

Gella, A.

1976 "An introduction to the sociology of the intelligentsia,'" in A. Gella (ed.) *The Intelligentsia and the Intellectuals.* Beverly Hills, Calif.: Sage Publications, 9-34.

Gouldner, A. W.

1970 *The Coming Crisis of Western Sociology.* New York: Basic Book.

1976 *The Dialectic of Ideology and Technology.* Seaburg Press.

Houser, P. M.

1969 "The chaotic society: Product of the social morphological revolution," *American Sociological Review*, 34: 1-18.

Kirk, R.

1956 *Beyond the Dreams of Avarice* New York: Henry Regnery.

Knopfelmacher, F.

1968 *Intellectual and Politics.* Melbourne, Australia: Thomas Nelson.

Lipset, S. M.

 1959 "American intellectuals, "*Daedalus.* 88: 460-486.

 1963 *Political Man.* New York: Doubleday.

 1975 "Social structure and social change," in P. M. Blau (ed.) *Approaches to the Study of Social Structure.* New York: Free Press, 159-171.

Lipset, S. M. & A. Basu

 1976 "The roles of the intellectual and political roles." in A. Gella(ed.)*The Intelligentsia and the Intellectuals.* Beverley Hills, Calif.: Sage Publictions, 111-150.

Lopata, H. Z.

 1976 "Members of the intelligentsia as developers and disseminators of cosmopolitan culture," in A. Gella(ed)*The Intelligentsia and the Intellectuals.* Beverly Hills, Calif.: Sage Publications, 59-78.

Ludz, P. C.

 1976 "Methodological problems in comparative studies of the intelligentsia," in A. Gella (ed.) *The Intelligentsia and the Intellectuals.* Beverley Hills, Calif.: Sage Publication, 37-45.

Lüthy, H.

 1955 "The French intellectuals," *Encounter*, August: 5-15.

Machlup, F.

 1962 *The Production and Distribution of Knowledge in the United States*, Princeton, N. J.

Malia, M.

 1961 "What is the intelligentsia," in R. Pipes (ed.) *The Russian Intelligentsia.* New York: Columbia University Press.

Mannheim, K.

 1936 *Ideology and Utopia.* New York: Harvest Books.

McClelland, D.

 1961 *The Achieving Society.* Princeton, N. J.: Van Hostrand.

Merton, R.

 1968 "Patterns of influences: local and cosmppolitan influentials," in R. Merton *Social Thery and Social Structure*. New York: Free Press, 441-474.

1975 "Structural analysis in sociology" in P. M. Blau (ed.)*Approaches to the Study of Social Structure*. New York: Free Press, 21-52.

Moore, W. E.

1963 *Social Change*. Englewood Cliffs, N. J.: Prentice-Hall.

Morin, E.

1960 "Intellectuels: critigue du mythe et mythe de la critigue,' *Arguments*, 4: 20.

Nettl, J. P.

1969 "Ideas, intellectuals, and structure of dissent," in P. Rieff (ed.)*On Intellectuals*. Garden City, New York: Doubleday, 53-122.

O'Dea T. F.

1972 "The role of the intellectuals in the Catholic tradition," *Daedalus*, Spring, 151-189.

Ortega Y. Gasset

1932 *The Revolt of the Masses*. New York: W. W. Norton.

Parsons, T.

1951 *The Social System*. New York: Free Press.

1969 "The intellectual: A social role category," in P. Rieff(ed.) *On Intellectuals*. Garden City, N. J.: Doubleday, 3-24.

Pipes, R.

1961 *The Russian Intelligentsia*. New York: Columbia University Press.

Pye, L. W.

1968 *The Spirit of Chinese Politics*. Cambridge: The M. I. T. Press.

Rostow, W. W.

1960 *The Stages of Economic Growth*: A *Non-communist Manifesto*. Combridge: University Press.

Salmon, A.

1960 "The Messianic Bohemians," in G. B. de Huszar (ed.) *The*

Intellectuals: A Controversal Portrait. Glencoe, Ill.: Free
Press, 19-27.

Seton-Watson, H.

1955　"The Russian intellectuals," *Encounter*, September: 43-50.

Shils, E.

1958　"The intellectuals and the powers: some perspectives for
comparative analysis," *Comparative Studies in Society and
History*, 1:5-22.

1966　"Mass society and its culture," in B. Berelson and M.
Janowitz (ed.) *Reader in Public Opinions and Communi-
cation* (2nd ed.) New York:Free Press, 505-528.

1968　"Intellectuals," in International Encyclopedia of the Social
Sciences, Vol. 7. New York: Macmillon. 399-415.

1974　*The Intellectuals and the Powers and Other Essays* (2nd
impression) Chicago, Ill. University of Chicago Press.

Simmel, G.

1950　*The Sociology of Georg Simmel.* translated, edited by K.
H. Wolff. New York: Free Press, 402-408.

Tonnies, F.

1957　*Community and Society.* translated by C. P. Loomis. East
Lansing, Michgan: Michgan State University Press.

Weber, M

1958　*The Protestant Ethic and the Spirit of Capitalism.* transl-
ated by T. Parsons. New York: Charles Scriber's Sons.

Wrong D. H.

1961　"The oversocialized conception of man in modern Socio-
logy," *American Sociological Review*, 26:183-193.

五、近代中國文化面臨的困境

　　在清中葉西方勢力尚未完全叩開中國之門以前，中國人一直是生活在東亞次大陸的封閉環境中。在當時，以漢人文化爲主導的中華文化始終居優越的領導地位。雖然它一再地受到北方遊牧文化和西南印度文化的衝擊，但是，中華文化總是化險爲夷，一直保持主流的地位，屹立不墜，並且把外來的文化容納進來，依附在以儒家思想爲主導的文化體系下。再看中國歷史，中原也曾數度淪落入北方來的民族手中，陸續被統治達數百年之久。在異族的統治之下，雖然中原漢人在服飾、飲食等具形文化上頗受這些統治者的影響，但是在思想、價值、信仰、社會結構、和基本行爲模式上，漢人尚保持絕對的優勢地位，並且逐漸地同化了外來的統治者。經過千餘年來如此一般的一再考驗，中國人終能孕育出一套性格堅靭、深具延續性的文化體系。

　　長期來政治、經濟、和文化上的優勢，使得中國人在文化上養成自大的性格，也深具「我族中心觀」的認知習慣，總以中國本位的觀點來理解和評估其他民族的文化，而把其他民族看成「東夷」、「西戎」、「南蠻」、或「北狄」的「化外之民」，中國人則以「天朝君臨四方」，因此，四方皆「蕞爾夷邦，何得與中國並論」！在這種「天朝型模的世

界觀」（殷海光，1966）之下，中國文化成爲一個相當孤立、自視甚高的自圓自足體系，中國知識份子也因此甚爲矜持自己的文化傳承，深具自衞性的排他傾向，一直深信中國文化具有同化的力量，也是世界上最優秀的文化。

中國的傳統文化是不是世界上最優秀的？說來，這純然是屬於價值標準之取捨、也是定義範疇之界定的問題，其中牽涉的問題甚多，因非本文之主旨，實無在此討論的必要。不過，不管中國的傳統文化是否最爲優秀，有一個事實是可以肯定的，卽自從西方文化入侵以來，今日的中國文化似乎已喪失了「同化」其他文化的優勢契機了。

以前有些學者認爲，中華文化所以具有包融同化異文化的力量乃在於中華文化精神的宏博精微，尤其是儒家思想不但兼容並蓄，並且集天下義理於一身。姑且不論此一論證是否合理，這樣偏重文化中思想意理的內在性質的解釋，顯然地是犯了「思想爲主位」的偏差認識觀，易流於玩弄空洞言語的遊戲陷阱。不可否認的，一個文化所具有的精神內蘊是考驗其持續性的重要條件，但是若不進一步考慮文化之經濟、政治及社會意義，也不考慮文化存在之歷史和社會結構條件，則實難以掌握其發展的脈絡。在此情形下，單從哲學的眼光探討中華文化之精微，是相當不切實際的，討論的結果往往是砌建虛幻的烏托邦，這並不是所談的理想不好，而是可能根本難以實踐。

基於以上的理由，當我們問及「何以中華文化一向具高度的包融同化力，但一旦與西方文化一接觸，卻顯得相當軟弱無力」此一問題時，我們就必須從多面的角度來觀察了。

一、中國傳統文化具包融同化力的今昔觀

中國近百年來的文化與社會變遷本質上是「中國人集體意識的破壞與重建的過程。」❶因此，從思想、價值、信仰、及行爲模式的變遷來看近代中國，應當是相當妥貼的起點，而這又不能不從中國文化的本質談起。關於中國文化之本質問題，論者甚多，實無庸再加贅言，但至少探討中國文化之包融同化力之所以有消長的原因，對瞭解近百年中國文化所面臨之困境的所在是絕對必要的。然而，何以中華文化一向具包融同化力，一旦與西方文化接觸後，卻顯得居劣勢地位呢？個人認爲與此有關的理由至少有三個❷。

首先，就文化產品的性質來看，有清中葉以前輸入的文化均來自鄰近的民族，尤其是北方的遊牧或粗耕民族。這些文化都是源於東亞大陸的生態環境之中，甚多與中國原有文化具相當高的同質性或互補性，因此文化的輸入非但不會動搖到原有文化的根本，相反地卻可以強化原有文化的經脈，使之更具調適力。譬如，印度的佛學雖與中國傳統的哲學有不少差異，但是佛家精神與老莊思想的脈絡頗爲接近，均帶出世或遁世的味道，二者的基本精神甚爲雷同。再說，居主導地位的儒家思想雖具入世精神，但講「忠恕」與「仁愛」的中庸哲學，絕難有激進的社會行動表現，因此中國傳統的主導精神與佛家相當接近，基本上共具「溫和」與「緩進」的性格，強調的是「順應天意」的人生觀，二者可以互

---

❶ 近代學者持此觀點來看中國近代變遷之本質者頗多，歷史學者Lin(1979)。
❷ 筆者曾在另外地方做過類似的分析，本節中的分析基本上乃修正以前之論點，見葉啓政(1977)。

爲輝映，相得益彰。尤其，一向中國社會中的君權卽是相當膨脹囂張，皇帝往往放縱恣肆，知識份子生命常常受到威脅❸。加以，中國傳統社會一向缺乏獨立自主的制度來保護仕人，更乏約束君權濫用的有效機構，致使仕權幾乎完全屈服在君權之下。對知識份子而言，這種政治上的大頭現象，使得他們養成了兩極的生命觀，君子「出則仕，退則隱」成爲常則。讀書人出仕從儒學，退隱則依佛老，二者搭配起來，相當可以銜扣的。

但是，晚近的西方文化與中國原有的文化，在基本精神上頗爲不同，甚至可說是互斥的。譬如，中國人向持重差序性的人倫觀，強調人際間的親疏等級關係；而西方人則偏重平權性的契約觀，人生而平等而應博愛，人際的關係建立在權利與義務的責任觀念上，而不是血緣與地緣的情感上。又如，中國人講究的是天人合一和契合自然，生命的價值在它本身，而不是上帝，也不是物質世界。人旣受命於天，就必須往自己內心發掘無限的泉源，邃逐漸形成了中國人的內聖哲學，偏重道德的形而上學。相反地，西方的生命觀是建立在基督教的原罪哲學和希臘的人本平權精神。基督教的原罪說，促發西方人努力工作以贖罪，希臘人本平權精神發展出人定勝天與戡天役物的信心。重法律與制度的「外王」哲學，邃成爲西方文化的中心骨幹。毫無疑問的，這兩種哲學一開始卽顯得是對立的（至少在世俗的日常生活中），因此二者一經接觸，在人們的認知世界裏，卽可能立刻產生衝突對立的競爭狀態。

東西文化的對立性並不足以說明中國傳統文化所以喪失同化力，而西方文化所以占了優勢地位的現象，欲對此現象有所瞭解，尚應從文化對人類生存條件所具有的控制性來看。文化所具此一性質，暫且稱之「

---

❸ 關於「君權」與「仕權」之關係，見余英時（1976）。

文化的生機控制性」，就其本質而言，它乃指一個社會對掌握社羣中成員獨立生存與發展之有利條件的程度❹。譬如，灌溉術的發明使稻作生產增加，無形中使人們掌握更有利的生存環境；又如，槍礮的發明固然對人類生命產生較大的威脅，但卻使一個國家有了更有利的生存與發展條件。就人類歷史來看，「科技創新」（包含科技上器用、制度與觀念上的創新）乃使人類有更有利控制外界以生存與發展的條件❺，因此一個文化之中「科技」愈發達，我們稱之「文化生機控制性」愈高。

就「文化生機控制性」而言，以往輸入的文化大體上不是遜於中國原有的，就是與中國原有的相去不遠，因此並未能引起根本的影響，對

---

❹ 此一概念乃引申自 Parsons (1951, 1966)。Parsons 認為社會體系中有四個次體系，即文化、社會、政治與經濟。經濟次體系基本上乃具「適應」功能，涉及到社會之基本生存條件的。雖然學者如 Gouldner(1970) 批評 Parsons 忽略了科技在社會中的地位，但筆者認為 Gouldner 之批評過嚴。事實上，Parsons 的經濟次體系已包含有「科技」在內的意思了。在本文中，所指之「生機條件性」文化乃尤指出現在經濟科技體系中之文化甚素。Parsons 之此四次體系的概念，不但用於解釋社會，且用來解釋人類行動。

❺ 在此，面臨一個觀念上的關鍵性問題，即所指「生存與發展」的內涵為何，以佛家觀點，自縮內省，去慾除障，乃個人生存之最佳途徑，也是使自我精神遨遊四方而無阻之根本。若以此觀點來看，科技創新顯然的不但不是有利於生存與發展，反而帶來更多業障與慾望，使個人精神更受俗慾侷限，也帶來更多問題（空氣污染、人口擁擠……）。在這個地方，我們所以說科技創新使人類有更有利的生存與發展條件，基本上乃是在兩個假設上提出的。第一、多少肯定人性中的「佔有」、「物慾」是必然的，換句話說，接受人性中的生理或獸性是不可避免的。第二、人的世界中，絕大部份的人是俗夫，而不是聖人。這是一個實然而非應然的假定。很明顯的，如此一說，此處所言的「有利」與佛學中的主張是屬兩個不同層面的境界。平心而論，後者之境界是比較高超的，乃筆者一向心儀之目標。但面對西方現世機械觀的優勢壓勢下，人類已肯定了追求物慾之感官滿足與無限擴張的生命哲學。在此生命觀下，西方的社會科學知識是屬一種實然分析性的形而下學問，充滿經驗論的現世價值觀的風格，缺乏東方直觀超慾的認識論性格。

中國文化充其量僅能引起局部性的修飾或強化而已。在此情形下，輸入的文化往往時間一久卽逐漸喪失其原貌，而有了中國化的現象產生。

不同於以往輸入的文化，近代的西方文化的特色在於其所具之生機控制性格特別地明顯。源於希臘之人本精神，經過文藝復興以後的詮釋和具形化，乃表現在近代西方的民主法治制度和科技工業體系中。透過這種工具條件文化的發展，西方人比東方人更能有效地掌握住獨立自主生存的優勢條件。尤其，重視創新和肯定變遷的「創新移動」觀使得西方人對維持和擴張社會獨立生存的條件（尤指科技工具）有著較有效的功利性控制力。這種控制力是西方工業富裕經濟的基礎，也是西方文化具優越壓勢的基本動力。在此情形下，產生的性格是「進取」、「尚新」、「求變」和「控制」。

與西方社會不同，我國的生產型態長期來處在農業的匱乏經濟型態下，以歷久少變的生產技術，直接利用人力於有限的土地上從事生產。在衆多的人口壓力下，不變的生產方式注定生產報酬遞減，結果使得廣大的中國人口一直是處在匱乏的邊緣。在這種長期匱乏的環境中，很容易就養成了「安份」、「守己」、「知足」、和「順應」的「傳統定位」性格，傳統遂成為絕對無比的權威，社會就在傳統的連續綿延之下，維持此秩序的穩定。

很明白的，當西方的「創新移動」體現與中國的「傳統定位」體現一接觸，後者立刻顯出其缺乏適應與抗衡能力的弱點來。前者文化本質上是功利的、是改進的，對獨立生存的條件經常是努力去控制和強化，也較能主動地掌握生機。更重要的，這種文化的另一性格是「控制式的消費與放縱」，技術的改進為的是有著更有效的控制以供更便利的使用。這種文化性格甚為合乎英國（或早期希臘）享樂主義（hedonsim）

所言及之人性，「人有趨向享樂，逃避痛苦的本能」。尤其對長期處於匱乏之中的人們，凡能改善其生存條件的，無不爭相採用。況且，正當面臨著生死交關之時，任何有利於生存的東西都具有相當的吸引力。這正是中國傳統文化與西方具「生機控制性」的文化一接觸後，所面臨的情形。

總之，就道德倫理來說，儘管中國本有的文化有精緻高超的一面，但就整體文化體現來看，卻因它一直缺乏改善社會與個人基本物質生存的契機，一旦與具有此一能力的西方文化相對，前者立刻就被後者所懾服，而顯露出危機來。

以上乃就文化之異同程度與其「生機控制性」的大小來比較中國本土及外來輸入文化的不同與對立之地位。這種考慮基本上是就文化本身之內蘊來看的，但是除了這種因素以外，中國文化之同化力所以會因時機之不同而有消長，尚應從當時之國際政治結構來看❻。

以往數次異文化不是由少數人片面性的帶回中土（如玄奘取經），就是隨著武力的征服進入中國。前者片面少數的輸入不談之外，後者的文化輸入乃是以外來政治統治者的所有物姿態入主中國的（如元與清二朝）。換句話說，在以往的中國，有幾番少數民族挾持劣勢的文化素質來統御漢人。面對著漢人較精緻高超的優勢文化（尤其典章制度、思想、與生產技術），為了達到政治上的統治目的，這些少數民族的統治者，乃不得不遷就中原既有的文化，沿用既有的典章制度，採用以漢制漢的統御方式。在此情形下，長久以往，統治者原有文化基素不是逐漸喪失，就是成為殘餘物，要不就被修飾後納入漢人的文化洪流之中，這可以說是傳統中國文化深具包融同化的最主要政治與社會結構條件。

一到了十九世紀中葉，情形就不同了。與以往蒙古人或滿人不同，

❻ 否則，將淪於本文一開始所提到的「思想為主位」的認識陷阱。

是時東來的洋人並沒有直接以政治統治者的姿態在中國出現。相反地，或許是有意，或許是無意，或許是無可奈何，他們乃以半殖民地的方式從事經濟與宗教侵略；對中國，乃透過軍事上的優勢，用條約的方式來逼迫，以實現他們從事經濟、宗教與意識型態侵略的合法地位。由於他們並沒有以統治者的姿態出現在中國，他們不必為了顧及統治而遷就中國人原有的典章制度或行為模式，更不必刻意地企求調適中國的文化背景。在這種不當主人的「登堂不入室」侵略模式中，西方人沒有反省他們自己的文化是否適用於中國的必要。但是，中國人則不同，一方面，面對西方異質、精緻、且又富生機的科技文化，他們（尤其知識份子）感受到莫大的屈辱，國家的獨立生存也面臨嚴重的威脅。另外一方面，中國人有自主的政治主權，因此知識份子掀起挽救國家的運動，遂有仿效洋法的種種革新。一個社會處在這種情境下，傳統文化尚能保持絕對的優勢而不墜，幾乎是不可能的。要求西化的呼聲愈來愈高，由模仿器用，轉而模仿制度，最後終於屈服在外來的思想與價值體系下。

從以上的分析來看，當中國人面對著西方異質的精緻文化，文化上的競爭對立馬上產生。但是，由於西方的近代文化發展乃見長於控制掌握有利的生存條件和創造有利的生存工具，文化間之優劣勢顯然立即顯露出來。再加上西方文化入主中國的基本策略乃採用半殖民地的暗中遙控方式，中國傳統文化遂一再地遭受到嚴重的挫折。

二、近代中國文化之困境的本質

以上的分析不但指出了近百年來中國文化喪失了包融同化其他文化的傳統性格，更重要的是對中西文化基本精神上的差異做了十分簡單的

比較，同時也對西方文化入侵中國的客觀社會條件做了扼要的描述。從這些描述中，我們可以肯定地說，在今日人類社會中，西方文化乃居優勢中心的地位，成為主導模仿的中心，而中國文化則有淪為劣勢邊陲地位之危機，其文化遺產一再地受到威脅而萎縮。事實上，這已不只是一種潛在的危機，而已是赤裸裸地呈現在眼前了。

西方具優勢之生機控制性的文化與中國精緻的成就道德性的文化在社會意義上是有某種程度的距離。理論上而言，在文化素質上，這個距離未必造成絕對的對立，二者是可以透過人類的智慧與努力搭上線的。但是，無庸置疑的，在認知上，它對近代中國人（尤其知識份子）立刻帶來嚴重的適應問題，也產生了莫大的心理威脅。這種心理上的困境是以往中國人面對外來文化時，所未曾面臨的，或者說是沒有如此尖銳而明顯的。

在西方器用科技成就的威勢懾服下，中國人首先面臨了國家獨立生存的危機❼，學習效法西方幾乎成為知識份子共同肯定的事實。但是我們都明白，學習首先是要識辨與分類，識辨與分類又必須以「經驗」與「需要」為基礎。換句話說，一個人的需要指引識辨分類，經驗則是提供識辨分類時從事認知的基礎。因此，學習是一個複雜的心理過程。尤其，要一個人學習一套與以前經驗甚為不同，甚至幾乎無關的東西，其所經歷的心理挫折更是嚴重。此時，人們不但在認知上產生了模糊、混淆、與迷失，而且需要也因經驗之不足，無法貼切地定位，更嚴重的是在價值的抉擇上產生了情感的矛盾和衝突。總而言之，由於外來的西方文化具高度的異質性，也具高度的生機控制性格，它對中國人的文化傳統產生莫大的威脅，其結果使近代中國面臨一個大的困境：我們必須對

❼ 許多學者認為近代中國知識份子所面對的危機，乃國家意識之認同問題強過文化意識之認同問題。不論是採西化論或復古論者，大體均以「自救圖強」為動機。見：Levenson (1965, 1972), Schwartz (1972), Lin (1976)。

過去的文化傳統從事反省批判，又必須對外來文化加以學習吸收。這是一個同時包含「破」和「立」的雙重挑戰過程。因此，我們可以用在前面已提到的一句簡單的話來概括：中國近代變遷的本質是中國人突顯集體意識的破壞與重建的雙重努力過程。

事實上，從十九世紀中葉以來，任何接受西方文化洗禮過的亞非社會，雖有不同的文化傳統，但卻幾乎都共享著上述的文化困境，徘徊在學習與選擇的十字路口 (Shils, 1974)。更弔詭的是，西方文明發展至今，也因其本質內含著「變」是一絕對價值，而對建立秩序所必須的傳統一再地挑戰與破壞，也對威權一再地懷疑與粉粹，終於產生了嚴重的失落、迷失、要疏離的症狀來。正如美國社會學家 Bell (1976) 最近指出的，所謂「現代化」基本上觸及的是「信仰」的問題。信仰的一再粉粹與懷疑已使西方社會面臨著如 Mannheim (1936) 所說的「宇宙觀的危機 (crisis of Weltanschuung) 或如哈布瑪斯 (Habermas)(1975)所說的「合法性的危機」(crisis of legitimation)。職是之故，對致力學習效仿西方的亞非社會而言，肯定西方的文化而習之，無疑地也極可能將與西方社會一般，在發展到某個程度之後，產生了類似的危機意識。因此，除了上述的「由破而立」的雙重困境外，中國文化（在將來）尚面臨另外一種基本上屬「由立而破而再立」的困境，此乃一方面對一向肯定之移植進來的西方文化的反省批判，另一方面又必須再重建新文化的問題。換句話說，一旦與西方文化接觸後，不學它們（尤指科技），亞非國家的獨立生存契機即受到威脅，因此此時乃「破」與「立」的問題相繼而來。但是一旦學習效仿到某個程度之後，卻又極可能同樣面臨西方文化所正面臨的信仰迷失的危機，此時乃是另一種不同性質的「破」與「立」的問題了。

基於以上的背景，廣義地來看，亞非國家，狹義地來看，中國所面

臨困境是雙段，而每段又同時兼具「破」與「立」的雙重問題。由於有
了這種雙段雙重的性質，中國人所可能遭遇到的問題遠比西方人更為複
雜，矛盾之處也更為尖銳。事實上，這種困境性格已可在今日的臺灣看
到了。未雨綢繆，實不能讓我們一再地忽視這種雙重困境的存在。

一向學者們研究中國社會與文化變遷，大體上均偏重於第一階段
「由破而立」的探討，而忽略了「由立而破而再立」這一個辯證後的階
段的問題。學者們所以偏重第一階段的研究自然是因為它具有歷史時間
上的優先性，應當首先加以瞭解的。況且，環觀中國，尤其臺灣的發
展，問題之癥結還是停留在此一階段的調適上。基於這個理由，本文之
討論焦點也仍然集中在這個階段上。不過，我們必須在此特別強調，欲
對人類社會與文化，尤其亞非社會與文化的變遷有貼切地瞭解，在認識
的主體上來說，此二階段的研究均不可偏廢。

三、近代中國文化「由破而立」過程的基本性質

既然中國近代的變遷本質上乃是意識與信仰的重建過程，對舊有傳
統產生某種程度的破壞，幾乎是無可避免的。在「破」的過程中，中國
人首先面臨了雙重的壓力。此壓力一是「中心信心的喪失，邊陲地位的
顯現」，另一是「外來與傳統的對立」。現就此二點分述如下。

面對著異質性甚高的西方文化的強勢壓力，中國知識份子至少普遍
地為西方文化中之工具器用科技產品所懾服。由於科技文化產品直接牽
涉到一個社會能否獨立生存的契機，當中國人面對生機控制性高的西方
文化，生存的危機意識立刻浮現出來。為了謀取中國的獨立生存，效法西
方成為不可避免的趨勢。起初，中國知識份子尚持著相當的保留態度，
以為西方文化長於科技，而中國文化則優於道德倫理，東西各有長短，

整體來講，實難說誰長誰短、誰優誰劣。張之洞之主「中學爲體、西學爲用」即爲一明例。延續至今，尚有不少中國人還矜持這種看法。姑且不論這種看法是否有理論上或實質上的意義，它說明著悠久中國文化，尤其儒家思想傳統，在中國人心中所產生的內化力之深厚。這個悠久的文化傳統使中國知識份子一直對中國文化深具信心，也保持其文化「中心」的強烈意識。但是幾經嘗試，我們發現，一百多年來，中國人的「中心」意識逐漸受到挑戰而趨幻滅。西方文化在中國產生了優勢的擴散作用，擴散的結果，不但威脅了中國人的「中心」意識，而且使不少中國人不得不接受「邊陲」地位的事實。

所謂「文化優勢的擴散作用」乃指：當一個文化中的某些基素（如科技）占優勢時，此一優勢地位有擴散至其他基素（如制度）的情形。這種文化優勢的擴散作用結果帶來了採納範圍的擴大與加深。當國人懾於西方科技器用而採納後，發現欲有效發揮器用之功效，則不得不採用西方的制度，而欲使制度發揮其最大功能，則又勢必肯定存在於其背後的某些思想，也必須改變行爲模式、價值體系、與態度。這一系列的採納過程可從自強運動、戊戌政變、立憲運動、孫中山先生之革命、五四運動等一連串的歷史事件性質之變化看出端倪來。

正如我們已經提到的，這一系列的採納擴散作用，在主觀的意識認知上，有甚多成份是爲了圖中國自立自強的動機而來的。正如張灝在討論晚清思想型態時所指出的，當時其中一種型態，而且是最具優勢的型態即是以救亡圖存的羣體意識爲中心思想而展開。他說：「產生這一型態思想的背景是甲午戰爭以後，帝國主義侵略轉劇，由英美式的商業擴張『升級』爲舊俄式的領土攘奪。從甲午至庚子，五年之內，列強步步進逼，大有瓜分中國之勢。一時救亡圖存的意識瀰漫朝野。在此意識的籠罩之下，中國知識份子開始大規模地接受西方思想。……值得注意的

是: 這些西方思想的來源是很駁雜的; 有的來自民族主義、有的來自自由主義、有的來自浪漫主義以及其他的思潮, 可是這些思潮都是經過羣體意識的過濾而被接受進來的。」 (張灝, 1980)

固然西方文化優勢在中國情境中所以產生擴散主要是基於中國人救亡圖存的動機, 但是, 我個人認為, 除此之外, 尚有非人力一時所能及的結構原因。這個原因即: 人類不同文化基素間有其特定的脈絡相串通的緣故。簡單地來說, 西方之科技器用或生產下層結構之所以存在, 有其特定之思想與價值上層結構為其支柱。科技的發展依賴科學精神的肯定, 而且更建立在人本思想中「人定勝天, 勘天役物」, 強調「效率」、「效用」、「控制」、和「擴展」的實用精神上。因此, 就整個西方的科技主導文化來看, 其科技制度與思想價值體系之間是有緊密的銜扣。在此情形下, 一旦一個文化之科技器用層面具有優勢地位, 它必能掌握整個社會基本獨立生存的必要生機❽。這個優勢使得劣勢者在學習過程中會面臨一種學習內容的擴散情形。他們不但要學習科技器用文化, 而且也要採納其思想、價值與信仰層面上的文化基素。其結果使得一個層面 (尤指科技) 之文化的優勢擴散至其他層面的優勢。五四時期, 陳獨秀與胡適之主張全盤西化實乃在此文化優勢之擴散現象下的產物。 (陳國祥, 1979)

總結來說, 不管是基於中國人自救圖存的主觀動機, 抑或文化基素優勢性擴散的客觀事實, 中國的文化傳統已在歷史過程中由「中心」逐漸淪為「邊陲」地緣。這種文化世界地位的下降無疑地嚴重地打擊了中國知識份子的文化信心, 也因此帶來了心理上的適應問題。

面對着外來優勢意識與信仰的挑戰, 中國人所經歷的不單在量上有

---

❽　此處以及本文其他地方所提及之「獨立生存」的內涵均在註㊵所界定的範圍內來討論。讀者要特別地注意。

程度不同的文化適應，而且在質上產生根本差異的文化蛻化。質的蛻化
是要求脫胎換骨的改變，也要求富創意的超越。但是，對已有長久文化
傳統，且對此文化傳統深具內化情感的中國人而言，要求改變，甚至只
是要求某部份的調適，都難免在心理上產生類似斷奶時的依戀情結，因
此耗費在「外來與傳統」的爭執上的精力與時間也自然多些。正因爲如
此，儘管中國接受西方文化的挑戰已有一百餘年的歷史，但是依然掙扎
在「外來與傳統」的對立選擇之中，社會中到處仍然可見到一些外來的
形象緊緊地依附在古老傳統痕跡之上。因此，到今天，嚴格地說，我們
雖已「破」了不少，但卻談不上有原創的「立」。

　　理論上，外來與傳統文化的內涵在性質上未必一定是互斥對立的。
卽使二者是有某種程度的差距，也不是毫無互補或融合的可能(Eisenst-
adt, 1973)。當然，能否恰切地互補或融合，端看他們能否以智慧提供一
套更新的價值、思想、信仰，或制度來重新加以貫穿，給予新的詮釋。
這是一個相當艱鉅，也是耗時的工作，但卻是人類文明契機之所在。不
過，在人類尙無能力提出新遠景理想與實踐方案之前，談互補成融合，
顯然只是理論上的幻構肯定，是一種無益的奢望。

　　話又說回來，固然人力可以左右文化間的融合，但是，假若兩種文
化異質性愈高，對立的可能性也就愈大。就思想、價值與信仰層面來
看，西方與中國之文化傳統的確是有相當程度的互斥對立性存在的。這
些對立互斥的性格，乃是使外來與傳統呈現尖銳衝突的文化內在因素，
也就是說，這種衝突乃內在於兩個文化的內在矛盾之中。

　　除了文化性格的內在矛盾之外，西方與中國文化所以一開始就顯出
對立來，尙有另外一個更爲直接的因素，這個因素本質上是屬情感與情
緒性質的。我個人認爲，文化性格的內在矛盾只不過是促使「外來與傳
統」對立的先決客觀結構條件而已，眞正直接的觸媒劑還是在於主觀的

情感與情緒反應。在本文一開始，我們即提到中國人具有明顯的「天朝型模的宇宙觀」與「文化大沙文主義」的傾向。長期來的文化優勢地位使得中國人對於本土文化的內化甚深，甚爲矜持傳統的價值體系和行爲模式。這樣地對傳統具有深厚的情感，一旦面對外來的文化，卽使是同質性甚高者，也都會產生抗拒的情緒。況且面對的是異質而且侵略性甚高的西方文化，其所可能引起的抗拒情緒自然更爲高昂。再者，中國人一向缺乏接觸西方文化的經驗，東方與西方乃生活在不同的世界裏，他們有著不同的宇宙觀，也有著不同的價值、態度，和生活方式。一旦西方文化排山倒海地入侵，中國以有限且不同的經驗，實難一下子就消化得下。加以，西方文化一進來卽咄咄逼人，侵蝕力甚高，更使中國人因招架不住而產生防衞的心理，「外來與傳統」的對立局面也就立刻呈現出來了。

　　「外來與傳統」的對立體現在中國社會中包含兩層不同的意義。第一，它乃指在認知中文化內含對立的存在，此卽上述所涵蘊的。這種對立感幾乎是所有中國知識份子主觀認知上均會感受到的。因此，對中國知識份子而言，不管他對西方文化的反應態度如何，面對「外來與傳統」的抉擇時，心理上多少是衝突與矛盾的。第二，「外來與傳統」的對立乃指涉到知識份子的反應態度，因而指涉到具不同反應態度之社羣的對立狀態。這種社羣的對立在近代中國歷史中實具重要的社會學意義，值得加以討論。

　　面對著西方文化的優勢，中國知識份子的反應基本上有三個類型，第一類型乃傾向於主張放棄中國舊傳統而完全西化者，此輩以五四時代之人物陳獨秀與胡適最爲典型。持此一主張者，正如 Lin (1979) 所說的，基本上乃傾向有機整體論者，認爲欲救中國，則必須從思想文化的根加以革新做起，因此，他們具有破壞偶像與挖根的雙重反叛性格。這

類人物雖不多，　但卻在中國近代思想史中占重要的地位。　因爲論者已多，　實無在此詳述之必要。　第二類爲主張復古拒外的保守者。　這類人物，因西化潮流乃時勢之所趨，理論上已無存在之可能，而且事實上也隨著西化，　逐漸地消跡。　若有，　現在實已不具舉足輕重之作用，　但這類人在西化一開始卻具重要地位的。第三類也是最多的一類乃折衷並用派，基本上具「　中學爲體、西學爲用　」之兼具性格者。在此一類型中有不同的次類型。有的是基於情感上的情緒反應者，有的是基於理論上的認知結果者。因爲此一問題與本文主旨無直接密切關係，也因篇幅所限，不擬做進一步分析。在此，我們所將討論的乃著重於第一類型與其他二類尤其第三類型之間的關係以及其對近代中國文化發展所具的社會學意義。

在人羣中，對同一個論題產生不同、甚至對立的意見，原乃人類社會中常見的現象。是故，中國人對於西方文化的態度與反應產生了分化的現象，自是可以理解的。基於這個理由，中國人對西方文化的態度與反應的問題癥結不應該在於分化本身的存在，而是在於分化後所產生的問題及其所具之意義。關於這個問題的討論一向多從「　思想的內涵　」角度來進行，企圖從思想的內在性質來瞭解近代中國文化的問題（ Lin 1979）。平心而論，　由於中國近代的變遷本質上乃意識與信仰的重建過程，從思想意理層面來看中國近代文化問題，應當可以說是相當貼切問題癥結之所在的。但是這終究是體現在人與人之間的複雜現象，縱然現象之衍生基本上乃源於思想之變遷，卻難以只從思想內涵的分析來窺其全貌。欲對此一問題有更爲深刻的認識，應當包含更爲廣泛的考慮，人羣關係結構的特性的分析是其中最應當被考慮的一環。

人類對於論題的爭論若只停留在思想意理上的討論，則問題就比較簡單多了。很可惜的，人是觀念的動物，但也是行動的動物。行動使觀

念有實踐的可能，也是締造人類成就感的基本社會活動。職是之故，思想意理的分歧往往依附在或連帶地引發出政治行動上的對立鬪爭，在人的世界裏，理念沒有政治行動的支持，理念流於架空；政治行動沒有理念爲引導，政治行動喪失了神聖魅力。二者可以說是互爲依賴的。（葉啓政，1979）因此，理念糾纏著權力是人類社會中的常軌，正因爲這是一種常軌，權力本身的悲劇性格遂註定著人類文明的災難，也註定著理念對立必然恒久地存在，這正是近代中國歷史的最佳寫照。

在社會學家的眼中，傳統一向被視爲是社會中「具多樣但非窮盡之顯現度的信仰、標準、和規則，它乃經由世代間連續傳遞過程，由上一代接受下來的。」(Shils, 1958: 154) 因此，傳統具有神聖象徵的意義，乃「社會中最具突顯之核心社會與文化經驗，是實體之集體性社會與文化建構中最爲耐久的成份。」（Eisenstadt, 1972: 3 ）根據這個定義來看，傳統在社會中具有界定意義和穩定社會秩序的功能。但是，從另外一個角度來看，當一個社會的傳統喪失了調適外來的衝擊時，它卻有阻礙並延緩社會改變或更新的反作用。此時，傳統非但可能喪失了穩定社會秩序的功能，而且成爲製造社會中對立勢力存在的禍源之一。尤其當傳統之根植力甚深時，對立的勢態則更加嚴重。觀察近代中國歷史，我們的情形正屬於後者。在西化聲中，西化派與其他之折衷派與保守派的動機雖可能一樣，均爲了中國自救圖強，但卻對「傳統」在更新過程中的定位有了不同的見解。因此，在近代中國情境中，傳統非但喪失了一向穩定社會秩序的作用，反而成爲社會動盪的根源。此時，傳統是一個矛盾的兩面體。對西化派者而言，它是萬惡不赦的歷史包袱，但對折衷派者而言，它卻尚具有不可侵犯的神聖象徵意義。因此，一方要倒，另一方要保，終於形成長期的拉鋸戰，使中國知識界一直處於「外來與傳統」的爭論之中，新傳統無法建立，發展出來的文化也因此深具兩元的

極化與隔離性格。

在西方文化的刺激下中國知識份子在思想理念層面上對「傳統」定位的拉鋸戰本質上是屬於「象徵的」（symbolic）。但是，這種象徵的衝突立刻卽降臨在如 Eisenstadt（1972）所說的「結構—組織」層面（structural-organizational dimensions）。這就是在上面所提到的，理念與行動在人類的社會中一直是相依而生的，理念的衝突必然會以某種型式轉移到行動層面上來。在人類社會中，代表一種理念傳統的「結構—組織」最為典型者乃政權，而代表「象徵」者則為知識份子。就某個角度來看，知識份子乃是社會中文化象徵之創造與詮釋權威，而政權精英則為文化象徵之實踐權威。就社會結構的內涵性而言，二者的功能，是必然要分化的。

就中國開始接受西化時的社會與政治結構來看，大體而言，政治精英與折衷派知識份子，不是在理念上相吻合，就是在實踐行動上相一致，或者二者兼具。相反地，西化派知識份子與政治精英間的關係就不是如此，他們往往在理念上和實踐行動上有相當大的分歧。這種分歧往往是因利益上的衝突或單方的利益受到威脅的緣故。因此，我們有兩個問題必須回答。第一：何以政治精英與折衷派知識份子常相結合或吻合，而與西化派知識份子則相衝突？第二、此一現象對中國的文化發展有何意義？

在近代中國歷史中，政治精英與折衷派知識份子在意理上吻合或在行動上結合，而與西化派知識份子相對立有兩層可能的原因。其一是涉及具普遍意義的政治權力的存在本質；另一則源於具特殊意義的歷史條件。後者是前者的觸媒劑，二者相互彰顯，進而使此一現象一直在近代中國社會存在著。

就政治權力之形成與存在本質來看，任何社會中權力可以以多種不

同的方式獲得，甚至是一向認為不合法的方式。但是，權力一旦獲得之後，即有要求使之穩定地維續、甚至擴展下去的傾向。這種要求則有賴一種合法化的共認過程來使之實踐。共認無法建立在流沙灘上，而必須維繫在一些具主體互換性的規則、信仰、和標準上。因此，在締造共識的社會過程中，有使規則、信仰、與標準逐漸提升其神聖象徵意義而形成「傳統」的趨勢。這種政治權力依據之「傳統」的形成過程，Weber (1968) 稱之神才的路徑化 (routinization of charisma) 。換句話說，任何權力要合法地存在，為權力被及者所接納，都必要以一些理論為基礎，而權力要繼續維持下去，則又進一步地要求使這些理論生根成為傳統。從這麼一個政治權力形成與存在本質來看，政治精英可藉由激進的方式，以當時是屬激進的理論獲得權力，但一旦權力獲得之後，則在理念與行動上有傾向保守的趨勢。在一個幾近完全不變的靜態社會中，這種保守的趨勢，因沒有受到任何明顯的挑戰，可以一直延續下去而不受到威脅。此時，政治精英幾乎完全凌駕知識份子之上。但是，當社會面臨著難以抵擋的抗衡力量時，一味的保守是不可能使政治權力維持下去的，此時必須與現實環境妥協，做某種程度的修正或折衷。當是時，政治精英為了維持權力與利益的延續，已無法完全與保守派知識份子結合，而必須轉向折衷派知識份子尋找支持，以提供具神才魅力的理論基礎使政權繼續存在下去，重新建立有利的政治傳統。

　　從以上所述有關政治權力之形成和存在的本質來看，我們明白，在面對外來的威脅挑戰時，政治精英與折衷派知識份子在意理上或在實踐行動上產生結合，實在有它的道理。因此，整個問題的關鍵點就在於「當時的社會條件」，剛才提及的「面對外來的威脅挑戰」即是其中最主

要的因素。論及於此，則就不能不關照到特殊的歷史背景了❾。

當我們檢視近代中國西化的歷史背景，將不難發現，當時的歷史條件實在是太有利於政治精英與折衷派知識份子產生緊密結合的。此一結合並不隨著歷史的邁進而鬆脫，其緊密程度雖未見增強，但似乎也未必減弱。這些歷史條件其實已經在第一部份中提到了，現在爲了使得下面的討論能夠進行得更爲順利，不妨在此簡單的再重述一下。

當西方優勢文化入侵中國時，當時的中國乃是大一統的情況。中國社會早已自有一套自行的規範、標準，和規則來穩定社會秩序與運轉社會機搆。因此，西方文化的入侵無疑的首先必須向既有的傳統挑戰。對當時統治中國的滿清政府來說，這個挑戰無異是挑動了其政權存在的根本。這話怎麼說的？我們都明白，滿清政府對中原廣大疆域的漢人而言，本質上乃是外來的統治政權，他們原有的政治制度與文化均不適於用來統治漢人。是故，一入主中原之後，卽必須仰賴儒家思想爲主導的政治思想和制度傳統來維繫政權的繼續存在。換句話說，它們之所以在中原能夠維持長期的統治，有一部份乃因採「以漢制漢」的策略的緣故。這種文化上的同化使漢人能夠接納滿清統治權的合法正統性。基於這個理由，滿清政府爲了自存，有理由比漢人更需要漢化，也更加堅守傳統的陣營。一旦面臨外來西化優勢文化的壓勢，他們很自然地擺出保守的姿態，否則政權難以維持。況且，西方優勢文化中講求民主憲政的理念與中國傳統之君主專制統治的理念相悖，民主憲政的主張本質上是剝奪其政治權力，直接威脅到政權的存在。在此情形下，西方優勢之民

---

❾ Schwartz (1972) 卽認爲一向使用「傳統——現代」之二分法來分析社會是可疑的，因爲：①傳統所涉及之範圍相當廣泛，而且可選擇性相當高；②同樣地，現代性所指亦是相當廣泛而甚至衝突。因此，他主張分析社會時，應當考慮該社會中知識份子的具體經驗，換句話說，必須在傳統與現代之間介入另一個重要變項—卽具體歷史特殊事件的考慮。

主思想潮流又一再地衝擊，滿淸政權自然不能不做適當的妥協。利用折衷派知識份子以自保，自是相當合乎常理的作為。

除了基於政權自存的利益理由，中國政治精英會與折衷派知識份子結合尙有另外的理由，此理由即在於意理上的相吻合。為了自身權力的存在，政治精英當然有要求維護傳統政治制度的需要，這一點在上面已提到的。更進一步地，為了肯定傳統的政治制度，他們更不得不努力維護支柱此政治制度背後的政治意理與倫理基礎。尤其，當他們把這些政治意理與倫理基礎內化後，於是成為根深蒂固的信仰與價值叢結，很難一下打破的。職是之故，在利益與意理信仰的雙重交互作用之下，政治精英為了抵擋波濤洶湧的西方優勢文化，乃不得不在某些方面做妥協，但卻在思想信仰等上層文化上保持矜持的態度。

吾人深知，政治精英與折衷派知識份子的結合，在文化發展上，實在具有重大意義，其中最為突出者莫過於是文化發展區間化的產生。這可以說是近代中國文化發展所面臨的另外一個困境。所謂「文化發展區間化」就是說，社會中有些部份的文化基素愈來變遷愈多愈快，而有些其他部份的文化基素則愈來變遷愈少愈慢，甚至停跌板。用於近代中國文化發展上，則此「區間化」另有一層意義，卽有些文化基素愈來愈是西化，而有些其他的則遲滯不變，保持相當濃厚的傳統氣息。嚴格地來說，這種區間化卽是 Ogburn (1950) 所謂之文化步調不一(culural lag)的一種特殊發展結果型模。

四、簡　結

總結以上的論述，我們可以說，近代中國在西方具優勢之生機條件性文化的衝擊下，其長久以來的「文化中心」觀逐漸被打破。雖然，經過

百餘年之後，中國人實際上已淪爲世界社區的邊陲地帶，但是，長久累積內化而成的大國意識，使他們在意識或潛意識裏，無法承認這種事實，心理上的反應首先體現的即是文化上之「外來與傳統」的對立。這百餘年來，中國知識份子長期掙扎在這種對立比較之中，耗費了太多的精力與時間在於不必要的意氣之爭上，總把西方文化與固有文化當成絕然對立，互不融通的兩種文化模型來看待。因此，要不主張完全西化，就是主張完全中化。卽使是屬折衷論者，亦大多持「中學爲體，西學爲用」的「區間化」的兩元並行觀點，以爲在某層面的文化上應當西化，但在另外某層面的文化上則應當保持傳統不變。在這種的態度之下，持折衷主張者基本上還是假定：東與西本質上還是有不可妥協，不可融會成爲一個新文化體系的地方。卽使不是有此假定者，在長期從對立比較的觀點來認識東方與西方文化的學習環境中，其認知早已習慣採對立的角度來衡量東與西，此一習慣使他們疏於思考其間的融會點，因而無能力突破這種思想習慣的藩籬。在此，作者無能力也無意來討論東西（尤其中西）文化之未來前途與融會之基礎。但是，有一個重要觀點必須指出，此卽：在西方優勢文化的一再壓勢下，中國知識份子認淸了西方文化中有些基素（尤指科技器用）是占絕對優勢，乃不能不學習的。但是，他們卻仍然一直肯定中國傳統文化中有些部份（尤指倫理道德與人生哲學）卻是絕對可貴的。在此種把不同層面之文化分隔開的認知體系下，文化發展遂產生了區間化的情形。這種區間化的情形在今日的臺灣尤其明顯，說來乃卅年來以經濟掛帥的發展模式下的特殊產物，延續至今，對整個中國文化的發展前途實已埋伏下無數的問題。解決這些問題頗多困難，但首要之務還是在於認淸「經濟」（包含科技）在社會中所扮演之角色及其含義，如此才能突破「唯經濟」或「經濟掛帥」的發展哲學的可怕陰影，在社會整體發展中，給予「經濟」一個適當的定位。

關於這個問題，或說得更具體些，(1) 卅年來在「經濟掛帥」的發展模式下，臺灣的文化體系產生了什麼問題，(2) 在「馬列共產主義」的世界革命下，中共以「政治掛帥」爲其發展模式，其文化體系又產生什麼問題，和 (3) 二者之間有何不同，其社會學的意義爲何等等問題，均值得做進一步地深入討論，現因篇幅之所限，只好另外行文探討了。

（原文刊登於中國論壇社編「挑戰的時代」臺北：聯經出版事業公司，民國 69 年，17-44。）

參 考 文 獻

余英時
>   1976　「君尊臣卑下的君權與相權」，見氏著歷史與思想，臺北：聯經出版社；47-76。

殷海光
>   1966　中國文化的展望。臺北：文星書局。

陳國祥
>   1979　新青年與現代中國。臺北：四季出版公司。

張　灝
>   1980　「晚清思想發展試論—幾個基本論點的提出與檢討」。見張灝等著晚清思想。臺北：時報出版公司。

葉啓政
>   1977　「知識份子與中國的現代化」，中國論壇，第5卷，第4期；19- 24。
>   1979　「現代工業社會中的知識份子」，臺灣大學社會學刊，13期；61-82。

Bell, D.
>   1976　*The Cultural Contradiction of Capitalism.* New York: Basic Books,

Eisenstadt, S. N.
>   1972　"Intellectuals and tradition, "*Daedalus*, Spring, 1-19。
>   1973　*Tradition, Change, and Modernity.* New York: John Wiley.

Gouldner, A. W.
>   1970　*The Coming Crisis of Western Sociology.* New York: Basic

Books.

Habermas, J

　1975 *The Legitimation Crisis.* Boston, Mass.: Beacon Press.

Levenson, J.

　1965 *Confucian China and its Modern Fate: A Trilogy.* University of California Press.

　1972 *Liang Ch'i-Ch'ao and the Mind of Modern China.* 臺北: 虹橋書局。

Lin, Y. S.

　1976 "The Suicide of Liang Chi: An ambiguous case of moral conservatism," in C. Furth (ed.) *The Limits of Change.* 臺北: 虹橋書局，151-168。

　1979 *The Crisis of Chinese Consciousness.* The University of Wisconsin Press.

Mannheim, K.

　1936 *Ideology and Utopia.* Hrraest Books.

Ogburn, W.

　1950 *Social Change.* New York: Viking

Parsons, T.

　1951 Social System. New York: Free Press.

　1966 Societies. Prentice-Hall.

Schwartz, B.

　1972 "The limits of tradition versus modernity as categories of explanation: The case of Chinese intellectuals," *Daedalus,* Spring, 71-88.

Shils, E.

　1958 "Tradition and liberty: antinomg and interdependence," *Ethics,* 68: 155-157.

　1974 *The Intellectuals and the Powers and other Essays.* The University of Chicago Press.

Weber, M.

　1968 *The Theory of Social and Economic Organization.* New York: Free Press.

六、三十年來臺灣地區中國文化發展的檢討

一、前　　言

　　自從工業革命以降，人類卽大幅度的利用科技來從事生產方式的改進。自此以後，生產的目的與以往農業社會的型態不同，它已不是限於爲了自給自足，而是從事牟利的市場交換。這種生產的方式無疑的帶來了財富，也提高了物質生活水準。因此，在近代，更新科技，大幅度利用資源和能源，來從事這種以交換爲目的的市場經濟模式成爲普遍的現象，我們常冠以「經濟發展」的稱呼。

　　從歷史心理學的眼光來看，經濟發展成爲人類共同追求的目標是有道理的。人與其他動物一樣，尋求生理需求的滿足是最原始的動機。如何運用自己的稟賦，有效地控制環境，一方面以來保證基本的飽暖條件，另一方面以謀求更舒適的物質生活品質，也因此一直就是人類歷史中最主要的問題。尤其，對基本生存長期受到威脅，貧窮始終相伴著日子而來的亞非社會來說，這種考慮更是迫切。爲了謀求物質生活的改善，爲了安定民生，更爲了自立自存，近代的亞非國家莫不竭力效法歐

美工業先進國家，致力於改變傳統的農業生產模式，引進並發展科學技術，建立並強化工業生產結構，以鞏固國民生計和國本，經濟的成長遂因此成爲發展中最爲優先的考慮。

我國也不例外，從民國 34 年光復以來，在執政的國民黨政府刻意經營下，臺灣在短短三十餘年間，經濟有了相當顯著的成長，謀求經濟的再成長也一直是政府執政的一貫目標。倘若我們拿經濟學家慣用的「個人經濟福利」（individual economic well-being）指標來看，以民國 65 年之幣值爲基值，民國 41 平均每人所得爲新臺幣 10,222 元，到民國 68 年，則增爲 48,957 元，增加約近五倍。就平均每人可支配所得而言，民國 41 年爲 7,998 元，民國 68 年已增爲 33,924 元，增加四倍有餘。又就平均每人消費支出來看，民國 41 年爲 7,704 元，民國 68 年則爲 26,921 元，增加有三倍之多。再就平均每人儲蓄來看，則由民國 41 年的 294 元增至民國 68 年的 7,003 元，增加幾近 24 倍（經濟建設委員會，1980）。就以上所列的數字來看，臺灣經濟成長之快速可見一斑，國民經濟消費力增加之幅度也頗爲驚人。

在如此迅速的經濟成長之同時，我們的社會也相伴地產生了無數新的問題。這些新問題，有的已相當明顯地爲社會大衆所察覺；有的則還是潛伏著，充其量只爲極少數有識之士所體認到。不管問題是明顯、還是潛伏，這些問題嚴格來說未必全是屬於一般人所謂的（狹義的）「文化」的問題。譬如，舉凡如犯罪的猖獗、人口過份密集、能源短缺、污染的嚴重、交通擁擠等，均不是「文化」的問題。因此，在未來的發展中，如何一方面繼續保持經濟的成長，而又能突破既有產業結構的瓶頸，另一方面克服這些非「文化」性的問題，是今後的一大挑戰。但是，這些問題縱然解決了，終究只是提供我們一個更舒適的物質生活環境，我們的生活還可能相當空虛的。因此，如何積極地締造一個更合

理、具高品質而又能發揮中國性格的生活內涵，才是往後生活在臺灣之中國人應多加努力的目標。

　　別的不說，單就文化的消費品質的角度來看，在短時間內國民經濟消費力突增未必是可喜的現象。一般人財富來得太快速而且太容易的話，若無適合的條件（如敎育水準的提高、使用精緻文化❶的意願與能力不足）與之搭配，則人們常會把多餘的金錢花費在購置不必要的奢侈品上，以誇示自己的財富、增強自己的地位感；或追求聲色犬馬的物慾享受，以求腔臟感官的滿足。在這種情形下，社會中產生了一般人所謂的「拜金主義」和「暴發戶心態」。社會中看到的是平庸、甚至粗俗文化產品的充斥，代表「腔臟文化」❷的歌廳、餐廳、咖啡廳、舞廳、變相之理療院、按摩院、和理髮院到處林立。再者，從社會的價值與態度的角度來看，經濟的快速成長很容易使得社會大眾逐漸凝聚出著重功利的心態和強調實用的價值觀。這兩種心理叢結的形成，再加上敎育體制中缺乏培養和鼓勵藝術欣賞的意願，因此很容易導致創造和使用精緻文化意願的萎縮，也致使一般人之文化欣賞水準滯停不前，其結果往往使社會中普遍充滿庸俗的氣息。

　　這些年來，有感於上述庸俗文化的氾濫，更鑒於重建中華文化一直是執政者一貫的目標，政府對於文化問題已漸表關心。說來，這是相當可喜的徵兆。行政院孫運璿院長，在民國 68 年 7 月間舉行的國家建設會中，卽曾以開創發展高超精緻的文化，爲政府未來努力的重點。孫院長這一段話見報之後，立刻引起各界一致的讚揚和共鳴。在各方的敦促之下，政府也採取積極的行動，肯定從事文化建設的決心。先是撥下巨

---

❶　關於精緻文化的定義，參看 Shils (1966) 葉啟政 (1977)。
❷　此一名辭乃臺灣大學心理學系楊國樞敎授於民國 69 年間一次公開演講中提出，由聯合報刊登，在此借用。

額預算，於各縣市鄉鎮成立文化中心，保護古蹟和文化遺產，鼓勵藝文活動。晚近，更籌劃成立「文化建設委員會」來統籌文化發展的事宜，且於 71 年之國家總預算中，大幅度增加教育與文化預算。凡此種種措施，姑且不論是否真能有助於締造高超精緻文化，和提高人民的文化水準，但是至少顯示，於強調經濟建設和貫徹民主憲政之餘，政府最高決策中心顯然已逐漸明瞭到文化發展的必要性。無疑的，這是可喜而且值得喝采的。

總歸來說，不論就社會發展的客觀條件或社會中已產生的主觀認知和需求來看，在此時此地的臺灣，推動文化發展，以提高國民之文化品質，是相當迫切的問題。為了使努力能夠獲得成果，於推動文化發展之前，讓學者先對這三十多年來臺灣文化的問題做鳥瞰式的分析，是絕對有價值的，這可以說是本文的寫作動機。在進行本題的討論之前，為了讓讀者對文化在社會發展中所具的地位有所瞭解，更為了讓讀者與作者之間建立較佳的溝通條件，讓我們對下列三個問題，先作些簡單扼要的敘述。第一、本文中所將指涉的「文化」內涵到底為何？第二、選擇文化來做為檢討社會發展的對象，有何社會學上的意義？第三、本研究的方法論為何？研究重點何在？

二、本文中有關「文化」的討論內容

在現代的社會科學中，文化是一個最常掛在人們口中，但也是用得最為鬆弛而混亂的概念。學者之間有著不同的指涉，因此常常引起思考和討論上的爭執。美國人類學者 Kroeber 和 Kluckhohn 於 1952 年合著了一本「文化：概念和定義的評論」（Culture: A Critical Review of Concepts and Definitions）的書，羅列了從 1871 年至 1951 年間關於

文化的定義，其不同者多達 164 種。殷海光（1965）曾就這些定義加以分類，也分成六組之多。從 1952 年至今又已過了近三十年，這三十年之中，對文化的定義更不知增加了多少。環觀這些眾說紛紜的定義，不免令人眼花撩亂，不知所從。要於其中尋得一條脈絡出來，能獲得學者們共同的同意，再怎麼說是難上加難的。在此節中，作者也不敢存此雄心，試圖對「文化」做通盤性的界定和詮解；所將做而且可能做的，將只不過是，就本文討論上的需要，對此一複雜的概念略做點界範的工作。為的只是不讓底下的討論流於空泛或引起誤解而已。

文化的內涵

大體而言，Tylor 在 1871 年首次界定文化的定義：「人因身為社會的成員所獲得的複合整體，它包含知識、信仰、藝術、法律、風俗等等，以及其他能力和習慣」❸，已涵蓋了文化的基本內蘊。它乃是在歷史演化過程中，一個社羣中的成員所創造出的設計，「包含外顯和潛隱的，也包含理性、不理性、和非理性的一切」（Kluckhohn and Kelly, 1945）。因此，文化一詞常用來包含兩個層面的概念。其一是屬於行為（of behavior）的模式，另一是指引行為（for behavior）的模式❹。就前者而言，文化乃指涉「一個社羣內的生活模式，也就是該社羣具規則性一再發生的活動，以及物質的和社會的安置」（Goodenough, 1961: 521）。換句話說，此處所指的是可觀察的事件或事物，具體的行為表現是其中最為明顯的內容。再就後者而言，文化則指涉具體系而且有組織性質的知識、信仰、價值或態度，乃社羣中之成員藉以形成其認知經

---

❸　引自于嘉雲與張恭啓合譯 Keesing 著「當代文化人類學」上冊，頁 202, 1981 。
❹　類似的見解，參見 Kroeber 和 Kluckhohn, (1952)。

驗，規範其行爲模式，而終於孕育決定選擇的依憑。因此，就此而言，文化是一套共享的意義結構（Geertz, 1973）。

綜合以上兩個層面來看，文化可以說是一個複合體，既指涉具體的行爲模式和種種的生活設計（包含器用和制度），又涵蓋了指導具體生活設計和行爲模式的一套意義體系。因此，如 Geesing（于嘉雲和張恭啓譯，民 70:209-210）所說的，它是個通則，又是抽象的概念。從這樣的角度來看文化，固然大體上是已週全地涵蓋了整個概念所可能指涉的範疇，但是尚有兩個問題有待澄清。第一、文化複合體絕不是指涉到一個個個體的習得物，而是爲一個社羣中之成員們所共享。若如此，則共享到何程度，才够得上當成是有意義的文化來看待。又，產生共享的社會基礎和過程爲何？其間是否有階層分殊化的情形發生，其特質又爲何？第二，對這麼一個抽象的複合概念，在本文中將如何具體地來討論？

文化的「共享」含義

第一個問題固然是相當根本，但卻難以簡單的回答。在此地，我們自無法以有限的篇幅來做圓滿的解說，但因此一問題關涉到底下之分析的基本理論和論證脈絡的推展，因此不得不做選擇性的說明，否則將難以理解和聯貫整個討論。

一向，學者們都認爲，文化是人們「共享」的社會產品。譬如 Linton（1940）卽謂文化乃爲：某特定社會之成員所共享並且可互相傳遞的知識、態度、習慣性行爲模式等的總和。沒錯，文化是一種共享的社會產物，但是「共享」不是一個絕對的概念，而僅是一種概然性的陳述。這也就是說，對任何社羣而言，都不可能使得（或要求）其每個成員均習得或接受某種特定的文化內容。由於個人必然有獨特性存在、每個人

的學習也未能夠完整，加以個人旨趣不一、社羣內常有次社羣之分隔情形發生、社會控制也常未能週全，因此成員們對於某文化內容往往未必同樣的接納。即使是接納了，也常有不同的理解和詮釋。因此，雖然社會中的優勢份子（如父母、教師、法官、政權擁有者等等）常藉著種種社會控制的方式，企圖合法化某些文化內容，要求劣勢份子來接受，但人們始終是難以達到十全十美的社會化。基於這種事實是一直存在著的緣故，完全的共享只有在理想和規範層次上是可能的，但是在實踐層次上，共享卻僅具概然性，始終是有例外的。Merton (1968) 在討論脫序 (anomie) 現象時，已很明顯地指出了，人類在適應外在環境過程中，一開始即有了不同模型的適應方式，順從 (conformity) 只是適應的一種而已，人們尚可能產生儀式化、反叛、或創新等等不同的適應方式。

　　上面所敍述文化共享的概然性事實上乃指明了一個重要的社會現象，即：文化的傳遞，不管是由外對內的濡化作用 (acculturation) 或內部本身的同化 (assimilation)，本質上是具階層分殊化的。雖然階層分殊化的產生並未完全是取決於階級 (class)，也未必完全是受制於地位 (status)，但是，人類對某種文化內容的學習和接納，的確往往因種種理由而有不同的效果。在這種不完全的傳遞過程中，共享與否變成是一種主觀認知的界定問題。大體而言，它是社羣中優勢成員接承「傳統」時，所具規範性的態度與價值的形成結果。在社會化的過程中，優勢成員對「傳統」並不完全是照單全收，而是重新加以組合和詮釋，他們再把組合和詮釋的成品，要求劣勢成員順納。因此，文化的傳遞乃是反映特定社會意識的實踐過程。基於這個理由，研究文化現象時，競爭 (competition) 是一個必然要考慮的過程，這也是何以 Mannheim(1971) 把競爭當成是文化現象的緣故。

文化之具形與意義結構

對於第二個問題——如何具體化文化這麼一個複合概念，我們的考慮是這樣的。首先，我們認為，若不對文化的指涉稍加限制，則將難以在有限的篇幅中牢牢地掌握到討論的重點。再說，縱然沒有篇幅的限制，若不對所將討論的「文化」內涵略加圍限，則也必很容易使討論流於浮泛。基於這些考慮，並且兼顧到本研究的旨趣，我們將所欲討論的「文化」做如下的界定。

雖然討論文化時，必須包含具體行為模式和生活設計，也應當涵蓋指導行為模式和生活設計的意義體系，但是，毫無疑問的，我們無法對體現在社會中種種具體可見的行為模式來加以討論。如此則將流於瑣細，而且事實上也不可能把目前可見的種種生活設計創新都一一來檢討。然而，從行為模式和生活設計的層次來討論文化，卻是絕對必要的，因為在日常生活中，此一層次的文化終究是最為具體，而且是直接經驗的內容。它是人類日常社會生活中最基本的成份，乃文化的「具形結構」。同時，社會的具形產物絕大多數是人類的意識產物；容或是潛意識的意外成果，人們也都會加以詮釋。因此，具形的文化品都會具有意義；也就是說，在任何社會中，文化的「具形結構」都會與一套「解釋結構」相對應。雖然如何的對應乃隨著社羣之種種條件的不同而有所差異，但也惟有透過對文化之意義體系（或稱「解釋結構」）的解析，瞭解文化之「具形結構」才有可能。

四種文化的分類

基於以上的觀點，在本文中，我們將就社會學理論及現象實存二雙

重的角度❺，釐定一些意義來做爲「具形結構」分類的依據，然後，再根據這些類型來分析卅多年來臺灣的文化現象。在此，我們考慮到四個不同相度的意義，並以此做二分的方式來進行討論。第一相度是文化的來源，我們分成「外來」和「本土」的二類。第二個相度是大衆對文化的口味 (taste)，我們分成「生趣」及「乏味」的二類。第三相度是文化創造的精緻度，我們分成「精緻」和「平凡」的二類。最後，第四個相度是文化的社會功能，我們分成「技術實用性」和「人文藝術性」的二類。現就此四個相度，做個簡單的說明。

我們特別選擇「文化來源」來做爲分類的依據乃基於歷史的考慮。自從清中葉以來，中國文化所面臨的最大困境卽是：如何保有傳統文化，而又能兼容外來的文化（尤指歐美文化）。這一百多年來，「外來」與「本土」文化之間一直是處在相當嚴重的緊張狀態中，競爭也始終是存在著。面對具相當優勢地位之外來西方文化的壓勢，我國本土文化一再處於劣勢，顯得欲振乏力，文化傳統隨著時代的邁進而漸式微，社會中也屢現文化失調的現象，獨立的文化性格更是日漸褪色。在此現狀下，從文化之來源來看「文化」現象，確實是深具「現象實存」的意義。

美國社會學者 Gans (1974) 曾認爲，一向社會學家依其品質，把文化分成「高級」與「大衆」文化乃是偏見，因爲品質標準的釐定往往只是代表某階層的觀點，實難以有一公平可信的共同標準。他認爲，與

---

❺ 在此分成「社會學理論」及「現象實存」二層面來看，純然是爲了分析上的方便。二者之間實難以區分得清楚的。所謂「社會學理論」的，乃指社會學家觀察社會中種種現象後建構出來的一種解釋體系。所謂「現象實存」者，則指社會中的成員對其所處之社會的種種體現的行動反應和解釋體系的結果。若用 Schutz (1973) 之語，前者用之適當乃屬「二度解釋」（卽解釋人們如何解釋其日常社會生活），後者則爲「一度解釋」。事實上，此二者相互依賴而影響，甚難區分。因篇幅所限不及詳論，參看 Berger & Luckman (1966)。

其從文化創造的角度來看文化，無寧從文化消費的立場來探討。尤其在今天這樣的大眾社會中，大眾傳播普及，廣告充斥，加以科技一再地更新，文化成為商品，大量的「文化」成品在市面上流行，「大眾文化」相應產生⑥。因此，除了像以往一般，從創造的立場來談文化之外，從消費者的角度來看文化的問題，對瞭解人們的日常生活，應當是具有實質上的意義。假若這個前題可以接受的話，則大眾對文化成品的口味是一個值得重視的問題。在此，我們可以根據大眾對文化成品的口味，分成「生趣」與「乏味」二類。所謂「生趣」者乃指文化成品對大眾具有吸引力，能够普遍的引起興趣，而且更重要的是大眾有意願和能力經常去使用它。反之，「乏味」的文化成品則引不起大眾的興趣，而且人們也可能缺乏欣賞和使用的能力。

第三相度是就文化創造與其品質的角度來看。正如在前所述，文化品質的評鑑必然是帶有濃厚的特殊意識型態，若站在普羅主義 (populism) 的立場來看，文化品質的評鑑往往是反映優勢精英階層的意識與價值。但是，不論我們接受其標準與否，這種評價的存在是社會事實，其存在於所有的社會中，是難以否定的。再者，從文化的創造歷程來看，有些文化成品的內容的確是比較嚴肅，所表達的感受也較豐富，描述的也較具滲透與敏銳力，而且其表現的形式有一套明顯的傳統。對這種文化內容，若缺乏長時期的訓練與學習，往往無法領略其中的意義，而且也難以培養出欣賞和使用的意願。這類的文化成品，我們通常稱之「精緻」文化⑦。否則的話，我們可以稱之「平凡」文化⑧。 總之，

⑥ 關於大眾社會與大眾文化的討論，參閱 Rosenberg & White (1957), Shils (1966), Gans (1974)。

⑦ 以品質來分類文化乃社會學研究「文化」的傳統，有關這類的討論，參看 Brooks (1958), Lynes (1954), Shils (1966)。

⑧ 讀者或許會發現，此處之分類與筆者以往的分類 (葉啟政，1977) 不同。以前筆者分類成三類，在此文中分成兩類，所以如此做，理由有二: (1) 為了簡化討論，(2) 在現實生活中分成三類，似乎過於牽強，未能貼切地的與現實相吻合。

儘管就品質來分類文化可能冒有偏見之險，但站在文化創造的歷程與日常生活中對文化品質的評價特質的立場來看，文化成品的確是有「精緻」程度上的差異。撇開價值標準不談，精緻程度不同的文化，在社會中，具有不同的社會意義（Shils, 1966; 葉啓政，1977）。因此，根據精緻度來分類文化，從而討論文化，是絕對有價值的。

最後，若把文化看成是生活方式的一種複合體現，它所包含的不但是藝術、哲學、音樂、科學、宗教等等精緻成份，也應當包含日常生活中所使用的種種工具。尤其，在科技昌明的今天，科技成品成為主宰日常生活的主要東西，影響人類甚鉅。如近代社會學家（Weber 乃其中之主要代表人物）所說的，在工具理性（instrumental rationality）抬頭的時代，科技實用性的知識成為主流。有鑒於此，實有從其所具之社會意義，把文化分成技術實用性及人文藝術性二類的必要（Bell, 1973）。大體而言，前者乃指所有科技產品，乃用來強化和充實人類社會之生存條件者；後者則指創造出來的文化是基於闡揚人類的理念和道德，表達人類的美感或認知者，其功能不是「條件性」，而是「極終性」（Pansons, 1966）。換句話說，其原意並不直接用來提供更有利的生存條件，而是用來使人類的生活更有理想，更為充實豐富。這類文化成品可包含文學、藝術、音樂、宗教、道德、哲學，及其他時下所謂的人文科學。

三、何以選擇「文化」做為討論的主題

在錯綜複雜的問題當中，從事抽絲引線的尋源工作是相當困難，但無疑的是絕對的必要。一向，社會學家在探討社會現象，從事抽絲引線的分析工作時，在方法論上，常秉持著一個基本的認知習慣。首先，我們在複雜多端的問題之中，選擇一根「問題」的線出來。然後再從這根

線逐步地抽出理路來，把原本一團亂混的線團，安排出一個序列來。然而，這根「問題」的線如何抽呢？它絕不是武斷隨機、憑一時之興而抽選的。它的抽選往往是有條理依據的。

大家都明白，人們對世界的瞭解，都會因其學習環境、天資稟賦、和經驗背景等等之不同，而有一般人所謂之「角度」上的差異。經濟學家偏重經濟的因素，政治學家著重政治的角度，心理學家強調心理的重要，社會學家則可能從人際關係的結構特徵來看問題。如此從不同的角度來看同一個問題，固有互補集思廣益之好處，但是往往帶來了很大的認知分歧，引起爭論，而最後可能以「見仁見智」的結論來結束問題的爭執。不管如何，由於個人的知識有所專限，對同一個社會實體因此可能有許多不同的「現象」，也產生眾多不同意義的詮釋。因此，任何「問題」的抽線工作是難以完全避免因個人專精所引起的認知偏限。

雖然，在「問題」的抽線過程中，因個人專精之限而可能引起的偏見是難以完全免除的，但是，若能在抽線過程中，兼顧到兩個考慮，則多少可以緩和偏見的加深，甚至可以有助於盲點的澄清。此二考慮，一為重視歷史階段性的意義問題，另一則為應有理論的指引。現把二者合併來討論。

從社會結構的特質看文化的社會學意義

社會結構並不是恆定不變的狀態，它是一個結構瓦解 （destructuration） 和結構重組 （restructuration） 交替產生的動態過程（Gurvitch, 1962）。或如 Giddens （1979:49-95） 所說的，它是一種建構化 （stucturation）的過程。因此，社會結構乃「活在某一特定時空內活生生之人們對社會的製造和再製造 （production and reproduction of society）」（Bottomore, 1975:160）。在如此的建構化過程中，有三個因素是極為重

要的，它們是時間性 (temporality)，空間性 (spatiality)，和典範性 (paradigmaticality) (Giddens, 1979:54) 。這也就是說：一個社會中的人們如何的建構其社會，乃隨著不同的時代背景、不同的文化區位環境、和不同的認知典範而有所差異。大體而言，人們乃針對社會已體現而且最具實顯的「準結構」 (quasi-structure)❾來做反省和批判，從而產生集體性的意識❿，凝聚出一股社會力量，來重締或更新一個新的結構出來。

這樣子的更新結構所以可能產生，基本上是因為有三個恆定常見的社會條件存在的緣故。尤其是在現代的社會中，這三個條件是特別的明顯。它們分別是：(1)社會中的成員不斷地產生循環，(2)知識的不斷成長，和(3)社會分化 (differentiation) 的一再發展 (Bottomore, 1975 161-162) 。雖然人們的平均壽命因醫藥之昌盛而普遍的延長，但由於生理上的極限，人終究會死亡，因此社會的成員一直是不斷的替代，一代又一代的延續下去。在以往相當靜態的農牧社會中，社會結構的分化有限而定型，應付日常生活的知識也停留在常識直覺的經驗，歷久未見有太多的變化。在此情形下，成員的迭替則未必會引起太劇烈的意識變遷，或產生現代社會學者所謂的「代溝」，因此，整個社會的變遷也不至於非常明顯。但是，當社會中的知識一直在成長之中，尤其所謂理論知識 (theoretical knowledge)⓫一再膨脹與擴充之下，人們的意識易變

---

❾ 既然社會結構乃是一種「破壞—重建」的迭替過程，某一特定之結構的存在往往只是一時間內的反應模式，因此我們稱此存在於一時一地之特定暫時性結構為「準結構」，它能維持多久，端賴情況而定。

❿ 此一概念乃源於 Durkheim (1933)。不同於 Durkheim 者，乃此一意識未必為社羣之全體成員的共享，它可能因階級、階層、區位、心向等等不同而有分化的情形。Marx 之階級意識是其中之一例。

⓫ 此一概念乃採自 Bell (1973)。Bell 認為，現代後工業社會有一特色，即基礎性，不具實用意義的理論知識逐漸被看重，此乃源於現代之生產結構甚為依賴科技之更新，而科技之更新又必須依賴「知識」之故。

而且產生了分化的現象。再者，社會分工加劇，人們由於有了不同的社會處境，其對社會產生的詮釋意義，也因利益、旨趣、信仰、學習環境等等的不同，會產生分歧的情形。職是之故，成員的迭替很容易帶來明顯的意識更新的現象⑫。

總而言之，在現代社會裏，導致社會產生分化的因子頗多，社會中反省與批判的潛力也加大。一向依附在「傳統」之下潛意識⑬性的行動，已不再被視爲是天經地義的必然行爲模式。社會中往往形成了制度化的檢驗體系⑭，把一向潛伏在意識外之習慣性行爲模式挑勾到意識層面來，不時地加以檢討和批判。社會中因此產生了「行動的反省警示作用」 (reflexive monitoring of action) (Giddens, 1979)，不時的把各種理念、信仰、和行動作比較與詮釋。

無疑的，社會中種種檢驗機構所具之「行動的反省警示作用」有不同程度的效果。姑且不論其效果如何和爲何分化，它們的存在是使社會產生快速變遷的主因之一。基於這個理由，一個社羣中產生的某種顯著變遷，必然是其中某部份成員，對前一個階段已具之某種現象有了反應，這也正是爲何我們在前面提到，社會建構化過程中具時間性、空間使、和典範性的緣故。這種「行動的反省警示作用」如何運作，深受社羣中之成員（尤其掌握優勢權力之成員）的時代背景、文化傳統、區位環境、和既有之優勢認知典範的影響。因此，我們在從事問題的「抽線」工作時，一定要掌握著社羣之過去與當時的意識潮流，更應當關照

---

⑫ 這種現象乃說明何以現代社會容易產生「代溝」的主要癥結。

⑬ 此處所謂之潛意識非 Freud 之原義，乃指一套源於「傳統」的行爲，往往是長期習得的習慣結果，如中國人吃飯用筷子一般。因此，此處所謂之「潛意識」乃指習慣的行爲結果，未曾爲人們體認其源由或必然性者，而未必是源於本能。

⑭ 如現代民主社會中常見到的議會，大眾輿論制度，或學術界，均屬制度化的檢驗體系。

到可能產生的意識發展方向， 重視歷史階段性的意義問題是絕對 必 要 的。

回顧十九世紀以來亞非社會的發展，幾乎莫不從政治民主化和生產工業化下手。這種發展的方向很明顯的是亞非社會優異分子對歐美社會發展的歷史所做的詮釋結果。他們企圖以此爲基點來更新自己的社會及建設未來 (Shils, 1974)。 由於在此意識主導下的發展具有濃厚模倣歐美的性格，更由於在模倣過程中， 缺乏經驗的指導和反省檢驗的能力基礎，亞非社會在發展過程中， 往往重蹈了歐美社會所具有的種種現象（如污染，人口過度集中等等) ⑮。同時， 由於亞非社會有其特殊的文化傳統， 因而在變遷的過程中，也帶來了一些歐美社會所沒有或較不明顯的特殊現象（如家族企業的產生、對傳統的強烈眷念情緒，嚴重的信仰迷失危機) ⑯。就拿臺灣爲例， 在類似如此的多重因素交織之下，以「經濟發展和政治革新」爲主導的計劃變遷，所帶來的問題已非單純地體現在經濟或政治的層面上了， 而是帶來了社會整體的調適問題。 或用 Ogburn (1950) 的觀點來說，這是「文化步調不一」(cultural lag) 的問題了， 問題已逐漸擴散到家庭制度、教育結構、倫理道德觀、人際關係、行爲模式、人生宇宙觀等等方面。用句較具概括性的概念來說，乃是整個「文化」的調適與重建的問題，本質上乃 Mannheim (1971) 所謂的宇宙觀 (Weltanschuung) 的重建問題。 基於這些理由， 我們在此把問題的重心擺在「文化」上面， 及期冀對變遷的問題做概括整體性的

⑮ 一向， 西方社會學家， 尤其美國的結構功能學派 (structural-functional school)， 把現代社會的問題視爲是內含於社會結構本身所引起的必然現象， 而不知事實上這只是因爲亞非國家由於缺乏反省， 而延續了歐美之歷史觀所導致的結果。這種把歷史潮流的擴散誤當成是結構內含的必然結果， 乃當今西方（尤指美國）社會思想中的最大誤失， 本質上這是一種歐美學術界中種族中心觀 (ethnocentrism) 所產生的偏見。

⑯ 參見 Lin (1979)，葉啓政 (1980)。

討論。

從社會體系的層次看文化的社會學意義

另外，尚有一個社會理論上的理由來說明何以在本文中我們選擇「文化」做爲討論的中心，這是有關文化在整個社會體系中地位的問題。在此，我們必須再對所謂「文化」另外加以界定；我們所指的是相當的狹義，乃前節中所謂具抽象理念性的意義體系而已。

Parsons (1951, 1966) 在討論社會及行動體系時，曾依社會及行動體系中諸次體系之功能分成四個部份。這四部份分別爲：(1) 司調適的次體系 (subsystem of adaptation)，(2) 司達致目標的次體系 (subsystem of goal-attainment)，(3) 司整合的次體系 (subsystem of integration)，和 (4) 司維持模式的次體系 (subsystem of patternmaintenance)。

就整個社會而言，任何的社會都有一個基本的問題，即如何與外在的環境調適，這是關涉到個體與社會獨立生存的根本問題。每個社會都會有一套特定的方式來應付和控制外在的環境。大體而言，生產與經濟體系即屬此類，它乃社會中成員們設計出來，用以控制外在環境，以維持基本生存的方式。同時，人是有動機的，社會也一樣，成員也會形成集體意識，產生共同動機。因此，爲了實現不時產生的動機，社會中就得有一套特定的體系以來達成預期的目標，政治體系即司此功能。這也就是司達致目標的次體系。但是，由於任何社會都有相當程度的分化，尤其在現代社會更是如此。分化的結果，使得成員們之間可能在利益、信仰、態度、價值、認知等等方面產生分歧，然而，我們觀察到，雖然分歧似乎是難以避免，社會的成員尚能維持某個程度的共處狀態。推其因素，說來很多，但 Parsons 認爲，其中有一個現象可說是主要的歸

因，那就是：任何社會體系中，都有「社區」（community）型態的存在。Parsons 此一社區的概念必須做最廣義的解釋。用Nisbet（1966:47）的話來爲此一廣義的社區概念做註解，恐怕是最恰當不過了。他說：「說到社區，我乃指超乎單純地域性社區外的東西。正如我們在十九和二十世紀思想中所發現到，此字乃概括具高度個人親密性、情緒投入、道德認同、社會凝聚，而且在時間上有延續性的所有關係形式。」因此，此一廣義的社區可泛括政府、敎會、商會、革命運動、專業團體、企業組織、自願團體等等由人組成的羣體，只要具有 Nisbet 所列的條件。在此定義上，我們不難看出，一個人在社會中都可能同時參與並且歸屬於一些不同的團體。這種團體的多屬性，固然可能帶來角色上價值及規範的矛盾和衝突，但倘若安排妥當的話，卻也有助於成員之間產生相互牽制而和平共存，甚至相當程度的和諧狀態。基於這個理由，Parson 認爲，社會之所以有整合的可能，卽因社會中有這種「社區」型態存在的緣故。

　　然而，不管是應付外在環境、或爲了獲致目標，或達成整合，基本上都是人類的意識活動結果，也都是人類的創造品。它們都必須是人類賦予以特定意義，而以特定的形式來表現。因此，不管是生產模式、經濟建制、政治制度、或社區型態，終其最後，都必須接受人類意識的指導，也都是反映人類的某種理念、信仰、和價值體系。換句話說，在人類的社會中，往往可以看見有一套的制度來界範、修飾、和發展理念、信仰、和價值，並且不時地加以詮釋。這種制度往往自成一個體系，Parsons 稱之「文化體系」，它乃具有使一個社會維持其自成性格的作用。譬如，中國社會之所以呈現成爲中國式的樣子，卽因中國人有其獨特的文化傳統體系。

　　從以上很簡要的敍述，我們明白了上述特別界定的「文化」在社會

中所扮演的角色的特質。它賦予人類社會中各次體系特定的形式，而且
給予形式特定的意義，使得社會維持一定的模式。就此角度來看，「文
化」乃體現在社會中種種制度、人際關係、和行為模式的內容，而且也
包含了形式。探討此等社會實體的內容與形式，尤其是其所具的意義，
自然是一項相當值得重視的研究工作。這樣的研究有助於我們瞭解一個
時代的基本精神，更可藉此提供人們一些可行的有利途徑，以使人類的
生活更為充實和豐富。

方法論上的問題

說明了何以選擇文化做為研究的主題之後，我們留有一個問題，有
待加以闡明的必要。這個問題即本研究之方法論的基礎。

既然本文乃有關近卅餘年來之臺灣文化發展的問題，本質上即是經
驗性研究。既是經驗性的研究，自然要涉及到經驗資料的收集。因此，
寫作也應當以實際資料為依據。但是，在本文中，我們並不打算把重點
擺在事實的描述，而是現象之內涵意義以及其發生之條件的解析。

Mannheim (1971:8-58) 認為，一般研究現象時，人們不外乎尋找
現象的意義。他提出三種意義，分別為：客觀的意義 (objective mean-
ing)、表現的意義 (expressive meaning)、與資料的意義 (documen-
tary meaning)。所謂「客觀的意義」乃指涉有關事項本身之結構法則
的理論命題，如畫理或樂理。這類的意義所以被稱為「客觀」，乃因有
關該事項之因素的意義考慮，不涉及促使該事項產生之行動者的意識。
因此，我們可以不必分析非洲人所欲表現為何，即可完全瞭解非洲原始
藝術在視覺上所具的內容 (Mannheim, 1971:25)。這是根據研究者所
建立起之一套認知經驗規則來解析現象之結構形式的意義。其意義之評
判乃取決於研究預設理論的效度了。理論典範一更改，整個客觀意義也就

隨之變動。

　　儘管從研究者預設的理論典範來捕捉現象的因果關係和其意義是有其研究旨趣上的價值，但是，人的現象終究是意識的行動結果，乃具意向的 (intentional) 。因此，從人類之動機來探討現象所具之意義是有其必要之價值。既然探討的是具意識的意向，對人所欲表現之意義為何的問題，自然也就成為研究的重點，此即表現的意義。對一個社會學家而言，固然個人的動機是研究意向必然要關照到的，但是他所關心的卻不是一個個人的個別意向，而是體現在一個特定時空下一羣人的意向傾向與其歷史變遷 (Weber, 1968) 。欲對一羣人之意向傾向有所瞭解，則不能不從其歷史背景分析起。譬如，Weber 研究資本主義為何會興起時，他把其成因歸諸於基督新教的倫理。換言之，他認為歐洲資本主義之所以興起，乃因為歐洲人具有一種相當特殊的成就動機。這種動機則內涵在歐洲歷史之中，基督新教的倫理即是促發這種動機的歷史原動力。總而言之，如此靠擬情 (empathy) 的方式，從歷史的考察之中來捕捉人們的意向，可以使我們相當貼切地來推演前人創作及其社會行動結果背後所可能依附的動機，從而可以探討人類行動所表現之意義的歷史變遷。Mannheim 認為這是理解人類社會絕對必要的步驟。

　　至於資料的意義，它不同於表現的意義，並不關照到行動者本身的心理發展歷程所具之時間序列意義，它所關照的是一序列現象所具之本質的意義，譬如畫風。換句話說，資料的意義指涉的現象所內涵的深層意義，乃研究者從現象之中抽解出來，用來代表一個時代的意義。Mannherim 稱之「時代精神」 (spirit of the age) 或「時期風格」 (ethos of the period) 。這也就是說，社會學家把序列的現象當成原始資料，從其間的脈絡關係，抽離出足以用來代表的概念來。譬如工具理性即為許多社會學家認為最足代表時代的風格，又如在本文中，我們將

提到，張之洞「中學為體、西學為用」的論調一直是近代中國人的反應模式，此一論調可以說是此段歷史中的時代風格❶。

在本文中，對於資料的收集與舖陳是相當重要的一環，否則信度與效度無法確立。但是，由於許多的文化現象已為學者一再地以史料加以佐證，實無在此再加詳述之必要。再者，由於本文的旨趣乃在於文化現象之內涵意義及其產生之社會條件的分析，若用 Mannheim 所舉三個不同意義來看，整個問題的重點應當是在於表現的與資料的意義。既然我們探討的重點是屬表現的意義與資料的意義二層面，經驗素材的描述與舖砌雖是必要的基礎，但由於篇幅之限，勢必無法詳細地照顧到。基於這個考慮，本文首重的應當是在於理論體系的周圓與方法策略上的得體二大問題，而不是資料的堆砌。

理論的周圓與否很難在此加以詳述，讓讀者自行去判定。但是，在方法策略上，我們基本上乃循 Weber (1958, 1968) 之理想型 (ideal type) 的歷史研究策略，於歷史之中，造取一些特定的表徵，加以誇張理想化 (如張之洞論調之提出)。而後，再以此理想型做為基線來論證其形成與發展的條件。對於條件的因果分析，本質上，我們乃秉持 Weber 一貫之因果論的論點做為基本的策略。簡單地來說，我們所探討的因果條件 (causal condition) 往往只是充分 (sufficient)，但並非一定是「必需」(necessary) 條件。同時，當我們選擇「條件」時，我們也秉承 Weber (1958)之「選定式的依歸」(elective affinity) 的概念，儘可能地以擬情的方式來推論實際行動者之意向，來做為解析現象的基礎。

---

❶ Mannheim 此三意義的含義與後來德國學者 Habermas (1971) 所提知識構成之三類興趣，頗相對應。Habermas 之三類興趣：技術的興趣 (technical interest)，實用的興趣 (practical interest) 及解放的興趣 (emancipatory interest) 似乎分別可與客觀，表現及資料的意義相呼應。

不管如何，本文的解析只是初步的嘗試，許多的命題應當僅具概率性的意義，而且保守地來說，也只可看成是假設性的陳述，尚待經驗事實加以佐證。由於研究具有這些特性，本文之探討是否有可取之處，應當取決於作者提出之詮釋是否具有洞識，而能够適切地捕捉到時代的精神，而不是資料本身的堆砌是否完備。

四、近代亞非社會的變遷的基本特性[18]

前面的討論，乃就概念、學理與方法論，做一般性的鋪陳工夫，提供讀者們瞭解作者的基本認知架構和研究方法的基礎，用以貫穿底下的分析。但是，正如在第三節中所提到的，要認清一個社會現象，必須兼顧三個考慮：時間性、空間性、和典範性。第二及三節的扼要討論，大體而言，是屬於典範性質。在本節中，我們所將關照的則屬時間和空間性質的問題。說得更平白些，要瞭解這三十多年來的臺灣文化現象，我們必須先對發生在這段「時間」內之臺灣「空間」的一些基本特徵有個交代，否則很難在瞭解上有所連貫。

討論三十多年來臺灣社會發展的基本性格，不能只就臺灣甚至中國來談，而必須從近百餘年來亞非國家所面臨的共同問題說起。晚自十九世紀中葉開始，亞非國家所面對的外來文化，已非往昔片面式的影響。相反的，外來的文化如排山倒海地，一波又一波的傾入。軍事夾著政治和經濟，西方國家以統治者的姿勢出現在亞非世界。亞非本土文化受到嚴重的致命威脅，結果使得往昔相當獨立的文化體系，如中國、印度、

---

[18]　自本節起的討論，實際上是作者另文「近代中國文化面臨的困境」（葉啟政，1980）的延續。為求明白作者對此問題之看法的脈絡，讀者可參看是文。下面討論中，許多論點是引用該文，不另再做詳細申論了。

埃及，逐漸萎縮變形，難以保持其原貌，取而代之的是一個以西歐科技工業文化為主體而逐漸擴展成的世界文化。

從文化傳散的觀點來看，一旦文化由獨立分離的狀態走向相互影響而可能乃至統整的情況時，文化之間極易產生競爭的現象。根據近百餘年來的歷史，我們發現具高度「生機控制性」的文化[19]往往居優勢地位，成為「中心」，把它的文化品向居劣勢地位之「邊陲」地區傳散，經邊陲地區者的採納之後，終形成具世界傾向的文化體系[20]。總之，文化中心與邊陲的分化，使得邊陲地區的本土文化傳統蒙受嚴重的威脅，往往終至於支離破碎。籠統地來看，在中心社會的文化壓勢下，邊陲社會的變遷普遍地具有四個特性。

變遷動力是外來的

第一個特性是，變遷的來源本質上是外來的，是一種由外向內打擊所帶動起的變遷。這種外來性，在一開始接受西方優勢文化之衝擊時，特別地明顯。到了今天，由於亞非社會接受西化少的也有五、六十年以上，加以國際交通與傳播的便利，如今亞非社會已內化了不少西方的文化，而成為其文化的一部份，社會結構也因此漸趨向西方社會的發展方向改變，因此變遷之動力已不少是來自內部。但是，終究絕大部份之亞非社會發展至今，在科技器用、制度、思想等等上，均一直無法與西方社會相抗拒，其變遷的主要動力歸根到底還是來自西方。譬如，西方人發明了電腦、錄影機……等，立刻也就傳到臺灣，並且產生了影響。總之，這種變遷動力的外來往往使得亞非社會的變遷，與西方社會的發展

---

[19] 此處之「生機控制性」乃指一個社會羣之文化對社羣或成員有效掌握獨立生存與發展的有利程度，科技創新卽屬具此性質的文化產品。詳細的討論，參看葉啓政 (1980：尤其頁 21-25)。

[20] 「中心與邊陲」的論調乃源於 Shils(1975)，並請參閱 Eisenstadt(1973)。

亦步亦趨，似乎總循著他們的軌跡，步著他們的後塵而走。遂使西方人常冠以「已開發」、「開發中」、或「未開發」之階段來區分。

文化的異質性——外來與本土的對立

雖然外來的文化未必即與本土文化具明顯的異質性。但是，近代西方文化與亞非之本土文化，就其性質來看，的確是有相當顯著的不同。就拿中國以儒家為主導的文化傳統與西方以希臘與希伯來為主幹的文化傳統來比較，二者之間是有頗多不同、甚至是對立之處。譬如，就道德哲學而論，西方是以物倫學與神倫學重平權之個性和羣性的倫理觀為基礎，宗教與法律成為規範制度的基本形式；而中國則是以人倫學重差序之偶性的倫理觀為主體，五倫成為規範制度的核心（謝扶雅，民45）。誠如劉述先（1973）說的。中國人之生命價值在於它本身，而西方則在於上帝及物質世界。中國人眼中的人乃受命於天，往裏面發掘無盡的泉源，這就是中國人所常說的「內聖之學」。在此中國人所彰顯的既非宗教、也非科學，而是牟宗三所謂道德的形而上學。因此，中國人強調的是天人合一，契合自然，而非西方之人定勝天或勘天役物的信念。在這樣的不同宇宙觀下，雖然中西均具有人文主義的風格，但是西方之人文主義乃偏向於以自然主義、理性主義、和超自然主義為中心，而中國之人文主義則是以重禮儀之倫理主義為主幹。唐君毅（1974: 89）曾說過：「至今西方人文主義思想，不是依傍宗教，就是依傍科學、自然，中國儒家則不然，其注重心性，非指人之感覺情欲，也非純粹認識理型作推論之純理智的理性，更非人之技藝才性表現，此心性乃指人之仁心仁性，即內在於個體人之自身，又以積極的成己成物，參贊天地化育為事之實踐的理性，或自作主宰心。」凡此種種的差異，遂使西方文化深具強調平權團體格局的「創新移動」觀，而中國傳統文化則具強調

上下差序格局的「傳統定位」觀[21]。

總歸一句話，外來的西方文化與亞非的本土文化乃處於兩種不同生態環境的不同產物（許倬雲，1978）一旦接觸了，立刻使得對立的競爭狀態產生。固然這種對立因優劣勢相當明顯，使得亞非本土的文化傳統逐漸式微，而且也因西化日深，使得對立的尖銳性雖然日消，但對立的緊張狀態卻依舊是存在著。卽使是在今天的臺灣社會裏，對立的情形仍然是相當的明顯。大至整個社會，小至兩個人之間，這種價值、信仰、和理念上的對立一直是見跡的。

西方外來文化之異質性除了使外來與本土文化產生對立之外，尚帶來一現象：本土文化處於劣勢而外來文化處於優勢。大體而言，亞非本土文化所以一再地處於劣勢，而西方文化所以始終基於優勢地位，乃因西方文化深具「生機控制」性格的緣故。這個性格已在前面略加敍述，在此不再贅言[22]。毫無疑問的，文化勢力競爭的結果使得亞非文化淪爲邊陲，而西方文化成爲中心，因而也註定了亞非社會在變遷中，必然產生了一些調適上的問題。

「質」的變遷，非「量」的變遷

第三個特性是：現代亞非社會的變遷本質上是「質」的改變，而非單純「量」的改變。事實上，這個特性可以說是第一個特性的延伸。旣然變遷的來源主要來自極具異質性的外來文化體，很自然的，所改變的將不可能只是數量上的添增或減少，而是性質上根本的改變。最爲明顯的例子可以說是社會生產結構的改變。我們所常看到的，不僅是由農業

---

[21] 參看葉啓政（1980）。
[22] 見註[18]，同時關於此一性格的詳細討論，尤其是此性格所帶來文化優勢的擴散作用，可參看葉啓政（1980）。

轉入工業，而且不管農業或工業，技術也由粗糙的手工轉入機器生產。
另外，從上述第二個特性中，我們所概述的中西文化的根本差異，也隱
約可以看出來，在西化的過程中，中國人所面臨的，不單祇是「器用技
術」上的模倣，也不是「制度」上的學習而已，而是「意識」的轉變。
這種轉變首先必然是對舊有的某些意識的破壞，而後才是意識的重建。
因此，最起碼對中國人而言，這百年來的社會變遷本質上是意識和信仰
的重建過程，其中包含了「破」與「立」的雙重運作㉓。正由於現代亞
非社會（尤其向有悠久文化傳統的中國）的變遷本質上具有質變的意
義，勢必帶來傳統與外來文化間某種程度的衝突，而且也常常因舊傳統
被破壞，而使得四種現象同時雜陳於社會之中。此四種現象為：（1）盲
目的崇外，（2）理念的迷失與紛亂，（3）行為與觀念的間隔化（compart-
mentalization）和（4）本土運動的產生。關於此四種現象，筆者於另外
的文章中曾約略討論過（葉啓政，1977），並且也將在本文中再略加分
析，因為它們正是體現在今日臺灣社會中的基本文化問題。

變遷乃西方歷史的延續

　　最後一個特性是：現代亞非社會的社會變遷，從某個角度來看，是
反映西方形形色色之不同意識型態競爭的另外場地。當然，其中最為明
顯的競爭意識型態是資本主義與共產主義、或自由民主與極權專制的對
立。在中國這百年的近代史中，我們可以很清楚的看到這個現象是存在
著。打從中國知識份子企圖藉西化來強國以來，在西方社會中可見到的
形形色色的思想，舉凡自由主義、實用主義、虛無主義、社會主義、資
本主義、存在主義、實證主義……等等，莫不也在中國知識界中被提

㉓　關於此一過程的分析，參看葉啓政（1980）。同時，在下文，將做詳細的
　　討論。

到、認眞的被討論過，並且深深的影響到近代中國政治、社會和經濟制度的發展[24]。有個歷史事實最能說明這個西方意識競爭的擴散作用，那就是：在二次大戰後，曾經或正因政治意識型態而正式被分割爲兩部份的國家共有中國、韓國、越南、和德國，其中除德國外，其他三個均在亞洲。從國際政治的角度來看，這些國家被分割成爲兩個不同部份，可以說是國際強權勢力鬥爭結果產生的悲劇。但是，除了由於國際上兩大集團的勢力瓜分之外，這些國家所以會被分裂，長期來意識型態的對立是另外主要因素。十九世紀以來存在於西方社會的兩大政治經濟思想（卽資本與共產）的鬥爭，無疑的也分化了亞非社會的知識份子。中國、韓國、和以前之越南所以被分成兩個部份，知識份子與統治精英因持不同的政治意識型態而分裂，不能不說是重要的因素。卽使對那些有幸未被分裂的亞非國家而言，其內部也一直存在有以「資本主義」與「共產主義」爲中心而產生的對立陣營。或者，當是採取某一特定的制度（如共產）時，另一種意識型態（如資本主義）也常常是一股潛在的反對力量，如阿根廷、菲律賓、古巴等比比皆是[25]。總之，雖然今天的亞非社會在思想意識上會有如此的分歧，自有其本身內在的因素，但追其根源，則莫不是源於西方。因此，這也正是在第三個特性中提到的，近代亞非社會莫不產生意識的危機，也莫不有意識的重建問題。固然，因爲文化傳統與旣有社會結構的不同，不同社會的問題也有所差異，其應對策略也不同，但是，社會中產生意識的危機卻是共同的。

綜觀以上四個特性，我們似乎可以說，雖然今天亞非社會都已傳承了不少西方的文化，甚至融納成爲其文化傳統的一部份，但是終究由於

[24] 關於西方思潮對中國知識界的影響可參看 Lin (1979)。

[25] 何以在二十世紀的亞非社會中，共產（或社）主義會那麼流行，西方學者討論甚多，隨手想及的就有 Shils (1974: 386-423, 445-456)。另外，關於近代西方知識傳統，可參看 Shils (1974: 71-96)。

變遷的歷史動力乃是具高度異質性的外來文化，更由於此一外來文化又具高度生機控制的優勢性，因此，今天的亞非文化尙處於相當尷尬的狀態中，在在有調適上的問題。

五、三十多年來臺灣社會變遷的主導性格

從第四節的討論，我們很明白地可以看出，支配臺灣這卅多年的社會變遷的因素，固然有一部份是來自臺灣特殊的歷史背景（關於這些特殊歷史因素，我們將緊接著分述），但是事實上主要還是反應整個世界的潮流，或者，更恰確地說，乃反應西方社會變遷的步調。別的不說，單看日據時代的臺灣民族運動[26]，卽可支持這樣的論點。因此三十多年來臺灣社會的變遷，絕不可以當成是區域性的問題來看待。

臺灣社會變遷的基本意義

就臺灣的地區意義來看，日據時代臺籍同胞的民族運動，乃是對日本殖民地主的抗議運動，本質上是被統治者爭取平等對待與中國民族意識交融作用上的舉動。但是，事實上，若往深處一看，我們發現，在這個運動之中，臺灣同胞所爭取並不是單純的政治參予與平等地位的區域性問題，而更進一步地乃涉及到政治思想路線上的問題。尤其是治警事件之後，民族運動已很明顯地呈現了思想路線的問題。如黃樹仁（1980：117）所說的：「治警事件後民族運動最重要的發展，是社會主義思想之傳播於臺灣。」此時，臺灣民族運動者逐漸分裂成兩大派系。一派是以蔡培火與林獻堂等以地主與醫師爲中心之中上階層知識份子，主張嚴守

[26]　參看葉榮鐘（1971），黃樹仁（1980）。

合法之民族運動；另一派是以蔣渭水與溫連卿等為主，主張民族運動不
單是對日本統治階層的抗議，而且是對於資本主義制度挑戰的無產階級
的社會主義運動（黃樹仁，1980）。回顧這段歷史，就其近因來看，這
是呼應當時發生於中國大陸的思潮，可以說是臺灣同胞延續中國近代思
想變遷的證明，也是臺灣歷史與中國歷史始終保持命脈相承的密切關係
的舉證，但是，就其長遠背景來看，則又是秉承十九世紀以來亞非社會的
一貫性格，乃是西方對立思想的東方式呼應。這種呼應一直是持續至今。
事實上，從第四節中的探討看來，在臺灣這麼一個特定的邊陲地區，始
終與世界的潮流保持息息相關的關係，是可以理解的。就過去的歷史來
看，臺灣一直是呼應著三個不同「中心」文化的運動。第一是中國大陸
的「次中心」，第二是日本的「次中心」，第三是以西方為主的「大中
心」。這種情形，乃至在民國 34 年光復以後，還是繼續存在著，只是
日本這一個「次中心」的影響日漸衰退，中國此一「次中心」的影響逐
漸加重，而西方「大中心」的影響則似乎一直保持不衰的地位。

臺灣次文化產生的背景

其次，我們尚應再往前追溯更遠的歷史來看臺灣的社會變遷背景。
雖說臺灣一直是以閩南與客家為主的漢人所組成的中國式的社會，但是，
基本上它是一個移民的社會，它具有移民社會常具有的邊際性格。一方
面，它乃保有母社會的文化傳統，與母文化產生濃郁的情感；另一方面，
卻因有了隔離，而又保留一些特有的地方次文化色彩。這種次文化的產
生，不但是因與大陸有一海之隔的緣故，更重要的是因有下列三個因素
而使之增強。第一、在中國歷史中，臺灣原為化外之邊區，乃「冒險家
拓展的邊區。在這天地裏，人們可以較不必受傳統文化的束縛而較為獨
立。」（陳紹馨，1979: 516）是故，如清領時代的地方志曾這麼地記載：

「臺人雖貧，男不爲奴，女不爲婢，臧獲之輩，俱從內地來，此亦風之不多覯者。」（錄自陳紹馨，1979：516）第二、臺灣歷經荷蘭、西班牙、日本等外族統治。雖有一段時間是由中國所領有，但其中又歷經鄭明與滿淸之迭變，再加以山胞原有的文化，臺灣成爲諸文化的輻輳地區。雖說漢人文化尙一直保持主導地位，但陸續面對如此多元文化的衝擊，原文化體系中難免滲加進入新的元素。第三、日據前後一段時間，臺灣與大陸之間來往頻繁，但在日據半世紀內，日人嚴格限制臺灣與大陸的交流，在臺的中國人成爲「封閉性人口」（陳紹馨，1979：6）。在日人有意的區分在臺中國人與大陸中國人的殖民政策下，毫無疑問，的確使得一些臺灣同胞多少減弱了對大陸中國認同的情感，而自認爲是一個獨立文化體。尤其，經過五十年的日本殖民敎育，臺灣的漢人文化中已溶化了不少日本文化風味在內，與原先的大陸閩粵漢人文化，是有了至少些微的不同。這可從光復之後，本省同胞尙使用日語，並且不少人尙保持日本人的生活方式來加以佐證。時至今天，於五、六十歲以上的臺省同胞中，尙可見有對日本仍懷特別情感者（如說日語、唱日本歌、喜愛日本口味的食物等等）。

　　總而言之，在上述諸多歷史因素交錯的影響之下，臺灣的中國人產生了次文化體系是可以理解的。再加以有了客家與閩南，外加山胞的不同，使得在光復前的臺灣文化已呈多元的性格。在民國 38 年國民政府播遷臺灣以後，全中國各省人口薈集臺灣，不但中國各種口音雜陳，而且不同風俗習慣也均出現在臺灣，遂使臺灣成爲一個中國各種次文化的展現所。在此種多變豐富的歷史背景下，臺灣成爲一個很理想的多種文化的「實驗室」（陳紹馨，1979：1-6），而且也可能成爲締造新中國文化的理想地方。

次文化產生的意義

　　要談論這三十多年來臺灣的文化發展，對上述的歷史背景，先有個簡要的說明，是絕對必要的。但是，對民國 34 年光復，尤其民國 38 年國民政府播遷臺灣以後，政府的施政方針，做扼要的探索，更是不可或缺的。終究在時間上這是最爲接近，在實質上也是最爲直接的因素。在此，我們無法，而且事實上也無能力，對這三十多年來政府的種種努力，做詳細的描述。我們所準備而且可以做的，只是相當簡要的來分析一下，這三十多年來，國民政府在臺種種施政的基本背景和其性格。如此概要性的鳥瞰，相信已足以提供瞭解文化發展的必需背景知識了。

　　首先，我們必須對國民政府遷臺前後的中國（包含臺灣）現狀，先做個分析。我們在前面已提過，在民國 34 年光復前，臺灣已爲日本統治 50 年，在這之前，雖早已納入中國版圖，但國人始終把臺灣當成化外之地看待，移民於此，幾與國人移民南洋，持相近的態度。況且，臺灣歷經荷蘭、西班牙、及日本人之統治，在如此多元而又具邊陲的政治地位下，雖然臺灣重回祖國，但在一般百姓的心中尚難免對政府和大陸來的同胞，存有陌生，甚至不信任的心理。尤其，方言上的隔閡和生活方式上的略有不同，更使得在光復初期的本省與外省人間，存有相當程度的緊張和衝突關係。在這樣的歷史背景下，緊張和衝突現象的存在原是可以預期的。正像在抗戰期間，四川人對外省人稱爲「下江人」一般，當時的臺省人就稱外省人爲「阿山」。容或這種稱呼多少帶來輕蔑的意味，但卻是不容否認的歷史事實。換句話說，雖然在情感上絕大部份臺灣同胞可能一直是認同中國，臺灣光復對臺省同胞的確是一大喜訊，老百姓也以十二萬分地誠意來迎接祖國，但是，方言、生活習慣、和認知態度上等等的差異，卻老老實實地是帶來往後一些衝突和誤解的

根源，更別說尚有某個程度上的利益衝突了。譬如，二二八事件雖說是共產黨從中煽動而產生，但上述的隔閡不能不說是其中最爲值得注意的心理因素。

危機意識的存在

除了這個特殊的地區因素影響之外， 34 年以後的臺灣尚存在有一個相當明顯的危機意識，即共產黨的威脅。廣義的來說，這種危機意識是世界性的問題， 乃二十世紀以來亞非社會共有的現象， 但狹義的來說， 它是延續在中國大陸的政治意識和政治利益上的衝突。因此，當國民政府接管臺灣之後，立刻面對著兩大問題。一方面，面對着來自臺灣過去歷史背景而產生的心理隔閡，另一方面，又面對着潛在的政治意識的分裂危機。在此雙重壓力之下，再加上大陸的淪陷，國民政府治臺，一開始即以穩定政局爲首要之務，如何獲致有效的政治控制，自然成爲最爲迫切關心的問題。更由於三十多年來國共之對立一直存在着，緊張的狀態也就始終保持。爲了應付這樣的緊張狀態，國民政府治臺也就不得不一直保持戰戰兢兢的態度，保守穩健遂成爲三十多年來施政的一貫指導原則。

除了上述的特殊歷史因素之外，政府所以採取保守穩健的步調，尚有更爲根本的文化背景因素。從中國的文化傳統來看，中國人一向就沒有把民主當成生活方式的習慣。在傳統的中國社會裏，人與人之間講求的是上下尊卑的差序格局[27]。社會秩序向賴「君臣、父子、夫婦、兄弟、與朋友」的五倫來維繫。基本上，中國人的社會秩序是建立在以「父子」爲主軸的倫理上。縱然是「朋友」也必要序長幼，更不用談君臣、父子、夫婦、與兄弟了。這種以血緣與地緣爲中心而擴展出來的社

---

[27] 引自費孝通 (1948)。

會關係，基本上是具濃厚的權威性格[28]，強調的是特殊主義（particularism）式的上下服從。因此，人際間重上下尊卑的差序格局，整個政治運作乃建立在「君尊臣卑」的權威系統中（余英時，1976: 47-76），君權駕凌仕權，遂有「君要臣死，臣不敢不死」的情形。在如此長期的長老統治[29]之下，統治者養成驕縱放肆的權威性格，而被統治者則頗具謙卑順從的順民習慣。這兩種對立的性格，經過長期以來政治上的運作，已成為中國政治文化的基本性格，深植於中國人的潛意識[30]中。尤其是在面臨危機時，統治階層的權威性格更往往就不自主的流露出來，成為中國人應付危機的習慣反應，而且也最易看到合理化[31]的情形。職是之故，在向具權威性格之長老式的政治文化傳統[32]下，雖然引進西方的民主觀念和制度已達數十年，中國人的政治運作還是一直難以產生相同的軌跡，西方民主制度在中國運作也因此一直深具「西學為體，中學為用」的特性。這個深根柢固的政治文化性格，可以說是何以遷臺以後的國民政府作為一直保持穩健保守的根本動力，而且也是所以矜持其政治正統意識為指導一切發展之最終原則的心理基礎。

由於以上種種因素的交互作用，尤其，在有很明顯之「存在危機」意識力的壓力下，這三十多年來國民政府在臺灣所做的努力，始終具有強烈的「政治掛帥」的性格。此處所謂的「政治掛帥」乃意指：在謀求社會發展過程中，如何穩定社會秩序，以維持既有政治權威與權力分配結構，乃被列為最主要的考慮。因此，只要是在意識之內，任何的計劃

---

[28] 關於中國人權威性格與其問題的討論，參看楊國樞與李亦園（1974）。

[29] 引自費孝通（1948）。

[30] 此處「潛意識」之意，參看[13]。

[31] 所謂「合理化」乃指建立一套自圓其說的解釋體系，以求在認知上保持和諧，至少提供「合法」的基礎。關於這種合理化的討論，Pareto（1935）在其派生（derivation）理論中，討論得最為傳神。

[32] 關於中國政治文化及其現代適應之討論，參看 Pye（1968），Levenson（1965）。

與作為，均以穩定既有政治權力秩序為前題。

就人類的社會而言，任何政權要維持繼續存在，都得獲有合法的基礎，也因此都需要一套理論來說服大衆，以獲取信任和支持。當一個社會處於無明顯外來或內在壓力時，往往卽是社會權威的合法性可以獲得肯定，此時理論就不必特別地加以彰顯，甚至逐漸的沉潛。但是，當一個社會處於有壓力或衝突時，則發現社會權威的合法性往往受到某程度的挑戰，理論也就受到批判。此時，政治統治精英勢必以種種不同方式來維護其合法性。利用知識份子㉝，透過種種傳播媒體，來強化鞏固其理論，肯定其正統性㉞，卽是最常用的方式。不管是用什麼方式，竭力維護、肯定、並且宣揚一套正統的政治理念，是一個處於有「存在危機」壓力下之政治實體常有的行為反應。

總之，不管是基於上述的實際歷史因素或理論上的理由，這三十多年來，政府是不遺餘力的維護、宣揚、並且強化其政治意識。姑且不論政府所欲揭櫫的政治理念與所欲肯定的政統，是否具有穩固的理論基礎、或合乎時代潮流、或甚至說順乎人性（因為這涉及到政治哲學、歷史、社會學、與心理學之理論的實質內容問題，而這些問題與本文之主旨無直接關係），至少，在此，我們要指出的是，這種強烈矜持政治正統的意識，在政治實體的權力建制的支持下，很容易形成為指導一切社會發展的最終原則。其實，若是政治精英能夠不時自我反省而修改和充實其意識型態的內容，以順應時代潮流和外在環境，並且讓意識型態保

㉝ 知識份子在任何社會中都是分化的。有一部份必然要與政治精英結合，詳細的討論，參看葉啓政（1979）。

㉞ 在傳統社會中，正統性的肯定乃建立在神的意旨的假定上。在今天的社會裏，正統性則往往最終依附在對民主理念的肯定。基本上，正統性必須利用種種方式來塑造神才形像（charismatic figure），以使大家產生敬畏崇拜的心理。所不同的是有的神才形像是指向制度本身（如民主憲政體制）而有的則指向個人（或超越人的神），但絕大多數情形，則融合二者而形成一套複雜的信仰體系。

持彈性度，也還不至於僵化了社會的適應力，還是可以保持相當的活潑性。但是，倘若政治精英未能順應外在環境之變遷而對其政治意識型態做修正，則很容易僵化了社會中所有其他的層面。若無外在的壓力而處於絕對的隔離獨立環境中，這種僵化還可能成爲穩定社會秩序的基礎，但若是必須適應一個多變的外在環境，才能獲取生存，則正統意識一旦流於獨斷與僵化之後，社會能否維持穩定，則很成問題。

經濟化的發展意識

除了具有相當濃厚的政治掛帥傾向之外，這三十多年來的臺灣社會變遷尚有另外一個性格，即經濟掛帥。在此，所謂「經濟掛帥」乃意指，在計劃社會的發展過程中，以謀求經濟上的成長爲最主要、甚至是惟一的考慮。或用 Bell（1973）的用語，即經濟化（economizing）的社會發展。在此意識下，改進技術、強化生產組織和行銷體系、刺激消費與生產、鼓勵創新、健全貨幣金融制度……等等有關財經、企業管理、和科技制度的發展，是施政時考慮的最重要課題。

借重科技來經濟化社會發展是廿世紀人類的普存意識型態㉟。對於長期來受西方帝國主義侵略的亞非社會，謀求獨立自主，一直是最迫切的國家目標。強化具生機控制意義的科技與經濟結構，很自然地在發展過程中是首要之務。再者，從個體生存的角度來看，謀求基本生理需求的滿足，原本就是每個人生存的最根本動機。因此，對一個政府來說，保障並改善人民的物質生活條件，一向就被視爲是最基本的責任，事實上，這也是鞏固政權必要的條件。沒有一個政權，可以在民不聊生的情形下，安穩地繼續存在著。職是之故，基於時代流行的意識型態與其生

㉟　西方學者論及此現象的頗多，可參看 Bell（1973），Gouldner（1976）及 Habermas（1970:81-122）

機控制的意義，經濟發展很自然地成為遷臺後國民政府的施政重點。尤其，當時臺灣百廢待興，民生困瘠，謀求發展經濟以改善民生，不但是政府應盡的職責，更是穩定政治不可或缺的必要手段。有鑒於此，政府一到臺灣之後，即採種種措施，如土地改革，引進外資……等，發展經濟。

　　經過三十多年的努力，臺灣的經濟成長是相當迅速，國民所得一再地提高，物質生活水準也改善了許多。這一切的成就，使得三十年前與三十年後的臺灣宛若兩個不同的世界。無疑的，生活水準的迅速改善，使一般人肯定了經濟成長的社會價值。社會裏普遍地接受了經濟化社會發展的意識型態。政府更是以此為鵠的，年年求成長率提高。除了國防與政治之外，經濟幾乎成為發展臺灣的最主要重點。平實的來看，經濟發展既已成為世界上普遍共持的理念，是相當難以加以否定的，況且，它具有掌握生機控制的優先性，任何社會實已無法否定其必要性。但是，我們的問題是：除了提供更「多」更「好」的物質生活條件外，它為我們帶來些什麼其他的後果？尤其是對文化有何影響。更重要的，由於三十多年來經濟成長相當迅速，財富累積快，它對文化又有了什麼影響？同樣的，我們也問：在政府強烈地矜持某種特定意識之政治建制下，政治對文化的發展有了怎樣的影響？這些均是在下節中所將討論的。

六、文化的社會體系

　　在以下節次中，討論的重點將擺在於：在上述以鞏固政統意識與經濟化發展的雙重發展意識指導下，這三十多年來臺灣社會所體現的文化現象，具有那些比較明顯的特徵。

社會學者在討論文化時，常把文化當成一個社會體系，也是一個社會過程來看待，Linton 早在 1936 年即持有此看法。他認為，若把文化當成是一個具體系性質的社會過程來看，至少有三個現象是不可不包含的。它們是：(1) 發明與發現 (invention and discovery)，(2) 傳散 (diffusion)，和 (3) 整合 (integration)。後來研究創新之傳散的學者，則加入另一個重要的過程——採納 (adoption) 進去 (如 Rogers 1962; Rogers and Shoemaker, 1970)。

在人類的社會裏，包含了上述四個過程的文化體系往往具有制度化的特徵。尤其，在現代社會裏，知識是社會賴以生存和發展的根本，制度化文化的創新與傳散，更是迫切需要的。根據以往學者(如 Havelock 1968; Coughenour, 1968) 的研究，他們把創新的傳散體系分成三個次體系。它們分別為：創新次體系（即司發明與發現之功能）、傳散次體系、和採納次體系。但是，有鑒於我們社會中文化制度的特色，應當再加一個次體系。此一體系即管制體系（或稱詮釋體系），即司 Linton 所謂之整合功能。

制度化現象的產生，尤其是管制體系的存在，Parsons 及 Smelser (1956)認為，主要是使創新得以與既有社會秩序產生整合的作用。換句話說，雖然任何創新，說穿了，只有舊有文化元素的重新組合，但創新終究具有新的成份，對既有社會秩序多少是可能產生威脅的，因此需要有特殊的機構加以詮釋，賦予意義，才可能在社會秩序中加以定位。這個論點很明顯的是把創新和詮釋功能分開，認為創新與詮釋體系是分化的。這種制度化的分化的確是存在，但是並不等於說，在創新過程中，毫無詮釋的可能性。相反地，在創新過程中，事實上即已有了詮釋的運作。這種創新和詮釋在結構上並生共存，並不是一種巧妙的偶然安排，而是必然的結構關係。在今天這麼一個重功利意義之工具理性的社會

裏㊱，這種必然的結構關係是特別的明顯。在今天的社會裏，大多數的創新均是在功利的動機下，在特定組織中所引發的，因此創新具有實用性格。在此情形下，從事創新時，詮釋本質上不是後來附加的，而是事先預定的。譬如，一種新式汽缸的發明，並不是一個發明家的偶然創新，而是發現舊式汽缸效能太低。爲了提高效能，利用已有的物理知識來求改良。因此，新式汽缸的發明顯然的乃在追求效能的動機下，早已先定義好了。職是之故，在創新過程中，詮解是絕對必要的。這種特性事實上早已內含在「任何創新只是舊有文化元素的重組」的前題中了。

基於以上的論證，在人類社會中常見到創新、傳散、與詮釋的分化，固然是具有整合的功能，但是我們必須對這種整合的社會基礎的意義有所釐清。簡單的說，在制度上，我們所以仍然看到「創新」體系和「詮釋」體系（如在前所提到的「整合」或此處討論的「管制」體系）分化，乃是基於社會中認知、權力、與利益分化的緣故。

大體來說，具管制（或 Parsons 所謂「整合」）意義的詮釋體系之所以存在，乃社會權力結構爲維持其秩序基礎必要的安排。這是社會優勢羣體企圖統整社會中可能產生之種種不同（甚至是對立）認知，以穩定某種特定的權力和利益分配結構，而產生的人爲設施。透過這種體系，優勢份子可以對一個原已具意義的創新再加詮釋，並且理論化，藉以調整因創新之產生而在權力、利益、與認知上可能引起的種種衝突和矛盾。這個觀點與 Parsons 的看法，在出發點上是不同的。Parsons 多少是肯定旣有社會秩序基礎的正統與合法地位，含蘊著有必須向之順從認同的規範要求，而在此，我們的看法則是以爲，獨立之詮釋體系對創

㊱ 工具理性（instrumental rationality）或稱程序理性或功能理性，乃指行動的引發是爲了以最大「效率」來「控制」他人或外物，以達到「擴展」自己或我羣之「效用」。這是近代西方科技文明中的最突顯性格。參看 Habermas（1970），Gouldner（1976）。

新之詮釋行動，往往只不過是反映某一特定羣體（尤指優勢羣體）的認知與利益興趣。但是，由於優勢份子一直是掌握著社會化其他人的優越地位，絕大多數的社會成員也就因此內化了優勢份子的理論，接受了他們所界定的認知體系，在行為上產生順從，社會秩序也就賴此得以繼續維繫。

但是，在今天的社會裏，這種客觀化優勢份子的認知與利益興趣的現象，有了不同的意義。在前面的描述中，我們似乎假定了優勢份子是相當同質的，他們一定有相同的認知與利益旨趣。這個假設，在今天的社會，是不正確的。一方面，由於思想的多元、理性主義的抬頭、和人道精神的宏揚，優勢份子在認知立場與價值取向上一直就是有了分歧。另一方面，由於社羣分化的加劇、社會產生多元的利益關係，優勢份子在利益上也因而有了不同的關照。在此情形下，社會中產生了不同的詮釋體系，彼此之間相互對立而抗衡。這種多元的詮釋體系很明顯的有了不同的理論架構，而往往為不同的政治團體所採用，成為肯定其合法性、從而吸引羣眾的基礎。

由於現代社會對創新的詮釋有呈多元化的可能，而且詮釋往往與政治團體的權力運作有了密切關係，因此政治制度的型態直接會影響到詮釋體系（或管制體系）的運作。在極權傾向的社會中，當權羣體所持有的詮釋體系，無疑的就具有相當的優勢地位，而往往被視為是正統的詮釋路線，文化的發展因此必須以此路線為歸依。相反地，在民主傾向的社會中，理論上來說，當權羣體所持有的詮釋體系就不若極權社會者那麼具有絕對的權威性，經常地會受挑戰，因而不時會加以修正。在此環境下，文化的發展就比較多元具有彈性。而且，政府所具管制的功能也不是偏向文化內容的限制和界範，而是偏向自由表達的保障和確保對最具優勢的民意做反應等消極性的功能了。

　　其次，我們對於文化的創新體系，也需要加點說明。本研究的重點在於這卅餘年來體現在臺灣之文化現象性格的分析和詮釋，因此先讓我們對「創新」體系的一些社會特徵，作個簡單的說明，是有必要的。

　　在此文中，我們所謂的「創新」體系，其最廣義的意義乃指，由從事文化創造的人們所構成的網絡結構。但是，每個人都可以說是文化的使用者，也是文化的創造者。因此，若未對此定義再稍加界定，則創新體系將無所不包，而等於指涉到全社會。有鑒於此，我們在此所謂的「創新」體系乃指：主導社會之主流文化創新的人際網絡體系。凡是一個人在社會中被認定對整個社會之文化創新有所貢獻，或是他的職業角色是屬於文化之創新者（如大學敎授、專業音樂家、畫家等）都是其成員。因此成員可以是專業的，也可以是非專業的。在現代社會中，這些人往往是有組織，並且依附在具制度化的機構中(如大學、硏究機構)，因此，我們的討論焦點擺在具制度的體系，大學和硏究機構是兩個主要的對象。另外，籠統的藝文界（包含文學、美術、音樂、舞蹈等等）也是考慮的對象。再者，爲了避免討論的「文化」過於廣泛而無法掌握，此處所討論的「文化」創新乃祇指涉那些在社會中已引起相當廣泛注意和興趣的文化內容。它可以是外來的，也可以是本有的；可以是精緻的，也可以是平凡的；可以是具生趣的，也可以是乏味的；可以是人文藝術性的，也可以是技術實用性的。不管是那一類，它具有一個基本特徵，即：在社會中，文化創造者企圖使之「精緻化」的文化㊲，均可包

㊲　讀者在此可以發現，此一界定下的文化乃與一向社會學者所謂之「精緻文化」，在概念上是不一定一致的。精緻文化乃指一個文化成品已獲社會中文化精英公認具精緻品質者。精緻品質之評斷標準爲何，參看葉啓政（1977）和 Shils（1966）。「精緻化」的文化則指：雖然一個文化成品可能是來自常民社會中的日常生活體驗，其創造水準未必合乎精緻品質標準，但社會中之文化精英卻有加以重新詮釋、修飾，並且努力將之轉化成爲文化精英之創作內容的成品者。易言之，舉凡在一特定時間及空間內，一社會之文化創造精英所關心並且企圖把它轉化成爲主導之文化內容的文化品均可屬此一定義之內。

含在討論之內。因此，它可以是儒家思想，也可以是流行於常民社會中的流行歌謠、或民間的剪紙藝術。

有了上面的界定之後，我們再來探討一下，文化創新體系的最主要社會意義。簡單來說，一個社會的文化創新體系最主要的功能是，轉化一個原屬個人的文化產品，成爲屬於社會的文化產品。因此，其社會意義是使一個原先具「個性」的創新轉化成爲具「羣性」的創新，並且使之合法化，爲社會中的成員普遍地接受，而用來代表該社會的意義典範。讓我們舉個例子來說明，也許會清楚些。譬如，雖然孔子的思想有其傳承的傳統，乃受他以前和同時代之思想家的影響，但是，它終究是反映孔子一個人對當時社會的看法，以及對道德倫理的見解[38]。只是一旦這些思想是以某種形式（如寫成書）保存下來，而且經由傳播，終爲中國人所採行，則它已不再是私屬於孔子一個人的思想，而成爲中國人的了。尤其經過歷代的詮釋、補充、和修飾，孔子的思想已成爲代表中國人的主導理念，我們也因之稱爲儒家思想，並且視之爲中華文化的精髓。

從以上的說明，我們很清楚的看到，一個社會的典範文化本質上是一個特殊人物或一羣人的經驗產品，只不過經由傳散與廣泛採行，而終成爲該社會成員的共屬品，並且可能代代相傳而爲傳統。職是之故，當我們欲瞭解文化及其創新現象時，我們似乎必須對這麼一些具原創力且居領導地位之創新人羣的基本認知與理念，以及其所處之社會背景[39]與時代之主導精神[40]，做詳細的分析。這些考慮即成爲下節中討論的基本

---

[38] 雖說代表孔子之思想一書「論語」乃其弟子根據孔子日常之言論編纂成，其中極難免已加入其弟子之詮解，但是基本上還是一些特殊人們的見解，因此情形縱然如此，也還是沒有違背我們所說的命題。

[39] 包含過去與當時的種種條件。

[40] 何以必須討論時代精神，已在第三節中略加提及了，此處不再申述，詳細的討論，參看 Mannheim (1971)。

脈絡。

七、三十餘年來在臺灣之中國文化的基本問題

首先,讓我們從文化體現的性格來看這三十多年來的文化創造問題,我們在第五節中已提到過,就過去的歷史來看,臺灣是以漢人文化爲主調的文化系統。但是,由於方言與來源地區的不同,漢人之中又有閩南與客家之分,外加原已住臺之不同種屬的山胞,在這麼一個小島上,雜陳著多種的本土次文化。這種多元文化的並陳,原是移民地區常有的文化現象,但是,臺灣卻有一個特色,是一般移民地區向所未有的。這個特色是,臺灣歷經數次不同的外來人統治(荷蘭、西班牙、和日本),因此,於原已相當多元的文化中,又加注入外來統治者的文化。尤其是經過日本人五十年的統治,臺灣的漢人文化已與中國大陸的中原文化傳統有了些微的不同了。

臺灣光復,尤其是民國三十八年國民政府遷臺,使經過長期外來文化浸蝕下的臺灣漢人文化,再度納入中國中原文化的主流中。這三十多年來,經過政府積極地倡導儒家文化傳統,臺灣的文化,至少表面上,又染上了新的色彩。同時,原本已見到西方中心文化和本土邊陲文化的交薈,也並不因國民政府遷臺和竭力倡導復興文化傳統,而有所改變。相反的,這種文化間的交薈,卻伴隨國民政府之遷臺,而使調適的問題加劇。其所以如此,原因有三: (1) 在日據時代,這種文化交薈的問題已存在, (2)這個文化問題早已是中國的問題[41],和(3) 政府在臺加速經濟發展和政治革新,大力引進外來科技,外來文化(尤其美國文化)傾銷而入,外來與本土文化間的調適問題自然更爲加劇。關於第一點,因

---

[41]　參看葉啓政 (1980)。

已非本文主題，不加敍述；第二點，則已在前文中論及，也不加評述；第三點將於下文中論及。

　　總之，多元而具異質的不同文化在一個地方同時運作和推動，一則是喜，因為文化來源豐盛，刺激衆多，若能運用得體，則頗有助更豐富的新文化的孕育，二則是憂，因為倘若社會的客觀條件不足，則易產生價值紊亂，社會失序，文化認同危機，或盲目傚效的現象。根據這三十多年來的體現情形來看，情形的發展似乎是偏向後者，可憂的成份似乎是居多。

　　經過三十多年來國民政府的種種努力，一方面積極地透過教育來推動國語，並且強化以儒家道統為主幹的大傳統；另一方面以種種消極的方式不鼓勵具地方色彩的文化做過度的發展。其結果，似乎在臺灣可看到一個具完整性的文化隱約地浮現著，但是，無容諱言的，我們尚可看到兩種文化競爭的情形存在。第一個是中心大傳統與邊陲小傳統間的競爭；第二個是外來優勢文化和本土劣勢文化間的競爭。同時，雖然其影響力愈來愈式微，但是，在某一年齡層的本省籍同胞中，則又可看到從殖民時代遺留下來之日本文化的影響。現在，撇開此一殖民遺風下的文化影響不談，讓我們看看此二組對立的文化競爭現象。

大傳統與小傳統間的關係

　　先從中心大傳統和邊陲小傳統間的關係談起。此處所謂中心大傳統乃指，以儒家思想為主幹而形成的一套思想、價值、信仰、制度、和行為體系。它主宰着中國社會結構的運轉，也是一向代表中國統治階層的精緻文化傳統；而所謂邊陲小傳統乃指，具有地方色彩，以民間信仰為中心，所建立的一套用諸於常民日常生活中的習慣看法與行為模式。大體而言，它乃維繫中國人，尤其中下階層之社會秩序的文化基礎，本身

具有維持地區社羣之內聚團結的功能，乃代表地域性之常民文化。在臺灣，也像在中國大陸一般，這兩種文化一直是有着相當明顯的分隔現象。雖然知識精英階層也因其歸屬之地區次文化的不同（如屬閩南或客家人），在日常生活中深受地方小傳統的影響，而有了不同的風俗與儀式行爲，但是基本上其主導意識乃屬中心大傳統，其文化的創造還是指向大傳統，尤其是反映在有閒階層悠閒式的仕人文化。所謂讀書人卽：對四書五經做詮釋、吟詩塡詞、玩弄金石古董、撫琴作樂、修習山水仕女花卉的仕人畫等等。卽使是在日據時的臺灣，這種文化的分隔現象已很明顯的呈現着。知識階層的文化內容與常民階層的文化內容，有了相當大的距離。

基於上述如此的文化分隔，中國知識階層的文化創造內容，尤其是在已具制度化的創造體系（如人學）中，一直是以中心大傳統爲重點，地方小傳統始終只居游離的邊陲地位，甚至完全被忽視。小傳統的創造大多得力於在社會中不具明顯權力和地位的一般常民（如民間藝匠）。就二者間的關係而言，雖然大傳統的創新甚少受到小傳統的影響，但是小傳統的創新卻是無法擺脫大傳統的陰影。就拿臺灣之閩南人文化來說，此一地方小傳統所具之內涵精神，仍然是反映中心大傳統的基本理念，脫離不了儒家思想的框架。譬如，閩南人的民間信仰與儀式行爲，正是以儒家忠孝節義爲骨幹發展出來，卽使是民謠、地方戲、或繪畫內容亦均如此。因此，小傳統只是中心大傳統的轉型，乃是在特定環境下的一種調適性的轉化實現。換句話說，它是在常民世界裏，一些較具創造力的常民精英，把大傳統的理念，以另外一種語言或象徵形式，或具體形象，來加以詮釋，並且表達出來。中國文化大傳統卽賴此種轉型，而得以滲透到社會各階層，產生根深柢固的影響，傳統中國社會的秩序也因此種文化的階層轉化而得以維繫。

　　上述文化分隔現象暗示着，傳統中國社會階層的分化，不應當只從經濟（如分成地主與佃農）或政治（如分成統治與被統治階層）的角度來看。體現在生活方式上的文化內涵，是另外一個不可或缺的分化基礎。尤其是就文化締造與更新的過程來看，雖然我們並不完全排除邊陲小傳統影響中心大傳統的可能性，但大體而言，中心大傳統影響邊陲小傳統是比較明顯，我們不妨稱之「文化內在流動的半滲透性」，有如細胞壁所具之半滲透性質一般。說來，這種文化內在流動的半滲透性，一方面是使中國文化主幹傳統得以滲透至社會各階層，貫穿扣聯社會中的成員，而有一整體文化精神；另一方面卻使中國高級知識份子的文化內涵保持相當程度的獨立與免疫性格㊷，終使高級知識階層與常民階層，在文化的創新與使用上，產生脫節現象。這種脫節不單是反映在地位與權力的分配、或生活方式上，而是在於「溝通」上。溝通鴻溝的存在，一則使知識階層的文化具有魅力，常民因未能理解，而對此種屬於權力擁有階層的文化品，產生敬畏崇拜心理；二則也使知識階層在社會中具有特殊的影響地位。總之，這種溝通的鴻溝使得高級知識份子與常民分屬兩個不同的認知世界，而且也因此有了不同的生活方式。當然，也因此使得社會中的權力與地位分配規則，和由此規則所建立之體系，得以維持下去。更重要的是，在這樣的文化傳統下，整個中國的精緻文化創造深具貴族氣息，主流精緻文化的創造，乃環繞着仕人的生活方式和思維體系來運轉。以道德倫理爲主幹的儒家思想和知識體系遂成爲帶動的主力。即使是爲了經世濟用的目的，也不例外的以道德倫理爲建構基礎。屬於科技性的文化創造活動，雖未施加壓制，但起碼得不到社會積

㊷　乃指免於受小傳統之滲透影響，而不是免於受外來精緻文化的影響，關於此一問題，在底下將做進一步的分析。

極的鼓勵[43]，也得不到地位的認定。這類文化充其量只是常民文化中的一部分，難以被納入居廟堂地位的精緻文化之內。

其實，把常民之邊陲小傳統排拒於代表社會之主流文化的創新體系之外，是人類以往社會中常見的現象。在以往的貴族專制社會裏，這種文化分隔的現象很顯然地是與知識的傳散制度有關。在那種社會裏，知識向為有閒統治階層所界定，很自然的，這是因為他們有了較佳的社會條件。再進一步看，這種定義知識的特權與學習機會的不均，又與政治權力的分配基礎有關係。在權力擁有權乃取決於具歸屬性 (ascribed)的條件 (如世襲、種族等)與依附在 Weber(1968) 所謂的傳統權威(traditional authority) 下，教育的機會很自然地成為少數人的特權。文化分隔現象因此也就很容易產生。在今日的民主社會中情形則不同了，社會流動彈性度大，教育普及，政治權力的獲取乃取決於民主式的競賽法則 (如選舉) 與成就性 (achieved) 的社會條件 (如個人之才幹)，加以傳播體系發達，訊息傳散迅速，人際溝通也方便，因此，理論上，文化分隔的情形應當是逐漸消失，而事實上也是有此趨勢的。

就臺灣這三十多年來的發展趨勢來看，大小文化傳統的分隔情形似乎是有減弱的趨勢。至少，在最近這些年來，社會中已可以看到一股力量，努力於推動融合大小傳統。這股力量即時下包含在「鄉土」名下的種種運動。暫且撇開鄉土運動本身不談，這三十多年來臺灣社會的變遷，的確也提供了相當有利的條件，有助於化解大小文化傳統的分隔。首先，在民主自由理念的推動下，教育普及和品質的提高，大大地縮短了人們間溝通的障礙。尤其，長期來推動國語的結果，已使在臺灣的中國人之

---

[43] 意思是說，在傳統中國社會中，這類的文化創造難以得到社會的賞識。在傳統的科舉制度下，社會地位與聲望的認定乃在於是否通經文，當然，更重要的是中了舉沒有，中了什麼。在這樣的社會中，精工藝的發明家被看成是匠，絕難與讀書的仕人相比擬。

間已無語言上的溝通困難。加上職業結構的改變，促進了社會流動，也使城鄉人口的移動加大，使原屬不同次文化的人口，有更多相互接觸的機會。凡此種種也使精英與大衆的文化水平拉近。尤其，大衆傳播的發達，平凡文化充斥，致使大衆文化形成，更拉近了不同階層的文化欣賞。再者，經過卅多年來的共處，本省與外省之間的隔閡日減，次文化的藩籬已日漸削弱。政府也於教育體制中加強灌輸一套希望大家共循的正統文化，雖說不是毫無瑕疵，也不是毫無負作用，但無疑的對一般大衆是產生相當程度的同化作用，有助於化解次文化，整合成一個單一的大傳統。但是，話說回來，由於種種特殊條件的交互作用，中心大文化傳統與邊陲小文化傳統之間尚存在有一些問題，而此轉而爲整個臺灣的文化前途，帶來一些新的現象。這些現象爲何？何以如此？我們留待談完外來優勢文化與本土劣勢文化之間的競爭之後，再一併來談。

外來與本土文化的關係

首先，我們先爲外來優勢文化與本土劣勢文化下註脚。在此，外來優勢文化乃指十九世紀以來以科技爲主導的歐美文化，因其具生機控制的優勢性，我們因此稱之「外來優勢文化」。本土劣勢文化乃指中國本土傳統以儒家道德倫理爲主導的文化，卽上文中所指之中心大傳統。因其少具生機控制的優勢性，而目前處於劣勢地位，故稱之「本土劣勢文化」[44]。關於此二文化間的關係，筆者已於另外文章中（葉啓政，民69）討論過了，在此只很扼要的擇些重點來談。

在第四節討論近代亞非社會變遷的基本特性時，已對此一外來與本土文化的優劣關係，有了簡單的分析和說明。由於二者之間的優劣態勢

---

[44] 有關此二文化之對立關係，以及「生機控制」的含義的詳細討論，參看葉啓政（1980），及註[45]。

相當明顯[45]，遂產生了「文化優勢的擴散作用」。本來是懾於西方器用科技的威力，亞非國家開始倣效西方，但是，器用科技的優勢產生擴散作用。譬如，發現欲有效發揮器用之功能，則不得不採用西方的制度，而欲使制度發揮作用，則又勢必肯定存在於其背後的思想、價值、信仰、和行為模式。如此，優勢文化的成份逐漸擴展，甚至至音樂、藝術、文學、彫塑、舞蹈等等，而終至產生全面性的優勢差距感來。這種因文化競爭結果而產生的優勢擴散作用，是使近代中國人逐漸產生文化認同危機的重要社會歷程。總之，

> 面對著外來優勢意識和信仰的挑戰，中國人所經歷的不單是在量上程度不同的文化適應，而且是在質上根本差異的文化蛻化。質的蛻化是要求脫胎換骨的改變，也要求極高創意的超越。但是，對已有長久文化傳統，且對此文化傳統深具內化情感的中國而言，要求改變，甚至只是要求某部份的調適，都難免在心理上產生類似斷奶時的依戀情結，因此耗費在「外來與傳統」的爭執上的精力與時間也自然多些。正因為如此，儘管中國接受西方文化的挑戰已有一百餘年的歷史，但是依然掙扎在「外來與傳統」的對立選擇之中，社會中到處仍然可見到一些外來的形象緊緊地依附在古老傳統痕跡之上。因此，嚴格地說，我們雖已「破」了不少，但是卻談不上有原創的「立」（葉啓政，1980:32-33）。

很怪異的，儘管本土與外來是對立，但二者卻又不得不互相依附。這是清季以來中國人面對西方文化的一種奇特反應。張之洞之「中學為體，西學為用」的主張，即在這種情況下，因運而生。這種論調一直是有意或無意的存在於中國人的腦海中，幾乎成為國人應對西方文化和重

---

[45] 此一優劣勢態雖是客觀的體現，但本質上乃是在某種意識支配下，根據一套理論體系而產生的主觀認知結果。參看葉啓政（1980，頁22，註6）

建中國的指導原則。雖然經過了數十、乃至百年西方文化的濡化（ac-culturation），這種論調畢竟是減弱不少,但是它終究還是深植在中國人腦中，尤其是年長一輩的知識份子。每當面對危機時，這種論調和行徑總會不自主地浮現出來。

張之洞論調的內涵分析

義大利社會學者 Pareto（1935: 卷二和卷三）曾謂，存在人類社會中的種種解說和理論，往往並不是建立在對歷史經驗事件的客觀理性分析和採證結論之上。因此人類的社會行為絕大多數不是邏輯行動，而是非邏輯性的行動（nonlogical conduct），很難使用邏輯形式來照應的。其原動力乃來自本能和情操以種種不同形式體現的基礎上，Pareto 稱此心理基礎為基素（residues）。因此，人類在日常生活中對外在事象加以理論化，以求得到解釋時，其所依據的往往不是經過理性，實徵的科學分析，而是由基素所帶動出來的解說形式，Pareto 稱此為派生（derivation）。在許多種不同的派生形式中，有一種（Pareto 1935: 卷三，§§1420-33）稱為「論斷」（assertion）。所謂論斷乃指，對一種客存事實,以專斷公設（axiomatic）的方式加以描述,並且給予一種名稱。人們往往並不對其所提出之論斷加以分析，並尋找經驗事實的佐證，而是靠一再重複的方式，來加以肯定，長期肯定下來，就成為共同接受的理解基礎，而把之當成理所當然了。

一般來說，科學理論的判準乃建立在於（1）、內在的邏輯一致性、（2）概念的清晰與適宜度、和（3）經驗證據的採擷是否客觀（Schutz, 1973）。就這三準則來看，張之洞論調很難說得上是一種科學的論證，而只是特殊的心理反應模式。討論這個問題必然要涉及上述三準則的內涵，我們實無法在此詳述，現只就知識社會學的角度，來略加論證此一

論調形成的社會與心理歷程，用此來說明它具「派生」的性質[46]。

　　若用 Pareto 之理論來看，張之洞論調乃建立在第二類型基素——羣體的持續（group-persistences or persistence of aggregates）上（1935: §§991-1088）。此一基素說明，人類對已具有之認知羣叢，尤其是一些抽象理念，如中國人對儒家之思想與價值體系，往往本能地要求繼續矜持[47]。一旦，一個人面對龐大複雜而又難於抗拒的外力時，他很容易分化其認知，而嘗試在本有和外來之間尋找一個協調的平衡點。其結果，卽產生張之洞之「甲應是本有、乙應是外來」截長補短式的調適反應模式。

　　當然，我們並不是說，凡是這種認知的方式都是派生，而不可能是科學性的結論。換句話說，兩種異質文化並非無互補融通的可能，而是應當如何來互補才恰當，才不會引起有如「馬嘴對在牛頭」上的尷尬困境。就張之洞論調產生的背景來看，就實在很難說得上它是科學性的結論。相反地，它具有很明顯的「派生」性格。我們的理由是這樣的：就其本質來看，張之洞論調內涵著文化基素具有可分隔的假定。它乃企圖對外來文化的可以範圍加以界範定位，不讓它過度的膨脹。此一論調若要可行，必須假定，甲鞋套在乙腳上是可行而不相悖的。我們有些理由來說明，雖說不是絕對不可行的，但是相當困難的。

　　首先，從第四節中對近代亞非社會變遷的基本性格的討論，卽可看出，硬要把兩個原屬不同性質之宇宙人生觀的文化基素拼湊在一齊，若不先對其基本哲學基礎有深入的探索，也未改變外在的社會條件，則終難免陷入「牛頭對馬嘴」的尷尬情境，再怎麼努力去拼湊，縱然拼上

---

[46]　筆者已於別的地方（葉啓政，1980），對此論調的形成過程已加論述，此處只是再加延伸而已。

[47]　卽 Pareto 第二類型基素中所列 II-δ「對抽象的持續」（persistence of abstractions 見 1935: §1065~67）。

了，也十分怪異，而會格格不入。

再說，就其發生的背景來看，張之洞論調乃是兩個異質文化接觸後，處於劣勢狀態者，面對著危機，所產生具心理防衛性質的調適反應。當西方文化叩開中國之大門，中國人一開始就感受到強烈的文化震撼。面對這麼大的震撼，一方面懾於西方器用科技文化之威力，感到不得不採納的壓力；另一方面中國向有一套相當周圓自足的文化體系，深具「天朝型模的世界觀」⑱，對於傳統理念、甚至制度，相當地矜持。因此，面對抉擇的兩難情境，中國人在心理上難免因挫折產生猶豫、困惑、及焦慮的複雜反應。情感上，中國人無法忍受完全屈服的命運，但在認知上，卻又無法完全認清外來文化的本質，因此在調適過程中，遂不免產生截長補短的反應模式，認為：中國文化長於倫理精神，西方文化則優於科技物質。最佳的解決途徑很自然地就是：融合西方之物質文化與中國之精神文化於一身。以西方之科技為用，再注入中國的倫理精神為體，可以創造出一個完美的文化，使中西文化兼容並蓄，把雙方的優點都發揮出來⑲。

大體來說，張之洞論調失之過於一廂情願，其盲點在於忽視一個文化的整體性，而企圖以一個文化的某種突顯性來切割文化的內涵，因而易生簡化的化約看法。西方文化的確是長於科技，但是，我們不要忘了，在科技之後，西方人有其淵遠流長的哲學理論基礎、社會制度、價值信仰、和行為模式，與之搭配。嘗試斬斷這個根源，而企圖把西方的科技文化產品與孕育於農業鄉土社會的倫理道德、思想體系、社會制度、價值信仰，和行為模式相銜接，產生失調的結果，自是可預期的。

---

⑱ 借自殷海光（1966，上冊）
⑲ 在近代中國中，持此看法者頗多，如李璜（1973）。這種論點常可在報章雜誌上看到。

　　以今日的眼光來看，張之洞論調的形成，無疑的是對於西方文化的整體性缺乏認識的結果。照理來說，經過這一百多年的西化結果，中國人對西方文化的認識應當逐漸增多、而且加深。尤其長期來文化廣泛的交流、大批學生出外留學，許多原是陌生的西方文化已成為中國人意識的一部份、甚至也成為新一代中國人的傳統。但是，張之洞論調還是可以在社會中清楚地看到，體現在社會精英身上者尤為明顯。這又是什麼緣故呢？現在讓我們就這三十多年來在臺灣之各類文化的創作體現，來分析此種論調之所以根深柢固的背景。

張之洞論調形成的背景

　　首先，我們必須先瞭解一下，自清中葉以來，國人對西方文化的態度。在康熙、雍正、乃至乾隆時代，中國人對西方文化，雖表興趣與好奇，但一直尚存輕視的眼光以「化外之民」來看西方人。譬如把英國人叫做「英夷」，把辦理外交稱為「夷務」。就拿乾隆五十八年，英使馬戞爾尼來中國覲見，清政府官員就把他當成是以蠻夷來「進貢」「祝釐」一般。譬如，在回覆英王中，即曾有這麼一段話：「咨爾國王，遠在重洋，傾心嚮化，特遣使恭齎表章，航海來庭，叩祝萬壽，並備進方物，用將忱悃。朕披閱表文，詞意肫懇，具見爾國王恭順之誠，深為嘉許。」（郭廷以，1966: 243）當時，中國官員以為中國物產富饒，實無求於西方，而西方卻有求於中國之絲瓷。此一心態可從乾隆覆英王文中看到：「天朝撫有四海，惟屬精圖治，辦理政務，奇珍異寶，並不貴重。爾國王此次齎進各物，念其誠心遠獻，特諭該管衙門收納。其實天朝德威遠波，萬國來王，種種貴重之物，梯航畢集，無所不有，爾之正使所親見；然從不貴奇巧，並無更需爾國製辦物件。」（郭廷以，1966: 245）。

中國的天朝型模觀，隨著以後一連戰爭的失利，是逐漸的破滅。姑且不論當時之論點是否正確，但有識之士已看出，西洋人是有優於中國之處。如奕訢即以爲「以中國一切皆勝西人，所不如者兵而已。」（蕭一山，1961，卷三：843）。又如曾國藩亦言：「輪船之速，洋砲之遠，在英法則誇其所獨有，在中華則震於所罕見。若能陸續購買，據爲己有，在中華則見慣而不驚，在英法亦漸失其所恃。」（蕭一山，1961，卷三：845）。凡此言論在在顯示，當中國人一開始承受到西方文化之優勢壓力時，對西方文化的採納即帶有很濃厚的實用意義。對中國人來說，採納西方的文化爲的是達到救中國、圖富強的羣體目標，乃是「國家主義」驅迫下的一種應變活動（張灝，1980；Levenson，1972）。採納的對象也因此以西方科技爲主體，這種看法也一直成爲主導中國人西化的意識。因此，中國人對西方文化的採納，始終是帶有「問題」取向的意味，是因爲有了問題，爲了解決問題，而向西方尋找藥方。

隨著大批學生到國外留學，中國知識份子逐漸認清，中國之不如於西方人者，不僅只是富國強兵的科技，而是制度，因此逐有康梁之變法、立憲運動，乃至孫中山之革命。之後，中國人又體味到，除了制度之外，更重要的是觀念、價值、和行爲模式的根本改變，而逐有五四以來的全盤西化主張。總之，這一連串的反省，使中國人的傳統意識面臨挑戰，而顯出危機。在此壓力之下，固然有一部份人產生強烈的排外心態，但是相反地，隨著西化的加深，留學生的增多，社會中也逐漸產生盲目的崇洋心態。對西方的創新不免產生如同接納流行與時尚的態度，凡是洋人的東西都不自主地應該採納，甚至社會中以向洋爲地位的指標。用句術語，這是「非理性創新」取向的採納態度。

雖然社會中不乏有識之士採取相當愼重的批判態度來看待西方文化，但是，在國際政治上長期的頹勢下，情緒壓過理性，加以對西方文

化缺乏整體性的認識，中國人遂生分隔式的接納態度，認爲：某方面應當西化，而另外方面則可以保留傳統。

近代中國人文化採納的分隔所以產生尚有其他的背景。最根本的條件可以說是由於中西文化傳統具高度異質性的緣故。更由於西方文化具優勢性，是故，中國人不得不採納西方文化，但卻又無法安全放棄根深柢固的傳統。這個現象在前面已一再提到，在此不再敍述。說來，依據 Darwin 適者生存的定律來看，中西文化之優劣相對地位似乎已註定了中國傳統文化式微的命運。因此照理，經過長期的競爭結果，應當不會有文化分隔的現象，然而，何以卻一直是存在著呢？其中必有其緣由，現試着對這些緣由做分析。

首先，中國人之仿效西方始於科技。雖然今天，中國人都明白、也都承認，西方文化之優並不止於科技，而可擴至制度和理念的層面，況且事實上中國人之西化也已不再只停留在科技，而延及觀念、價值、制度、和行爲的層面了，但是，在整個學習西方的過程中，仍然是以科技爲主體。撇開科技具生機控制性不談，在西化過程中，科技的採納所以往往順利，而當成優先，尚有原因，其中之一可以從科技之知識本質來看。我們都知道，科技本身是屬策略性質的知識，乃用來改善應付環境的條件。它有一套相當自足而又普遍的溝通語言和理論體系。其內涵的理念若有爭執，也不是源於利益、嗜好，或如 Pareto 所謂之基素，而是來自於理論典範和概念的不同。職是之故，建構科技所需要的知識體系常具國際性，可以超越文化界限的。但是，一旦所涉及的問題不是科技本身，而是科技的制度與其社會意義、政治建制、道德倫理、或藝文發展方向等層面，則其知識基礎就不同了。這些知識脫離不了規範性的價值判準。其之所以爲人們接受，往往並不是而且不只是在於它的客觀性，而是有賴共識溝通 (consensual communication) 的運作和共同同

意之規範的存在 (Habermas, 1971)。因此，此範疇內之知識的認定最易受其文化傳統所影響，也因此最會有外來與本土之爭，產生採納的兩難困境。

總之，只要有足夠的背景知識，科技本身的學習較不受特定文化傳統的干擾，因為它有一套自足，超越文化限囿的創造傳統體系。但是，當涉及的是科技的社會意義以及應用，則必然要牽涉到詮釋的問題。尤其，在貫聯科技與政治和經濟秩序、或確立其倫理基礎時，則詮釋的基礎為何，就成為是很重要的問題了。

毫無疑問的，對於社會中各種創新的詮釋工作往往是落在知識份子身上，而執行詮釋後的理想目標則是在權的政治精英。因此，前者是文化的創新及詮釋者，而後者是文化實踐的合法者 （葉啟政，1979）。中國近百年來（包含這卅多年來的臺灣）之文化所以產生分隔，這種文化創新傳散過程的制度化分工乃其主因。我們可以稱之是結構上的因素。

在近代知識專業化的制度下，中國人到外國留學為的是學習一技之長。因此，整個高等教育制度，也如西方一般，分科別系的。然而，由於社會背景不同，這種分科別系的教育制度，在西方社會所體現的現象與其意義，與在中國，是不一樣的。

在西方，專業化的知識創新制度乃應科技發展與產業結構改變而生的。當然，更重要的，這種制度會產生，也必須有一套相當周圓的宇宙人生哲學為其先導基礎。大體來說，理性主義和實用主義的抬頭是這種知識創新制度的理論基礎。總歸一句話。對西方人來說，社會變遷動力的主要來源乃衍自於內部的創新，因此本質上是一種內在結構的相互調整。這種內衍性的社會變遷有一個特色，即在變遷調整過程中，往往已有相當良好的社會條件與之搭配了，轉變也自然會順利些。換句話說，

分科別系的知識創新體系能够產生，除了可能是出自於少數精英的有意努力外，基本上是由於社會已具有使之產生的有利條件，而且也很容易形成調整的機制（mechanism of adjustment），使此一創新體系與社會中其他部門相聯在一齊。在這议的社會變遷過程中，儘管創新必然地多少會對舊有社會秩序基礎有所破壞，但終究因變遷來源來自內部，在創新之同時，社會已有理解、使用、與調整新與舊的契機了。

　　反觀我們的社會，儘管變遷的動力有一大部份是來自於應付內部的緊張而來，但歸根來看，其本源直接或間接地還是外來異質文化的挑戰。至少，變遷的方向是循著西方社會發展的模式而進行，而且帶動變遷的策略往往也是引至西方。在這種情形下，變遷像是用人力來強拉彎了竹子一般。要拉彎，必須費很大的氣力，而且拉力不能立刻消失，一旦消失，竹子就會反彈回來。因此，在竹子的彎性未定型前，拉力一直要保持住。無疑的，這是相當辛苦的工作。任何不慎，不是把竹子弄斷了，就是強反彈回去，帶來震撼。

　　從我們的發展過程來看，由精英提出改革策略，透過政治力量，以制度化的方式來改變社會，一直是帶動變遷的主力。這種變遷的方式本質上是少數人的意識的實踐過程，而不是內部自引自發的潛意識運轉。毫無疑問的，由於指導變遷之方向的主力是外來而且是異質的，社會往往缺乏有利的既有條件與之配合，要使採納後運作順利，勢必努力創造有利條件。在此過程中，任何計畫性的變遷必然多多少少要與舊有秩序產生摩擦，社會緊張和衝突自然隨之產生。但是，話說回來，對一個處於劣勢狀態的社會，引進優勢社會之文化以圖自立自強，恐怕是絕難避免的必要手段。職是之故，靠社會精英來從事計劃變遷，而且釐定變遷的始點，是必要的策略。社會因此產生失調也是難以避免。因此，我們的問題不在於沒有失調，而是如何能於事先週詳設計，並且在進行之中

保持高度的彈性反省與批判契機，以把失調帶來之緊張與衝突減低到最小的地步。這就得看精英份子的知識與智慧了。總之，就這個角度來看，我們是無法完全免除文化分隔的產生，然而至少是可以使分隔的程度儘可能的減低。現就從我們引進西方之分科別系的知識創新體系的過程來看文化分隔產生和張之洞論調所以繼續存在的另外原因。

簡單地來說，中國人移植了西方式分科別系的知識創新體系後，所產生最嚴重的偏失是：過度膨脹了策略性科技專業知識的重要性，而弄不清策略性知識與共識性知識之間的不同，更不明白此二種知識間應有的關係。

我們在前面說過，中國之西化乃始於強烈救國意識，實用是最重要的考慮，而實用不但是為了救國，更是「進步」的實際化身。這是我們在第五節中所提到「經濟掛帥」的發展意識延伸出來的意識型態。尤其是執政者以為強化經濟結構、推展科技，一則可以安定民生，二則可以提高成長率以確保國民所得的一再增高，三則表示社會在「進步」之中。總之，救國意識配合著經濟至上的發展意識，使中國之執政者在計劃人材培育及發展社會的過程中，無形中偏重策略性科技人材的培養和以策略性知識為主體之文化發展。從第三節中討論具經濟意義之科技在社會中所具的功能來看，這類人材的作育事實上也是絕對必要的。不過，倘若一個社會過於偏重策略性知識人材和建制的強化，而忽略或甚至抑制共識性知識體系的建設，則社會中自主原創的詮釋能力會萎縮，面對著外來優勢文化的侵凌時，會在文化優勢的擴散作用下，使得批判與反省能力萎縮，終將使原有文化傳統日益式微，社會也逐漸喪失獨立的文化性格，而染上濃厚的移植色彩。

再者，由於救國意識與經濟化之發展意識的交互作用，這三十多年來，我國的高等教育不但如上述的過份強調策略性之科技知識，更嚴重

的是過份重視專業知識的學習， 忽略了不同性質之知識均衡發展 的 意義。 因此， 大學課程的安排均以專業課程爲核心， 譬如， 訓練工程人材， 以爲只要修習與工程有關的課程就行了。結果，或許訓練出來的工程人材是具有相當不錯的工程學養基礎，但卻往往是不折不扣的單相度的人 (one-dimensional man)， 他對自己與周遭的文化與社會的理解，還是停留在「常識」的階段，毫無起碼水準的知識，更罔談有欣賞藝術與哲學精緻文化的素養。在這樣的教育制度下培養出來的策略性知識人材，縱然是對其專業有豐富的知識，但對其專業在整個社會中所居的地位、與其他部門的配合、整個發展的策略等問題，卻往往一無所知。一旦，他們由策略的領域而轉入共識的領域，也就是說，由從事對科技本身的設計創新工作轉至負責管理，策劃與發展的工作，則往往就只憑長期累積的常識性經驗來處理。對我們這麼一個變遷動力來自外部的社會而言，這樣子憑常識來企劃發展，很自然的往往無法恰切地捕捉整個文化的全貌，更嚴重的，由於缺乏有關科技與社會之間的整體認識，卽使是就科技發展問題來看，其應對也往往無法超越傳統的價值觀念和行爲模式。如此使用傳統農業社會的觀念與行爲模式來處理移植自外的工業文化產品，自然難以有圓滿的應付，而走上偏窄的文化發展模式的路子上。臺灣三十多年來走上經濟科技至上的發展路子上去，與此一背景多少是有關係的。

話又說回來，在今天的教育體制下，原就難以要求策略性知識份子具有詮釋文化產品的能力，這份詮釋，乃至批判的工作本就應當交給具共識性質的人文社會科學家與藝術家。但是，很可惜的，由於有了下列的原因，也使得共識性知識份子，不是喪失了詮釋與批判能力和意識，就是其批判與詮釋無法在社會中形成氣候。這些原因大致有六： (1) 長期來的西化， 使得西方式的詮釋也伴隨其科技與人文社會的知識 而 進

來。國人一直疲於學習西方層出疊現的新知識，整個理解的理論架構也因此逐漸爲西方的模式所籌限。(2) 如前述及的，中西文化的基本內涵頗爲迥異，要在具「天人合一」之內歛性格的本土文化與具「人定勝天」之外延性格的外來文化間尋找平衡點，原就不是短期間可以做到的。(3) 三十年來的社會變遷相當迅速，不論是政府或私人機構面對著許多問題待解。要解決問題，首先就必須瞭解問題，因此，實務性的研究需要量日增。實務機關重視研究是可喜的現象，但是問題在於實務機關本身缺乏够水準的研究人材，研究工作很自然地就求助於學術界。如此一來，學者們（尤其一些有潛力的學者們）往往耗費很多的時間與精力替公私實務機構從事實用性的研究，而捨有系統嚴肅的學術研究於其次。在這種情形下，知識商品化，以其所具之經濟或政治效益來評估，使原本應具批判性質的知識塗上很濃厚的策略與工具性格，共識性知識份子很不容易有充分時間透過對話與辯論來深入檢討文化深層的問題。

(4) 縱然共識性的知識份子不爲實用研究所困，也常因社會中行動體系（如政府及私人機構）急需一大批專業人材投入實際的行動參與行列。這種實踐行動，對共識性之知識份子來說，是使其理想與理論得以檢證的最好機會。況且，實際行動除了可以肯定其理想之外，尚可以獲得權力、地位或財富，因此是一個相當大的引誘。在此情形下，知識份子往往挾帶著半生不熟又未完全消化的外來理論，做起實際行動的工作來了。結果，對文化從事批判、詮解、及重整的工作也就被擱置一旁了。

(5)儘管這些年來西化已深，傳統理念與價值仍然深植於中國人之心靈。社會中不少精英份子乃具矜持維護文化傳統的強烈情緒。更重要的是，有些意識被視爲是維持社會穩定的基石，因此被政制奉爲正統，成爲政治秩序的理論基礎。在此政治精英深具有「正統」的意識之下，批判的幅度無疑地深受限制，而無法自由地發揮。其影響最鉅的莫過於是：使

中西兩個不同體系的文化在社會中平行地存在，而嘗試斬斷某種外來文化產品（如管理制度）的臍帶（如基本哲學理念），而套上某種本土的框框。這一套，因不是基於長期理性的反省與批判悟出的道理，更不是基於種種客觀社會條件已有了有利的改變，自然套出問題來。張之洞論調也就因此一直存在著。(6) 在前面提過，共識性知識乃建立在價值的認同與共同規範的基礎上。人們在其日常生活中，憑其經驗，每個人都形成有一套自認是正確的社會和人生觀，用來解釋社會現象的因果關係，並從而指導應對。簡言之，策略性知識具有自圓而具權威性的理論體系，在人們的日常生活經驗中，是難以獲得的。共識性知識則不同，我們常可看到，人們的日常常識經驗會與之相競爭，因此共識性知識往往難具絕對的指導權威意義。尤其，當負責行動功能的政治精英與負責詮釋功能之文化精英在結構上是分開時，共識性知識更是難以發揮最大的功能，因為基於利益或已形成了的認知模式的緣故，政治精英自有一套詮釋的體系，他們未必樂意接受文化精英所提的。如此一來，共識性知識往往甚難確立其權威地位，幾乎任何人都可以有自己一套的詮釋體系。因此，雖然人們都可能擁有相同的科技器用文化，但卻有了不同的理解和詮釋。尤其重要的是，由於政治精英乃社會中掌握權力的合法者，他們可以利用種種有利的「合法」方式來肯定和宣揚其詮釋的理論體系。因此，縱然其理論未必具有周圓的邏輯體系，也未具說服力，但卻因具有正統的含意而成為主導的解釋依據。張之洞論調也因此可以產生，並且延續下去。

　　總而言之，嚴格地說，我們並沒有絕對穩當的理由來否定說張之洞論調是行不通的。在此，我們所要指出的是，倘若此種論調一直只是基於民族情感而生的救急式「派生」反應，而未能注入理性的反省和批判，也未積極培養有利的社會條件，則對整個文化的發展，就很難說只

有利而無弊了。最起碼，中西文化不能融通的部份會一直存在著，社會中體現出緊張、理念的迷失與混亂、行爲與觀念的分離、盲目排外或崇外等等現象，也就可以預期。在此情形下，嶄新而且具有適應的文化實很難產生。

八、文化之平凡化與商品化——政治危機意識和經濟快速成長的後遺症

經過長期來西方文化的優勢擴散作用下，尤其是三十餘年來經濟的快速成長與國際交通的流暢，中國人體現在物質生活上已是十足的西化了。就日常生活中的器用與衣著來看，社會中不乏有習外者。在此，我們不願立刻論斷，這種習外是一種有意識的行爲做效，但是說它是劣勢社會對優勢社會之文化所產生一種幾近接納流行與時尚的潛意識反應，應當是不爲過的。這種體現在器用使用行爲⑩上的西化，並不只在年輕人身上看得到，而是以不同的方式表現在不同年齡層的人，只是在年輕人身上特別的明顯突出而已。

器用文化的商品化

器用使用行爲的習外，表現在年輕人身上是最爲突顯。這可能與他們所最常表現的情境與方式具相當明顯的「公衆」性有關吧！這話怎麼說的，前一陣子電視上有一句話說得很好，其大意是說：要知道臺灣將

---

⑩ 乃泛指人們表現在衣著佩飾、家庭用具以及日常生活中種種器用之使用的行爲模式上。在人類的日常生活中，這一層面的行爲最爲無所不在，也與人們最爲密切。幾乎無時無刻不發生關係。小至一枝原子筆，一套衣服，大至一部汽車，一幢房子，均具有此種行爲的內涵。

流行什麼款式的衣飾，只要到臺北市西門町一轉，注意那些看來不太一樣的靑年少男與少女穿些什麼就可以了。這一句話可以說是這種習外的最佳寫照。一般來說，年輕人的時代性格表現在他們的衣飾、髮式、語言、和其他具體外顯的行爲上。由於這種行爲泰半乃表諸於公衆場合，而且往往最快反映優勢文化之流行時髦潮流，因此最易被感受到。不同於年輕人，年長的成年，除了服裝飾物外，對外來的時髦文化產品的使用採納，有一大部份不是體現於個人行爲的表現形式上（如用語、動作、髮式等），而是羣體性的行爲表現形式上，如家庭的用品、擺設與裝飾。況且，隨著年紀的成長，保留傳統成份愈多，原就是常見的社會定律。因此，習外的跡象往往也就不是那麼容易的被察覺出來了。

當然，器用使用行爲的習外，乃至崇外現象，很難完全歸諸於個人因素。其所以會使國人產生潛意識的採納習慣，另有社會性的理由。其中最爲明顯的莫過於是來自於大衆傳播的大力傾銷與消費的商品化。三十多年來經濟的快速成長，使我們的社會走上商品化的路子上去，刺激消費是帶動生產，以促進經濟成長的基本策略。刺激消費，自然必須提高購買慾，提高購買慾，則又必須帶動及迎合大衆口味。長期來西化的結果，已使國人對自己的物質產品的品質不具信心，而產生崇洋的心理[51]。尤其，國民的一般消費力提高，在物質上的購買力強，購買洋貨成爲時尙，而且是炫耀地位與認定品質的指標。在此心理驅使下，不但洋貨充斥市場，而且卽使國內產品也一味的做外，使我們的物質產品喪失了文化性格。就拿一個最簡單的例子來說，運動衫上幾乎清一色的印上洋文、日用品如牙膏、香皂等等，不是全用洋文，就是洋文喧賓奪主

---

[51] 國產物品品質是否可與歐美日產品品質相比是另外的問題。容或我們有些物質產品品質是比外國差。但目前問題似乎不在此。長期來文化（尤其科技）處於劣勢之下，已使國人對自己的產品喪失信心。總以爲洋貨比國貨好。這可從①冒充洋貨（如化粧品，衣料等）充斥市面與②國人出外旅遊幾乎成爲採購團（大量採購日本的電器用品卽是一例）看出來。

比中文大而顯目。這些當然都是小地方，但是，從這麼小的地方，即可以看出一個社會的基本心態。在今天重商的發展模式下，一般商人爲了迎合大衆崇洋的心理，甚至本身潛意識即已有崇洋的傾向，在物質文化產品上一味地加以洋化，自己的文化傳統性格自然在其中逐漸消失掉。

平凡商品文化的充斥

再說，快速的經濟成長所帶來消費力的激增也在文化消費上產生一些特殊現象，其中最爲明顯的是平凡文化的充斥。對這個問題，必須從經濟的角度來看。由於產業結構的改變，不但使許多農業人口轉入工業人口，也使城市人口迅速膨脹。城市人口膨脹與工商業發達帶動了都市土地價值的驟增，單就此而言，在這三十多年中，我們的社會裏平添了爲數不少的暴發戶。我們必須明白，一個人財富來得太快，對社會來說，並不是絕對可喜的現象。當然，以中國人尚節儉的傳統來說，財富的迅速累積可以提供很好的再投資機會。但是，我們更看到，在商業化氣息日漸明顯的今天，財富迅速累積，若缺乏提供善加使用金錢的消費習慣，則很容易使人們把財富用於生理感官的直接滿足上去。很明顯的，正由於三十多年來政府把發展的重點擺在經濟上，而未克於發展經濟的同時，於教育過程中培養提高國民文化使用品質的心向，來得過快而又過多的財富很自然地就會被使用在滿足腔臟的文化產品上了。終究吃、喝與性幾乎是人人皆會的能力，也是人人喜愛的，一旦人們沒有使用精緻文化的能力、習慣、與興趣，社會中普遍的文化消費水準也自然地就會降低。這正說明了，何以有關色情與吃喝的行業伴隨着經濟的快速成長，也在我們的社會中迅速的擴展出去，而且講究豪華奢侈被看成是生活品質的提高。

總歸來說，在今天的臺灣社會裏，就一般大衆的文化消費型態來

看，大體上來說，是平凡文化充斥，暴發戶的市儈氣息甚為濃厚。固然這些年來，精緻文化，尤指藝文方面，是逐漸地蓬勃，但是卻帶有濃厚的商業氣息。精緻文化的創造與使用之所以日漸蓬勃的因素很多。暫時撇開其他因素不談，文化商品化是其中重要理由之一。沒錯，突來的財富是使平凡文化，尤其腔臟意義的文化消費充斥的重要條件。但是，終究人類並不只是追求生理需求的滿足，而且也追求社會需求（尤其地位）的滿足。過度膨脹了生理需求的滿足，使人們追求具生趣性質的感官粗俗文化；為了提高自我的地位，附庸風騷與高雅卻是常被採取的途徑。當然，我們不是說，今天之精緻文化所以逐漸蓬勃，均源於這種暴發戶似的動機。但是，毫無疑問的，在今天文化商品化的社會裏，精緻文化很難不具備商品的性格，尤其藝文類的精緻文化更是如此。在文化商人的推動之下，許多有錢人士不免以家中掛張名人的畫、擺部百科全書之類的書籍、弄些藝術音樂唱片或錄音帶、收集些古董、或買架鋼琴之類為基本的家庭設備。以這樣方式來刺激精緻文化的發展終究不是妥當之途。其中最大的隱憂是：腐蝕了精緻文化的內蘊精神，精緻文化成為裝飾品，是一種形式，其精神內容往往被抹殺掉，而且品質非但不能提高，甚至被扭曲了。譬如，這些年來，不少出版社因牟利甚易，競出大部頭書，其中不乏盜印抄襲，毫無品質管制可言。姑且不論對精緻文化之帶動有何作用，這很明顯的是文化商品化的最佳實例。

文化商品化基本上是消費者取向，文化的創造乃是求迎合大眾的口味。容或具有帶動大眾文化消費品質的提高，也往往只是偶然的。把文化當成牟利的工具，自然就不能不顧及消費市場的特質了。說來，這是重視成長之市場社會體現在文化上的特殊現象，也就是一向社會學者所謂「大眾文化」的特性了❷。在這樣的文化商品化的情況下，文化的創

---

❷　有關大眾社會與大眾文化的討論，參看 Giner (1976)。

造最主要的作用是娛樂大衆，而創造者於其中獲取利潤。因此，其所創造的文化本質上是必須要具「生趣」的，而且相當講求表現的形式與技巧。在此情形之下，發展出來的文化，就其表現技巧與形式的品質來說，或許是卓越的，但就內容而言，則缺乏創意與批判的意味。

精緻文化的區間化[53]

在今天的臺灣，精緻文化的使用萎縮原不足爲奇。固然，如上述的，財富累積與文化欣賞水準未能適當搭配發展是使精緻文化萎縮的可能主因，但是最主要的原因還是在於近代社會的特質上。對我們來說，卽應考慮到在上面幾節中討論的中西文化的關係。

自從人類有歷史以來，精緻文化原本就屬於少數人的。其所以如此，事實上乃內涵在精緻文化的形成過程之中。我們在第二節中已提及過，精緻文化乃指需要長期訓練與學習才可能創造及欣賞之文化產品。旣然如此，則有機會而且有能力接受學習訓練的人就終究是少數了，因此其使用人口原本就不會太大。也許，有人會說：「這種說法對已往的社會是成立的，但在教育普及的現代社會，則未必是正確的。」沒錯，教育的普及、欣賞水準的提高、與傳播媒體的多元發展，在在有利於欣賞精緻文化人口的增加。但是，這個命題只有在一個條件下才成立的，這個條件是：策略性知識與共識性知識的教育是並重的。別的國家不談，就臺灣這三十多年的教育方向來看，這個條件顯然的是不具備。

我們在前一節提到過，在經濟至上的發展模式下，分科別系的專業教育在我國卽等於是策略性知識膨脹的教育。在現行強調專業知識之教育型態下，使用精緻文化的可能主社羣（大學教育程度者）就已不具備使用的有利條件了。由於我們的高等教育中缺乏人文與藝術的薰陶敎

● 本小節中所討論的問題，參看葉啓政 (1977)。

育，受過高等教育者往往是不折不扣的單相度專業人材。若說他們具有使用精緻文化的能力與興趣，其所使用者往往侷限在其專業範圍內者。這種精緻文化之使用的區間化無疑的是使具人文與藝術意味之精緻文化萎靡不振的主因之一。再往前推著，重經濟實用知識之發展的教育政策，似乎是扼殺了人文及藝術精緻文化發展的制度因素。

總之，除了(1)專業教育過度膨脹、(2)側重策略性知識、與(3)文化商品大眾化等三因素外，今天在臺灣，精緻文化（尤指人文藝術性者）所以會區間化和萎縮，尚有他因。其中最主要的可以說是源自於張之洞論調的延伸，也是西方優勢文化壓勢下的產物。

事實上，上述重經濟實用之策略性知識的專業教育，卽是張之洞論調下的文化發展意識產物。然而，張之洞論調影響的意義遠超於此。我們在第七節中已指出，張之洞論調的內涵卽在欲圖拼湊西方科技器用文化與中國倫理道德文化於一體。於是，其中最具意義的卽是隔離西方與中國的人文藝術性文化，而在技術實用性的文化上，則大體上是以西方來取代中國的。因此，體現在中西文化競爭與衝突最劇烈的，很明顯的是在於人文藝術性的文化層面上。別的不說，單看這三十多年來在臺灣的文化發展，我們看到有西洋哲學，也就有中國哲學；有西畫，也就有中畫；有西樂，也就有國樂；有西劇，也就有國劇。這種中西人文藝術文化的對立，固然是締造新文化的淵泉，但卻也因此使中國知識份子耗費了無數的心思與時間，在於尋求其間之異同和爭論孰優孰劣的問題上。這種學術上的爭論與對話說來是締造新中國文化的必要過程，但是在中國的現實壞境中，卻是使某些精緻文化（至少社會科學之精緻文化）萎縮的主因之一。

何以中西人文藝術文化之對立是導致某些人文藝術性精緻文化萎縮的主因呢？我們還得再回到中國人之張之洞論調背後的意識根源。我們

一再提及，張之洞論調本質上不是一種理性的認知反省結論，而是情緒性的「派生」反應。一向，這個論調之所以會一再產生，有兩個基礎。一方面，這是基於民族感情之救國意識的發揮；另一方面，它是鞏固政治實體的意識利器。由於它具有此雙重的意義，這一百多年來，中國人卽因基於政治利益及意識型態的不同歸依，在同樣的愛國情操支持下，對精緻文化的發展，產生不同的取捨。大體來說，在這五、六年來所孕育之本土運動發生之前，年紀愈大、愈具傳統敎育的知識份子，愈傾向於維護、矜持、與經常使用中國傳統的精緻文化。相反地，年紀愈輕、愈多受西方敎育者，愈傾向於使用西方之精緻文化。這逐在知識份子之中造成了另外一種型態的精緻文化的使用區間化情形。

同時，由於中國的政治向具長老性格，中心的政治精英絕大多數是年歲在 60 歲以上，因此，就其敎育背景來看，均深受中國傳統文化的薰陶，意識型態上傾向於接受中國傳統的人文精緻文化。再者，如在第五節中已論及的，由於政治危機意識一直存在，政治秩序一向建立在於傳統長老式的統治認知意識和行為習慣上，肯定正統意識與思想被認為是維持社會秩序必備的條件。這種正統意識，經由政治建制竭力的加以合法化後，無疑的是決定文化發展的主流思想主幹。在此情形之下，政治多少是駕凌學術，對極需有自由對話之機會才能發展之人文藝術性的精緻文化而言，此種正統意識的存在，已不只是使區間化產生而已，而是使之萎縮不振。況且，由於社會朝著市場經濟型態的方向發展，工具理性駕凌實質理性，策略性知識成為獲取生存機會與社會流動的最佳利器，社會中的優秀人材集向於具經濟實用的專業，人文藝術的從業者難以獲得適當的社會報酬，創造人材萎縮，加以消費使用市場不大，這類的精緻文化很自然地難以有顯著的發展了。

九、結論——人文藝術精緻文化的開展

從以上的討論，我們可以看出，這三十餘年來，由於政治危機意識一直浮現、經濟發展成為主導的發展原則，和中西傳統文化之本質頗具對立性，終使三十多年來之文化發展呈現了下列五個特性：(1)、策略性的實用科技知識的發展駕凌共識性的人文藝術知識的發展。(2)、外來文化的移植色彩甚為濃厚，本土傳統文化備受威脅，而且日漸式微。(3)、文化之創造與使用，因階層之不同，呈現區間隔離化。(4)平凡商品化文化充斥，大眾生趣文化猖獗，人文藝術性之精緻文化萎縮。(5)社會中正統意識甚為明顯，成為主導文化創造之最終指導，因而窒息了人文藝術精緻文化的創造。

雖然，上述的文化體現看來均屬不良性的結果，但是，我們也不應抹殺這三十多年來文化創造上的成就。經過三十多年來社會中不同階層與社羣的努力，尤其強調人權與自由精神的教育、不同利益社羣的產生、民主法治制度的推展、和經濟條件的改善等等，在在使我們的社會具有比以往更好的文化創新條件。經濟條件的改善，固然是帶來了平凡商品文化的猖獗，但是卻也在教育水準的提高與普及搭配之下，使社會中對高品質之文化的需求量逐漸提高。容或在現階段，這種對精緻文化的需求帶有濃厚的附庸風雅意味，但終究提供藝文從業者有了從事專業創作的更有利環境。這可以從這些年來專業畫家、彫塑家、舞蹈家、陶瓷家、作家等等日漸蓬勃的跡象看出。無疑的，社會中有了更多專業的文化創作者是一個喜訊。假以時日與更有利條件，將有助於新文化的締造。

再者，民主法治制度逐漸在這個社會中推展開，社會大眾也逐漸對

人權尊重（尤其是言論自由）有所認識。這種意識的開展，加上多元利益羣的存在，將大大有力於發揮學術自由之精神的契機。我們在前面提到過，共識性之人文知識能否有轉機與創新，端看社會中是否有自由對話與辯論的機會。因此，學術自由若能得到保障，將大大有利於人文藝術性之文化的更新。更爲重要的是，政治建制所強調的正統意識，應當力求降低其適用範疇，以俾讓社會中之文化精英有更良好的對話與辯論條件。況且，我們必須明白，企圖以政治上之權力運作來貫徹和肯定思想意識，往往只能達到行爲表面的順從（compliance）。這種順從本質上乃是在政制權力壓力下的勉強認同，外力一出，反抗力就會浮現出來。在今天講求理性的社會裏，思想意識必須靠內化（internalization）作用以化爲由衷信服的價值，才可能根植人心的。因此，企圖靠政制的權力來解決思想意識的分歧，基本上是忽略了思想意識產生共識之心理過程的本質，這種理解上的越位窒息了人文藝術性文化的發展，也阻礙社會締造更高理想的機會。

再者，不論是屬實用技術性或人文藝術性的，文化要有轉機，要精緻化，社會中必須要有相當健全而自主的學術社區；或更具體地說，要有健康的大學與研究機構。今天的大學與研究機構已成爲商業經濟及政治建制的附庸品，學術圈本身喪失吸引力，而且也缺乏可信公正的學術評價體系，學術工作人員更興趣索然，缺乏敬業奉獻的專業精神。對學者而言，研究與教學只是謀生進身之手段，而不是奉獻生命的目的。一個社會的學術若不能獨立，學界若缺乏自足的報酬、制約、和評價體系，則文化的更新絕難以完成。就社會分工的角度來看，學者是文化的創新與詮釋精英。他們負責批判、修飾、詮釋、並且創造理想和意義。因此，倘若學者素質粗劣、士氣低落．則締造具原創生機性之文化將無異只是空談。

　　最後，我們必須強調的是，人文藝術性文化的社會價值必須再加以肯定。我們一再地指出，實用技術性之策略知識只是提供我們更佳的生機控制機會，因而充其量只是保障並提高獨立生存的機會。但是，人類生存之可貴還在於締造更高的理想和更豐富的生命感受。因而，在物質生活已是相當富裕的情境下，具創造理想意義的人文藝術性文化的締造，是有其社會意義的 。 文化的精緻化也許是奢侈 ， 但卻是人類文明的內涵。對向為文化大國的中國來說，這更是具有特殊的歷史意義。這些年來，在我們的社會裏，已可察覺出，這種社會需求是在提升之中。除了政府官方已開始注意到，而有文化建設之舉外，民間的文化活動已日趨頻繁。其中最值得注意的是表現在文學、美術、音樂、舞蹈、戲劇等等上面的本土運動。此一運動已逐漸擴及學術界， 而遂有科學中國化的運動。這些年來，在我們社會中看到的鄉土文學、校園民歌、雲門舞集、雅音小集、新象藝術活動、子弟戲，鄉土藝術家如洪通、陳達、與林淵的發掘 、 藝術季與音樂季的推動 、 以及各種民俗活動的推動等等均顯示，我們的社會中有一種追求新的文化認同的渴望。暫且不論在此運動之旗幟下可能產生的問題為何， 也不論其未來發展前途為何，這種企圖肯定地區小傳統，並且期冀以此小傳統來重建新文化的基礎，基本上是一種基於民族感情的文化自覺運動，也是一種長期來文化性格喪失後，尤其是大傳統備受摧殘後的一種尋求文化自我認定的努力。不管能否成功，這種運動具有追求新的社會神聖膜拜的意義。好歹，若發展得體，這是一個善意且是有潛力的新文化造型的起點。當然，企圖以地區性的小傳統當起點來重建新文化 ， 是否可行， 尚令人置疑， 但終究這些年來， 體現在人文藝術上各方面追尋新造型的運動是一個複雜的現象，不但值得加以密切注意，更值得從事系統的社會學分析。但是，基於時間與篇幅之限，讓我們把它當成今後在臺灣的另外一個階段的文化問題來

看待，留待以後再加以分析吧！

　　（原文刊登於朱岑樓編「我國社會的變遷和發展」臺北：三民書局，民國70年，103-178。）

參 考 文 獻

余英時

　　1976　「君尊臣卑下的君權與相權」。見氏著歷史與思想，聯經出版社：47-76。

李　璜

　　1973　「中華文化的奠基及其取向——和平堅靱的民族性」，見論中國文化問題。臺北：新文化事業供應公司。

殷海光

　　1966　中國文化的展望。臺北：文星書局。

陳紹馨

　　1979　臺灣的人口變遷與社會變遷。臺北：聯經出版社。

許倬雲

　　1978　「雜誌文化調適過程中的態度」，中國論壇，71期：8-10。

郭廷以

　　1966　中國近代史。臺北：商務書局。

張　灝

　　1980　「晚清思想發展試論——幾個基本論點的提出與檢討」。見張灝等著晚清思想。臺北：時報出版公司。

黃樹仁

　　1980　日據時期臺灣知識份子的意識形態與角色之研究：1920-1927　國立政治大學政治研究所碩士論文。

費孝通

　　1948　鄉土中國。上海。

楊國樞與李亦園

　　1974　中國人的性格。臺北：中央研究院民族學研究所。

葉榮鐘

　　1970　臺灣民族運動史。臺北：自立晚報。

葉啓政

1975　「從『社會體系』的架構看『社會發展』」，人與社會，第二卷第六期，6-10。

1977　「中國的精緻文化──一個社會學的反省」，仙人掌雜誌，第一卷第二期，193-206。

1979　「現代工業社會中的知識份子」，社會學刊，第十三期；61-82。

1980　「近代中國文化面臨的困境」，見中國論壇社編　挑戰的時代，聯經出版社：17-44。

經濟建設委員會

1980　社會福利指標。臺北。

劉述先

1973　「談海外中華知識份子的文化認同與再造」，見論中國文化問題。臺北：新文化事業供應公司：60-76。

唐君毅

1974　中國人文精神之發展。臺北：學生書局。

蕭一山

1961　清代通史。臺北：商務

謝扶雅

1956　當代道德哲學。香港：亞洲出版社。

Bell, D.

1973　*The Coming of Post-industrial Society.* New York: Basic Book.

Berger, P. & T. Luckmann

1966　*The Social Construction of Reality.* Garden City, N. Y.: Doubleday.

Bottomore, T.

1975　"Structure and History," in P. M. Blau (ed.) *Approaches to the Study of Social Structure.* New York: Free Press.

Brooks, Van Wyck

1958　*America's Coming of Age.* Garden City, N. Y.: Doubleday.

Durkheim, E.

1933　*The Division of Labor in Society.* Free Press.

Eisenstadt, S. N.

1973　*Tradition, Change and Modernity.* New York: John Wiley

Gans, H. J.

1974 *Popular Culture and High Culture*. Basic Book.

Geertz, C.

1973 *The Interpretation of Cultures*. Basic Book.

Giddens, A.

1979 *Central Problems in Social Theory*. University of California Press.

Giner, S.

1976 *Mass Society*. London: Martin Robertson

Goodenough, W. H.

1961 "Comment on cultural evolution," *Daedalus*, 90: 521–528.

Gurvitch, I. G.

1962 *Traite' de Sociologie*. Paris.

Habermas, J.

1970 "Technology and Science as 'ideology'" in *Toward a Rational Society*. Boston: Beacon Press; 8–122.

1971 *Knowledge and Human Interest*. Boston: Beacon Press.

Keesing, R.

1981 Cultural Anthropology. 于嘉雲與張恭啓合譯「當代文化人類學」臺北: 巨流圖書公司。

Kluckhohn, C. & W. Kelly.

1945 *The Concept of Culture*. in R. Linton (ed.) *The Science of Man in the World Crisis*. New York: Columbia University Press.

Kroeber, A. L. & C. Kluckhohn.

1952 *Culture: A Critical Review of Concepts and Definitions*. Papers of the Peabody Museum of American Archaeology and Ethnology, Harvard University, Vol. 47.

Levenson, J.

1965 *Confucian China and its Modern Fate: a Trilogy*. University of California Press.

Lin, Y. S.

1979 *The Crisis of Chinese Consciousness*. The University of Wisconsin Press.

Linton, R.

　1936　*The Study of Man*. New York: Appelton-Century.

Lynes, R.

　1954　*Highbrow, Middlebrow, Lowbrow in the Tastemakers*. New York: Harper & Brothes.

Mannheim, K.

　1971　*From Karl Mannheim*. ed. by K. H. Wolff New York: Oxford University Press.

Merton, R.

　1968　*Social Theory and Social Structure*, Free Press.

Nisbet, R.

　1966　*Sociological Tradition* 臺北虹橋。

Ogburn, W.

　1950　*Social Change*. New York: Viking.

Pareto, V.

　1935　*The Mind and Society*. translated by A. Livingston. Harcourt, Brace & Co.

Parsons, T.

　1951　*The Social System*. Free Press.

　1966　*Societies*. Prentice-Hall.

Parsons, T. & N. Smelser

　1956　*Economy and Society*. New York: Oxford University Press.

Rosenberg, B. & D. M. White.

　1957　*Mass Culture: The Popular Arts in America*. Glencoe, Ill: The Free Press.

Pye, L.

　1968　*The Spirit of Chinese Politics*. Cambridge, Mass: MIT Press.

Rogers, E. M.

　1962　*Diffusion of Innovations*. New York: The Free Press.

Rogers, E. M. & F. F. Shoemaker.

　1971　*Communication of Innovations: A Crors-Cultural Approach*. New York: The Free Press.

Schutz, A.

1973 Collected Papers, Vol. I. The Hague: Martinus Nijhoff.]

Shils, E.

1966 "Mass society and its culture," in B. Berelson and M. Janowitz (ed.) *Reader in Public Opinions and Communication.* New York: Free Press.

1974 *The Intellectuals and The Powers and Other Essays.* University of Chicago Press.

1975 *Center and Periphery.* University of Chicago Press.

Weber, M.

1958 *The Pretestant Ethic and the Spirit of Capitalism.* Charles Scriber's Sons.

1968 *The Theory of Social and Economic Organization.* Free Press.

七、從中國社會學既有性格論社會學研究「中國化」的方向與問題

一、前　言

　　儘管在中國的傳統知識體系裏，頗多論及人與社會的問題，但始終未見有如西方社會學這樣來論人與社會的獨立學問。因此，與許多其他學科一般，在近代中國的學術界中，社會學是不折不扣的舶來品。

　　一八九六年，譚嗣同在其‘仁學’中，首先提及‘社會學’一詞。逯後，嚴復於 1898 年始譯 Spencer 之‘社會學研究’ (*Study of Sociology*)，於 1902 年完成，名爲‘羣學肆言’。在‘羣學肆言’出版前一年，章太炎翻譯日人岸本能武太的社會學，譯本出版於光緒28年（西元1902年）8 月 23 日。此書一出，可說是‘中國之有成本社會學書籍，當以此書爲始。而社會學正式輸入中國，卽當在光緒二十八年，（孫本文，1948）

　　從文化社會學的角度來看，中國社會學既是舶來品，乃由‘無’中生‘有’，一開始卽受西方社會學的發展潮流所左右，應當是可以理解的。打從一開始，中國社會學的成長就與西方社會學的發展亦步亦趨。無論是在理論架構、使用的概念、研究方法、甚至研究主題上，中國社會學

始終無法擺脫西方社會學的陰影。

　　對於一樣來自外來陌生優勢文化的學術，人們總多少懷着膜拜景仰的心情來對待，而且甚至把它當成神聖的東西來接受。再者，人們與外來陌生的文化一開始接觸，無論就個人認知或社會文化背景來看，本就缺乏從事適當理解❶的條件。加以，　所來自的是被視爲占優越前進地位的文化，人們往往不免以謙卑的態度來學習與模做。模做學習的結果卒使外來，尤其是優勢的東西，不管是好或是壞、是可取或可棄、是適當或不當、是對或是錯，往往都不經批判地移植進來。但是，移植進來的種子卻又因本土文化傳統、社會條件、與過去經驗等土質的不同，而無法獲得良好的成長。說來，這六、七十年以來，社會學在中國的發展卽多少在類似這樣的條件下進行。面對着這多過半世紀的歷史，更鑒於今日西方社會學本身已掀起了自我批判的浪潮，尤其當此刻中共於久廢社會學後，又重新引進西方（尤其美國）資本社會的社會學之際，讓在臺、港、新三地的中國社會學者來重估過去的努力、檢討今日中國社會學研究的現狀，並且展望未來的方向，無論就中國社會學本身或整個世界社會學的發展來看，均具有積極的啓蒙與反省作用。

　　基於以上的動機，本文的主旨乃期冀從文化社會學的角度來討論：

　　(1) 中國社會學發展的社會與文化背景及其顯現的性格，

　　(2) 社會學研究中國化的基本目標，與

　　(3) 實現此目標的必需條件和一些可能面臨的問題。

---

❶ 此處所謂'適當理解'乃指能以謹慎的批判觀點，就文化母體原先對某文化基素所賦予之意義來從事理解，而不是盲目的模做套用或非理性的曲解含義。

二、中國社會學性格形成的歷史背景

首先，筆者必須聲明，欲以極爲有限的篇幅來討論長達六十多年，包含大陸與臺灣兩個具不同意識型態之中國社會學的發展，是絕對不可能的。在此情形下進行的討論，總難免掛一漏萬，甚有以偏蓋全的偏差情形產生。所幸，本文討論之重點不在於描述過去的發展情形，而且，事實上，如在前提及的，不管大陸或臺灣，社會學當成一門學科來看，基本上是舶來品，一直都是緊跟隨着西方社會學的發展（不管是馬克思主義或是資本社會的傳統）而運轉的，因此，相信做一綜合性的概論尚有可能，也應當是相當可行的。

中國社會學由‘無’而成‘有’的蛻生過程，是不能當成獨立事件，而是必須把它安置在更廣大的社會情境中來審視的。基本上，中國社會學的發展可以看成是近代中國文化西化過程的縮影。其所衍生的問題乃反映整個中國文化在西化過程中謀求調適所面臨的困境；其所具之性格也呈顯出中國文化對西方科技文明挑戰後所衍生的基本性格。基於這個觀點，欲討論社會學中國化的問題，從近代中國社會與文化變遷的本質來談起，是有必要的。

自從近代西方科技爲主導的文明，伴隨着敎士和帝國主義勢力，東漸入中土以來，中國文化與社會即面臨很大的威脅。此次所面對的變遷威脅，與以前歷代的變遷有着‘質’上的不同。大體而言，以往的變遷是一種內在誘因所引導的變遷格局。縱然變遷來源是自外部而來，但其所具之性質與本土的頗爲相似。若不是相似的，外來的也一直較本土的缺乏生機控制❷，因此，變遷一向是相當緩慢漸進的。變遷的形式，體現在

---

❷ 乃指一個社會對掌握社羣中成員獨立生存與發展之有利條件的程度。就現行世界流行的觀念來看，一個社會之文化中，科技愈昌盛的，愈具生機控制性。西方近代文明所以具優越歷史性即因它的科技具優越性。關於此一概念之檢討，參看葉啓政 (1980;21-22)

政治上的，是改朝換代。容或政制結構形式略有所更改，其基本理念與
價值卻未必有太顯著的不同❸。 即使體現在社會中其他層面的變遷，也
是偏屬內在性的漸變，而且是局部的變動，幾無‘性質’上的根本劇變。
但是，清中葉以來的變遷就不同了。由於變遷之基本動力主要來自外來
的誘因，此一外來的誘因具高度異質性，而且更具高度的生機控制性，
尤其科技乃其內涵之主體，採納與否，涉及社會能否獨立生存的契機，
因此它又深具吸引力與強制性。在此情形下，整個變遷深具強制壓迫的
意味，變遷一開始即偏向於屬‘質’與‘全局’性的劇變，而不是‘量’與
‘部份’性的漸變。職是之故，中國近代的社會與文化變遷，可以說是中
國人之優勢集體意識的破壞和重建過程（葉啟政，1980）。

在這種誘因自外而來的‘質’變過程中，對舊有傳統產生某個程度的
破壞，幾乎是無以避免的。對傳統的挑戰和破壞又必然地威脅到整個民
族的自尊和自信心，也在文化認知上產生了失調。譬如張之洞之‘中學
為體，西學為用’，即是明例。傳統與外來文化遂成為頗具對立性質的
兩股力量，在這一百多年來的中國社會中，相互推拉，中國人也因此一
直掙扎在兩難夾縫中。

在學術圈中，傳統與外來的兩難矛盾與對立情境也是存在的，但是，
除了少數的學科（如哲學）之外，此一矛盾對立的情形似乎並不若表現
在日常生活及社會建制中的那麼明顯而嚴重。推其理由，最可能接受的
莫過於是：（1）學術圈中被認定的知識，絕大部份是中國本土向所闕如，
乃西方特有的。（2）救亡圖存的國家羣體意識，壓過文化本土認同意識，
成為清末以來中國精英階層突顯的主導集體意識。 在救國意識的籠罩
下，接受西方思想與知識，尤其科技知識，很自然地成為是認可而且必

---

❸ 雖然歷代在政制結構上都有變動，但是基本上中國政治一直是在「外儒內
法」的傳統下運作。

要的手段。

張灝教授 (1980) 在一篇討論晚清思想發展的文章中指出，在晚清思想型態中，其中有一種型態，而且是最占優勢的型態即以救亡圖存的羣體意識爲中心思想而展開。他說：“產生這一型態思想的背景是甲午戰爭以後，帝國主義侵略轉劇，由英美式的商業擴張‘升級’爲舊俄式的領土攘奪。從甲午至庚子，五年之內，列強步步進逼，大有瓜分中國之勢。一時救亡圖存的意識瀰漫朝野。在此意識的籠罩之下，中國知識份子開始大規模地接受西方思想。……值得注意的是：這些西方思想的來源是很駁雜的；有的來自民族主義、有的來自自由主義、有的來自浪漫主義以及其他的思潮，可是這些思潮都是經過羣體意識的過濾而被接受進來的。就因爲這一層過濾，很多西方思想已非原來形態。其中尤以自由主義爲然，在羣體意識這一前題之下，自由主義的一些基本觀念，如自由、權利、民主都被看成救亡圖存，富國強兵的工具，而西方自由主義主流的精髓——個人主義已甚少保存。”(張灝，1980:31) ❹。總之，這種國家意識的抬頭，使中國知識份子忍受犧牲民族自尊與對文化傳統的膠着情感，而大幅度地模倣和學習西方的知識。說來，中國社會學即在這樣的社會條件下誕生。

再說，在當時，中國知識份子也的確缺乏很有利的社會條件，使他們充分地意識到，外來的知識體系與本土知識傳統之間是否有着根本的對立矛盾。換句話說，縱然中國本土的知識傳統與西方的知識體系，在本體論、認識論、或方法論上，是有對立矛盾之處，以當時東西文化才剛產生實際正面接觸的條件來看，中國知識份子實無足夠的認知背景來恰確地體認出其對立不同之處。況且，西方的知識體系（尤指科技知識體系）乃代表西方文化所以具優勢的基素。中西文化一接觸之後，至少

❹ Levenson (1965) 及 Lin (1979) 均有類似的看法。

爲了使中國社會孕生獨立自存的契機，接納西方文化更是勢在必行❺。這種基於應付社會生存危機的工具理性考慮，使得外來的學術，尤其科技知識，能够獲得中國知識份子普遍的肯定，也因此遂能順利地在中國展開。

此外，尚有一個條件相當有利於外來之西方學術在中國展現，那就是：西方的知識體系有其自圓的系統，而且與中國的傳統知識體系確有本質上的差異。在此，我們無意企圖把中西雙方多元的思想體系化約成爲兩個壁壘分明的對應單元體系。但是，大體而言，近代西方的主導知識體系是建立在以感官經驗爲基礎，以實驗歸納分析方法爲主幹的認知體系上，科學遂成爲其知識體系的核心。相反地，傳統中國的知識是建立在以直覺體驗基礎，以冥思演繹方式爲主幹的認知體系上，人文道德倫理學是知識體系的核心❻。這兩種知識體系在認知過程上是有其程序與結構上的差異，但這種差異並沒有成爲妨碍中國人接納西方知識的阻力。相反地，這種知識上所具性格的差異，對近代的中國人來說，卻產生了功能上的互補作用。張之洞之‘中學爲體、西學爲用’主張卽是表現這種認知態度的最佳明例。

在國家存亡面臨嚴重威脅的時刻，被視爲其實用價值的西方科學知識，有其應付現世生存的社會功能。此一功能乃具濃厚道德倫理色彩之傳統中國知識中所最缺乏，也是當時中國人最迫切需要的知識體系。由於具實徵之西方科學知識，乃一向具濃厚道德倫理色彩之中國知識傳統中所闕如，接納了它並不會立刻卽威脅到舊知識體系的存亡，二者甚至被認爲可以並行而不相悖。中西文化（或狹義地來說，知識）的異同與

---

❺ 此一特性，前已述及。其所應具備之假設，參看葉啓政（1980），特別是頁 21-25。

❻ 關於中西文化之比較，參閱梁漱溟（1977），胡適等（1968），Northrop（1946）.

背悖問題，只有在中國知識界對西方知識有了相當地接觸與認識之後，才產生了有如三十年代的中西文化論戰與五十年代在臺灣的文化論戰。

況且，在清末，西方知識之所以開始大量傳入中國，乃是官方有意安排的結果。爲了圖自強，自清末以來，即大量派學生出外留學，並且也在國內設立西式的學校，教授西方的知識。因此，在近代中國，西方知識所以具優勢性，除因其本身具有高度生機控制性外，尙有此一人爲的因素促成。透過制度化的過程，西方知識在中國生根，形成一個嶄新而且逐漸膨大的學術傳統。縱然它與傳統知識體系有相悖之處，西方知識，經過制度化之後，也已非傳統知識所能抗衡了。這樣的優勢學術體系的取代，影響近代中國學術性格的形成頗鉅，我們將在下面再加敍述。

總而言之，西方知識體系移植到中國來的現象，乃是整個近代中國社會與文化變遷中的一個環節，而社會學的發展，又是整個中國新學術體系重建中的一個小環。大而就整個學術體系來看，小而就社會學的建立來說，追溯其歷史根源，可以說是在國家羣體意識之支持下，爲了重建中國社會秩序而產生的。正由於有了這麼一個現實的社會生存意識的支撐，中國社會學家一開始即採取相當低的姿態來發展，因此極富‘實用’的性格。

三、中國社會學的基本性格

在 1911 年歐陽鈞編著的社會學中，作者曾明白的表示社會學之用有四，乃發生愛國心、匡正學術、改良政事、和完備教育（孫本文 1948a: 17）。同時，孫本文 (1948b. 280-283) 在民國 37 年出版的‘當代中國社會學’一書中，列舉出民國 37 年以前之中國社會學的發展具有下列顯

著的發展趨向：(1)注重實地調查與研究，(2)注意本國資料的分析與引證，(3)注重名篇鉅製的迻譯，(4)重視社會學理論體系的探討，(5)重視新學說的介紹，(6)重視社會事業與社會行政的研究。在此六項之中，(1)、(2)、與(6)三項本質上是實徵性的，具實用性格。即使(3)和(5)亦是偏重推廣和引介西方社會學知識，藉以提高中國社會學的水準。說來，這是一個劣勢文化處於邊陲地帶常見的現象。一個文化邊陲地帶的學術向文化中心地帶的學術看齊，因而從事介紹翻譯工作，是很可以理解的作為。這種舉動終究是含有相當實用的意義。尤其，對深具國家羣體意識，而又處於劇烈轉變的中國來說，(3)與(5)的學術工作本質上亦具實用之意義的。Becker 與 Barnes (1938:1149) 描述民國二十年代以前的中國社會學時，亦曾引述 Hsü (1927,1931) 的文章，指出中國社會學的發展一直就在‘實用’的旗幟下進行。

　　雖然，隨著列強退出中國與中國人的力圖振興，產生國家危機意識的條件是逐漸消失，但中國社會學的實用性格仍然一直延續下去。其所以如此，就得追溯至社會學在中國紮根的歷史過程了。話說回來，我們事實上很難把中國社會學所以深具實用性格，完全歸諸於上述的特殊中國歷史條件，其所以如此，乃有其全球性的背景。簡單來說，這與社會學在西方（尤其美國）的發展傳統有關。固然，回溯西方社會學的發展史，我們可以發現，社會學的產生一開始未必是基於實用的理由，而是延續西方社會思想的研究傳統，有其獨立自主的發展脈絡。Comte 首創社會學時是如此，往後 Durkheim 爲代表的法國社會學也一秉此一傳統，德國的理解社會學（interpretative sociology）亦復如此。但是，在科技的衝擊之下，整個歐美社會，尤其是資本社會，產生了工具理性抬頭的現象。長此以往，社會學乃逐漸被視爲如自然科學與工程學一般，成爲‘操弄’（manipulation）的知識。尤其在美國，社會學成爲福

利社會體制下的工具之學 (Gouldner, 1970) 。社會學乃是用來瞭解社會現象，進而控制社會，用以增進改善人類社羣關係，以達控制之功效。在此思想潮流下，社會學深具實用性格，研究焦點擺在如人口、家庭、醫療體制、青少年問題、種族關係、老人問題……等等實用層面的分析。

撇開西方社會學逐漸具備實用的發展趨勢不談，中國社會學的發展史也說明了這個性格所以延續的緣由。雖然，直到民國二十七年，國民政府才承認社會學應與經濟學、法律學、和政治學，同為社會科學的一部門 (孫本文，1972:50)。但在這之前，社會學的教學與研究，已在多所學校展開，而這種展開一開始即具實用意義。根據 1925 年的調查，社會學課程首見於教會大學，授課者多半為美國人 (Hsü, 1927:373-5)。撇開其他種種理由不談，社會學課程所以首先見諸於教會大學，乃與基督式的社會福利工作有關。他們相信，社會學可以提供新的改革方式，將他們的原則應用於中國人的生活上，是可以改善中國人的生活環境 (Edwards, 1959:167)。因此之故，這些外國教士社會學者，所以在中國推展社會學，乃在於便利其教務的推展，並非純為建立社會學的知識。本質上，這是基於實用的動機。也正因為如此，社會調查成為社會學發展的重點。

再說，在民國三十八年大陸易色之前，中國社會學界即一直有了意理上的爭論，但是易色之後，不論是在臺灣的國民政府或在大陸的中共政權對社會學的發展，卻一直很明顯的保持實用路線。說來，這種趨勢乃和中國人的政治文化性格有關。先就中共而言，在大陸易色後，中共政權當局毫無疑問地要求任何社會學科的研究，都必須以馬列和毛澤東思想為其理論的唯一依歸。面對着這種源於政治強制下的思想淨化要求，社會學家欲保證社會學本身的存在，就不得不肯定在共產理論下，

社會學還有其可用之處。最好的圖謀自存辦法就是以馬列主義爲社會學最高指導原則。譬如費孝通於 1957 年卽宣告說：

> 對於今後，社會科學建基於馬克斯、列寧主義此點，我們絕無異議。因此，無論政治學、經濟學、歷史學與哲學，均須以共同的基礎，從各自持有的角度發展不同的學科。從此，在各學科間的互惠將更容易……於此同時，社會學系的主要課程，將作爲學院中的基礎課目。

這些社會學者的努力，並沒有因爲社會學冠加馬列主義而苟存。中共在 1952 年的‘高等敎育’會議中，正式廢除了社會學在大學中的敎學和研究。這無異宣告，在共產體制下，社會學是死亡了。面對着政治權威當局的壓力，社會學家爲了使社會學能够繼續存在下去，他們採取相當謹愼的妥協態度。他們不觸及馬列主義的思想內涵，而只強調社會學的實用性。他們列舉社會學的實用價值，包含人口問題研究、知識份子的再敎育及其就業問題、工作與勞工問題，在社會主義社會中人民間的政治關係（包括黨員與非黨員的關係、人民大會的本質等）、家庭關係（包含世代與性別問題、）都市與鄉村問題、和犯罪現象（費孝通，1957）。總之，在中共的政治意理的壟斷與跋扈的政治權力運作下，肯定社會學的知識乃有益於社會問題的解決，無疑的是保證社會學者之社會價值的唯一途徑。誠如費孝通（1957）說的：

> 我無意列舉在社會中的衆多問題，而只是想指出，那些問題將在社會發展中繼續不斷的發生。對我們而言，最好的辦法是以科學的辦法來調查研究，這勝於眼不見爲淨地假裝問題的不存在。

總之，早期的實用性格是基於國家羣體意識的理由而產生，但是，1949年以後中共統治下的社會學所以具有實用性格，則主要是因爲不得不屈服在專斷的政治意理下所產生的權宜結果，是爲了服務共產政制而

存在的實用技術，社會學遂成爲一種技術性的迷思（myth），用來當成支持共產理論的科學工具。'Wong(1979)' 稱中共這種具價值中立之工具性的社會學爲'Z 型之理想型'(ideal type Z)，以別於 Inkeles (1965) 所強調的 A 型理想型 (ideal type A)。

　　中共於 1979 年再度恢復社會學在學術界中的合法地位，往後的中共社會學會有什麼性格，現在尚言之過早。但是，根據已有的片斷資料來研判，一向具有的'實用'性格恐怕還是會繼續延續下去。眼前有兩個實例可做爲參考，以提供一些蛛絲馬跡。第一，在 1979 年 9 月間，上海的學者成立了一個社會學會，與會人士組成六個研究小組，分別爲：社會福利、都市建設、青年問題、婦女兒童與婚姻、都市中的職業問題，以及社會學的教學。除了第六項之外，其他五項均是針對上海市所面臨的問題而設立的。該會也出版了一本定期刊物，名爲'社會問題'。(ASA Footnotes, 1980) 另外，更可由剛成立不久之 '中國社會學研究會'(Chinese Sociological Research Association)會長費孝通，在1980年 3 月 21 日接受美國應用人類學會之馬漢諾斯基獎(Malinowski Award) 時之致詞中，看出未來之實用發展的趨勢。他說："科學必須服務人類，而人類需要利用科學以助其生存的繁榮。我實不需要掩飾我所持有的這種實用立場。……我們不是只爲了瞭解事情而去瞭解它，也不是只爲了推展理論而研究理論；我們瞭解事情和研究理論是爲了實際的理由，是爲了提供給少數民族從事社會改革。一些科學、事實的基礎，也是基於少數民族的利益，提供一些建議。"(ASA Footnotes, 1980)。❼

　　再來看臺灣的社會學發展情形，實用的性格也相當的明顯。其所以如此，與中共統治下之社會學發展，有些條件頗爲相似。社會學被中共

---

❼　按費孝通現係中共社會科學院民族研究所的副所長。其講詞顯然是以其一向所研究之少數民族爲主題。因 ASA Footnotes 未刊全文，故詳情未得而知。

政權當局視爲代表資產階級的危險意理；對國民政府某些人士而言，社
會學則很有趣地被視爲是社會主義的代言人（龍冠海，1969）。這種誤
解，可以從民國四十八、九年間臺灣大學申請成立社會學系時，所遭遇
的困難看出。當時，不少有關當局的人員，就因不瞭解社會學而大加反
對（楊懋春，1976）。這種在臺灣來自政府當局之反對，固然與中共之
反社會學，有相當程度的不同，但是無形中對臺灣海峽兩邊之社會學的
發展，卻有了相當類似的命運，那就是，實用性格特別地突顯。與1950
年代之大陸的社會學者一般，在臺的社會學者也急於爲社會學正名。當
時，以龍冠海（1975:949）爲首的社會學者就以下列六個理由來爲社會
學正名。

(1) 世界各大學皆多設立社會學學系，而自二次大戰後，歐美均注
重社會學的研究。

(2) 社會學並非是一種空想與意理；而今日西洋諸國中，社會學已
成爲一切社會科學之基礎。

(3) 社會學是可致用於社會福利事業，及社會問題的解決上；而可
爲國家、社會的需要。

(4) 可配合世界對中國社會研究的瞭解與趨勢。

(5) 保持中國社會學的命脈。

(6) 今日大學一般課程不符上述的需要。

龍冠海除了挾西洋學術之發展潮流爲由，來爲社會學之學術地位請
命，其主要的說服重點則擺在社會學所可能具有的實用價值。當然，對
像中國這麼一個追求所謂‘現代化’發展的國家來說，在西方科技工具理
性的浸蝕之下，以功利實用的眼光來評量學術的價值，原是不足爲奇
的。對一個被誤解已久，危危可岌的學科來說，順應功利實用的潮流，
以圖自保，也是可以原諒的。尤其，在敎育決策集權於政府，而且政治

權力占絕對優勢的環境之下，力圖排除意理色彩，肯定其實用價值，以服務政治，更是可以理解的。

嚴格說來，回顧中國社會學的發展，不管是過去或現在，也不管是在大陸或在臺灣，實難以 '實用主義' 一詞以蔽之。但是，無疑的，實用主義是絕大部份之社會學研究的背後支撐意識。早期，國家羣體危機意識是使實用主義突顯的動力。但是，在脫離了列強之形式控制之後，此危機意識是消弱，而依附在某種特殊政治意理下之國家建設的意識，轉而取代成為社會學者以學術實際參予社會建設之行列的動力來源。因此，中國社會學一向就相當具有類似 Gouldner (1970) 評美國結構功能學派社會學時所謂之 '福利社會的社會學' （welfare-state sociology） 的性格。社會學研究的目的主要乃在於瞭解社會現狀，進而改進現狀，以穩定社會；所不同的是，中國社會學界缺乏一個完全屬於自己原創的理論體系而已。其實這也是邊陲社會常見的現象，並不是中國特別有的。

在前面已提起過，我們實在沒有理由把中國社會學所以具實用性格，完全歸諸於中國社會和文化的特殊歷史條件。換句話說，中國社會學所具有之羣體意識與強烈政治意理壟斷學術活動等二歷史條件，只能解釋中國社會學具實用性格的一部份，其中另一部份的因素是來自西歐社會學的傳統，此即第二個性格——實證的性格了。

在西方，孔德 （Comte） 創用 '社會學' 一詞之後，社會學的研究一開始即與實證主義 （positivism） 牽拉上綿延不斷的關係。任何修習過西方社會學的學生，都熟悉孔德所提的人類知識發展的三階段。孔德認為，在人類歷史中，知識 （狹義地說，某一特殊學科，如社會學） 的發展大致是循神學、玄學、而至實證三階段進行。對人之社會的研究發展至實證社會學，乃代表人類知識的進步指標。因此，他認為，真正科學的社會學乃是以實驗比較的實徵方式來研究人的社會。就這一點來看，

孔德又認為，在基本方法論上，社會學與物理、化學、生理學等無不一樣。既是如此，諸學科之發展，常有一脈絡可循，即：凡是一門學科其所涉及的現象乃屬愈少為人參予和控制的，總是發展在先。因此就整個科學發展史來看，研究自然現象是先於研究人本身的現象。這種由外研究自然界轉而向內研究人之社會者，被當成是一種進步的運動，而且這種轉移也被認為使得諸科學間具邏輯關係。最早產生的科學即那些處理最概化性的事實者。是故，在科學的梯階中，雖然每一學科的概念和通則是不可化約的，但可由比它更具概化性的學科所得的知識來推測。研究人類社會行動的社會學即預設了生物學的法則在內，因為此法則適用所有的有機體，而此後者法則又預設了化學法則在內，如此可以類推下去。(Giddens, 1974:1)

上述孔德的實證觀點雖未必完全代表西方實證主義的內涵，而且對於實證主義的定義，學者之間也有不同的意見，哲學家和社會科學家理解也不一樣。但是，大體而言，把實證主義看成是一種哲學，有三個預設⑧。

第一、自然科學的方法程序也可直接適用於社會學，也就是說，自然科學與社會科學乃在同一條原則上發展，其間所不同的只是研究方法發展的成熟與否問題。這種對人社會現象研究所持的'自然科學模式'，乃預設感官之直接立即經驗是知識建構的基礎。Kolakowski (1972: 15-16) 稱之'現象論的規則'(rule of phenomenalism)。Schutz (1973) 則謂之'感官主義'(sensationalism)。強調感官經驗是知識的基礎，是貼切一般人認知的本質。我們都可以接受，即使是對外於人而存在的客體，如桌子、燈光，若不經過人類的認知過程的作用，則它們並不具實

---

⑧ 關於實證主義的討論，參看 Giddens (1974), Kolakowski (1972), Radnitzky (1968), 和 Adorno (1974).

存意義的。因此，‘感官的經驗是人類知識建構的重要實質基礎’是可以接受的命題，但是問題在於：實證論者往往以其自身之經驗來肯定事實的認知意識，忽視了行動者本身所可能具有的意義解釋，而馬上跳越到行為的因果確認上。最為極端的莫過於是主行為主義（behaviorism）者，以為只要瞭解人類外顯行為，即可掌握到人本質，或以為只要分析人類的制度化項目，如角色、規範、社會結構等，則可瞭解人的社會一般。

第二、社會學分析的目的與自然科學相同，乃在於對社會現象建立法則或類似法則的概化命題。既然社會學的研究目的是與自然科學一般，社會學家就不免把社會現象當成是獨立於個體之外的外存客體來看待，如 Durkheim (1938) 之‘社會事實’即有此意。在這種客觀主義的觀點下，所謂社會學的分析事實上即是社會學家對其研究對象的解釋，其研究對象——人的主觀解釋往往就被忽視掉。

第三、社會學具有技術性格。它與自然科學一般，可以是價值中立的，因為它可以（而且往往被認為是‘應該’）是一個分析及瞭解的客觀策略工具。基於這樣的假定，社會學被看成是一種具客觀、科學性的認識系統，經由它所建構出來的知識因此具有相當程度的真確性。(Giddens, 1974:3-4)

雖然實證社會學並不能代表西方社會學的全部，但是，因為它乃伴隨著社會學的誕生而來，對整個社會學研究的發展自有相當深刻的影響。事實上，社會學本來就是一門經驗的科學，有關社會之知識的建構，本就脫離不了實證的過程。職是之故，在此我們所不能同意的並不是‘實證’的研究趨向，而是界定實證的步驟與內容。關於這個問題，西方社會學家討論已多，實無庸在此多加贅言。（參看 Adorno, 1974; Radnitzky, 1968）在此，我們所要強調的是，社會學一進到中國以後，上述‘自然科學模式’的實證觀點即成為中國社會學家治學的方法論基

礎，尤其這卅年來的臺灣社會學界更是如此。（蕭新煌，1980）

‘自然科學模式’的實證論對中國社會學界❾的意義不在於哲學層次上的理論探索，而是在於當成從事實際調查研究之策略的理論基礎。換句話說，對中國社會學家而言，他們的研究旨趣並不在於實證論的理論討論，而是在於肯定實證觀點具客觀可行性的前題下，把建立在實證信條下的種種實際策略與方法，運用於實際社會現象的研究。在這種情形下，此一實證性格與實用性格產生了緊密的結合。實證論建構的基設（如上述三預設）成爲肯定社會學實徵研究之科學地位的思想基礎。恐怕，社會學知識在整個社會中能够具有實用的權威地位，卽建立在這樣子的信條，和以此信條爲核心而形成的一些研究儀式行爲上。因此，中國社會學的實用性格能够發揮，基本上，乃與有此外來之方法論爲其學理上的權威基礎有關。否則的話，社會學的實用性是難以得到學術圈與社會大衆的肯定的。

社會學研究具實證性格並不是中國社會學界所獨有，事實上，在美國社會學之研究傳統的壟斷影響下，這是絕大多數國家之社會學界的普遍現象。不管其歷史背景爲何，美國社會學一開始卽帶有濃厚的實徵性格，著重實際現象的調查，早期芝加哥大學社會學系的一系列研究卽爲明例。在這樣的傳統下，30年代維也納之邏輯實證論順理成章地成爲美國社會學方法論的理論基礎。對調查研究之策略與方法技術上謀求改進遂成美國社會學的一大特色。尤其是在 1960 年代以後，各種有關資料收集與分析的技術層出疊現，難怪 Levine（1976）謂美國社會學走上了‘工具物質主義’（instrumental materialism）的路子上去。社會學家成爲社會技術家，往往捨棄有實際生活意義與基本理念的問題不談，而專

---

❾ 本文從此處起，除非有特別說明，否則凡是‘中國社會學’皆指在臺灣的中國社會學。

在締造自圓但未必實際的理論模型，或在改進研究策略和方法上打轉。社會學家們認為自然科學的量化測量方式是使社會學走上科學的必要途徑⑩。這種肯定說來是一種迷思，相當地不實在，但卻引導許多社會學家（尤指社會技術師）致力於一般所謂之‘經驗’研究方法、策略、與工具的改進，認為如此卽可使社會學更趨成熟，跨進‘科學’的廟堂，與物理學、化學、生物學等‘先進’科學並駕齊驅。總之，由於我們絕大部份的社會學者，直接或間接地都是一手在美國式的社會學傳統下訓練出來的，其所秉承之孔德式的方法論自然也就不自主地移植過來了。

沒錯，一個社會的某種學術體系，若是由無中生有地從外移植進來，這個學術體系，在該社會中，至少有一段時間內，會產生相當亦步亦趨的移植性格。倘若該社會的學術界深具批判反省與自創動力，則此移植性會逐漸消失。但倘若社會缺乏產生自發性批判和反省的動力，則這種移植性格勢必會延續下去，嚴重地腐蝕了學術的原創活力，終可能完全喪失了獨立的個性。這卅多年來的中國社會學界很不幸地就深具這個性格傾向。因此，中國社會學研究的第三個性格可說是移植性格。

既然社會學乃是帕來的學問，由外傳入中土之時，學習模倣西方的潮流原是可理解的。但是，經過了這六十多年，尤其是卅多年來在臺灣的發展，何以始終深具移植性格，而未見有原創性的學術風格產生？個人認為理由有五：

第一、長期以來，在所謂‘現代化’的潮流下，我們的社會結構型態

---

⑩　一向致力於建構量化測量方法的社會學者，如美國社會學會自 1969 年起出版的社會方法論 (sociological methodology) 一系列書中者，一味致力於“數量化”的工作，而不思考其在人類日常社會生活中的實質意義，也不深思整個測量理論的哲學基礎，尤其是測量的意義 (meaningfulness) 與測量和實在間的對應 (isomorphism) 問題。他們的重心擺在一些技術性的問題上，確實令人有本末倒置之感。關於測量及量化之基本問題的討論，參看 Suppes (1969), Suppes and Zinnes (1963), Weitzenhofer (1951), Kyburg (1974)。

變遷迅速，已漸與西方社會產生相當程度的同質性。尤其，幾十年來，學校教育所傳授的知識內容（尤指大學以上之專業知識）幾乎爲西方知識所壟斷。儘管在教育過程中，傳統知識（尤指倫理道德哲學）也一直被納爲傳授的主題，但是它卻始終未能扮演積極的批判角色。何以會如此呢？這是一個相當重要的學術問題，但因已超出本文討論的範圍，故置而不論。不管如何，體現在當前的知識界中，我們可以很清楚的看到，不是傳統知識成爲邊陲知識，在學術之中難獲得重視，就是傳統知識與外來之西方優勢知識產生並行的現象。對知識份子而言，除了專治中國文學、歷史、或哲學者之外，西方知識幾乎取代傳統知識成爲學術中的主流；換句話說，我們的學術只是西方主流學術的中國分支。再者，由於西方的知識日新月異的發展，新理論與新發現一再出現，中國知識界更疲於學習與追趕，批判與反省的習慣因此難以培養，條件也一直是相當不利的。

第二、自從清末以來，我國高級學術人材均依賴留學來培養。對一個文化處於劣勢，而且又有必要學習他人的社會而言，留學是吸收別人之知識，以建立自己之學術體系的良好途徑。但是，留學終究只是一個社會建立獨立學術體系的治標藥方，而非治本之大計。倘若一個社會，經過了一百年，還是需要仰賴留學生來支撐其學術體系，我們很難想像其學術如何可能不具移植的性格，而能顯示出獨立的原創能力來。撇開其原因不談，我國的學術一直仰賴留學生來支撐是一個事實。在此情況之下，一旦這些留學回國的學者缺乏反省與批判的習慣，學術界又乏原創的客觀條件，則易在整個思維及認知過程中，產生高度西化的情形而不自知。再者，加以國內的教育原已相當西化，社會結構的變遷也漸趨西化，移植性格無形中更加深了。

第三、整個學術界本身不具獨立自主性，尤以今日的臺灣學術圈爲

然，缺乏西方學術界所常見的'學術社區'的性格。在今天，學者在學術上的努力和執著，往往未必能够得到圈內的讚許與共認，更罔談社會的推崇。尤其，學術一直緊緊地依附在政治權威之下，學術界本身缺之一套自圓獨立的體系，報酬與約制體系不明確，學術的成就往往並非報酬分配的主要依據，其分配糾纏著政治與人情因素。在此情形之下，學術本身已無顯著的引誘力量。學者普遍缺乏強烈的學術認同，頗多具'學而優則仕'或'官學兩棲'的心態，要不，就是學而優則或當顧問、或經商、或搞知名度。認眞把生命奉獻給學術、執著於研究工作的，不是沒有，但是爲數有限。

第四、卅多年來臺灣的經濟起飛，社會結構產生劇烈的變遷，社會也因變遷而問題叢生，不論是政府、公私企業、或傳播界都急需專業人材積極參予及提供諮商。加以，社會大衆求知慾提高，社會中傳播大衆化知識的事業相當發達。凡此種種因素刺激了頗多學者投獻不少精力和時間，從事啓蒙式的傳播工作。如此一來，學者們自然就難以全心全力地致力於嚴肅而又具自主性的學術研究。其實，對正處於劇烈變遷的亞非國家來說，屬於學者的知識份子從事社會啓蒙工作是相當普遍的 (Shils, 1972)。或許這是難以完全避免的。

第五、學術界中實用主義頗爲流行，加以公私機構漸知'研究'對於實務推動的重要性，紛紛投資於研究與發展。這種重視研究的風氣是可喜的，但是卻無形中瓜分了學者們不少的精力與時間。結果，學者們往往耗費許多的時間與精力，替公私實務機構從事實用性的實務研究，而捨有系統嚴肅的學術研究於其次。在這種情況之下，知識商品化，往往以其所具之政治或經濟效益來評量。社會學也就在這種社會要求下，與其他學科一般，成爲具工具性格的技術知識。套用 Habermas (1971)的話語來說，社會學的發展一向即是在技術旨趣 (technical interest) 與

實用旨趣（practical interest）之籠罩下進行。社會學的知識遂被視爲具價值中立的普及知識，某個程度來講，乃放諸四海皆準的。若是如此，則更不會因移植而引起心理上的焦慮了，移植性格也就被視爲是正常而且自然得很。

經過長期的移植，西方社會學知識已很自然地轉變成中國社會學研究的主要（甚至是全部）的內容。若用 Berger 和 Luckmann (1966)的話來說，也就是中國社會學家‘路徑化’（routinize）了西方的社會學知識。這種路徑化的運用，使中國社會學研究，除了研究對象或主題是中國的以外，幾乎全是西方的翻版。中國社會學很難找到一個明顯的自我認同，這也就產生了 Gurvitch（1962: 196）所謂的模糊的辯證（L ambiguite' dialectique）。

中國社會學的第四個性格是加工性格。這個性格的產生與上述三個性格的存在乃息息相關。在上面，我們提及，中國社會學的成長與西方社會學的發展亦步亦趨。由於如此，社會學界一直缺乏原創的動力，加以研究難以跳出實用主義與實證主義的窠臼，絕大部份的社會學研究始終停留在資料的初步收集與描述，若有更進者，往往也只是套用西方既有的理論來檢證已有的命題。再者，就算只就研究方法與分析策略的角度來看，絕大部份的研究分析也均十分粗糙。（蕭新煌與張苙雲1981），因此，幾十年來，我們的社會學研究一直停留在相當粗糙的分析階段，所製造的研究成果，說句比喩話，就有如加工區內的生產情形一般，乃利用本地廉價而密集的知識勞力來製造粗糙的學術作品或提供原始資料。這些資料或作品一旦流到外國學者手中，則再加以製模精鍊，方終成爲具模型的學術作品。

四、社會學研究中國化的內涵與其方向

從以上的分析，我們已經可以看出當前中國社會學研究的問題癥結之所在。若不把這些癥結標示出來，則社會學研究中國化將只是奢談，無法落實。

首先，我們必須澄清一個積習已久的觀念，那就是：自從西方的科學傳介入中國以來，我們卽被教育得有一觀念，認為科學的知識必然是具普遍性，乃放諸四海皆準的。因此，在科學研究的領域裏，實無有如中國社會學、美國社會學、俄國社會學、或日本社會學等等類似的劃分，更難有'中國化'的可能，也無此必要。這種看法無疑地卽是上述'自然科學模式'的實證科學觀，實難用來瞭解科學的內涵，也不適用來涵蓋社會科學研究方法與其主體所具的特質❹。因此一問題並非本文之主旨，而且涉及頗為複雜的哲學問題，不擬在此討論。

從知識社會學的眼光來看，任何學術的活動都是社會活動。它與一般人日常生活中的社會活動一般，是受社會中種種條件制約的（Mannheim, 1936）. Kuhn（1970）研究科學的發展（其實應當說西方的科學）卽指出，任何科學的發展都有其典範（paradigm）。通常科學乃是在一條常軌中進行其抽絲延線的工作，他稱此一科學為'正軌科學'（normal science）。Mullins（1973）卽以此概念來分析美國社會學的發展，很精闢的描述美國社會學中重要學派的發展情形。在此，我們不準備對科學的社會學意義做詳細的闡述，時下科學社會學的研究已相當充實，可用來支持的文獻頗多，而且已是共同可接受的社會事實，實無再多加贅言

---

❹ 關於科學的內涵，Schutz（1973）有另外的看法 Radnitzky（1968）亦做了相當精闢的分析。讀者可參考。

的必要。在此，我們所要指出的有二。其一是科學的方法只是人類認識世界之種種方法中的一種。固然它有某個程度的適宜與準確客觀性，但並不是唯一可行，而且必然要行的方法。縱然因為它具有客觀與適宜性，是從事分析現象的可行方法，但其方法與程序的運作，卻應當配合社會條件而有所修飾或改變的。關於這一點，我們將在底下再加論述。其二是，由於每個社會的文化、政治、經濟、與區位條件未必完全相同，社會現象的體現與其決定因素自然地就可能不一樣。因此，社會學家研究不同社會或不同時間定點的同一個社會時，其所應考慮的變項條件和理解的脈絡與取向，也應有所不同。基於這兩方面的考慮，所謂‘社會學研究中國化’卽具有實質的意義，而且是合理可行的。

從以上簡單的論證來看，科學研究的旨趣並不只在於尋找放諸四海的普遍律而已，它也在於確立影響某一特定時空之現象的特殊因素。基於這樣的認識，社會學研究中國化最原始的涵意可以說是，研究對象之時空的中國化。事實上，這應當是一個不成問題的問題。旣然研究者是中國人，研究者是在中國，其研究對象很自然地也就泰半以中國社會為主題了。因此，就現實環境來看，研究主題中國化應當是不成問題的，而且實際上幾十年來中國社會學的研究也一直是循此軌迹來進行的。基於這樣的考慮，我們認為，以當今社會學的發展趨勢來看，社會學研究中國化的涵意應當是更為廣義的。它所涉及的不只是選擇研究主題的問題，而是牽涉到知識社會學上的問題。

大體而言，社會學研究中國化有兩個深層的含義。就積極的層面來說，這是中國社會學知識體系之傳統的建立；就消極的層面來看，它是對外來西方社會學知識體系的反省和批判。因此，不論就積極或消極的層面來看，中國化所包含的，不但是問題的選擇，而且是理論架構、概念，乃至研究方法及工具的確立。尤其重要的是樹立中國特有的人文取向

的典範。在此，我們不準備，而且也沒能力，對這些項目分別從事具體
的討論，我們僅從上述中國社會學所具之四個性格，簡略地來檢討，欲
如此的中國化時，所面臨的問題，產生此問題之背景，以及應當努力的
方向。至於理論架構、概念、方法與工具，和人文典範的內容應當爲
何，在此不加評論。事實上，此卽中國社會學界有待共同努力的研究方
向。

別的先不談，單就民族情感與自尊的立場來看，中國社會學所具的
‘移植’與‘加工’性格，就是令人難以忍受的。冷靜地來看，這種情感的
理由或許不太適宜做爲反省與批判的依據。但是，話說回來，撇開民族
情感的因素不談，倘若這兩種學術性格一直再延續下去，不但如前一再
提到的，將腐蝕中國社會學的原創力與想像力，而且將很可能使中國社
會學界的研究成果喪失科學客觀性。在此，讓我們重述一下前面曾提到
的論點。這個論點是：科學方法與概念的適宜性，也就是說，它之所以
可以稱之爲‘科學的’，端看是否能夠恰確地捕捉特定時空下的現象的神
貌。使用某一種方法在某個地區或某段時間內是可以收集到相當準確的
資料，同樣地，使用某一個概念是可以相當貼切地描述某個地區或某段
時間內的現象，但是，同一個方法或同一個概念用於其他的地區或時間
時，卻未必能夠恰切地捕捉其本應具有的神貌。現就讓我們舉幾個研究
方法的例子來略加說明。

首先，讓我們拿社會學家最常用的研究方法—問卷法—來做例子。
使用問卷來從事社會與行爲的研究，可以說是美國社會學的一大特色。
這種方法會在歐美（尤其美國）社會學界流行，而且公認具有相當的可
信度，與整個歐美社會的背景不無有所關係。第一、在自由民主風氣的
長期薰陶下，歐美人自小就鼓勵表現自己的意見和態度，同時他們也較
善於表達自己。第二、在歐美，由於教育普及而且水準較高，一般人對

文字的運用與理解問題的能力也較高而且整齊。在此二條件下，使用問卷來進行研究，所可能遭遇的問題自然就少得多了。一方面，他們對文字問題的掌握困難較少，另一方面，且又好善於表達，只要肯誠心合作，由問卷所得之資料的可信度也因此就高多了。反過來看看我們的社會。國人一向並不積極鼓勵表達自己，甚至反過來，力求收斂和謙虛，處處掩飾自己。因此，一般人不但不善於表達，而且也不願意表達自己的真實感受、意見、態度、或行為。在此文化背景下，使用問卷法來進行研究無疑的困難重重。尤其，當問卷所涉及的乃有關個人或社羣隱私或具有政治敏感性的問題，則社會喜欲性 (social desirability) 的作用就無形中產生了。此時，人們不但不會說出真實的話，相反的，會掩飾真正的感受，說的只是個人認為社會共同接受的看法或態度而已。

除了社會喜欲性之外，讓我們再舉態度量表或其他類似的指標測量，以指出另外有關方法上應當中國化的問題。在我們的學術圈裏，使用量表或指標之類來從事有關態度（或社會現象）的研究，已有相當的歷史，也因此儼然形成一股學術力量。由此所得資料的分析結果，也製造了不少被認為是‘客觀’的心理或社會‘事實’。長久施用測量的結果，已使這種技術奠定了學術上的‘客觀’地位，大家也順理成章地接受，不去深思其間可能具有的問題。就拿量表的使用來看吧，一向，使用五段不同程度的測量，恐怕是較為廣泛流行的方式。這種量表用於臺灣，尤其用於鄉下地區受教育較少的民衆，其可信度頗為可疑。常識告訴我們，要一個人對自己的認知和感受做相當精細的區辨，這個人對自己的感受和周遭發生的現象，若不是常有反省，也不具備相當的精思習慣和觀察能力，往往是很難的。在日常生活中，一般人對自己的態度、感受、和認知，往往都停留在‘好與壞’、‘是與否’、‘喜歡與不喜歡’、‘對與錯’式的兩分階段。充其量，只多一次‘不清楚’，或‘不知道’、或‘沒意見’

的選擇。因此，硬要他們挖盡心思，勉強地把感受細分成五個程度，實未必與他們在日常生活中的實際體驗相符合。職是之故，儘管測量的量化理論多麼細緻，只要有此一問題的存在，所測量出來的態度具有多大的可信度，就頗爲可疑了。

關於在臺灣使用量表來從事研究，除了產生了 '唯量表即實徵研究' 的偏差作法之外，尚有一個相當令人擔心的問題，那就是：絕大多數的量表，其內容都是由外國（尤其美國）已有的量表翻譯過來，而略加修改，態度嚴謹的學者，則做個效度（reliability）的檢定，就拿來進行研究了。這樣子的用法，在效度上也許沒有問題，但卻有了一個嚴重的問題，即信度（validity），或廣義地來說，適宜性的問題。大體而言，我們可以同意外國引進之量表的內涵是具有研究的價值（如 '種族偏見'），但我們必須明白，因文化背景的不同，有些外國引進之量表內容未必即適用於臺灣。即使做了部份的修正，也未必就完全沒有問題。

總之，在此我們所欲指出的是，從國外移植進來的研究方法或工具，若不認眞地加以檢討和反省，則很可能使得社會學家在量表或問卷中所企圖表達的意思，往往並不一定存在於一般人的日常生活經驗裏。量表或問卷所嘗試涵蘊的研究概念和意義，極可能就在這種經驗的隔閡中，被扭曲或滑溜掉了。結果，從所測得資料得來的結論，極可能與原先內涵在日常生活中的意義脫節，毫無代表實際之意義的可能。因此，如此的學術活動，往往只成爲社會學者之間的遊戲，或成爲攫取學術地位、或保證生存的工具，而喪失了實質上的意義。

長期以來的學術移植和加工，使得中國社會學的研究一直淪於形而下的比較或模擬研究。文化間的比較研究對於推動整個社會學知識的發展，原是絕對必要的。但是，長期來，我們從事文化間比較研究，卻一直是在具濃厚西方意識形態的研究架構下進行。我們不但完全採用西方

的方法，而且以爲爲了比較，也必須選擇相同的概念架構、研究變項及問題。說得清楚些，一向比較研究均是以西方社會學家眼中之西方現代社會的模型爲基線來進行的。這樣子的比較研究，往往抹殺了非西方社會中人們所具有的文化歷史涵義，也忽視了生活在非西方社會中的人們是有屬於他們自己的一套社會解釋與行動體系。如此抹殺了非西方社會的文化歷史涵義，把研究的基線建立在西方社會的發展模式上，是相當不合乎科學精神的。但是，亞非社會在長期西化之下，其社會原有的傳統已逐漸萎縮，他們事實上也已相當習慣西方式的價值與思維方式，況且社會結構的變遷也朝向西方發展的方向而轉移，因此，如此的比較研究還是有可能貼切實際的狀況。不過，問題不在於其結果是否貼切實在，因爲這種的貼切並不是理性認知所導致的結果，而只是在學術移植過程中，產生了習慣性之認定所得到的意外結果。因此，應當檢討的是一向隱涵在‘比較研究’背後的運作意理，這是爲何‘中國化’應當關照概念層面的理由。

再說，社會學研究的對象本是經驗現象，形而下的現象認定本來就是社會學的研究客體。有鑒於此，當前中國社會學研究的癥結並不在於它具形而下的實用或實證性格本身，而是其形而下的表現形式，上述之移植與加工性格只是表現形式中之二而已。它尚有其他性格的形式問題。

事實上，中國社會學研究具有實用傳統已說明了，社會學‘中國化’是早已發生了。實用表示重視發生在周遭的問題。既然重視的是周遭的問題，研究的素材自然也就是當地的。因此，就此觀點來看，實用主義的傳統倒可說是使中國社會學一開始即有具‘中國化’的潛在作用。然而，我們似乎不能單就此一意外的作用來評論實用主義對中國社會學研究的意義，尤其把問題擺在未來中國化的方向來討論，更應有此認識。

我們在前面已提到，實證主義的方法論是鞏固中國社會學具實用性格的基礎。這兩股力量的交錯具有三層的意義。第一、社會學得以在以自然科學爲主流之學術圈中，因採納了‘自然科學模式’之方法論爲指導信條，而占有一席地位。第二、社會學被看成是剖解社會現象與問題，並提供解決方案的利器。因此，它往往成爲政治與經濟建制的附庸品。這是社會學實用性格得以充分發展的社會誘因基礎。第三、這兩股力量的交錯使社會學的發展傾向於肯定實證的立場，轉而成爲具工具理性性格的技術科學，逐漸減削其批判的能力與意願。這第三個意義卽是我們要特別加以討論的，也是‘中國化’最應當關心的問題。

雖然以上四個性格很難毫無標準地說是絕對的不好，但是，正如我們在上面一再強調的，它們的存在與繼續成長，將會大大地阻礙了中國社會學的原創力和想像力，尤其是阻礙了其對社會所可能具有的啓蒙作用。沒錯，社會學研究‘中國化’應當包含對移植進來之方法策略與概念做反省與批判、也應當考慮中國社會的特殊歷史背景，愼重地選擇研究的問題與確定研究的方向，但是，‘中國化’應當有更深、更廣的含義。總的來說，‘中國化’不是使社會學的研究‘區域化’，或發展後拿來與西方社會學相抗拒。正相反的，它是使中國社會學家的努力能夠被納入世界社會學的體系之中，爲人類的文明，企圖於西方文化傳統之外，提供另一條可能的途徑。

倘若社會學研究‘中國化’的極終目標是如此的話，則應當努力的方向尚包含：(1)必須突破導成上述四個性格的文化與社會條件和(2)對西方旣有的理論潮流加以嚴謹的批判。此一後者的工作，才是未來社會學研究‘中國化’的基本課題，因爲惟有對西方社會學的理論體系從事根本的檢討，才可以使中國社會學擺脫移植與加工的性格，也才可以超越實用與實證方法論的窠臼，同時也才能免除現實政治與經濟建制的制約。

說得簡單些，社會學的‘中國化’應當是在於培養中國社會學者的批判能力與意願，於西方知識傳統之外，提供另外的途徑，以俾發揮社會學對人類社會能夠產生啟蒙的契機。

誠如我們一開始即提到的，這百年來，西方的科技文明成為人類世界裏的主導力量。長期來，西方文化的優越勢態已使亞非社會產生‘質’上的根本變遷。變遷的結果，使得今日的亞非國家所體現的文化模式，與其本身傳統的銜接，往往反遠比不上與西方過去文化傳統的銜接來得緊密些。經過長期的西化，西方文化對亞非社會的衝擊已不再被視為具震撼力之陌生外來力量，而已逐漸成為相當習慣、且熟悉的內在誘因了。職是之故，亞非社會的人們，尤其知識份子，不但相當熟悉西方的觀念與思考方式，而且也相當習慣並且接納西方的價值與態度。況且，亞非社會的知識份子，絕大多數均直接或間接的接受過西方文化的洗禮，對於近代西方既有的理念，往往都有習慣性接納的傾向，長期以往，批判的能力自然漸漸萎縮，批判的意願也日漸消減。

有一部份的西方社會學理論本身既是締造與強化西方價值與理念的重要支柱。對於這些社會學理論，中國社會學者，一向停留在譯介的階段，批判尚屬少見。姑且不論何以我們對西方理論缺乏批判的表現，停留在譯介的階段無疑的宣告了中國社會學理論本身的貧乏。在毫無批判的情形下，傳播西方的社會理念是相當危險的啟蒙工作，它往往不可避免地把社會帶上重蹈西方社會之舊轍的路途上去，嚴重的甚至是加深了問題的困擾。就拿‘生活品質’（quality of life）此一流行概念當成例子來說明吧。本質上，‘生活品質’一概念的內涵即是西方意識形態的產物[12]。其指標乃建立在一些預設上，例如：(1)人應擁有愈多愈好、(2)環

---

[12] 參看 Liu (1975; 1976), Baner(1966), Campell, Converse, & Rodgers (1976), Gerson (1976)。

境愈能控制，則愈安全、愈舒適、也愈好、(3)人的壽命愈長愈好、(4)社會福利愈多、愈週全則愈好等等。而這些預設則又建立在 '效率'、'效用'、'控制'、與 '擴展' 四個價值的某種組合之上。根據西方科技社會的理想，這四個價值之間的關係應該是：人以最具 '效率' 的方式，達到 '控制' 別人與環境，以 '擴展' 自己影響力的最高 '效用'。對東方（尤其中國）知識份子來說，恐怕我們都可能不免會問：難道人類活著為的就是如此嗎？答案應當是未必盡然吧！但是，幾十年來，這麼樣子的 '生活品質' 不是早已成為指導社會發展的基本理念了嗎？在這樣的意理指導下的 '生活品質' 提高了，但人類是更幸福、更快樂了嗎？社會的問題也就少了嗎？這些問題都值得我們去深思。

總而言之，西方的社會學理論未必是放諸四海皆準的客觀解釋體系，它們只不過是西方學者在其特有之文化與社會背景下產生的觀點和見解，是帶有著特定的意識形態與價值色彩。事實上，對於西方社會學理論具這樣的性格，西方學者早已提及到了，例如 Wrong (1961) 謂結構功能論乃是一種 '過度社會化' (oversocialized) 的理論。又如前已提及 Gouldner (1970) 謂結構功能論本質上乃是福利社會下的保守產物。Giddens (1976) 也指出，西方之社會學理論乃工業社會的產物，充滿著迷思與偏見，罔視變遷來源來自外在誘因之第三世界的社會結構與變遷模式。

誠如 Habermas (1971) 所指出的，人類知識的社會基礎，除了建立在 '技術旨趣' 與 '實用旨趣' 外，尚有 '解放旨趣' (emancipatory interest)。此一旨趣，乃人於歷史過程中，透過自我反省和自我批判，從歷史的種種制約限制中，尋找解放的途徑。話說回來，固然技術與實用旨趣在社會演化過程中，一直扮演著極為重要的角色，但演化過程的根本，終究還是在於人類企圖認定種種的桎梏，並且尋求解放。以往中國

社會學大多乃在前二者的旨趣下發展，如此實狹窄化了社會學的社會功能。我們應當明白，不同於自然科學的知識，社會科學的知識本身就具有意識啓蒙的性格，它可以形成一股社會力量來引導社會變遷，馬克思的理論卽是一個明例。社會的運作乃仰賴人之意志與意識是否能夠集合起來，然後透過社會中的種種管道來產生作用。只要條件成熟，任何社會理論都可能成爲主導社會變遷的動力。因此，社會理論具'實踐'的動力，理論與實踐之間是有辯證的可能。倘若發揚人道精神與推展人類共同理想乃知識事業的社會目標，則社會學有一責無旁貸的任務，那就是：尋找較爲合理而且可行的理念，然後根據此理念勾勒參考的理論模式，用來做爲分析社會的依據，並且在此基礎之下，讓建構出來的理念來積砌理想，以引導實在的變遷。這個理想是什麼，西方學者(如 Habermas) 已做了努力。雖然至今尚未有定論，但至少這是一個嚴肅的重要問題。

總歸來說，社會學的知識可以看成是一門技術，也可以看成是一門具實用意義的實徵學問，但它更可以是一門具有解放人類社會的學問。基於這樣的認知基礎之下，社會學要'中國化'，其最高的目標不應只是停留在技術與功利實用兩個層面，而是在於反省和批判隱藏在西方社會理論背後的意理與價值，挑勾出其所具有之獨特歷史與文化背景，並且對中國特有的社會思想傳統與文化歷史條件從事解析的工作。惟有透過如此多元性的學術開展的努力，中國社會學才可能有其特色，爲整個世界社會學界，提供寶貴的經驗，更爲人類未來文明貢獻智慧。倘若這是社會學中國化的最高理想，無疑的，一向中國社會學所具之'實用'、'實證'、'移植'、與'加工'性格，不是需要加以調整，就是需要加以消除。讓中國社會學者，在特有的文化與歷史經驗中，對中西雙方的既有社會學知識加以檢證與反省，從而孕育其獨特的見解，提供另外的角度

與視野，來帶動 '啓蒙' 的工作。只有中國社會學具有 '批判' 與 '啓蒙' 的
性格，社會學中國化才有意義。

　　（原文刊登於楊國樞與文崇一編「社會與行為科學研究中國化」中
央研究院民族學研究所專刊乙種10號，民國71年，115-152。）

參 考 書 目

胡適等
　　1968　胡適與中西文化。臺北：水牛出版社，民國 57 年。

梁漱溟
　　1977　東西文化及其哲學。臺北：問學出版社，民國 66 年。

孫本文
　　1948a　二十年來之中國社會學。上海，民國 37 年。
　　1948b　當代中國社會學。上海：勝利出版社，民國 37 年。
　　1972　七年來的社會學。民國 61 年。

費孝通
　　1943　祿村農田。上海：商務，民國 32 年。
　　1957　"關於社會學的幾句話"，上海文滙報，民國 46 年 2 月 20 日。

張　灝
　　1980　晚清思想發展試論——幾個基本論點的提出與檢討，見張灝等編；
　　　　　晚清思想，頁 19-33，臺北：時報出版公司，民國 69 年。

楊懋春
　　1963　勉齋文集，臺北。
　　1976　"社會學在臺灣地區的發展"，中國社會學刊，第 3 期，1-48，民國
　　　　　65年。

葉啓政
　　1980　近代中國文化面臨的困境。見中國論壇社編：挑戰的時代，頁 17-
　　　　　43。臺北：聯經出版社，民國 69 年。

蕭新煌
　　1980　"社會學中國化的結構問題；世界體系中的範型分工初樣"論文宣讀
　　　　　於中央研究院民族學研究所主辦之 '社會及行為科學研究的中國化'
　　　　　研討會。

蕭新煌與張苙雲
　　1981　"對國內社會學經驗研究的初步反省，"論文宣讀於中央研究院民族

學研究所主辦之"理論與方法"研討會。

龍冠海

　　1969　社會學。臺北；三民書局，民國 58 年。

　　1975　"應用社會學在中國的發展"。見氏著：社會學與社會工作，臺北，
　　　　　民國 64 年。

Adorno, T. W.

　　1974　*The Positivist Dispute in German Sociology.* (trans. by D.
　　　　　Frisby):London.

American Sociological Association

　　1980　*Footnotes*, vol. 8, No. 7.

Bauer, R A.

　　1966　*Social Indicators.* Cambridge, Mass.: MIT Press.

Becker, H. & H. E. Barnes

　　1938　*Social Thought From Lore to Science.* Vol. III. New York:
　　　　　Dover.

Berger, P. L. &T. Luckmann

　　1966　*The Social Construction of Reality.* Garden City. New
　　　　　York: Doubleday.

Campbell, A., P. Converse, & W. Rodgers.

　　1976　*The Quality of American Life.* New York: Russell Sage
　　　　　Foundation.

Durkheim, E.

　　1938　*The Rules of Sociological Method.* The Free Press of
　　　　　Glencoe.

Edwards, D.W.

　　1959　*Yenching University.* New York: United Board For Christian
　　　　　Higher Education in Asia.

Gerson, E.

　　1976　On quality of life, *American Sociological Review,* Vol. 41,
　　　　　793-806.

Giddens, A.

　　1974　*Positivism and Sociology.* London: Heinemann.

　　1976　Classical social theory and modern sociology, *American
　　　　　Journal of Sociology,* Vol. 81, 703-729.

Gouldner, A.
　　1970　*The Coming Crisis of Western Sociology*. New York: Avon Books.
Gurvitch, G.
　　1962　*Dialectique et Sociologie*. Paris: Flammarion.
Habermas, J.
　　1971　*Knowledge and Human Interest*. (trans. by J. J. Shapiro) Boston: Beacon.
Hsü, Leonard S.
　　1927　The teaching of sociology in China, *The Chinese Social and political Science Review*, 3, 11-17.
　　1931　The sociological movement in China, *Pacific Affairs*, 4, 283-307.
Kolakowski, L.
　　1972　*Positivist Philosophy*. London.
Kuhn, T.
　　1970　*The Structure of Scientific Revolutions*. Chicago: The University of Chicago Press
Kyburg, H. E. Jr.
　　1974　*The Logic Foundations of Statistical Inference*. Dordrecht, Holand: D. Reidel.
Levenson, J. R.
　　1965　*Confucian China and Its Modern Fate*. Chicago; The University of Chicago Press.
Levine, D. N., E. B. Cartar and E. M. Gormon
　　1976　Simmel's influence on American sociology. I., *American Journal of Sociology*. vol. 81, 813-845.
Lin, Y. S.
　　1979　*The Crisis of Chinese Consciousness*. University of Wisconsin Press.
Liu, B. C.
　　1975　Quality of life: Concept, measure and results, *The American Journal of Economics and Sociology* vol. 34.
　　1976　*Quality of Life Indicators in U. S. Metropolitan Areas*.

New York: Praeger.

Mannheim, K.

1936 *Ideology and Utopia.* New York: Harcourt, Brace & World.

Mullins, M. C.

1973 *Theories and Theory Groups in Contemporary American Sociology.* New York: Harper & Row.

Northrop, F. S. C.

1946 *The Meeting of East and West.* New York: Macmillan.

Radnitzky, G.

1968 *Contemporary Schools of Metascience.* Scandinavian University Books.

Schutz, A.

1973 *Collected Papers* I. The Hague: Martinus Nijhoff.

Shils, E.

1972 Intellectuals in the political development of the new states, in *The Intellectuals and The Powers and Other Essays.* Chicago: The University of Chicago Press. 386–423.

Suppes, P.

1969 *Studies in the Methodology and Foundations of Science.* New York: Humanities Press.

Suppes, P. & J. L. Zinnes,

1963 Basic measurement theory, in R. D. Luce and others, ed., *Handbook of Mathematical Psychology.* vol. 1. New York: John Wiley.

Weitzenhofer, A. M.

1951 Mathematical structures and psychological measurements, in B. Lieberman (ed.) *Contemporary Problems in Statistics.* Oxford University Press. 15–28.

Wong, Siu-lun

1979 *Sociology and Socialism in Contemporary China.* London: Routledge and Kegan Paul.

Wrong, D.

1961 The oversocialized conception of man in modern sociology. *American Sociological Review,* vol. 26. 189–193.

八、邊陲性與學術發展——再論社會
科學中國化

　　中央研究院民族學研究所，於 1980 年 12 月 21 日至 24 日，在臺北
市南港召開「社會及行為科學研究的中國化」的研討會，於是會中，筆
者曾以「從中國社會學既有性格論社會學研究中國化的方向與問題」為
題，檢討我國，尤其臺灣地區三十多年來，社會學發展的問題（葉啓
政，1982a）。

　　於是文中，筆者乃就文化社會學的角度來討論三項問題：（1）中國
社會學發展的社會與文化背景和顯現的性格，（2）社會學研究中國化的
基本目標，和（3）實現此目標的必需條件和一些可能面臨的問題。因
此，整個寫作的主旨乃側重中國社會學之發展的歷史背景和顯現之性格
的事實描述。對於中國社會學所面臨的困境和問題，也偏重於事實的確
認，而缺乏對整個客存的社會與文化條件加以系統的解析。職是之故，
雖然筆者把「實現此目標的必需條件和可能面臨的問題」列為是文之討
論主題，但是，事實上並沒有充分地發揮。

　　基於以上的理由，更有鑒於學術發展乃重建新中國不可或缺的重要
環節，吾人實有必要對社會科學中國化的問題繼續加以探討。在此動機
的驅使之下，本文乃延續筆者上文所提的論點，嘗試透過知識社會學的

角度，就既有展現的社會結構條件，繼續對社會科學中國化所可能面臨
的問題加以討論。希望經由這一系列的討論，能够對我國社會科學未來
的發展，提供些微的參考，聊盡忝爲中國社會科學界之一份子的責任。

一、中心與邊陲的關係本質——
一種統制的形式展現

　　Simmel（Wolff, 1950: 181-189）曾指出，在任何社會互動的情境
之中，人與人之間都可能有優勢（superordination）與劣勢（subordina-
tion）之不同處境的區分。他稱這種具優劣勢之不同的社會關係爲「統
制」（domination），亦卽：居優勢地位的成員具有影響、決定、控制
居劣勢地位之成員的能力和機會。毫無疑問的，這種統制關係的存在，
很容易地卽在人羣之間形成階層，也因此產生中心與邊陲的社會關係形
式。美國社會學者 Shils（1975:3）卽說道：「每個社會的結構裏，都有
一個中心區域。這個中心區域以各種方式對几生活在此一社會所存在的
區位範圍內的人們施以影響。」

　　理論上，「中心——邊陲」的階層關係可以說是無所不在的。它不
但存在於同一個社會中的不同羣體之間，而且也存在於兩個人的互動關
係之中。更重要的，這種關係形式可以推展至國與國、社會與社會、和
地區與地區之間。因此，中心和邊陲的相對存在可以說是一個已具互爲
主觀（intersubjectively）共認的自明現象，實無庸再加擧證，諸如：
工業社會（中心）相對農業社會（邊陲）、歐美社會（中心）相對亞非
社會（邊陲）、已開發國家（中心）相對未開發國家（邊陲）、城市（
中心）相對鄉村（邊陲）、大傳統（中心）相對小傳統（邊陲）、精英
份子（中心）相對大衆（邊陲）、中央政府（中心）相對地方政府（邊

陲）等等，均是展現在社會裏，為大家所共認，而且實際也正運作的客存事實了。因此，我們當刻迫切待解的問題並非在於「中心」與「邊陲」的事實認定之上，而是「此二者之間所展現之關係的本質為何」的問題了。

在此，讓我們回到 Simmel 對統制現象所提出的一個見解上。他說：「一般而言，沒有人期冀他的影響完全決定其他人，他往往只是希望所施影響、對別人所做的決定，能夠回饋到自己的身上來。因此，乃至是一個抽象未來式的統制，都是一種互動的個例。」（Wolff, 1950: 181）雖然 Simmel 指涉的對象是個體，但是，他的指涉可以推展到個體以外的社羣實體，包含社羣團體、家庭、組織、社會、國家、乃至地區等等。Simmel 指涉的對象為何並不是重點，我們引用他這段話的重點是在於「統制是一種互動形式」此一命題的涵義。

事實上，「統制是一種互動形式」這樣的命題，大家都會接受，並沒有什麼了不起的意思。顯而易見的，假若不是有分別是優勢和劣勢的雙方相對立存在，而雙方又不具備有互動關係的可能，統制是一個無意義的概念。因此，假若 Simmel 這句話有更具深刻涵義的地方，那應該是：到底，它是一種怎樣的互動形式？我們所以引用 Simmel 這個概念，說實在的，也正是要引導出這一個問題來。

簡單地來說，統制關係所展現的互動是一種不平等的交換形式。它展現在人際或社羣之間是如此（Gouldner, 1956）；展現在國與國、社會與社會，或地區與地區之間更復如此（Wallerstein, 1979），可以說是幾無例外的。照理說，人都有要求被平等、公平對待的需求。尤其，在西方人本為主之人文精神的主導下，要求合理的平等對待，更是蔚成風氣。此一思想的風行披靡所及，人又如何能夠忍受不平等的交換形式存在呢？無疑的，這個問題牽涉到中心與邊陲之統制關係所以能夠維繫的

社會本質了，也是本文之論證在概念上所依賴的基本脈絡，值得在此加以闡明的。

基本上，交換互動是否平等，乃是主觀認定的問題。這種主觀認定可以有兩個層面的指涉：(1)它可以指涉互動之兩造的認知狀態，(2)它也可以指涉第三者（包含從事研究分析該互動的社會科學家）的認定狀態。因此，一個互動關係很可能在第三者眼中是不平等的統制關係，但在互動兩造的眼中卻是平等合理的；反之亦然。最典型的例子即是 Marx 對資本社會中之工人處境的詮釋了。在 Marx 眼中，資本社會中的工人是處於被剝削的不利狀態，但事實上，身處其境的工人卻未必有如此的體認，乃至他們認為所接受的對待已是相當合理而公平的。姑且不論這種主觀的認知是否源於如 Marx 所說的乃因工人接受了誤謬意識 (false consciousness)，缺乏啓蒙的刺激，以至使他們不清楚自己的不公平處境。我們在此所要點明的是一個常見的重要現象，那就是：統制關係一直是存在人的社會之中，乃至宣稱為無階級存在，因此無剝削之統制關係的共產社會，亦不可倖免的。職是之故，統制關係是不可能完全避免的。固然人類一直有追求平等與合理的社會關係的理想，但是統制關係一直存在，卻是具現實意義的事實。

大體而言，統制關係所以會存在乃由兩個可能的社會機制所促成。最原始的社會機制即是透過武力的方式壟斷社會資源，以使優勢者保證有主宰劣勢者之行止的強制力量。雖然這種原始的統制形式並不是只存在於初民社會之中，而在文明社會裏也常可看見，但是，在今天普遍揭櫫民主、自由、法治制度與精神的社會裏，這種統制的形式是不為人們所喜欲，也不為人們所接受的。再者，就展現在中心社會與邊陲社會之間的學術發展關係而言，強制性之統制關係並非常見的運作形式，其所展現的形式是建立在另外的基礎之上。這個基礎，簡言之即是制度化權

威之正當性 (legitimacy through institutionalized authority)的樹立。

Shils (1975:3) 認為，「中心或中心區域，乃是一個有關價值與信仰範疇的現象。它是統治社會之價值、信仰、象徵秩序的中心：它之所以是中心乃因為這是終極，而且不可再化約的；⋯⋯因此中心地區具備神聖 (sacred) 的本質。」他復謂：「中心也是一個有關行動範疇的現象。它是在制度網絡之中有關活動、角色、和人的結構。就在這些角色之中，具中心意義的價值和信仰被嵌入，也被提出。」(Shils, 1975:3) 因此，「中心制度體系可以被描述為是一組為中心價值體系確認為正當的制度。」(Shils, 1975:6)

從上面的引文中，Shils 很清楚地指出了一個中心之所以成為中心的重要社會機制，那就是：透過一套價值與信仰體系的社會化作用，形成一個具有「正當」意義的制度化權威體系。說得更平白些，中心所以形成，除了憑藉上述的武力強制作用之外，其最主要而常見的方式是透過長期說服影響的社會化或生機條件的控制統御過程來樹立其權威的地位，而這種過程往往被視為是正當合理的。這也是何以原本可能具不平等交換之統制關係的互動形式可以順利延續，而不為人們所察覺的理由。制度化之權威所內涵的「正當性」本身往往可掩蓋了關係可能具有不平等的性質。人們處於其中，總把它視為理所當然的社會常軌，而不自覺到其中所可能具有的「統制」意義了。這種制度化權威正當性的展現，說起來，即是邊陲社會之學術體系，對中心社會之學術體系，產生高度依賴和移植性格的根源。

Shils 對中心所具之權威正當性的理解，基本上乃依循著結構功能論一貫主張之社會整合的立場來鋪陳。他的關照焦點在於一個社羣對某種特定目標之內在自延性的實現與統整。這種思考的模式乃結構功能論者最主要的社會本體基設，在今天的社會界中，這幾乎已為大家熟悉，

實無庸再多加贅言❹。總之，站在一個社羣內部本身的統整結果立場，中心地區所展現的意義，可以正是如 Shils 所揭示的。它不但代表價值和信仰的象徵中心，而且也是制度化之行動的指導中心。但是，我們不應只從社會結果，更不應只從單一社羣本身的統整格局來看中心和邊陲的關係，因爲誠如上述的，這樣的理解會掩蔽了中心和邊陲之間所可能存在的不平等，乃至剝削的統制關係的意義。基於這樣的考慮，我們若欲瞭解中心與邊陲之關係——尤其是指不具共屬認同的不同社羣（或國家、社會、地區）——所具有的特質，就不能不對中心之影響所具的「制度化權威的正當性」加以解析了。由於本文之主旨在於探討中心與邊陲之學術發展的關係，我們因此把有關「制度化權威的正當性」的討論侷限在於學術體系（或更擴大而言，文化體系）的範疇上。同時，由於我們的最終關照是學術中國化的問題，因此我們也就把討論再限於是中心社會（歐美）與邊陲社會（卽亞非，在此則特指中國，尤其臺灣地區）之間的關係，而不是如 Shils 所意指的：同一個社羣內的中心與邊陲的關係。

二、中心文化的權威正當性形成的社會過程

從歷史的角度來看，十九世紀以來，人類世界所呈現的中心與邊陲關係，必須擺在整個世界的政治和經濟體系的架構上來關照，才可能有貼切的理解（Wallerstein; 1974, 1979:152-164, 1980;Frank, 1967, 1969a, 1970）。事實上，在西方資本國家之帝國殖民主義尙未具形之前，世界不同地區早卽已呈現有中心與邊陲的格局。例如，以往中國在亞洲卽是

---

❹ 有關對結構功能論的批判，參看 Bernstein(1976)、Giddens (1974, 1977, 1979)、Gouldner (1970)、葉啓政 (1982b)。

中心，而越南、高棉、韓國等地則爲邊陲。只是，在當時，中心和邊陲的關係僅及於有限，乃至形式上的政治統制關係的維繫。邊陲對中心經濟上的依賴並不明顯，然而，十九世紀以後，西方中心社會對亞非邊陲社會的統制關係就不是如此了，其所統攝的範圍就幾乎是無所不在了，此時中心與邊陲的統制關係是全面而緊扣的。

譬如，在第二次世界大戰之後，聯合國組織下之拉丁美洲經濟委員會 (United Nations Economic Commission for Latin American, 簡稱 ECLA)，以阿根廷之經濟學者 Prebisch 爲首的學者專家即指出，西方工業先進國家與拉丁美洲工業後進國家之間的貿易條件，即一直存在有不平等的交換地位。西方工業國家以昂貴的機器、奢侈品、和技術密集的工業產品向拉丁美洲輸出，而拉丁美洲則只能以廉價的初級原料向外輸出 (United Nation, 1963)。其實，中心與邊陲國家之間不平等的交換，早在西方中心社會之帝國勢力一開始伸展出來時即已存在了。只是，當時並沒有爲邊陲國家的人們所普遍注意到而已。這種不平等的統制關係，最明顯的乃見諸於十九世紀以來西方帝國主義國家和其殖民屬地或次殖民地間政治上的主從統制關係。等到亞非殖民地紛紛在政治主權上獨立以後，統制的關係，還是像一隻看不見的手，悄悄地繼續存在於學術、文化經濟等的層面上。這些年來，從 Baran (1957) 以降，以 Frank (1967, 1969a, 1970)、Amin (1974, 1976) 等人爲首的「依賴理論」 (dependency theory)，即把存在於中心與邊陲之經濟與社會發展的結構依賴關係明白地點明出來。

認眞地加以考察，我們不難發現，十九世紀以來之西方中心社會與非西方邊陲社會的依賴關係，並不止於政治與經濟的層面，而尚延展到文化的層面，尤其是學術思想的發展（參看 Frank, 1969b; 蕭新煌, 1982; 葉啓政, 1980, 1981, 1982a)。因此，今天邊陲社會對中心社會的

依賴幾乎可以說是全面、潛伏，而且無所不在的；相同的，中心社會對邊陲社會的統制也是全面，縱然並非明顯展現的，也是如 Aadam Smith 所說的一隻看不見的手，無所不在地潛伏著。

今天邊陲社會所以對中心社會產生高度的依賴，乃如上述的，必須從中心社會之象徵和行動制度體系所具之權威正當性來著手。然而，何以中心社會的象徵和行動制度體系具有權威正當性呢？這又不能不從近代西方中心社會的文化性格和社會結構來解析了❷。在此，讓我們引用 Polanyi (1944) 的說法來談起。Polanyi 從政治經濟史的觀點來分析十九世紀的西歐文明。他認為西歐社會在十九世紀可以說是處於大轉型的時代，其所以如此有四個重要的制度基礎。它們分別是：(1) 具均衡狀態的國際政治體系，(2)足以發展世界經濟的國際黃金標準，(3)自由政府型態的樹立，和(4)自我調整的市場產生。從「中心——邊陲」的統制格局來看，我們在此只關心第四個制度基礎，即市場社會的產生。

或許誠如 Marx 在「資本論」中所言的，資本社會的一個最突顯性格即商品化的市場社會。不管其間是否有必然性的內在關係，資本社會的生產不是為了直接消費，而是透過交易以牟利，乃是一個歷史的鐵律。因此，爭取商品市場，幾乎是任何資本社會（包含國家資本主義的社會）必然採取的手段。基於如此結構上的必然要求，西方中心社會，在十九世紀，發展出帝國主義，自是可以理解的歷史趨勢。就中國而言，十九世紀以來，西方列強所以一再要求清庭開埠通商，無疑的即是看中了中國廣大的市場的緣故。在此重利動機驅使之下，武力的介入很

---

❷ 嚴格來說，我們實難把今天西方社會之所以成為中心的原因完全歸諸於此處所言及之文化性格、或經濟生產型態、或社會結構。任何社會現象所以形成，其決定之因都是複雜多元的，但是，為了理解其來龍去脈，從事抽絲引線的工作是不得不做的。準此，我們使用 Weber (1946, 1968) 引用康德之選擇性親近 (elective affinity) 的方法論立場，則如此的討論應當是合理可行的 (同時，參看 Horse, 1978)。

自然的是開拓國外市場最有效，雖可能是最後的後盾。這從中國與英國之間的鴉片戰爭，以及以後一連串的戰爭可以看出來。

總之，今天所展現在世人眼前的中心與邊陲的統制格局的型態，與西歐社會之資本主義的形成存有著不可分割的歷史臍帶關係。僅祇從市場社會的形成，尚不足以說明何以西歐社會成為世界中心，而亞非社會成為邊陲的命運，因為市場社會的形成，嚴格說來只是一個充分的歷史條件，而不是必要的結構因素。西歐所以成為中心有一重要的必要條件，那就是：其文化具有優越的生機控制性格，而最足以展現此一性格的莫過於是「科技」（technology）。

所謂「生機控制性」乃指一個個體或社羣所具備保證自身或其成員足以控制外在環境來維持獨立生存的機會和保證人格發展的有利條件的程度。若用 Parsons 之 AGIL 的概念來說（Parsons, 1970），即一個個體或社羣保證具有獨立而自主地 (1) 調適環境、(2) 獲致目標實現、(3) 維持整合、和 (4) 貫徹具個性之文化模式的能力❸。為了釐清這個觀念，更為了說明它對中心社會的社會意義，讓我們在此再引用 Habermas（1970:81-122）的一個觀念，「優勢標準」（superior criterion）來加以補充。根據 Habermas 的意思，任何的社會都有一套界定社會以何種姿態來運作的標準，此一標準乃決定運作方式的正當性，也因此界定了它的效率指向，Habermas 稱之「文化傳統的正當效率」（legitimatized efficiency of cultural tradition）。

大體而言，在文藝復興之前，支配西方社會之「文化傳統正當效率」的「優勢標準」是建立在以君王、貴族、地主與教士為中心的政治權威之上。在社會中，行動是否正當或合法、是否具有效率，均以如此之政治權威能否貫徹為準則。但是，自從文藝復興，尤其工業革命以

❸　關於「生機控制性」的討論，參看葉啓政（1980:19-25）。

後，西方社會的優勢標準改變了。伴隨著人本觀念、理性主義、自由民主思想、資本主義的興起，西方社會的優勢標準已不再只建立在政治權威的單元軌道上，政治權威所具武斷的「命令法則」喪失了主宰的專利，而爲隱藏在自由民主思想、人本主義、與資本市場社會結構中之「理性」（rationality）取代了其所具有的優勢標準的地位❹。近代西方中心社會所以具有高度生機控制性的文化展現，說來即建立在此一「理性」的優勢標準上使然的。

關於近代西方「理性」的社會學涵義，已爲修習西方社會學者所熟稔，加以本文之主旨並不在此，因此實無再加申述之必要。我們所以兜個圈子來談「生機控制性」，用意至明，乃企圖指出其所以在近代社會具有重要社會意義的根本。簡言之，西方中心社會的文化所以展現高度的生機控制性，乃因它透過科技的發展，能夠以具有效率的方法和工具❺，來控制其他人、社羣、或外在環境，以達到擴展自己之權力、財富、利益或影響力的最大效用。這種展現在科技與科層（bureaucracy）之工具理性（instrumental rationality）的運用，是今天西方所以成爲中心，而亞非社會淪爲邊陲，也是整個世界透過市場的運作而成爲一個體系的基本歷史動力。

---

❹ 在西方社會思想傳統中，理性是一個爭議頗多的概念，很難以單一標準來釐清的。一向，西方社會學者論理性，乃從 Weber 的傳統說法爲始點。乃至有關 Weber 對理性的詮釋，後人見解也頗不一致，讀者可參看 Schluchter（1979）、Eisen（1978）、Kalberg（1980）、Wilson（1979）、Putrnam（1981）。

❺ 在此，效率乃指以最少人力、資源、財力、時間以收最大效用而言，即 Weber 所謂的精算（calculability）。爲了釐清前文 Habermas 所提之優勢標準的歷史涵義，此處的效率的社會指涉對象並不侷限於政治權力上的有效掌握，而是多元地包含各個層面。當然，政治控制和經濟發展是兩個最主要的指涉對象。事實上，內涵在西方理性概念內的功利意義的效率與效用，已滲透到社會中的各種不同互動形式之中了，甚至一向認爲是以親情交流爲主的朋友或親屬關係，亦不能倖免了。

　　仔細地加以思索，固然西方社會所以成爲世界體系中的中心基本上
乃因其文化本質具高度之生機控制性的緣故，但是，單憑表現在調適與
控制環境（包含其他人與其他社羣）上的科技優勢，尚不足完全解釋其
所以成爲中心的事實，也無法完整地說明其所展現的文化具有制度化權
威之正當性的緣由，更不足用來勾勒中心與邊陲之依賴關係（至少體現
在學術發展上）的衍生過程。西方社會挾持科技優勢之生機控制性所以
發揮了其絕對的優勢力，尚與一重要的社會過程有關，此卽「文化優勢
的擴散作用」。

　　儘管傳統結構功能論者，如 Parsons (1951)、Merton (1968:73-
138)，一再地指出社會之不同體系有其結構和功能上的自主性❻。但是，
從中心社會之文化展現在邊陲社會的發展歷史來看，不同層次之文化體
現，從傳散的角度觀之，並不是完全絕緣而獨立自主的。我們發現，當
某一個文化體中的某些基素佔優勢時，則此一優勢地位有擴散至其他基
素的趨勢。這種文化優勢的擴散，不但加大而且加深了劣勢者採納優勢
者之文化的範圍，而且也因此締造了明顯的中心與邊陲的階層關係。

　　過去的歷史經驗告訴我們，當一個文化體具高度生機控制性時，此
一文化的優勢性較易擴散到其他的文化層面上去。譬如，自清中葉以
來，我們中國人開始是學習西方科技，希望藉此以夷制夷，才遂有張之
洞之「中體西用」的論調。但是，後來中國人發現，單學西方的科技還
不足，尚應學習他們的典章制度，康梁變法卽是一個明例。再後，中國

---

❻　個人認爲，結構功能論者對「自主性」的主張，基本上乃深受自然科學之
　　實證客觀主義的思潮影響所致。雖然，從其思想淵源背景來看，這種主張
　　乃把社會比擬有機體的自然推演結果，但是，事實上，這種主張所以能
　　够在經驗上得到相當程度的支持，乃因 (i) 西方自由自主的思潮產生潛意
　　識作用，早已在人類社會結構之中注入了自主趨勢的潛在因子了，和 (ii)
　　這種潛意識的結構趨勢隨著西方中心社會之勢力向亞非邊陲社會擴散，使
　　得成爲普遍性的趨勢。因此，此一「自主性」的概念，實值得再認眞地加
　　以解析的。

人又發現，學習典章制度還是只停留在模倣皮毛階段，我們更應當脫胎換骨地，從思想、觀念、價值、和信仰體系上做根本的改革，這是五四時代之運動的基本目標（參看：Chow, 1960 金耀基, 1978; Lin, 1979）。從這一個例子，我們卽看到「文化優勢的擴散作用」了。

　　然而，何以較具生機控制性的文化體系，具有文化優勢之擴散的潛勢？若要週延的回答這個問題，必須涉及到 (1) 文化體系中，象徵、制度、行動、與器用四個次體系間的關係本質、(2) 生機控制性與個體或社羣存在的關係、和 (3) 人之基本需求等等複雜的問題。這些問題的處理頗費周章，而且也非本文主旨，因此就無法在此討論了。不過，我們必須指出的是，任何一種文化體（如科技），都必然同時可能包含象徵（指價值、觀念、信仰等）、制度、行動、與器用四個層面的考慮，因此，優勢之擴散，某個程度上而言，幾乎是不可能完全避免的。對文化處於劣優的社羣而言，欲使優勢文化不至於產生無限膨脹，只有一途是較有根本而有效的，那就是：社會中具有高度的自覺、反省、和批判意識。但是，事實上，要求社會中所有成員具備這樣的意識覺醒狀態，那是不可能的，人羣之中，到底永遠是有階層差別的。

　　總結來說，從歷史的角度來看，中心社會的文化所以對邊陲社會產生權威正當性的神才魅力（Charismatic）作用，其文化展現成爲邊陲社會模倣採納的對象，基本上乃因它具有高度生機控制性的緣故。邊陲社會爲了自主生存，首先採納中心社會的「生機控制」文化（科技卽是）。但是，因爲此類文化所涉及的不只是器用技術，而是一套同時包含象徵、制度、與行動等的體系，因此，文化優勢的擴散作用，也就在無先前經驗足以產生反省與批判意識的情況之下，不自主地發生了影響力。這種文化優勢的潛意識作用，是中心社會的文化體所以具有權威正當性的社會條件。在如此長期潛移默化的社會化過程之中，邊陲社會所具的

邊陲性很自然地就被塑造出來，乃至縱然產生了自覺，往往也覺得欲振乏力，難以力挽頹勢了。

三、邊陲社會之學術體系的外傾依賴性

美國社會學者 Bell (1973) 曾指出，所謂「後工業社會」有一重要的特徵，即理論知識 (theoretical knowledge) 日漸抬頭。Blau (1974) 亦表示，在今天的工業先進國家，技術有分歧 (bifurcation of skills) 的趨勢。一方面，生產自動化從某些工作更趨路徑化 (routinization)；另一方面，卻使某些工作更具特殊化 (specialization)。此一分歧結果，導使知識在整個生產結構與科技發展過程中的地位更形重要。今大資訊科學與管理科學的迅速發展即是一個明例。總之，誠如 Nisbet (1976) 所說的，今天的西方科技所以有如此的成就，即是因為它背後有一套完整的科學知識體系為其後盾的緣故。職是之故，在工業化的過程中，技術與知識的結合是一種必然的導向。基於這個理由，一個邊陲社會向中心社會學習技術，勢必也聯帶地學習它們的知識。這是何以邊陲社會的知識體系（或謂學術體系）深具移植性格的歷史背景。

要瞭解邊陲社會之學術體系的基本性格，還得回到上述界定「文化傳統之正當效率」的優勢標準上來。我們將從兩個角度來看：第一是有關學術體系本身的優勢標準的問題。第二是有關整個邊陲社會之結構組成的優勢標準的問題。這是一個涉及邊陲社會內部政治與學術之間的關係的問題。在這一節中，我們討論第一個問題所引伸的現象。第二個問題，留待下一節再討論。

既然西方之科技所以有今天的成就，是由於其背後有一套源遠流長的完整科學知識體系為其後盾所致，西方之知識（學術）體系的基本性

格爲何，很自然地是一個關鍵的問題。關於這個問題，Weber (1946)
的一篇演講稿「科學是一種天職」（Science as a vocation），可以說
是最佳的描述。Weber (1946:152) 指出：「今天的科學是一種天職，
它由一些特殊化的訓練所組成以求自我澄清 (self-clarification)，並且
形成一套具互相關連之事實的知識，它不是散佈神聖價值與天啓之先知
和預言家的恩典禮物，也不是探索宇宙意義之聖賢和哲學家沉思的分享
品。」因此，科學導使「我們的時代命運具有理性化與知識化，尤其
『爲世界去除魔障』（The disenchantment of the world）的特性。
更精確地說，有關極終或最爲崇高的價值從公衆生活中撤退，它不是
成爲神秘生活的超越領域，就是潛入直接和個人之人際關係中的友愛之
中。」(Weber, 1946:155) Weber 這一段話有一個相當根本的涵意，那
就是：理性化乃表現在科學之上，也因此成爲西方學術體系中判準行動
的優勢標準。事實上，我們在上文中已指出了，理性化不但是西方學術
體系的優勢標準，而且也是整個現代西方社會展現形式的優勢標準。

那麼，到底西方學術之「理性化」優勢標準內涵爲何呢？Merton
(1968:604-615; 1973: 267-278) 所提出之「科學風氣」(the ethos of
science) 可以說是最爲典型而傳神的說明。他認爲，科學風氣有四個特
徵：普遍取向 (universalism)、共屬取向（communism）、利益中立取
向 (disinterestedness)、和有組織的懷疑取向(organized skepticism)。
在此，我們先就普遍取向來引伸西方學術體系之理性化的內涵，以用來
說明邊陲社會之學術對中心社會之學術的依賴情形。Merton (1973:270)
把西方學術之普遍取向形容爲是一種「不管其源爲何，建立在一套預設
非人格化之準則的眞理宣稱 （truth-claims）❼。」用句時下流行的話

---

❼ 關於 Merton 在此所意指之「普遍取向」的指涉，可參考 Parsons(1951)。
　此一宣稱，晚近爲 Frank (1969b) 所批判，認爲是一個帶有濃厚中心優

來說，這就是客觀實證的檢證形式，它被認爲是用來理解現象，放諸四海皆準的經驗方法。

姑且不論內涵在科學理性內之具普遍效準的方法是否眞的是客觀可靠，西方學術體系的理性優勢標準卽建立在這樣的信念之上，這也是西方「文化傳統之正當效率」得以形成的基礎。尤其，具高度生機控制性之科技成就證實了知識所具功利實用的效果，西方學術傳統的權威正當性遂因此加以奠定。因此，西方學術體系之科學方法所展現的理性格局所以成爲整個知識體系的優勢標準，並不只是源於其知識體系本身具周延與體系性，而主要的是因它經由科技，在政治、經濟、軍事、乃至日常生活中，表現了方便和外控能力的功利效用結果的緣故。

然而，難道邊陲社會一向就沒有自己的學術體系嗎？此一學術體系也沒有自衍的優勢標準嗎？若有，那又何以無法與西方之科學理性的優勢標準相抗拒？這些問題都直接關係到邊陲社會的學術發展，也直接觸到學術邊陲性的特質的問題，頗值得加以討論的。就拿中國當例子來說吧！在傳統中國社會裏，儒家思想一直是支配知識體系之性格的優勢標準。縱然此一優勢標準也可以說得上是理性的一種展現形式，此一理性的本質卻非有如西方的科學理性，而是具人文主義色彩的泛道德倫理的理性模式（參看唐君毅，1974；韋政通，1968）。這種文化的優勢標準基本上是建立在肯定成就道德的哲學基礎上，其運用所及是傾向於飾化、提升、和修鍊人存在之終極價值的精神領域，對於基本獨立自存和物質條件之外控能力的強化，則難以有實質上的改善和助益。但是，人

勢社會之意識型態的概念。在此，我們無意介入這場論戰。當我們說科學具有普遍取向時，我們只是站在 Merton 的立場來看。易言之，我們在此把科學的「普遍取向」當成一個既存的社會事實，而不是知識論上的眞理事實來看待。我們關心的，不是此一取向的眞偽，而是它對邊陲社會之學術發展產生了怎樣的影響，具有怎樣的社會學意義的問題。

的生理存在與獨立自主是最爲基本的，掌握此一生機的權力基礎也建立
在具控制外在環境的實質能力上。因此，此一成就道德性的優勢標準，
一旦與以強化生存機會與外控能力的科學理性的優勢標準接頭，很自然
地顯得軟弱無力。正因爲如此，縱然中國文化傳統已有頗具規模的高超
人文化成的文化成就，但是，十九世紀以來，此一文化傳統，一旦碰上
西方具高度生機控制性的科學文化，很自然會擋不住而逐漸瓦解，終淪
爲世界體系中的邊陲地帶。

　　總而言之，以科學理性爲優勢標準的西方學術、與以成就道德爲優
勢標準的中國傳統學術，不但本質上具異質性，而且亦具有不同的生機
控制的優劣條件。一旦，中國人，不管是基於圖謀自立自存抑或其他的
理由，必須學習西方知識時，他面對的是一個具強勢、陌生、而又異質
的學習對象，因此他幾乎必須由無中生有，而且也必然要相當程度地「破
舊」以「立新」。在此情形下，對中心社會的學術，總難免懷著既惶
恐、又具神聖膜拜心態來接待。常識經驗告訴我們，要一個人學習一樣
極具神聖意義，但卻又陌生而異質的事兒，他是很難一開始即能貼切地
掌握其內涵，更別說具有反省與批判的意識和能力了。處於這樣的情況
下學習一樣東西，很容易即產生非理性式的反應，不是一昧地抗拒，就
是大大小小地照章收單。這種學習心態持之若久，學術則喪失了自主的
性格，產生高度的外傾依賴傾向。

　　從上述中心與邊陲文化的優勢標準的本質來看，邊陲社會的學術向
中心社會的學術認同，並且產生幾近完全移植的依賴，是存在有其結構
上的必然因子的。此結構的因子不應只從文化本質上去尋找，更應從歷
史發展的角度，並且關照帶動學術發展之社羣動力來探索。若是，則必
然要觸及到邊陲社會的知識份子的特質，和留學此一帶動學術發展和社
會變遷的社會過程了。在此，我們無意味，留學乃必然導致邊陲社

對中心社會之學術產生高度外傾移植式的依賴。我們的意思是：在缺乏培養建立獨立反省與批判意識和能力的客觀條件下，留學具有產生學術外傾依賴的潛在作用。

一向，對亞非社會而言，選送優秀人才到中心社會留學是加速社會「現代化」❽的一條捷徑，而且事實上也是為各個邊陲社會所沿用的。當然，倘若一個社會必須學習一套完全陌生又具異質的知識，選送人才到有那套知識的地區留學，恐怕是惟一可行的有效途徑。在此必然趨勢下，邊陲社會採取留學政策以培育人才來推動社會變遷，並圖謀生存發展，乃是相當順理成章的措施。但是，在西方學術佔絕對優勢的客觀條件和邊陲社會之知識份子缺乏產生反省與批判意識的主觀條件下，留學乃意涵著四個重要而相關的社會現象會加速地產生。第一、社會既有文化傳統一定要面臨挑戰。第二、挑戰的結果，舊有文化傳統往往萎縮淪為邊陲，而外來中心社會的文化成為中心。第三、社會原有的獨特文化性格退化，而為外來文化性格所取代。第四、社會產生邊陲的自卑心態，中心文化具有懾服魅力，並且成為界定行動之正當性的權威依據。

何以邊陲社會的留學有助上述邊陲文化之依賴悲劇的產生？這得從留學此一社會過程所具之特質來解析了。基本上，留學可以看成是一種再社會化的過程。當然，以今天邊陲社會的學術體系所具的外傾依賴度來看，留學不應當是再社會化，而是移轉空間的繼續社會化，因為誠如上述的，邊陲社會的學術內容事實上已只是中心社會之學術內容的一種次級翻版而已。總歸言之，不管留學是再社會化或繼續社會化，它本質上是一種「意識」的塑造過程。其重要的涵義在於：此一塑造過程具有

---

❽　「現代化」本身即是中心社會加諸在邊陲社會上的一種「發展模式」的意識型態。說來，這是邊陲社會學術外傾依賴性的一個最佳寫照。關於這個概念的批判，論者甚多。可參考 Etzioni-Halevy (1982), Frank (1971), Wallerstein (1976), Smith (1973), Hoogvelt (1976)。

潛移默化一個人之思考模式、價值、信仰、態度、與認知的作用。它卻
未必對一個人有產生完全脫胎換骨的效果，但卻足以改變一個人的文化
消費品味與認知模式。這種文化認知與消費品味的改變，往往是一種潛
意識化的過程，因此一個來自邊陲社會的人出國留學，逗留中心社會愈
是長久，則潛意識化中心文化之價值、信仰、態度、認知、與行爲模式
的程度也將愈爲加深。Wang (1966)研究中國留學生，即發現：當年清
廷以庚子賠款爲基金送出國之幼童留學生，頗多滯留國外。即使回國來
的，也因無法重新調適國內的環境，有再度回留學國去的情形。

邊陲社會到中心社會的留學生滯留中心社會不歸是相當普遍的現象
(Shils, 1972)。何以如此，牽涉因素頗多，因此一問題並非本文討論的
重點，也就不再細說了。讓我們回到留學與學術外傾依賴性的關係的問
題上來。總結以上把留學看成是一個再社會化或繼續社會化的過程而呈
現的現象來看，留學的結果無異於是在爲社會製造具有強烈「邊際人」
性格的精英階層。

就身份而言，留學生是本土社會的一員；就羣屬情感而言，他也可
能對本土社會認同的；但是，就認知模式與文化消費品味而言，則留學
生往往是傾向接納，乃至歸屬中心社會的。再就社會責任與期許而言，
留學生歸國後的作爲是被期許爲主導社會變遷的中心份子。事實上，邊
陲社會所以派遣人才到中心社會留學，即已內涵具有改造既有文化和社
會結構體現的意向。在此社會羣體與個人期許的雙重壓力下，留學生往
往成爲傳統的破壞者、乃至叛離者，而且社會或多或少給予他們合法的
行使權力。總之，在中心社會之學術具有權威正當性之魅力的客觀條件
下，留學生經過西方中心文化的洗禮之後，其認知模式傾向西化。尤
其，在邊陲社會裏，歷史經驗一再肯定中心學術對圖謀自立自存是絕對
必要的，因此，在此多種因素交錯影響之下，邊陲社會的學術體系展現

外傾依賴，幾乎是難以避免的。

　　固然留學是造成邊陲社會之學術具外傾依賴的根源，但卻不是惟一的。其所以如此，尚需從邊陲學術體系之發展過程的內在結構因素來看，此一因素卽有關邊陲社會之學術分工體系的發展。從十九世紀以來，推動邊陲社會之學術發展的眞正主動力，還不在於留學政策，而是移植中心社會的學術制度與採納中心社會的知識體系。模倣中心社會的教育制度，並傳授中心社會的知識，一直是邊陲社會推動社會發展與國家建設的策略，而此往往稱之「教育現代化」。姑且不論教育與學術制度上的問題，我們僅就知識內容的移植來看整個邊陲社會學術體系的癥結。

　　事實上，當一種知識在社會中原本是不存在，但卻又被認爲是必要學習的話，由此社會之外引進此種知識，而普遍地推及於教育體系之內，原是一種常用而可行的方式。但是，這種知識內容的全盤移植，對自然科學的知識，由於知識內容本身的效率較不受地區與文化色彩所制約，移植並不會引起認知上的扭曲。但是，對於知識效率度深受歷史與文化特殊條件所制約之社會科學而言，這種全盤性的知識移植無疑的是使知識產生扭曲與依賴效果的根源。

　　就拿臺灣之大學教育爲例吧！三十多年來，理工學科的學生，從大一起，除了國文、中國近代史、國父思想等以外，凡是與本科有關之專業課程幾乎均採用英文敎本。對人文社會學科而言，除了中國文學以外，甚至連修習中國哲學與歷史者，幾乎也都一樣的，以中心社會（尤其美國）的知識內容爲研習的對象。因此，對臺灣的大學生來說，尤其是較具規模、上軌道的大學，上人學卽表示改唸洋文書，已是理所當然的規矩了。就拿社會學爲例吧！根據蕭新煌（1982）的報告，在臺灣，中文社會學的教科書，幾乎很少採用中國社會（包含臺灣）的實際資

料，而一直是以美國社會學教科書爲撰寫的範本（乃至是抄襲），所用例子也多以美國社會爲主。所開社會學有關課程之指定參考書也以英文爲多。據蕭氏初步統計，英文與中文之比例是 296:228。而社會學課程的設計，也幾乎淸一色以美國社會學爲範型。

顯而易見的，以臺灣地區大學之社會學的教育內容的趨勢來看，長久以往，一代一代的社會學者對中心社會的知識，雖非精通，卻也相當熟稔。這種教育可能產生惡性循環。社會學的學生對 Parsons, Merton, Weber, Durkheim 等人的瞭解，遠比對本國社會的瞭解更多。這種嚴重的學習外傾依賴性，實已不只是留學此一因素所促成，而是與整個知識體系發展的結構先天不健全有密切的關聯。簡言之，其所以如此，追本溯源的，可以說與中心社會學術所具之權威正當性與其優勢標準所具之生機控制的實用性兩個基本特質，有密切的關係。此二特質，在邊陲社會知識份子普遍缺乏反省與批判意識能力的客觀條件下，使得邊陲社會之現代學術發展一直無法擺脫西方學術體系爲中心所建構之「看不見學院」（invisible college）❾的籠罩。

邊陲社會的知識份子向中心社會的精緻文化與思想潮流認同，是一個相當普遍的現象 (Shils, 1972: 355-371)。他們閱讀 Time, Newsweek, New York Times，歌德的浮士德、莎士比亞的戲劇、海明威的小說；欣賞貝多芬的交響樂、畢卡索的畫、和瑪莎格蘭姆的現代舞。這樣的文化消費品味，對邊陲社會而言，乃代表「文化素養」，而且是高級知識份子之身份檢定的一種指標。若擺在學術圈來說，就以社會學爲例。一個邊陲社會的社會學者若不保持警覺度，不時閱讀如 ASR, AJS, BJS, Social Forces, Theory and Society 等等中心社會的學術雜誌，則不幾年就會被譏爲落伍。職是之故，他們寫作時，不但引用文獻都以中心學

❾　關於此概念之描述，參看 De Solla Price (1963)、Crane(1969, 1972)。

術體系的人物的作品爲主（蕭新煌，1982），而且其概念典範也以中心學術體系（尤指美國）者爲依歸。這種關係，其基本性格不但是依賴，而且往往只是一種加工（葉啓政，1982a）。

在此一面倒的情形下，對一個敬業的邊陲社會的學者而言，其認同的報酬價值是中心學術體系對他的專業認定。最爲常見的卽是把自己認爲最好的學術作品以英文纂寫，投在中心學術體系中的權威專業雜誌，而把次等的文章以本國文字投在本土的專業雜誌。對修習社會科學者而言，爲了向中心學術體系投稿，就不能不兼顧其所具之學術典範模式與文化品味了。如此一來，邊陲社會之學術更是呈現以中心社會之學術文化爲主的所謂「國際」色彩，而喪失了本土的關懷。邊陲社會的學者卻常稱之爲具有「普遍取向」（Universalism）。事實上，很明顯的這只是潛意識地反映西方文化中心主義的心態反應。無疑的，這是一種不平等關係下產生思想上的迷思（myth）。

除此以外，尚有一現象強化了邊陲社會之學者的自卑心態，那是來自其本土之學術大衆（指同行或相關學科之學者與學生羣體）的壓力。就拿臺灣的情形爲例吧！在臺灣的學術圈裏，三十多年來一直對剛由國外中心社會學成回來的年輕學者（尤指獲有博士學位者）始終寄以無限的期待。見了面，總問：「學了些什麼新的東西。」潛意識裏，西方的新就是代表進步，也就是好的，應該學習。

從創新之傳散的角度來看，任何創新由創新地傳散開，總是需要一段的時差（Rogers and Shoemaker, 1971）。儘管今天之傳播工具已經相當迅速，但是，知識由創新、傳散而至採納，總需要一些客觀與主觀的條件搭配，才可以完成的。因此，當一個邊陲社會在採納中心社會之學術潮流時，總是有一段時差（也許是五年、十年、乃至二十年）的間隔。譬如，在 1960 年代，以臺大哲學系殷海光敎授爲中心，一批

學者極力推介「實證論」，此一運動與源於維也納之邏輯實證論的起源時間（二次大戰前後），有幾近十五至二十年的時差⑩。而當時，正倡實證論者卻不知西方學術界本身已開始對實證論有所反省與批判。譬如 Natason 所編之書「社會科學哲學」出版於 1963 年，而現象學者 Schutz 之主要作品，也以文集之形式，用英文陸續於 1962, 1964 及 1966 年出版。其批判實證論的著作：「Concept and Theory formation in the Social Sciences」也早在 1954 年發表於哲學雜誌 (The Journal of philosophy) 第 51 卷。此後，在1960 年代晚期至 1970 年代早期，以楊國樞、李亦園、文崇一、吳聰賢，及胡佛教授等人為首的推動「行為科學」的研究，和在 1970 年代晚期，高承恕教授的引介德國批判學派，與晚近蕭新煌教授之推介依賴理論，大體而言，均有相同的現象產生。

在此，所以提出此一傳散之時差的問題，其目的不在於說明時差產生之必然性，而是另外一個重要的社會學涵義。由於是否跟得上中心社會之學術思潮的動向，乃邊陲社會之學者的專業地位與聲望的測候器，一個邊陲社會的學者能否在本土之學術圈內引起同行之尊重，跟不跟得上中心學術的發展潮流是一個重要的依據。再者，學生對教授學養的評價，也往往以此為歸依。在此雙重壓力之下，邊陲社會的學者，當然指的是敬業的學者，一直即必須兢兢業業地緊跟著西方中心學術思潮而學習。譬如，在社會學的領域裏，學了結構功能論，已經是不行，而是落伍了；如今要再學現象學、俗民方法論 (ethnomethodolegy)、網絡分析 (network analysis)，批判理論等等，才算得跟上時代。這些在幾年下來又不行了，又得再學依賴理論、世界體系論、詮釋學 (hermeneutics)、乃至法國的結構論，才算是走在時代的尖端。如此的跟隨，往

---

⑩ 以臺灣地區為例，此種學術發展觀，可從行政院國家科學發展委員會每年獎助大專院校教員與研究機構人員之辦法的宗旨看出。

往使邊陲社會的社會學者疲於奔命，一直只是緊跟著中心社會之主流社會學的理論典範打轉。在一個人有限的學術生命之中，如此的為中心學術典範所限囿，若客主條件不足，實難有反省與批判的機會，也很難勻出一部份的時間去學習傳統的知識。若說要超越，那實在是相當困難的。單從這個角度來看，學術要有本土性格，首先實有必要糾正這種依賴心理；也必要使其報酬和地位界定體系打破向中心學術認同的格局。因此，建立半自主之學術認同與地位界定體系，是絕對必要的。

四、邊陲社會之學術體系的內在依賴性

嚴格來說，邊陲社會之學術體系的邊陲依賴性是有兩重的指涉。在上一節，我們所討論的是針對中心學術體系的邊陲依賴現象。這可以說是有關整個學術世界體系之中心與邊陲的關係。但是，對邊陲社會而言，其學術體系所具邊陲依賴性尚有另外一層社會內在意義的指涉，那是針對社會內部之諸體系間的關係，尤其是指學術體系與政治、經濟體系之間的關係。

在上節中，我們提到，邊陲社會，在面對中心社會之科技文明的強勢壓力下，深知知識對富國強兵與自立自存的重要，因此才有大量移植西方學術的依賴性格。況且，在工業社會裏，知識已逐漸成為社會中不可或缺的重要動力。(Bell, 1973) 這樣的發展趨勢更肯定了「知識」在邊陲社會中的重要地位。因此，照理，知識學術體系在邊陲社會中（至少在臺灣地區）不應是邊陲地帶，而相反地應當是中心地帶才對。但是，何以在邊陲社會裏，學術體系還是政治與經濟體系的附庸呢？這是一個值得探索的問題，而且，這個問題也關係到邊陲社會之學術發展的根本癥結，更是不能不略加討論的。

　　要釐清邊陲社會之學術體系的內在邊陲性，必須從上述西方學術體系的優勢標準談起。在此，我們從上節 Merton 所提及之科學風氣的第四個特徵「有組織的懷疑取向」來著手。這一個特徵有一個重要意涵，即：學術的判準有其獨立自主於政治及其他形式之權威的基礎。這個基礎，簡單來說，即是科學之思考與檢證過程的客觀程序。姑且不談時下既存於西方學術界的科學方法是否真的具有確認真理事實的客觀效度，至少它具有企圖樹立其獨立權威的精神，這也是何以 Weber 及 Merton 宣稱科學家應當是「價值中立」與「利益中立」的原因。

　　很明顯的，西方學術體系的理性化傳統是支撐其獨立風格的支柱。學術知識的權威性也因此是建立在於對理性內涵的普遍膺服之上。然而，這種權威的優勢標準是否能夠維繫不墜，那已不是學術體系內部本身的問題。它必須關照到其他的體系了。研究西方科學發展史的學者一再地指出，科學要持續地發展，必須在一具某些特定潛持預設與制度條件的社會秩序之中（如 Merton, 1973:254-266），乃至藝術也是如此的（Albrecht, 1968; Becker, 1974）。根據 Shils(1962:610-622) 的看法，科學（廣義地來說，可以說是學術）研究要能發揮其理性而自主性格，必須在科學家之間具有自由社會的雛型，因此，科學社會必須是反映較大之自由社會的性格。同時，他亦指出，科學社區要有內在自由，必須要求有免於受外在控制的自由（同時參看 Shils, 1972, 尤其 PP. 196-212, 307-332）。Wuthnow（1980）研究十七世紀歐洲的科學發展，即發現歐洲之世界經濟體系的政治分權化（decentralization）乃促使十七世紀歐洲科學迅速發展的基本動力。Ben-David 及 Zloczower（1962）研究德國科學制度化的成長，亦發現政治權威所許可的自由度和學術發展有密切的關係，尤其社會科學更是如此。

　　對西方社會而言，權威理性化是一個普遍的現象（Weber, 1968）。

在學術體系中，此一理性化的優勢標準卽上述的科學風氣，或更狹義地說，客觀實徵的科學方法程序。此一理性表現在政治體系上，而成爲優勢標準者卽民主與法治的政治制度原則。當然，沒有任何社會有絕對的學術自由，也沒有任何社會有絕對民主的制度，但是，相對其他社會而言，西方中心社會的不同體系間較有共同尊重同一優勢標準的傾向，易言之，權威理性化乃西方中心社會之成員普遍共識共認的優勢標準。在此條件之下，學術體系的優勢標準得以充分發揮，而且還有外在制度加以保障。這種結構基礎上的共識，乃使西方中心社會之學術與政治之間，可以具有相當程度之相得益彰，互相輝映的效果。

反觀邊陲社會，則情形不太一樣。大體而言，邊陲社會之學術體系是內化地接受了中心社會之學術規範的優勢標準。其所以如此，誠如上文中一再指出的，並不單純因西方學術是中心，具有優勢擴散的作用，而是因此一優勢標準是保證知識之實用功利效率的必要條件。爲了使知識具有實用之效果，當然更由於此一標準所提供之思考與檢證程序是相對地明確，具實徵經驗效度和信度的考驗，因此成爲普遍的判準。但是，就政治體系而言，邊陲社會則未必完全採納、至少誠心地依循中心社會的理性優勢標準。或者，更恰確地說，西方政治體系所提供的優勢標準的「理性」性，較不易展現具普遍意義的判準作用，其權威正當性因而較不容易普遍地在邊陲社會中建立。況且，政治乃涉及權力與利益分配的互動過程。權與利之所在，較難使旣得利益者願意爲了抽象的理性法則，放棄其旣有的權益，很自然地，他們也就難以放棄用以維護其權益的旣有意識形態，和由此意識形態所提供的優勢標準了。基於這些理由，再加上邊陲社會的政治體系傳統，乃是建立在如 Weber (1968) 所謂的傳統或個人神才權威的武斷恣意標準上，因此，要求政治體制實質上依循西式之民主與法治的理性優勢標準來運作，往往是緣木求魚，十

分地困難的，況且，也未必被認爲是絕對必要的。

很明顯的，邊陲社會之學術與政治優勢標準的不一致，乃至對立矛盾，導致學術（尤其社會科學界）與政治之間呈現相當程度的緊張。這種內涵在結構基礎上的緊張，是促使邊陲社會之學術體系，面對中心學術之外，在面對政治體系時，亦呈現邊陲依賴的性格的根源。再者，長期以來，邊陲社會在世界經濟體系中，一直處於劣勢地位，受到不平等的待遇，生活水準低於中心社會。因此，邊陲社會一開始西化以圖自存自立時，卽走著經濟至上的功利發展的路子。在如此經濟化社會發展的意識形態指導下，學術發展更是在配合經濟建設的前提下推動❶。職是之故，在邊陲社會裏，學術不但屈服於政治，而且也依賴經濟。這樣雙重的依賴說明著，就社會內部之諸體系關係而言，邊陲社會的學術體系，相對政治與經濟體系，不折不扣地也是邊陲地帶。

基本上，經濟體系影響學術的最主要社會管道是間接的。其一是透過教育預算的控制；其二是透過專業人才的需求結構；其三是透過經濟掛帥的發展意識型態，但是不同於經濟體系，政治體系之影響學術發展，則是相當直接的，因爲它掌握有自認、而且往往是共認的合法權力。大體而言，政治體系控制學術體系之發展，最主要的機制是教育政策與言論管制。教育政策的釐定對學術發展的影響是全面的，舉凡(1)學術研究的經費、(2)大學科系的安排、(3)學術教學與研究人口的配額、(4)學術從業者的報酬標準、乃至(5)學術從業者的升遷結構，均受其影響。而言論管制，最主要的卽牽涉到學術研究與成果發表的自由度的問題。這些政治上的干預，都足以影響整個學術的發展。

在謀求社會重建的西化過程中，邊陲社會泰半都採急功好利的態度，把學術發展的重點擺在應用科技方面。因此，培養工程、企業管理、經

---

❶ 可參看 1960 年左右的「文星」雜誌，卽可清楚的看出。

濟科學人材，被視爲是重點，而把基礎科學與人文社會學科的發展視爲次要，乃至只是點綴。這樣的學術體系結構，很明顯的使得邊陲社會的學術體系缺乏足以產生自足原創之知識的動力基礎。

　　何以如是說，道理是相當明白的。應用科技的改進並不只是在於技術本身的修飾，而是需要對組成技術背後之理論知識有所累積，乃至對理論典範從事革命性的改變。因而，一個沒有具備足以帶動理論知識有所改進的學術體系，往往是無以產生自創之應用科技的能力的。然而，一方面由於缺乏足夠的經濟力做爲後盾；二方面由於執政者未必對學術有此全盤的認識；三方面由於急功好利迫切地希望立刻有實質的經濟效果產生；四方面由於基礎科學人材難求，邊陲社會的學術體系結構往往一開始即產生如此一面倒的發展模式。這種偏重於應用科技知識的學術模式，致使邊陲社會的學術體系呈現 (1) 應用知識的研究經費比基礎知識者高出許多和 (2) 應用科技的學術人口偏高，而從事基礎理論知識的從業人口不足。別的條件不談，此方面人材之短缺，自然地難以形成足夠自主的理論學術社區。進而也就難以形成足以與中心知識體系相抗拒的批判與超越的創造動力，學術本土化因而勢必難以推動。

　　再者，Shils（1972:386-423）研究新興國家之知識份子，發現新興國家的知識份子，尤其自中心社會學成回國之留學生，其優秀者往往爲政府或私人企業所吸收，學術界難以吸收住他們。這種現象所以存在，說來與上述邊陲社會之學術結構有密切的關係。我們在上文中提到，在完全缺乏現代科技技術和足夠資本的客觀條件下，邊陲社會甚多藉外來資本與技術，配合本地廉價勞動力來加速經濟成長。這樣的發展策略一旦實施，即很容易產生一種特殊型態的社會機會和報酬體系結構。我們在上文中已提及，此一機會結構的特色即在於：從事策略性之專業人材的數量增加。關於此一特性在此不擬再加詳述。我們所將談及的是報酬

體系的結構問題，因爲它乃關係到 Shils 所提到之現象所在存在的癥結。

簡要地說，邊陲社會的基本報酬體系的優勢標準，乃在於工作本身具有多大立卽的功利經濟回饋力與權力運作的效能上。這是強調功利實用意義之經濟發展模式的社會所常見的現象。在這樣的社會裏，報酬往往化約成權力、地位、與財富來核計，而且講求的是立卽性的個人回饋程度。顯而易見的，在如此普遍流行的報酬體系下，願意奉獻生命，從事旣缺立卽回饋機會、又乏獲取權力和財富的學術研究工作，自是少數。學術研究工作的社會效益是緩慢，不易立卽看到的，而且又得仰賴衆多人的共同努力累積，才可能見到效益的；反之，投獻在政治或經濟建設的行列，其社會效益則往往是迅速易見的。在此對比的情形之下，邊陲社會的學術體系，在發展的開始，往往吸收不住優秀的人才。學術人口的品質良莠不齊，再加上數量有限，那就註定難以有大的作爲。這種的結構條件當然也無法產生具原創、批判、與超越之學術動力的契機了。

最後要談到的是學術自由的問題。從邊陲社會之學術和政治體系的優勢標準所展現的緊張矛盾關係本質來看，政治精英某個程度地干預學術研究的旨趣、思想與立論模式，幾乎是可以預期的。政治的干預，無疑地是導致邊陲社會之學術原創力（尤指社會科學）難以完全發揮的最大阻礙。學術的發展貴在於學者之間有充分對話辯論的機會。一旦，一個社會的在權者預先肯定有一正統地位的思想體系，而且要求一切學術思想一定要在此正統思想指導下來發展，那麼，學者之間怎麼可能有對話辯論的充分自由呢？學術沒有對話辯論的自由條件，也就不可能使客觀事實展現的。在這樣的條件之下，學術體系的科學理性自然也就無法充分地發揮。一旦，學術研究的發現結果，與政治利益及意識形態相牴觸時，學術體系的科學理性優勢標準就顯得十分地脆弱，而往往屈服在

政治體系的武斷權威之下。

原則上，上述邊陲社會之學術與政治和經濟的關係，只是說明了邊陲社會之學術發展可能具有的性格，和可能遭遇到的阻礙而已。此一源於社會內部本身的學術依賴性並不直接有礙於學術本土化的進展，而只是產生了可能不利於學術本土化的社會條件。相反地，基於民族情感的認同、乃至政治統治上的利益考慮，政治精英往往有鼓勵學術本土化的傾向。這三十多年來，國民政府在臺灣地區，一直以恢復振興儒家思想爲所謂「復興文化」的主導力量，而且也有提倡「中國式民主」的說法。這些努力基本上可說是官方對於學術思想路線中國化之主張的表現。政府傾大量財力，運用各種傳播的管道，配合一些學者專家，希望以政統的「合法」力量來締造學術的基本思想路線。說來，基本上，這樣的學術中國化的努力並不是一種理性的舉止，因爲它是以政治體系的優勢標準來主導，而不是完全依循學術本身之優勢標準來進展。說得更平白些，在沒有對學術研究與對話給予充分自由保障的條件之下，任何官方所直接推動或間接鼓勵的學術中國化，都可以導致民族感情或政治利益過份泛濫，而淹蓋科學理性之有效運作。況且，學術本土化是一種包含概念、研究方法、研究旨趣、和理論架構等的整體重建工作。運動本身因此並不止乎於結合傳統，也不止乎於肯定某種觀念和價值而已。它的推動還是必須在科學理性的優勢標準指導下，才有發展的可能，也才有肯定學術之社會意義的價值。基於如此的理由，學術自由是學術本土化的必要外在條件。清楚地劃清政治與學術的運作範疇，於是乎是學術本土化不可或缺的條件。

五、社會科學中國化的一些必要
條件——代結語

　　從以上的討論，我們可以得到一個結論：對處於邊陲地帶的中國（尤指臺灣地區）來說，要使社會科學研究本土化，必須考慮兩方面的因素。其一是源於外來優勢學術思想體系的壓服性；其二是源於內在政治經濟體系的統制性。前者決定了中國社會科學的學術思想內容和研究典範，其影響是學術的實質內涵與精神；後者決定了中國社會科學發展的種種社會條件，其影響是學術的客觀外在條件，而不是實質內涵本身。因此，前者的問題是屬「實質的」，而後者的問題則是「條件的」。儘管是有如此的區分，兩者卻是同等重要的，都必須加以重視的。

　　就整個學術的世界體系來看，經過這一百多年來的西化，亞非邊陲社會的學術要完全擺脫中心社會的學術典範的陰影，那是絕不可能的。況且，中心學術典範早已深烙在邊陲社會的學術體系之內，而且也成為其學術的傳統的一部份了。再者，西方中心學術體系不但具有生機控制的強勢，而且經過幾個世紀的塑造，也成為一個牢不可破的學術典範堡壘，它繼續成為世界學術體系的中心，將是可以預期的。在此頹勢之下，邊陲社會的學術要本土化的確是相當困難的，如何突破、超越西方中心學術已有的典範，自然是一個根本的問題。對中國來說，除了這個問題之外，我們尚有一個問題，那就是：如何使已有悠久歷史的學術傳統與外來學術傳統結合？從社會學的角度來看，這些問題基本上是自覺的問題；也就是說，要使社會科學中國化，首先而且絕對必要的是：社會科學者要有自覺反省的意願與能力。不論在學習或研究過程中，應當對外來之知識有 Merton 所謂之「有組織的懷疑取向」的思維習慣。惟

有對外來之西方中心社會的知識具有批判、存疑、與反省的習慣，才可能突破長久糾結成的魔障，而展現自主的思考成果。但是，要有這樣的學術研究態度，尚需要有批判的能力，也需要對西方的學術有貼切深刻的瞭解。因此，學術中國化還得從徹底地學習西方學術精髓來著手。當然，以一個人有限的生涯，既要學習西方，又要學習中國，自是難以週全的。職是之故，惟有仰賴衆多學術從業者的通力合作，採取適當的分工方式，才可以逐步實現的。

以今天臺灣社會科學界而言，社會科學者並不是沒有邊陲依賴性的認識，也不是完全沒有自覺與批判的意願，主要的問題癥結是在於：缺乏批判的能力與自覺應有的方向。其所以如此，一方面是由於西化已深，整個思考認知模式難以擺脫西方的典範；另一方面則是源於上述所謂「條件性」之社會內部結構的限制。對此「條件性」的改進，綜合上文所提出的論點，似乎可從下列四方面來進行。

(1) 確保學術體系之科學理性優勢標準的獨立權威性，以維持學術自由。

(2) 突破功利實用的學術政策，發展基礎理論的學術領域。

(3) 擴充學術研究單位與大學之師資的員額，以使學術社區具備有產生半自主之體系的可能。當然，以臺灣的人口而言，要發展具相當程度之自延性的學術社區；是不太容易的。但是，在未來，此一結構上的缺陷，可透過與亞洲地區的結合來彌補。

(4) 積極發展博士級的高級教育，乃學術人材培養自主獨立的必要結構條件。惟有朝此方向發展，才可能使已萌芽之「中國味」的研究成果得以延續。否則，學生一旦一定必須要到中心社會留學以獲取博士學位，幾年辛苦栽種的本土花果，很可能又因留學而爲中心學術典範所取代。如此，一代代靠留學培養出來

的學術從業人員，始終是挾洋以自重，難以產生有延續性之本土學術傳統的契機。

（原文宣讀於香港中文大學主辦「現代化與中國文化研討會」，民國72年，3月7～10日。）

參 考 文 獻

金耀基

1978 從傳統到現代。臺北: 時報文化出版公司

唐君毅

1974 中國人文精神之發展。臺北: 學生書局。

韋政通

1968 傳統與現代化。臺北: 水牛出版社。

葉啓政

1980 「 近代中國文化所面臨的困境 」。見 中國論壇社編: 挑戰的時代，頁 17-43，臺北: 聯經出版社。

1981 「三十年來臺灣地區中國文化發展的檢討」見朱岑樓編我國社會的變遷與發展，頁 103-178，臺北: 三民書局。

1982a 「從中國社會學旣有性格論社會學研究'中國化'的方向與問題」。見楊國樞、文崇一編 社會及行爲科學研究的中國化，頁 115-152，臺北: 中央研究院民族學研究所。

1982b 「結構、意識與權力——對'社會結構'概念的檢討」見瞿海源、蕭新煌編社 會學理論與方法，頁 1-60。臺北: 中央研究院民族學研究所。

Albrecht, M.

1968 "Arts as an institution," *American Sociological Review.* 33:383-396.

Amin, S.

1974 *Accumulationo on World Scale.* (trans. by B Pearce)New York: Monthly Review Press.

1976 *Unequal Development*(trans. by B. Pearce) Hassocks, Sussex: Harrester Press.

Baran, P. A.

1957 *The Political Economy of Growth*, New York: Monthly Review Press.

Becker, H.

1974 "Art as collective action," *American Sociological Review* 39:767-776.

Bell, D.

1973 *The Coming of Post-industrial Society.* New York:Basic Books

Ben-David, J & A. Zloczower

1962 "Universities and academic systems in modern societies," *European Journal of Sociology* 3:45-81.

Berstein, R. J.

1976 *The Reconstructing of Social and Political Theory.* New York: Harcourt Brace Jovanovich.

Blau, P. M.

1974 "Parameters of social structure," *American Sociological Review.* 39:615-635.

Chow, Tse-tsung

1960 *The May Fourth Movement: Intellectual Revolution in Modern China.* Cambridge, Mass: Harvard University Press.

Crane, D

1969 "Social structure in a group of scientists: a test of the invisible college hypothesis, "*American Sociological Review.* 34:345-351.

1972 *Invisible College.* New York: Free Press.

De Solla Price, D

1963 *Little Science, Big Science.* New Haven, Conn.: Yale University Press.

Eisen, A

1978 "The meaning and confusion of weberian rationality," *British Journal of Sociology* 29:57-69.

Etizoni-Halevy, E.

1982 *Social Change: The Advent and Maturation of Modern Society*. London: Routledge & Kegan Paul.

Frank, A. G.

1967 *Capitalism and Underdevelopment in Latin American*. New York: Monthly Review Press.

1969a *Capitalism and Underdevelopment in Latin American* Revised edition. New York: Monthly Review Press.

1969b "Sociology of development and underdevelopment of Sociology," in *Latin American: Underdevelopment or Revolution*. New York: Monthly Review Press, 21-94.

1970 "The development of underdevelopment," in Rhodes, R. I. (ed.) *Imperialism and Underdevelopment*. New York: Random House, 4-17.

1971 *Sociology of Development and Underdevelopment of Sociology*. London: Pluto Press.

Giddens, A.

1974 *Positivism and Sociology*. London: Heinemann.

1977 "Functionalism: aprés la lutte." in *Studies is Social and Political Theory*. New York: Basic Books. 96-134.

1979 *Central Problems in Social Theory*, Berkeley. Calif.: University of California Press.

Gouldner, A.

1959 "Reciprocity and autonomy in functional theory," in Gross, L. (ed.) *Symposium on Sociological Theory*. New York: Harper & Row. 241-270.

1970 *The Coming Crisis of Western Sociology*. New York: Aron Book.

Habermas, J.

1970 "Technology and science as 'ideology'," in *Toward a Rational Society*. Boston: Beacon Press. 81-122.

Hoogvelt, A. M. M.

1976 *The Sociology of Developing Societies*. London: Macmillan.

Horse, R. H.

    1978 "Max Weber's elective affinities," *Amerian Journal of Sociology* 84:366-385.

Kalberg, S.

    1980 "Max Weber's typse of rationality: Cornerstones for the analysis of rationalization process in history." *American Journal of Sociology* 85:1145-1179.

Lin, Yü-Sheng

    1979 *The Crisis of Chinese Consciousness.* Madison, Wis. : The University of Wisconsin Press.

Merton, R. K.

    1968 "Manifest and latent functions," in *Social Theory and Social Structure.* New York: Free Press. 73-138.

    1973 *The Sociology of Science.* Chicago: The University of Chicago Press.

Nisbct, R.

    1976 *Sociology as an Art Form.* New York: Oxford University Press.

Parsons, T.

    1951 *The Social System.* New York: Free Press.

    1970 "Some problems of general theory in sociology," in Mckinney, J. C. & E. A. Tiryakian(ed.)*Theorelical Sociology: Perspective and Developments.* New York: Appleton-Century-Crofts. 27-68.

Polanyi, K.

    1944 *The Great Transformation.* New York: Beacon Press.

Putnam, H.

    1981 *Reason, Truth & History.* Cambridge University Press.

Rogers, E. M. &. F. F. Shoemaker

    1971 *Communication of Innovations.* New York: Free Press.

Schluchter, W.

    1979 "The" paradox of rationalization," in Roth, G. &. W. Schluchter (ed.)*Max Weber's Vision of History.* Berkeley, Calif.:

University of California Press. 11-64.

Shils, E.

1962 "The autonomy of science," in Barber, B. &. W. Hirsch (eds.) *The Sociology of Science*. New York: Free Press, 610-622.

1972 *The Intellectuals and the Power*. The University of Chicago Press.

1975 *Center and Periphery*. The University of Chicago Press

Simmel, G.

1950 *The Sociology of Georg Simmel*. (trans. by K. H. Wolff) New York: Free Press.

Smith, A.

1973 *The Concept of Social Change*. London: Routledge & Kegan Paul.

United Nations.

1963 *The Economic Development of Latin America in the Postwar Period*, E/CN. 12/660.

Wallerstein, I.

1974 *The modern World System*. New York: Academic Press.

1976 "A world system perspective on the social sciences," *British Journal of Sociology*. 27:345-354.

1979 *The Capitalist World-Economy*. Cambridge University Press.

1980 *The Modern World System* II. New York: Academic Press.

Wang, Y. C.

1966 *Chinese Intellectuals and the West*: 1872-1949, Chapeal Hill, North Carolina: University of North Carolina Press.

Weber, M.

1946 *From Max Weber.* (trans. & eds. by Gerth. H. H. &. C. W. Mills) London.

1968 *Theory of Social and Economic Organization* (trans. & eds. by T. Parsons) New York: Free Press.

Wilson, B. R.

1979 *Rationality*. Oxford University Press.

Wuthnow, R.

1980 "The world-economy and the institutionalization of science in seventeenth-century Europe," in Bergesen, A. (ed.) *Studies of the Modern World-System* New York: Academic Press.

九、邊陲社會科技發展的外衍
因素分析

一、導 言

當代法國學者 Aron (1967) 曾提出一個令人深思的看法。他認為，倘若我們要描述這個時代是怎樣的時代，「工業化」將是一個最為適當的形容詞。這個時代所展現的特質，本質上可以說即是工業化所延伸而來的歷史結果。

工業社會的特色為何？這是社會科學家常問的前題性問題，其所可能包涵的性質也是多元的。但是，萬象不離其宗，雖然工業社會的殊相萬千，其間仍有共相可尋，而此共相即可做為理解工業社會的起點。早在 18 世紀和 19 世紀的交接時期，法國思想家 Saint Simon (1952) 即努力為工業社會的本質尋找定位。他指出：工業社會所以形成的基礎在於科學知識的發展；擁有這類知識的人們將成為社會的中堅份子。因此，科學家、企劃管理學家、和工業家等類人物將取代貴族、地主、神學家、哲學家、教士等人物，成為社會的精英，主宰著社會的運轉。Saint Simon 的學生 Comte 更進一步地宣稱 19 世紀以後的世界將是

科學為主導的時代，經驗實證知識將取代以往之神學和玄學知識，成為人類知識的主體。

綜觀 19 世紀以來人類文明的發展，我們可以很清楚地看出，工業所以迅速發展、經濟所以快速成長，民生所以富裕豐盛，乃直接得力於科技的創新和發展 (Bell, 1973:189) 。透過科技的創新和發展，人類主觀上立即感覺到有更好的外控能力，能夠更有效率地利用資源控制環境和其他人，以謀求最大的效用。這種帶立即功利意味之理性觀，是西方理性主義發展的一種歷史展現。從 20 世紀初以來，學者們即已有所檢討、批判、和警告。譬如，Weber (1978) 即指出內涵在科技內之工具理性，可能威脅到人文精神的發展，它為人類所帶來的不祇是幸福，而可能是更多的災難。本世紀二次大戰的歷史教訓，更使德國批判學派的學者們（如 Horkheimer, Marcuse, Habermas）注意到這個問題，而開始為「科技」的社會意義重新加以評估，並企圖為它定位（參看 Habermas, 1970; Marcuse, 1964）❶。

很遺憾的是：在科技發展的過程中，或許因為人類過度為科技所帶來之立即經濟實用效益所炫惑，忽視了它所潛在的不良後遺作用，致使如此膚淺的經濟實用至上的科技觀成為世界各國發展策略的主導力量。對處於世界體系之邊陲地帶的亞非社會，這種觀點更是普遍明顯。事實上，從 19 世紀以來，亞非社會在從事社會重建過程中，即莫不以模倣西方之科技為發展的重點。發展至今，長久者如中國，已歷經百年以上。然而，科技在這些國家（日本除外）始終還是沒有生根，更罔談趕上西方而自成獨立自主的體系。

---

❶ 縱然只站在功利的角度來看，人類為圖自身的近利，不惜破壞生態環境來發展科技，已很明顯的帶來嚴重的問題。近些年來，有識之士已注意到這種生態破壞所可能具有的經濟損失和社會代價，而對科技發展有重新的評估。

　　何以一百多年來亞非社會致力於科技發展，但始終還是處於世界科技體系的邊陲地帶？這是一個牽涉甚多複雜因素的問題，必須從科技的社會本質、世界體系的結構、社會內部的歷史文化、政治、經濟、人才培育等的結構型態、心理特徵，和各個社會之科技體系的內在結構等方面來著手，才可以獲取周延的瞭解。一篇文章篇幅有限，自難面面顧及，因此，本文對此問題的探討，就不得不在對關照的層面有所選擇了。再說，誠如 Weber (1978) 之「選擇性的親近」(elective affinity) 的方法論所主張的，一個學者只要是能够掌握到現象發展的歷史主導脈絡，無論選擇怎樣的關照層面和探討架構，都可能對問題的釐清有所幫助。基於這樣的方法論的立場，本文之主旨乃欲從邊陲社會之科技體系內在架構因素以外的條件來探討科技發展的問題。換句話說，乃嘗試從科技體系之外在政治、經濟、和歷史文化等條件來檢討邊陲社會的科技發展。更具體地來說，討論的重點是：

（1）邊陲社會之科技體系的架構特徵與其發展的意識型態，

（2）促使此結構特徵形成的外在因素，和

（3）其所展現的一些問題。

二、科技的社會本質

　　本質上，科技是一種深受特定時空背景所制約的社會產物。無論是它的創新、發展、轉化、傳散、和運用，都是一種由人之意志與認知所主宰的活動，因此也都牽涉到人與人之間的利益、價值、認知態度、和信仰，在在都與社會的種種條件有密切的關聯。換句話說，雖然科技知識本身可能具有普遍的效率，而其發展也往往因其所具之內在特質的緣故，有一定的規則軌跡可循，但是，科技發展所牽涉的並不祇是科技本

身所內涵的科學知識與技術的問題，而是一個複雜的社會過程。它包含：(1)促使科技產生的種種社會與文化條件、(2)發展重點的選擇及選擇的動機、(3)發展策略的釐訂與決策過程、(4)科技創新轉移的社會過程、和(5)科技發展帶來的種種社會影響等等的問題。基於這樣的認識，很明顯的，我們不能只從純科學技術的角度來談科技發展，而應當把它當成是一種社會的活動來處理。

從社會學的角度來看，科技是人類表現在對外在環境（包含物質環境和有其他人的社會環境）加以控制操弄的一種社會形式。人類透過其所與生俱來的智慧與後天學習的能力，吸取前人遺留下來的經驗，創造種種工具或方法來改善其對環境的掌握。姑且不論這樣的控制操弄是否眞的表示人類對環境的掌握更爲有效，也不論眞的是已「改善」了人與自然或人與人的關係，起碼，近百年來的歷史告訴我們，在主觀上，人類自認爲科技是具有這樣的能力。如此對科技所具之社會意義的主觀認知，從日常生活的角度來看，毫無疑問的已具備有具客存意義之社會事實的條件了，因此，也就有拿來討論的價值。

事實上，人企圖對外在環境加以直接或間接的控制與擁有，乃是行之恆久的歷史法則。人們總是以擁有多少的「外控」能力來界定成就。對個人而言，擁有物質、財富和權勢乃代表成就；對國家而言，擁有版圖的大小，或足以威脅他國獨立生存的兵力、武器、和財富，卽代表國力。在這樣深具「外控」的價值觀的支撐之下，科技邃成爲衆所關心，也是衆所追求的重要社會資源，因爲它乃表示一個人或一個社羣能否具有有效「外控」的能力條件。這百年來歐美對亞非的政治經濟關係的發展卽是一個最佳的佐證，實無庸再加舉證了。

總結地說，科技提供一個人或一個社羣具有更爲有利的外控能力。這種外控能力首先可以表現在對基本生存機會的掌握之上，我們稱科技

所具有此一能力爲「生機控制性」❷。歷史經驗告訴我們，科技此一能力，一方面爲人類帶有更多的物質生活內容；另一方面也提供人們更有利控制物質環境和其他人的契機。若使用 Parsons (1966) 的用語來說，，對人的社會而言，科技乃具「條件性」的意義，而不是如道德與倫理等文化展現，乃提供人類存在的目的和理想，因此具「終極性」的意義。

三、邊陲社會科技發展的外傾依賴

說明了科技的社會本質之後，我們接著來討論邊陲社會科技發展的基本性格。欲瞭解邊陲社會科技發展的基本特質，就必得先就 19 世紀中葉以來的世界政治經濟體系的結構型態談起。從世界政治經濟體系發展的過程來看，19世紀歐美資本主義之工業先進國家發展成爲帝國主義可以說是整個世界體系改變的轉捩點。19 世紀以來，歐美資本工業社會，爲了尋找工業原料的來源和工業成品的市場，挾持優越之科技外控能力，透過武力與國際貿易的雙重方式，把原先分處半自主狀態的亞非地區納入以其爲中心的政治經濟體系之中（參看 Wallerstein 1974, 1979 Frank 1967, 1971）。在此一世界體系中，歐美中心與亞非邊陲的交換是不對等的。中心地區的發展往往是邊陲地帶的低度發展爲代價。就生產結構而言，中心社會是以技術密集之工業生產爲主，而邊陲地帶則是以提供原料或勞力密集的初級工業產品的生產爲重點。如此的生產關係，很顯然地已註定了邊陲社會在整個世界經濟體系中的劣勢地位。在資源稀有原則的決定之下，技術密集的工業產品的單位經濟價值自然是比勞力密集的工業產品和原料爲高。事實上，邊陲社會的精英份子並不是看

---

❷ 關於此一概念的闡述，參看葉啓政 (1980, 1983)。

不出這樣簡單的經濟律，然而客觀的現實條件卻使他們不得不接受這樣的事實，眼看歐美中心社會占盡優勢。推敲其中之原因，舉凡邊陲社會資本不足，未有適當的行銷系統、經營制度和會計體系，缺乏法律的知識，沒有從事國際貿易的經驗等皆是。但是，其中最為根本的歷史因素應當是：中心社會掌握有前進而有效的「外控」科技知識，而邊陲社會往往只是零星游離地以各種方式（如鼓勵外資投資與技術轉移）移植些非尖端的科技與知識，利用當地的廉價勞動力，從事中心社會已淘汰或將淘汰的工業生產。

在前文中我們提及，科技本質上具「生機控制性」，乃為一個社會謀求獨立自存必要的條件，因此邊陲社會為了自立，就必須設法從無中生有地來發展科技。無疑地，向中心社會學習前進的科技知識，借用其已具有高效率的生產技術，自是一條勢在必行，而且也是唯一的捷徑。然而，對邊陲社會而言，中心社會所擁有的科技，原本是一套既陌生又具高度異質性的文化產品。當一個人學習一套近乎完全陌生，而且本質上又是與原有認知模式和文化傳統異質的東西時，他很難一下就捕捉到此一東西的精髓，更罔談具備有超越轉化和批判的可能。尤其，當此一文化體又是具生機控制的優勢地位時，優勢再加陌生，很容易使此一文化體具有「神聖」的意義，人們對它產生膜拜景仰的心理，轉而刻意地去模倣學習。

如此地學習採納某一中心社會的科技，往往會因科技本身必然內涵有其既定的結構模型，而使得邊陲社會之科技一開始即亦步亦趨地跟著所學習之中心社會的科技模式發展，而且也因科技優勢導致中心社會之其他文化展現的優勢產生擴散作用❹，促使邊陲社會之許多其他文化層

❸ 下文，尤其本節所將討論的內容基本上是作者另一文「邊陲性與學術發展：再論社會科學中國化」的延續。本文中許多概念乃由是文延伸而來，讀者有興趣，可參考葉啓政（1983）。
❹ 關於此一概念的闡述，參看(3)之引文。

面的發展也產生相同的移植發展性格。職是之故，邊陲社會之所以會對中心社會的科技體系發生外傾依賴，其根本原因卽在於：在此一學習過程中，中心社會之結構內涵必然地對邊陲社會產生連鎖互關的影響的緣故，邊陲社會很難完全逃脫它的影響。這三十年來臺灣地區文化的發展卽是一例（葉啓政 1981, 1982）。

以上的論證只說明了邊陲社會之科技發展所以可能對中心社會產生外傾依賴性的必要前提。邊陲社會之科技發展所以很難全擺脫對中心社會的依賴，尚有另外的因素。此一因素卽：中心社會的科技制度相對地具有高度的創新自發性，而邊陲社會卻闕如。由於科技生根較爲長久，而且又是內發衍生的，中心社會的科技，不論就人才品質、組織結構、或其他社會體系的搭配來看，都較具產生突破原創之轉化的契機。但是，反觀邊陲社會，情形則大爲不同。一方面，由於科技來源是外衍於中心社會，另一方面，由於邊陲社會自身的客觀條件不足（在下文中將論到），因此科技缺乏產生突破性之原創的條件。再者，中心社會的科技並非停滯不前，而是一再地突破發展，其突破的速率有時都比邊陲社會跟進學習的速度還快。在此相對拉推的情形之下，邊陲社會的科技一旦烙上中心社會的旣定模子之後，無論轉化或翻新，都在在依賴中心社會來提供。

一般而言，邊陲社會從中心社會引進科技所採取的策略大致有三大途徑：(1)市場通路、(2)外部經濟通路、和(3)教育學習通路（江炯聰 1980:49）。所謂「市場通路」乃指雙方以商業交易方式進行科技轉移，如技術專利或秘訣的買賣、技術合作與授權、直接投資設廠、整套或非整套之機械設備的買賣、有代價的技術顧問指導、和技術人員的僱用，外部經濟通路則指技術移轉過程中，無商業交易發生。譬如，因技術擁有者必須將技術具體化爲商品或服務進入市場，因此人們可以藉對商品

或服務之剖析觀察而模倣學習其技術。所謂教育學習通路則係指透過系統而自覺的教育學習途徑吸收技術，其間若有費用之支付，亦不易直接轉化爲某項商業化的技術。譬如：參觀展示會、技術示範、博覽會等實物展示活動、閱讀專業書籍或雜誌、參加研討會或訓練班、或接受制度化的教育過程（如留學）。

在上述的三類通路中，利用外部經濟通路以謀圖科技發展，無疑的是下策。其理由有三點。第一、對於高度精密的技術，根本不易透過此一途徑進行。由於邊陲社會原有技術水準不夠、科技知識背景也不足，透過此法發展的絕大部份是屬勞力密集的產品，不可能是屬技術精密的產品。第二、縱然有條件經由此一途徑模倣技術密集的產品（如前些日子臺灣廠商模倣「蘋果第二號」「Aapple-II」的小型電腦），但亦無能力超越改進，而且也終究只是小部份的技術，無法大幅面的涵蓋。況且，第三、如今各國經由國際組織，採法律途徑來保護商標、專利、和著作權。因此，利用此一管道來轉移技術，將受國際社區形成的力量制裁與抵制。上述臺灣廠商做冒商標推出電腦，卽是一個最近的例子。

基於以上的理由，一向邊陲社會向中心社會獲取科技，大多採取市場通路和教育學習通路二途。就市場通路的途徑來看，很明顯的，不管是購買技術專利、技術合作，或引進外資設廠，所移轉進來的技術往往並不是中心社會所有最爲尖端的科技。其所以如此，一方面是基於私利，不願邊陲社會擁有最前進的技術，以免超越他們，侵占了利益；另一方面是：縱然中心社會有全盤轉移技術的雅量，邊陲社會的客觀條件也不足以吸收此類技術，更罔談延續或超越。因此，邊陲社會利用市場通路來轉移技術，往往是基於客觀條件的限制（如具高度技術知識人才不足，工人水準低落，缺乏健全的人才培育體系與制度等），爲了改善民生之經濟功利效益，而不得不採取救急的治標方法。若說科技要自立

更生地生根落土，利用市場通道絕不是一個最根本的方法。

　　若欲使邊陲社會的科技生根，改變其邊陲地位，利用教育學習通道尤其是留學，將才是最爲根本的作法。事實上，自從 19 世紀中葉以來，亞非社會即已有此認識。他們大量地派遣留學生到西方中心社會去學習。對許多邊陲社會，如此依賴中心社會來培育科技人才，一直方興未艾地延續著。這種情形的存在無疑的說明著，邊陲社會始終建立不起獨立自主的科技創新體系，因而必須仰賴中心社會來培育人才。何以中心社會所代爲作育的人才，於回祖國後，無法發揮他們的力量，擔當起啓發、帶動科技與科技紮根的工作？換句話說，何以絕大多數的邊陲社會（日本除外）無法建立獨立自主的科技創新體系？這是一個相當複雜的問題，其中牽涉因素很多，尤其各國國情條件不一，更難以從中歸納出定律來。不過，參照歷史的發展和結構的內涵條件來加以推排，大體可以從兩個方向來尋找解答這個問題的線索。一是涉及邊陲社會人才留學中心社會的社會心理內涵；另一則是涉及邊陲社會內部之科技「政治化」的制度機制轉化的問題。

　　關於留學此一社會現象，作者在另外的文章中曾有過分析（葉啓政1983），在此不另詳述，而只就其對科技發展有關的問題，選擇兩個重點來加以討論。第一、就邊陲社會的本意，選派學生到中心社會留學，爲的原是希望學成之後能夠回國投入科技發展的行列。但是，我們發現，邊陲社會之留學生滯留於留學國的比率相當地高。這幾乎是相當普遍的現象（Shils, 1972）。就以臺灣地區爲例，從民國 49 年至 68 年間，以留學爲名申請出國者計有 52613 人，而同期間返國服務的只有 6200 人，僅占 14.3%（行政院青輔會，1981）。這個數字還不包含以其他名義出國留學的在內。從這個比例，我們就可以看出，以留學方式來作育專業人才，其經濟投資的回報率並不是頂理想的。在此，我們不免會問，爲

什麼邊陲社會的留學生出國後，頗多不願返國？其中牽涉因素頗多，莫衷一是。不過，有一理由似乎是難以完全排除的，那就是：中心社會之高等教育體系內的專業訓練，不論就分工型態或教育內容而言，都是配合自己社會之需要而發展出來。中心社會不可能爲了邊陲社會的需要來安排高等專業教育的課程。因此，當邊陲社會的人才到中心社會留學，一旦學成之後。往往其所學之專長（如航空工程、核子工程、醫療社會學等）並非自己的社會所迫切需要。爲了學以致用，許多留學生往往會考慮留在留學國工作。再者，對學業表現優異者而言，更往往爲留學國各專業研究或實務機構所爭取。在有較佳物質生活條件或較理想之工作環境以發揮專長等等的引誘之下，頗多人因此滯留下來。尤其，當自己的國家又有「推」的力量（如政局不穩、物質生活條件差，難以發揮專長、工作昇遷不合理等等），留學國的「拉」力無形中就加大了。

在上述的「推」「拉」雙重力量作用下，邊陲社會的留學政策因此無法充分發揮提升本土之科技水準的目標。其人力投資回報率低，而且最好的人才往往爲中心社會所吸納，留下來的往往是二、三流人才。如此一來，科技發展當然難以收奏全效。再者，留學乃意味再社會化，單就科技而言，留學是學習到一些新穎的知識。但是，誠如上述的，這些知識乃是中心社會在特定歷史文化背景和社會需要雙重作用下的產品，它乃順應中心社會之產業結構而生。這套知識一旦學成之後，是否能夠一成不變地移植到客觀條件不同的邊陲社會，實是可疑。總而言之，當一個邊陲社會缺乏產生反省和批判之意願與能力的條件時，靠留學生來發展科技，往往加重了邊陲社會的邊陲性，也加深了其對中心社會的依賴。職是之故，固然留學乃邊陲社會欲使科技無中生有的必要過渡手段，但是在藉留學以發展科技時，若其他條件未能適當地配合，就很難使留學只是科技發展的過渡手段，而卻惡化爲具長遠性質的人才依賴。

如此一來，科技是無法生根，邊陲性更是難以超越。當然，對中心社會的科技依賴也就會一直存在著。

四、邊陲社會科技發展的政治化

Mulkay (1980:110-116)分析西方科學之發展歷史，認爲大致有四個相當明顯的階段，它們分別爲：資本或業餘科學 (bourgeois or amateur science)、學院科學(academic science)、工業科學(industrial science)、與政府軍事科學 (government-military science)。在 17 世紀，現代科學之雛型乃在當時歐洲社會的中心制度之外或其邊緣。當時，科學乃在是時之顯學(玄學)與敎會優越勢力下開始發展，根本得不到獨立而穩靠的經濟與社會支持。科學主要乃由「靠其他活動維生之專業中產階級的業餘棄差活動來推動。」(Mulkay 1980:111) 到了 18 世紀，科學知識一再累積，從業人口日增，因而蔚成風氣，才逐漸獲得承認。是時，雖然科學研究人員與積極致力於創造新工業技術者已略有聯繫，但是科學知識的實際應用尙不普遍。政府與興起之資本主義工業還未見對科學知識之創造提供顯著的支持。因此，直至 19 世紀中葉前，科學一直是由公私立學院或其他零星的來源來支持。從 19 世紀後半葉起，科學知識的累積成長，科學從業人員日漸膨脹，科學社區內部才產生專業的分化。Ben-David (1971)指出，當時有三個現象——(1)專業訓練、(2)專職的從業生涯、和(3)研究設備增加——明顯地產生。至此情形之下，科學家不但爲學院所吸收，而且也因學術人口增加，逐漸爲工業界所吸納，終導致工業科學的興起，這以德國最爲明顯。到了第二次世界大戰前後，因應戰爭之需要，科學家開始大量投入與軍事有關的研究，遂逐漸爲政府所吸收，而政府也因此成爲支持和指引科學研究的最大來源，這種發展

則以英美最先開始。

Mulkay 和 Ben-David 所指出科學發展的過程似乎只適用於科技發展具內衍自發性的西方社會情境。由於社會條件的不同，邊陲社會的科技發展過程，極可能與中心社會的發展過程迥異。這個不同，一方面反映中心與邊陲社會的科技發展具有不同的社會基礎；另一方面也標示兩種地區之科技發展所面臨的可能問題不一樣。

在上文中，我們提到過，邊陲社會之所以爲邊陲，乃因一向缺乏中心社會的科技內容和水準。在 19 世紀，亞非社會向西方社會學習科技時，可以說是無中生有，幾乎樣樣都是重頭開始的。照人的心理趨勢來看，對陌生的事物，人們往往有排拒的傾向。但是，對 19 世紀的亞非邊陲社會，西方的科技雖是陌生，但卻因一再地經驗到其所具「生機控制」的威力，而不能不嘗試去瞭解它、接納它。因此，邊陲社會的科技發展一開始即具外衍被迫性，而不是如中心社會的科技發展，乃是內衍自發地源於社會內部長期孕育出來的結果。

外衍被迫性的社會變遷具有兩個重要的特徵。第一、由於變遷的創新動力源於社會外部，尤其當創新與社會既有文化傳統具高度異質性時，社會中的人們（乃至決策精英份子）對此創新往往缺乏充分的認識。第二、變遷往往具計劃性，乃由政治中心向外往其他邊陲地帶推動。因此變遷極具制度化和政治化，乃爲當權者視爲是施政的重點措施。第一個特徵牽涉到一個社會的普遍認知習慣和文化傳統的問題，由於篇幅有限，不擬在本文中討論。第二個特徵則很明顯的與邊陲社會之科技發展的社會過程性質有密切的關聯，乃在此將要討論的重點。

上述邊陲社會變遷的第二特徵很清楚地告訴我們：邊陲社會之科技發展的階段不可能與中心社會的發展模式一樣的。一開始發展時，政府即扮演極爲重要的推動角色。因此，科技發展一開始即接受「政治」的

指導，而中心社會則不然，其科技發展到相當程度，才開始明顯的與「政治」結合，而後接受政治的指導。說來，這是科技發展源於內部自發因素者與源於外部引動因素者最爲不同的地方。再者，對西方工業社會而言，科技（尤其科學）與工業生產結合乃長期來歷史條件所促成的發展經驗結果。但是，對亞非邊陲社會來說，兩者的結合卻是一個預先肯定的前題，而不是歷史結果。它是指導社會發展的最高原則。因此，在邊陲社會裏，科技發展一開始即伴隨著富國強兵的政治總目標而來，其基本指導意識型態乃功利實用的經濟成長和國防軍事的鞏固。中國、日本、印度、乃至蘇俄的所謂「現代化」即是明例。這種性格又不同於中心社會科技發展早期所具的業餘性和高度的學院知識認同性。

　　事實上，撇開亞非邊陲社會的獨特歷史條件不談，單從科技運作的社會過程來看，科技一旦成爲主導人類社會生活的動力之後，被「政治化」和政治化後對政治體系產生「結構依賴性」，自有其結構上的內在必然因素。這可從上述西方中心社會科學發展最後終於走上「政府軍事科學」的路子上去，得到佐證。其所以如此，理由有二：（1）科技一旦成爲工業生產的主導動力，則科技知識與創新的制度化乃是順理成章的結果。Bell（1973）即指出現代工業社會乃是一個「知識」的社會。知識成爲主導社會發展的動力。因此，舉凡知識的傳遞、人才的作育、技術的更新與轉化，在在都必須由具合法權威之政府來推動，而不可能只靠民間的力量。（2）科技發展改變了生產結構，生產結構的改變帶動了經濟成長與豐富了物質生活內容，也轉而牽引了人與人的種種關係的改變。這種改變帶來許多新的問題，譬如：不同科技領域的統整、科技與社會體系中其他層面間的配合、科技之社會後效的管制和處理等等。對這些問題，很難只靠民間「看不見的手」來自我調整，而必須授權制度

化的權威體來加以籌劃、管制、調整、和推動的。如此發展制度化的要
求，無疑的落在政府的肩上，科技發展的整體問題，包含目標的確立、
策略的釐訂、預算的安排等等行動，即納入為政權體系內的職責。

如此的政治干預科技發展，在當前政治意識型態對立、經濟利益互
相衝突的國際情勢下，已不是社會主義專制國家的特有現象，而也是資
本主義民主國家的普遍趨勢。總而言之，在此多元複雜的歷史條件與社
會結構內在因素的交互作用下，科技體系並不是完全獨立自主地由科技
人員本身來主宰。縱然科技的技術本身的發展仍然是操縱在科技人員手
中，有關科技發展之重點方向規劃、經費之分配、人才之儲備、乃至報
酬昇遷體系，溯本追源地卻是控制在政權精英手中 (Johnston & Robbins
1977; King & Melanson, 1972)。

政治對科技體系之影響滲透，有一特殊的結構現象尚需特別加以說
明。不像其他的日常生活經驗，科技知識的獲取和建立有一定的程序。
這是科技知識之所以為客觀，而有一定權威性的道理所在。一個人要獲
取科技知識，一定要經過相當時間適當的教育訓練，而科學的方法也有
一定的運作程序，因此，科技人員本身具有其他人員不可取代的資源，
也因而有相當的權威性。這是何以科學有其內在的價值體系以保證其倫
理標準，也何以科學家常要求獨立自主的社會基礎 (Chubin & Studer,
1978; Greenbery, 1969; Mulkay, 1976, Rose & Rose, 1976; Merton,
1973)。基於這樣的科技內涵特質，無科技專業知識的政權精英干預科
技發展時，常會處於一種兩難的情境。面對著科技知識，他幾乎是一個
毫無瞭解和批判能力的無知、乃至低能者，但他卻又不能不把科技納入
其政治措施的考慮之中。在如此尷尬的處境之下，出現了一種人物，即
所謂科技行政或顧問人員。他們是一批原是受過科技專業訓練，也從事

科技研究或實務工作的人，但由於種種原因而獻身於行政或顧問工作。就其角色功能而言，他們是科技體系和政權體系互相銜接的橋樑。

在許多社會裏，由於政治介入科技，不但因此製造了科技行政和顧問階層，而且也形成了包含政權精英、科學家、公務員、和來自工業界或其他利益團體的專家等類人物的「混配社會」（hybrid community）來共同處理社會裏的科技問題（Van den Daele, Krohn & Weingart 1977:228）。這樣的組織不但見諸於邊陲社會，也普遍存在於中心社會裏（Ben-David 1965; Blume 1977; Gilpin & Wright 1964; Mullis 1972; Price 1962）。

在科技社會裏，政權精英必須依賴上述科技人員來處理科技問題是至明的，而這種依賴在邊陲社會裏更是特別地明顯，因為在邊陲社會裏科技知識教育不普及，有關科技之前衛知識為少數之科技人員所掌握，一般人（包含政權精英在內）往往無能力過問。因而，在配合非科技目標的既定政治總目標下，他們則又往往接受政治精英的指派或委託，釐訂科技發展的政策和方案（Van den Daele 等 1977）。雖然這些行政或顧問人員往往是在其專業本行內較有成就，而且也享有聲譽者，但一旦在行政或顧問體系中待留久了，他們不但可能與其專業的前進知識脫節，而且所處理的事務也往往愈來愈少技術性，反而是愈來愈具政治性了（Blume 1974:198）。在此情形之下，這些人員在科技行政層制中的昇遷愈來愈與其政治態度和手腕有關，而與其專業知識的多寡無關。他們因此往往妥協地依附在政權精英的權力底下，為政權之種種政策提供科學的正當依據，以為其措施予以合法的地位（Ezrahi, 1971）。這種情形在邊陲社會裏尤甚。

五、邊陲社會科技發展的下傾工具性與其影響——代結言

從上二節的討論，我們可以清楚地看出，邊陲社會的科技體系，一方面是世界科技體系的邊陲環節，另一方面又是整個社會體系中深受政治次體系左右的次體系。這雙重的依賴，乃使邊陲社會之科技發展甚為強調立即功利實效之經濟或國防效益。我們稱此特性為「下傾之具性」。

從上文有關西方科學發展的歷史過程，我們發現一個重要的現象，那就是：從 19 世紀中葉以來，科技與工業生產之間產生緊密的扣聯關係。到了 20 世紀，西方中心社會的政府所以會明顯的介入科技發展的領域，也是在此歷史條件的基礎下發展形成的。從科技此一歷史發展的過程來看，科技與工業生產的結合乃締造科技之「生機控制」的工具性格形成的條件。相對照於西方中心社會此一科技發展的時間序列，邊陲社會認識到「科技」而致力於科技發展，正始於西方社會大量使用科技於工業生產的時候。因此，科技的「生機控制」工具性，在邊陲社會之人們的眼中，乃科技惟一的重要內涵。事實上，邊陲社會所以積極發展科技，也正是看中了科技此一內涵。

就社會發展過程的實然層面來看，邊陲社會一開始發展科技即窄化了科技的意涵，原是可以理解而同情的。在對科技之基本內涵完全缺乏充分認識之可能的客觀條件下，特殊的歷史經驗很容易成為導引人們認知的惟一依據。如此，人們的認知易於焦點化，對科技之意涵做狹窄的詮釋。在此認知條件，把科技的意義偏限於經濟與國防的立即效益上，因此是很順理成章的認知模式。尤其科技發展的「政治化」，使得有合法權力規劃科技發展方案的人物，往往是對科技或者毫無認識，或者一

知半解的政權精英。縱然他們有科技行政或顧問人員的輔佐,但是卻難以擺脫科技經濟國防下傾工具化的意識型態的作祟。何以科技行政或顧問人員也如政權精英一般,往往無法擺脫科技的下傾工具觀呢?我們認為至少有四個理由:(1)他們往往只是某一特定科技學門的專家,所涉獵的知識經常只偏限於一個小知識領域的技術性問題,對科技發展的社會本質和其過程缺乏通盤性的知識與瞭解。(2)他們的專業往往是屬功利實用性的應用科學,本身的訓練即使他們傾向接受「下傾工具化科技發展」的政策。(3)由於他們的生涯日益政治化,其所具專業本行的知識可能與潮流逐漸脫節,此對邊陲社會之科技行政與顧問人員更是明顯。因此,乃至是有關其本行之科技的技術發展部份的問題,他們也可能未必有正確清楚的認識。(4)由於長久在政府科層體系中打滾,其對角色之地位與聲望,已不再向本行之學術界認同,而是向所處之科層體系內的職位階層認同。在此情形下,他們往往與政權當局妥協,乃至聽命於政權當局。因此,當政權精英下傾工具化科技發展,這批人員既無能力、更無意願、也無意識必須提升科技發展的層面,更罔談注加人文精神以滋養科技,引導科技的發展。

科技具工具性(或謂條件性)原是不可否認的社會本質。但是,賦予科技以經濟功利效益的下傾性,卻不應該說是絕對不可避免,乃至是惟一的性質。然而,由於上述的種種條件,邊陲社會的發展科技一向即不折不扣地是功利實用取向的,基本上乃以解決具政治意義之現實問題來主導其發展方向,而不是由科技社區本身所具之知識體系的內衍問題來帶動其發展。因此之故,科技乃與下游工業的發展相結合。但是,在缺乏自主原創的科學創新體系的支持之下,為了獲致立即的經濟效益,乃不得不採市場通道來引進科技,藉以帶動工業發展。在這樣的發展模式下,有兩個現象經常是明顯的。

由於市場通路是邊陲社會發展科技最有可能產生立即經濟效益的方式，尤其在政府極力的推動下，我們發現，在邊陲社會中，常可看到一個現象：「工業界高階經營管理人員在技術領域上之專精程度與其從事行業之技術成熟度有成反比之現象。」（江炯聰 1980:240）說來，這是依賴技術轉移發展出來之工業，在缺乏技術升級的條件下，必然產生的結果。由於邊陲社會之工業乃仰賴勞力密集的有利條件，以「成套」近乎「交鑰」的方式由中心社會引進技術，這樣的技術依賴，使得高階人員並不需要具備高度專業知識，而且也無識於從事研究發展的必要。事實上，即使領導階層認識到從事研究發展的重要性，往往也因資本與人才有限，而難以建立起具獨立原創能力的研究發展環境。以臺灣地區為例，江炯聰（1980:241）即指出：設計人員（包括研究發展人員）之能力不足是工業界各行業謀求發展的最嚴重技術瓶頸。

很明顯的，在發展科技過程中，邊陲社會一直是處於劣勢的地位。無論在資本、人才品質、行銷系統、組織體系等上面，邊陲社會都是難以與中心社會相抗拒的。當然，由市場通路引進技術發展策略，固然可於短時間內提高民生水準、解決就業問題，並且展現工業化的跡象，但這極可能是一種「飲鴆止渴」的作法，因為它使得邊陲社會更加依賴中心社會。縱然不是如此的嚴重，這也只是救急治標的方式，終非治本之久遠大計。尤其，透過外人參與投資或技術合作引進技術，往往使廠家與社會負擔不少額外的隱藏成本（江炯聰 1980:243）。無疑的，這是另外的一種社會負擔。

藉技術轉移發展科技可能帶來另外的一個現象是：大學或研究機構與工業界之間脫節。大學專業教育未能與本土工業之需要配合，在大學或研究機構所做的研究成果往往難以轉化成為下游工業的產品。其所以如此，推其原因，乃與政權精英（包含科技行政與顧問人員）急功好利

的心態有密切的關係。在經濟立即效益之下傾發展意識型態的籠罩下，下游工業技術的發展被視是發展的重心。爲此，「科技轉移」成爲發展的重點，有關人工往往罔顧轉移後，社會有沒有吸收、轉化、和超越的條件。很明顯的，旣然下游工業生產大多依賴引進的外來技術，不論是外商投資、技術合作、或國人自營，都沒有要求從事獨立的「研究與發展」的需要。很自然地，它們對大學與研究機構也就無所依賴。在此情形之下，邊陲社會的大學與研究機構，若非聊備一格地成爲「現代化」的一種成就表徵，即成爲中心社會高等敎育體系的一個邊陲附庸。大學與研究機構因此與社會中其他部門往往難以平順地互嵌，更難有互惠性的滋長作用。它們變成是中心社會設置在邊陲社會中的文化傳遞站，儘管與中心社會的大學與研究機構相比較，它們只是三、四流，乃至是未入流的人才培育機構。這樣的大學與研究機構，說起來，自然無法擔當起引導、轉化下游工業生產結構的角色。它們於是與整個社會的科技發展的總體目標——鞏固工業生產以謀經濟成長與強化國防——脫了節。若說它們有功能，那是使邊陲社會更加喪失其原有的文化性格，也因此致使對中心社會產生更多膜拜的向心力。這是何以邊陲社會之高級專業人才往往滯留中心社會在結構上的根本癥結。

　　總結來說，在已具形之世界體系下，邊陲社會依賴中心社會以謀發展的歷史已很久。在此一漫長的歷史過程中，由於邊陲社會之科技發展體系高度的「政治化」，而政治化的科技發展又深具偏重經濟效益之下傾發展意識型態，因此，利用市場通路轉移科技的策略乃普爲邊陲社會視爲發展科技的不二法則，幾乎難以再有其他選擇的途徑。如此長期以往，邊陲社會的科技水準非但無法提升自主，反而對中心社會更具依賴性。如此的發展模式，雖爲邊陲社會帶來快速的經濟成長，也提高了人民的生活水準，但是這只是一時的現象，終會達到發展瓶頸。努力創新

是現代科技工業社會具有超越突破機會的條件，也是促使一個社會具備獨立自主地掌握自己之生機的必要條件。有鑒於此，邊陲社會若要脫離邊陲的劣勢形勢，製造主動把握獨立自主之生機條件的能力是絕對必要的。要有獨立自主之生機條件，無疑地強化社會的創新體系，以發掘固保自主之原創動力，乃是不可或缺的必要努力。

（原文宣讀於行政院國家科學發展委員會主辦「社會文化與科技發展研討會」，民國72年。）

參 考 文 獻

行政院青年輔導委員會

1981　20 年來我國留學教育之研究。青年人力研究報告之 17。臺北。

江炯聰

1980　臺灣工業技術之發展與移轉。臺灣大學商學研究所碩士論文（未出版）。

葉啓政

1980　近代中國文化所面臨的困境。刊於中國論壇社編「挑戰的時代」臺北：聯經出版事業公司，17-43。

1981　30年來臺灣地區中國文化發展的檢討。刊於朱岑樓編「我國社會的變遷與發展」臺北：三民書局，103-178。

1982　從中國社會學旣有性格論社會學研究「中國化」的方向與問題。刊於楊國樞、文崇一編「社會及行爲科學研究的中國化」。中央研究院民族學研究所專刊二種第十號，115-152。

1983　邊陲性與學術發展一再論社會科學中國化。論文宣讀於香港中文大學舉辦「中國文化與現代化」研討會，1983 年 3 月 9～12 日。

Aorn, Raymond

1967　*18 Lectures on Industrial Society*, London.

Bell, Daniel

973　*The Coming of Post-industrial Society*, New York: Basic Books.

Ben-David, Joseph

1965 *Fundamental Research and the Universities,* Paris: OECD.

1971 *The Scientist's Role in Society,* Englewood Cliffs, New Jersey: Prentice-Hall.

Blume, Stuart

1974 *Toward a Political Sociology of Science,* New York: Collier MacMillan.

Chubin, Dargl E. & Kenneth E. Studer

1978 "The politics of cancer", *Theory and Society,* 6:55-74.

Daele, Wolfgang van den, Wolfgang Krohn & Peter Weingart

1977 "The political direction of scientific development", in Everett Mendelson et al (eds.). *The Social Production of Scientific Knowledge.* Dordrecht, Holland: D. Reidel Publishing Co. 219-242.

Ezrahi, Y.

1971 "The political resources of American science", *Science Studies,* 1:117-133.

Frank, A. G.

1967 *Capitalism and Underdevelopment in Latin American,* New York: Monthly Review Press.

1971 *Sociology of Development and Underdevelopment of Sociology.* London: Pluto Press.

Gilpin, R. & C. Wright (eds)

1964 *Scientists and National Policy Making,* New York:Columbia University Press.

Greenberg, D. S.

1969 *The Politics of American Science,* Harmondsworth, Middlesex: Pengum Books.

Habermas, J.

1970 *Toward a Rational Society,* Boston, Mass.: Beacon Press.

Johnston, Ron & Dave Robbins

1977 "The development of specialties in industrialized science", *Sociological Review,* 25:87-108.

King, Lauriston & Philip Melanson

1972 "Knowledge and politics: some experiences from the 1960s",

Public Policy, 20: 82-101.

Marcase, Herbert

1964 One-Dimensional Men. New York: Beacon Press.

Merton, Robert K.

1973 The Sociology of Science, Chicago, Ill.: The University of Chicago Press.

Mulkay, Michael

1976 "The mediating role of the scientific elite", Social Studies of Science, 6:445-470.

1980 "Sociology of science in the West", Current Sociology, 28: 1-184.

Mullins, Nicholas C.

1972 "The structure of an elite: the advisory structure of the U. S. Public Health Service", Science Studies, 2: 3-29.

Parsons, Talcatt

1966 Societies: Evolutionary and Comparative Peupectives, Englewood Cliffs, New Jersey: Prentice-Hall.

Price, D. K.

1962 Government and Science, New York: Oxford University Press.

Rose, Hilary & Steven Rose (eds)

1976 The Political Economy of Science, London: Macmillan.

Saint Simon, Henri De

1952 Social-Organization, the Science of Man & Other Writings, trans, by Felix Markham. New York: Harper Torchbooks.

Shils, Edward

1972 The Intellectuals and the Power. The University of Chicago Press.

Wallerstein, Immanuel

1974 The Modern World System, New York: Academic Press.

1979 The Capitalist World-Economy, Cambridge University Press.

Weber, Max

1978 Economy and Society, eds. by Guenther Roth & Glans Witch University of California Press.

十、文藝復興至啓蒙時期間有關「人性與社會」的看法及其衝擊

　　人類知識的演變並不是偶然產生的。固然一個人的獨特聰明才智有助於創造新的觀念和發現新的現象，但是，創造與發現必需建築在一些已有的事實、法則或理論上面。這些事實，法則或理論的產生，有著一定的假設爲其後盾。基本上，這些假設所反映的只是一些具有歷史淵源的共同意識形態而已。因此，一項心智上的創新承受一套獨特的歷史背景。它之所以稱爲「創新」，事實上只是對已有的各種不同看法與理論，做了某程度的修正或重新的組合而已。其理論基礎，方法或用支持理論的種種事實泰半不是嶄新的。這種創新所依賴的基礎可稱爲「典範」（Paradigm）（Kuhn, 1973）；人類思想的發展與演變說穿了就是典範的歷史轉變。本文的目的即是嘗試討論文藝復興（Renaissance）到啓蒙時期（Enlightenment）這段歷史中，西方學者們對「人性與社會」的看法及解說上的演變。從而，探索在此傳統下，人類對自己特性認知上的基本形態是什麼，以及此一傳統對十九世紀以來西方社會思想的發展，有了怎樣的影響。

　　西方思想的演變大致上可分成三個階段（Russell, 1945）。第一個階段是從西元前六百年左右希臘哲學的興起開始終於羅馬帝國的滅亡與

基督教神學的興起；第二個階段由羅馬帝國的滅亡至十四世紀文藝復興
及宗教改革（Reformation）。在這個階段內，除了幾個少數的大反叛，
如菲特烈二世（Emperor Frederick II, 1197-1250）外，整個歐洲思想
以教會之基督思想爲核心，思想是靜態的。第三個階段始於十四世紀，
一直延續至今。這個階段的思想特色是科學的抬頭。雖然傳統的宗教信
仰仍舊佔著很重要的地位，但是人們已開始懷疑了它的唯眞與可行性。
終於，科學成爲衡量宗教的一個主要依準工具，凡是宗教與科學有了衝
突，科學總是站在優勢的地位去修飾宗教。我們此處所討論的範圍，卽
指這第三個階段中由文藝復興至啓蒙時期（大約是十四至十八世紀）這
段時間內西方學者對「人性及社會」此一現象看法及理論上的特色。

十四世紀的歐洲象徵著一個嶄新的覺醒時代，往後四個世紀是個光
輝燦爛的科學世紀。十字軍的東征把古希臘的思想帶回了歐洲，它再度
地把歐洲久來以「神的世界」爲核心的思想模型帶回到以「人的世界」爲
中心的理念形態。同時，科學的來臨使得中古以來爲教會所壟斷的靜態
社會變成更有生氣的動態社會。在中古社會裏，社會的重心在於土地，
在於靜止的秩序，在於對教會的忠誠。人在社會中的位置是由自然（卽
神）所指定的。任何企圖改變這種恆定性卽是對「天理」的反叛。這種
靜態、權威性的思想與生活方式成爲科學所挑戰的對象。科學帶來的社
會秩序不再是建築在天理上，而是建立在人理上。講求的是人與人的關
係，而不是人與天的關係。這種基本思想模式具體地表現於逐漸興起的
城鎮生活，所代表的是種可變而且一直是改變的生活方式。（Martin
1963）

城鎮式的生活方式只是文藝復興帶來的許多轉變中一個具體「社會
轉變」的表徵。由城鎮式的生活聯帶來的轉變是個人主義與資本主義的
興起。這兩個主義的興起帶動了中產階級的產生，並且配合著企業精神

的發展使得歐洲社會由傳統神聖性（sacred）的經濟及人際生活轉變成世俗性（secular）的自由競爭與契約生活方式。這種轉變破壞了固有「安於現狀」（status quo）的傳統，並帶來了歐洲社會前所未有的社會流動。其結果使得社會的中堅份子再也不是貴族，而是知識份子（intelligentsia）。金錢除了用來維持基本生存外，具有無比的力量，它使得一個人能夠獨立，也使得一個人能夠達成個人的社會目的。毫無疑問地，這種巨大的社會變遷給予了人類的思想模式相當大的衝擊力。只是當時的新思潮只流行於上等階級（Martin, 1963），中產階級的態度基本上還是保守的。總而言之，此時的新思潮使得原有的教會思想對實際生活的約束力減消，個人開始意識到自己力量的可靠。尤其，資本的累積與財產的增多使得一個人對自己的信心增加。這種資本主義的雛型開始使「時間」與「金錢」這兩樣東西產生密切關係，這種強調「時間」與「金錢」的重要無形中含蘊著自由（liberty）與運作（motion）。這種態度終至於導至理性主義（rationalism）與個人主義（individualism）的發展與蔓延。在此兩種基本精神的指導下，當時的歐洲由一個死氣沉沉，奄奄一息的社會轉變成朝氣蓬勃、冒險求變的世界。整個社會充滿著好奇、自信與反叛的氣息。文藝復興及其後之宗教革命即在這種氣氛下孕育出來的。

一、從文藝復興及宗教革命（Reformation）到十七世紀

雖然文藝復興及宗教革命是兩個獨立分開的運動，但是並不是毫無相關的。這兩個運動本質上都是源於對自然、人類及神的醒覺與好奇而終於對人類尊嚴及科學態度的肯定。大體說來，文藝復興始於對人與自

然界認識上的改變。宗教革命只是文藝復興的延續，它具體地使歐洲社會脫離了尊重傳統與權威的神聖式世界進入了強調變異與理性的世俗式社會。因此，宗教革命固然是以宗教改革為其顯現的目標，但是實際上是反映到經濟、政治及社會上的一種整體改變 (Fromm, 1971)。

古希臘人文主義（humanism）的蘇醒及理性主義的崛起帶來了謀求心智自由及個體充分發展的要求。這種普遍地要求個人心靈的解脫與發展建立在一套對「人性」解說的理論上。Montaigne (Trechmann, 1927) 認為人性本質上並無同胞感 (fellow-feeling)。人類所追求的只是以理性的力量配合既有的共同信仰來建構自己的目的。理性只是一個具有適應性及彈性的工具。因此，同胞感的產生純然地是為了謀求個人目的所附帶來的一種社會心理上的機制 (mechanism)。這種論調明顯地指出了人性的自私性與人際關係基礎的契約性。Machiavelli, (1948) 的「王子論」(The Prince) 把這種論調表現得為最透徹了。

Machiarelli 對人性的分析主要是反應當時的義大利社會。資本主義及自由企業的興起滋養著個人主義的產生，並給予了人類無止境的慾望與其醜惡面有著充分發展的機會。人類的動機是自私的，傾向是野心的。為了保護個人的慾望有著起碼的滿足，政治及社會上的結合是必要的。因此，人類的社會結合只是謀求個人慾望的滿足以及相互利益的一種保護方式。這種看法無疑地與後來英國大哲學家 Hobbes 的觀點相近的。姑且不論 Machiavelli 這種「人性」說是否誤謬，他這種「性惡」的觀念與西方傳統甚至中國荀子的論調是不同的。西方傳統（荀子亦

---

❶ 對於「人性」一詞的概念首先得澄清。此文中所談論的人性主要地不是涉指人天生而有的本性，而是指人表諸於外具有功能作用的種種特性。因此，它所指涉的不是實質的 (substantial) 而是功能的（functional）(Cassirer, 1970: 74-75)。筆者於本文中無意於探究人性中何者是天生，何者是習得的。

然）把人性凝縮成一個單獨面 (single dimension)，而把此一單獨面兩分成善與惡。Machiavelli 一反過去這種看法，他把人當成一個動態、常變的個體來看。這種動態與常變性表示了人性的彈性與需求的多層性。可是，從這複雜的「人性」現象中，我們可以在概念上濃縮成幾個基本的需求。

既然人性所表現的基本上是一些多層而且又是難以滿足與不穩定的慾望，一個社會的掌權者（他稱之爲 Prince）就得同時兼具如獅子與狐狸的特性。一方面，他得如狐狸般的狡猾懂得逃避陷阱；同時，他也得如獅子般的雄猛以馭駕大衆。這種兼具的特性，不但是執政者所必需具有的，同時也是一個人生存的必要條件。因此，人的社會是掙扎在連續不斷地鬥爭中。不過，幸好，一般大衆所信的只是現實的表面性，他們的需求也往往只觸及到浮離在社會表面上的種種刺激；所受的影響也常常僅及於「事實所表現的」而不是「事實的實質」。這種認知上的離析使得人們的慾望有層次之分；也使得一個統治者可能運用智慧與權力來安撫住那麼衆多的慾望。

Machiavelli 的思想可說代表著文藝復興及宗教革命這段時間內西方歷史的精華。總結來說，在這段歷史中，人類思想是自由的；人敢於思想，但又不完全信任理性；人勇於發掘新經驗，但又不能放棄既有信仰與習俗所帶來的安全感；人懷疑權威，但又不願意活在懷疑中。固然新的國家型態逐漸地形成、發展，但是人類仍然無法肯定自己是什麼，也還未能爲自己在這世界中尋找出一個適當的位置。凡此種種導致了往後西方思想界中的互相衝突，但也爲人類心靈的發展帶來巨大的刺激力。

在這段時間內，於歐洲文明之外的阿拉伯世界中出現了一位非常重要的人物，Ibn Khaldun。他的思想與當時歐洲的整個思潮並行地發展，

但是它影響後來西方社會思想的發展甚巨。尤其值得一提的是，他的思想為廿世紀美國的功能論者提供了一個來自於非西歐文化的歷史註腳。

Ibn Khaldun 最重要的貢獻在於探討人類心靈上的社會心理層面 (Issawi, 1950)。與 Aristotle 一樣，他認為人本質上是社會的動物。然而，人類如何地形成社會力量以產生實際的行動呢？這全看人的本性為何了。Ibn Khaldun 認為深植於人心的是一種追求某些東西的慾望。人的慾望眾多而且變化多端，因此，惟有仰賴合作，否則無以滿足。人因有追求權力的慾望，所以形成國家（State）；人因有追求自由的慾望，所以他們放棄了與人的聚凝（Solidarity）；人因有追求舒適的慾望，所以他們拋棄了農牧生活而另建了城市；人因有追求文明的慾望，所以他們放棄了簡單生活所帶來的安全與和祥。這種功能的決定論最後得到了一個結論；那是，人類在這種衝突的循環中最後毀滅了自己。顯然地 Ibn Khaldun 過份地信仰了支配人類行為的自然律，因此無形中忽視了人類的意志力量。不管如何，Ibn Khaldun 是個本能多元論者，他嘗試以「慾望」為心理基礎來解釋社會的所以由來與形成。這與二十世紀初 McDougall（1908）所提的本能論有很大的相似性。

進而，Ibn Khaldun 認為社會的形成並不是建立於單純人際間的契約關係。社會之所以形成，完全是基於人類樂羣的心理傾向。人既有樂羣的自然傾向，又有追求自由的基本慾望，這兩種力量往往導致了心靈上的衝突。他這種看法為後來 Hobbes, Locke 及 Rousseau 等人的社會契約論（social contract theory）舖下了路。Ibn Khaldun 又認為國家的發展就是為了人類結合的秩序與穩定而來，穩定的基礎在於羣內的人有同類感（consciousness of kind）及凝聚感（feeling of solidarity），他稱為 espiri de corps（Asabiyya）。這種聚凝感乃是一種態度與情操的結晶，它來自於人有同類聚集的內在傾向以及外在環境要求合作的強

制壓力。

Ibn Khaldun 的理論充滿了阿拉伯遊牧民族的氣息。一方面，他爲遊牧民族一向所特有的凝聚性給了學理上的支持；另一方面，他爲阿拉伯人徘徊於遊牧與城市定居兩種生活方式間所產生的衝突找出些心理上的基礎。姑且不論其理論的正確與否，他所提的聚凝性（與同類感）、衝突論及本能論與二十世紀以來社會心理學的走向不謀而合。若說他有先見之明，實不算是過份誇張的。

二、十七及十八世紀理性主義的抬頭

文藝復興及宗教革命以來，人類逐漸地對自己產生了信心，同時也對科學產生了信賴。這種心理傾向到了十七世紀時更加地明顯，使得這個世紀爲理性 (reason)一概念所籠罩 (Cassirer 1951; Becker, 1969)。嚴格地說來，在這個世紀內，科學的態度還未普遍地接受。譬如 Bacon, Galileo, Descrates, Kepler, Locke, Newton 及 Leibnitz 等極力創導科學觀點的積極份子，都曾與當時西方還擁有的舊思想發生過大衝突。因此，十七世紀對理性的要求與認識和十八世紀中是不同的。Cassirer (1951,13) 有一段很恰當的描述。他說：

在 Descrates 及 Malebranche, Spinoza 及 Leibnitz 這個世紀的形而上大體系下（筆者按：指十七世紀），理性是永恆眞實的實體，是人與天均持有的眞理。凡是我們透過理性而得知的，都可歸諸於是來自神的。任何一個理性的行動都意指由神旨意下的參與行爲；它有利於引導著智慧的世界。十八世紀以一種不同而且謹愼的方式來處理理性。它不再是先於所有經驗而存在的種種內在觀念的總和，也就是說，它並不是顯示著事物的絕對本質。理性被視爲是

一種獲得，而不是一種傳襲。

Carrirer 這段話道出了這兩個世紀中人類運用「理性」這個概念的最主要差異點來。除了這些差異外，當此兩個世紀間，人類的著重理性帶有相當濃厚的信念（faith）色彩。這種絕對地信服理性可借用 Becker（1969）批評崇尚理性的 Voltaire 與追求信念的 St. Thomas 間只有一丘之貉的說法來說明。我們不妨用 Voltaire 來代表十八世紀的啓蒙運動（Enlightenment），而 St. Thomas 代表十三世紀的中古思想。這兩個不同時代的人有一個共同點；那就是他們都深信他們的信仰可以用理性來證實。因此，十八世紀說來只是一個把信念建築在絕對理性上的時代，而十三世紀是一個把理性建立在絕對信念上的時代。

總而言之，這時代的理性主義成爲支配思想走向的主要動力。其最大特色卽表現於經驗主義的興起。經驗的素材就是現象。法則、秩序並不是先驗的，它們必須從現象的規則性中尋找。因此，觀察是科學素材的來源，人類尋找的是從觀察中可獲得的法則及原理。事實應當先於概念；方法應當以分析與綜合並重。凡此種種論點均在理性主義的大傘下衍生出來。這種著重觀察與經驗配合著數學的發展（尤其微積分的發明）使得人類知識從 Aristotle 的傳統類別法（categorization）跳出來。人類開始使用「連續」（continuity）的概念來量化現象，這使得近代科學得以產生。

在這段時期內，固然學者對於人性的看法並不是完全一致的，但是在理性主義的大傳統下，學者持有兩個共同的看法：(1) 人性是天下皆同的，所顯現出來行爲上的差異乃是因爲地理環境、歷史背景及文化傳統不同的緣故；(2) 制度因人而生，而不是人爲制度而生。因此，人是主動的，制度只是一種工具。不過，一種制度具有彫塑人類個性的能力（Martindale, 1960.）在這兩個看法下，人被認爲是天生自由的。但很不

幸地，不管在那個角落，人類都是被鍊鎖起來，絲毫沒有自由。這些觀點可說是這段時期內思想家們所共同持有的典範。這個典範所反應出的是人類社會思想由超自然法則中解脫出來的一種理性反應；學者們卽從這些基本看法衍生出他們獨特的見解。其中最具代表性的兩個大主流是蘇格蘭的道德論者 (Scottish moralists) 與社會契約論者 (social contract theorists)。

(1) 蘇格蘭的道德論者

這批學者的著眼點在於探索人性的社會心理層面。他們之不同於以往的學者在於他們對人性之先驗來源 (priori source) 不感興趣。反之，他們所著重的是在上述的兩個主要看法下，探索人類如何在社會中發展並運用他們的心智，以及研究什麼是人類行為的基本法則。他們所獲得的結論是今日社會及行為科學的一個歷史基礎。大致說來，我們目前許多有關人之社會性的法則與假說，均淵源於這些學者的基本論點。代表這支學派的主要人物有 David Hume, Francis Hutchson, Adam Smith, Adam Ferguson, Dougald Stewart, Thomas Reid 及 Lord Monboddo 等❷。他們對於「人性及社會」的看法大致可總結成下面三點：

(1) 人性是普遍單一的

這個法則充分地反映著十七及十八世紀之結晶—啓蒙時期—的普遍看法。他們認為，在此基本原則下，假若條件可知的話，行為是可以預測的 (Schneider, 1967, 39-51)。由於他們認為人性本質上是單一而且普遍的，於是把研究焦點集中於探討促成不同行為的條件，而不注重尋找什麼是人性的單一內容。因此，他們嘗試從經驗中決定行為變異的種種因素。

---

❷ 參看 Schneider (1967)

(2) 學習的法則與人類理性的極限

Hume (1875,1898) 對於尋找心靈聯結法則 (law of mental asso-ciation) 有著特殊的貢獻。一方面，他提供了許多近代「刺激—反應」的學習基本法則，諸如連續律 (law of contigunity) 與相似律 (law of similarity) 等；另一方面，他強調動機 (motive) 對刺激與反應聯結的重要性。這兩個貢獻引起了後來學者們注意到社會化 (socialization) 在人性發展過程中的重要性。同時，從這些學習法則的研究，Hume 認識到人類理性的極限。這種認識是此派學者的最大貢獻。

Hume (1898) 強調單憑理性並無法產生行為，更無法引發意願 (volition)。事實上，理性只是役於激情 (passion)。人類行為的目的往往建築在情緒上，它根植在人性激情的核心中。理性只是達成這種行為目的的一個必要手段，它必須是由社會所認可的。因此，人類行為走向固然由理性來指導，但是卻是以激情為基礎。正因為如此，社會的存在是必要的，社會中的規範就是為了對人類本性中的激情做合理的約束與指導。不過，往往因為社會關係的複雜與多變，所指導的結果常是未所預期的。這種未所預期的社會結果 (un intended social outcomes) 即是 Merton (1968) 所謂潛在功能 (latent function)的歷史前身。

(3) 從生物人 (biological man) 至社會人 (social man)

社會化的力量無所不在的。雖然人類使用的工具與法則可能是非社會性的，但是人類意向 (intention) 是具有社會性的。只要人營羣居生活，所表現的大都是習得的。雖然理性被用來飾化人的行為以達到別人的期望，但是它本身沒有力量來塑造一個人的主要個性，唯有社會中其他人才真正具有決定及影響個人的力量，人性就屈服在社會他人 (social other) 下。這個觀念無疑地承襲著傳統 Aristotle 的看法，它與以後的學者嘗試從社會關係的角度來研究人的社交性 (sociality)

（如 Simmel, 1950）以及研究社會他人對自我形成的影響力（Cooley, 1902; Mead, 1943），有一脈相承的痕跡。

人們所做出來的往往並不是他們自己所想做的。如 Adam Smith 說的，社會中總是有隻未可見的手（invisible hand）來支配及解釋人行為的結果。這種看法為許多蘇格蘭道德論者所持有，如 Ferguson 用「未預期的建樹」（unintended establishments），Stewart 用「未預期的發展」（unintended development）來描述（Schneider, 1967; 99-122）。這就如同蜜蜂與所築的六角形窩一般，單憑蜜蜂之行為解釋不了蜂窩所以成六角形的理由。同樣地，單憑個人內在的動機解釋不了行為的結果，只有考慮外在存有的社會事實對人之行為所具有的約制力，才能有效的解釋人類的行為。這是因為人學得了借「社會他人」來定義自己的行為。這個觀念與 Cooley（1902）的鏡我（Looking-glass self），Mead（1934）的鏡子（mirror），及 Freud（1961）的超我（superego）有歷史的淵源。

蘇格蘭道德論者，很明顯地企圖撇開「人性的本質為何」這個頭疼的問題不談。他們秉承著理性主義的信條，探索人性中的理性，但終至於對人類之理性所扮演的社會功能產生了根本上的懷疑（Hume, 1898）。這種懷疑的態度助長了後來非理性主義（irrationalism）的興起。同時，他們對社會飾化人性的研究也奠定了廿世紀象徵互動論（symbolic interactionism）的理論基礎。

(2) 社會契約論

認為國家是基於人與人相契約而形成的論調有史已久。它在啓蒙時期前已見諸於 Epicureans, Plato, Grotius, Hooker 等人的著作中。只是這個論調到了啓蒙時期才變得更加的明顯而且具體。這種論調主要建立在兩個基礎上。其一是人追求自由，自由對人具有無上的價值，因

此政府的基礎在於人的意志 (will)。這個基礎可稱是「自由的價值」 (value of liberty)。另一是公正的價值 (value of justice)，乃認為所有的政治結合及秩序均建立在人權，而非強權上。在此二基本假設下，契約論者，如 Hobbes, Locke, Rousseau 等人，嘗試把人性與社會秩序做合理的調適。

雖然契約論者持有著一些共同的看法，但是他們之間的觀點不是絕無差異的。Hobbes (1904) 代表著享樂主義 (hedonism) 的觀點，他把人類追尋享樂歸諸於自我主義。他認為人本質上是自私的，因此在權力及資源有限的一般情形下❸，衝突往往相應而生。在此情形下，擁有權力變成是獲取享樂的最主要手段；不斷地追尋權力變成是最主要的動機。不過，他們又假設人是生而自由的，應當享有平等的權益(right)。這是一種自然法則 (natural law)。無疑地，雖然這兩種情形——自由與平等和追尋權力——不一定必然是互斥，但是它們往往是衝突的。人類為了協調這種可能的衝突，成立了政制，以有力的共同形式來追尋享樂。透過政制的成立，人的關係契約化而且享樂的方式也大受限制。不過，這種基於滿足自我慾望而契約成社羣的形態，終至於轉化了一個人一生中追尋的目標。人類由漫無止境的慾海中凝化出一些可接受可實現的需求形態。我們往往由追求維持基本生存轉至追求地位與自我尊重，並且建立了自我防衛機構 (ego-defensive mechanism)。因此，社會的我(social self) 變成是人性指向的最重要主宰。心理需要代替了生理需求成為指導人類動機走向的核心。

Locke (Barker, 1967) 的觀點不同於 Hobbes，他不以追尋享樂為契約關係所以形成的基礎。他從人有社交性（sociality）的傾向這個角

---

❸ 一個社會在某一段特定時間內權力掌握與資源運用的機會往往是循著「零一整」法則 (principle of ze ro orsum) 的。只有借助於這個法則，否則無法把「人之自私」與「衝突之必然產生」兩個現象做邏輯的聯結。

度來看契約關係的產生。驟然一看，這種「社交性」的假設與關係契約
化的論調是互相排斥的。似乎，關係要是契約化應當首先假設人的非社
會性（asocial nature）。傳統亞里斯多德式（Aristotelian）的社交論
即持有這種看法。他們把描述人的法則（如合羣性）當成是自然法則
（law of nature），因此，基本上就不得不排斥人關係之契約論。Locke
就不怎麼地看，他認為社交性只是人性中的一個潛能而已。在社會生活
中，人與人的關係，除了建立在求羣聚（aggregativeness）的需求外，
契約性的維繫乃是不可避免的。換句話說，人之社交性同時含蘊著求羣
聚之需求以及契約性的必要。求羣聚只是使社會所以產生的一個先決條
件（pre-requisite）而已。但是，如 Hobbes 所說的，人有慾望要滿足，
這種企求慾望的滿足因而往往導致了人與人間的衝突。因此，建立契約
關係對協調這種衝突是相當有利的。這種人性的矛盾論與 Ibn Khaldun
的衝突論很相接近。

　　從以上簡單的敍述來看，很明顯地 Locke 所強調的「社會契約」
只是人類表諸於理性的一種必然要求；它可以與種種和理性無關（non-
rational)的心理因素互輔作用。從這個觀點看來，Locke 是個相對的理
性論者（relative rationalist）（Darker, 1967），他把理性的運用當成
是自然法則（Chambliss, 1954）。因此，社會上的合作只是一個心理內
在因素所促成的必然結果，這個看法與 Hobbes 強調人際合作基於外在
強制力的觀點不同，Hobbes 把戰爭狀態看成是一種自然的狀態。同時
Locke 也不同於 Rousseau，後者認為自然的狀態應當是快樂純樸的，前
者則肯定理性、適應、妥協，中肯的狀態才是自然的狀態。Locke 這種
看法影響了往後的功利主義（utilitarion）、美國的民主制度與西方放任
的資本經濟（Northrop, 1946）。

　　Rousseau 與 Locke 相同，認為人是活在一種基本上矛盾的情境中。

人既是生而自由,但又被枷鎖住。不過,Rousseau 有一點不同於 Locke,這點也是他對於人性研究的最大貢獻,那就是,他認為公正的建樹使得個人主義可以轉換成集體主義 (collectivism)。自然的原有狀態是不穩定而且不可忍受的,因此人類為了思求自我生存,發揮了自由意志以契約的形態來謀求相互的利益。這種人性理智與自我意識的運用使得人們學習了自制與自尊,並建立了一套「公正」的法制與規範以為行為的準繩。這種在契約中求自尊,在自決自主下求自制的可能性,闡明了社會既可是契約,而且個人也可以是獨立和自主的。

總結以上所說的,契約論者對十八世紀以後社會思想的發展是深具影響的。他們為近代自由國家的社會學及政治學建立了一套最根本的意識形態。底下三個觀念可說是最具有影響力的。這些觀念所代表的主要的不是些事實而是意識形態。這三個觀念是:

(1) 人是自主而獨立的,契約只是人類的一種價值趨向。它所以能夠產生乃由許多內在及外在環境因素所促成的。

(2) 雖然人是社會的動物,但這不是使社會得以產生的單一因素,人的關係也可能是契約化促成的。基本的契約形態表現在社會中而不是在政府上。假若社會沒有契約性,政府的契約形態則無以產生,但是社會之契約性並沒保證契約式的政府必然產生。

(3) 雖然人之稟賦不等,但是基本權利是相等的。這種權利的平等是天生而且絕對的。

三、以上時期內之思想對近代社會思潮的衝擊

從文藝復興以來至十八世紀間所孕發出來的理性主義,把人類對事物及現象的研究方向,逐漸地由以冥想 (speculation) 為主的方式,轉

變成以實際觀察及實驗爲本的探討。這種以經驗、實證爲本的方法是以 Locke 的經驗哲學爲基礎。十九世紀以後，人們開始把這種經驗主義的精神具體地表現到各方面。在知識上有了實證主義（positivism）；在經濟上有了放任的資本主義；在社會上有了個人主義；在政治上有了民主主義與虛無主義。同時，這些不同主義的產生本質上也是反應著，十八世紀中葉以來被當成是不二眞理的基本假設（說得嚴格些，應當是意識形態）。這假設就是契約論者所持有的「人生而自由、平等」的看法。既然人天生就賦予以平等與自由意志，人們就應當有權利爲自由與平等而活。這種意識形態尤其明顯地表現在政治及社會生活上。另一方面，這種普遍的尊重自由意志，除了喚起了理性生活的重視外，並使得人們認識和尊重人類行爲中的非理性成份與理性的極限。後者代表著十九世紀以來興起於法國之浪漫保守主義（romantic-conservatism），如 Louis de Bonald, Joseph de Maistre 及 Saint-Simon 等人（Zeitlin, 1968）與流行於德國的非理性主義（irrationalism），如 Schopenhauer, Nietzsche 等人。這一系列的強調人類自由意志——不管理性或非理性的——影響二十世紀初期的 McDougall（1908）及 Freud（1957）的本能論。

　　十八世紀以來，人類一方面在探索方法上講求實證，另一方面人開始意識到自己所具有以及所應當具有的主宰力。在這兩種主要的一般傾向的影響下，人類的心智在求知的過程中站著一個相當重要的地位。由於人類漸漸站在主動的位置，來探索世界和掌握自己的生命，學者們轉而留心到人性及社會間之認識論上的（epistemological）問題。Kant（1961）是繼十八世紀之哲學者（philosophers）對這種認識論上的問題研究最賣力，也是最有成就的學者之一。他一直強調我們所認識的世界非它眞正的本身。眞實（reality）之所以爲眞確與存在乃因透過心智

過程的；也就是說，心靈決定知識。因此，人類的心靈基本上是具有創造與動態的潛能；它不是一具被動的實體。（這點稍與 Locke 不同）。Kant 這個看法帶動了知識社會學(sociology of knowledge)的誕生 ❹。十九世紀以來，尤其到了二十世紀，學者們從 Kant 這個傳統開始認識到人類大部份的知識是建立在行動與人際間交往的互動過程中。 如 Mannheim, (1936) 所說的，人類的知識是在歷史情境中產生的。知識的獲得不是先驗的，它本身是種社會產物。社會中的種種關係與結構和思想形態的形成及發展是息息相關的。這種看法無疑地說明著人類的認知與思想常爲種種社會關係與制度所左右。誠如蘇格蘭之道德論者所認爲的，雖然人是自由的；制度爲人所創造，但是一種制度都可以反過來塑造一個人的個性與思想。總結來說，文藝復興以來，這種人類對存在於自身之理性和社會性的認識，使得二十世紀以來的學者們開始意識到人類的存在、思想及知識，本質上不是先驗的。他們認爲存在是種社會認識與學習得來的體驗；思想及知識更是社會的產物。我們的認知實在是無法脫離一套既定的典範。

　　文藝復興至啓蒙時期之間所孕育出來的理性主義與強調人的社會性，除了催動近代知識社會學的誕生以外，它們並爲近代社會學中許多主要理論的哲學基礎建立歷史憑據。讓我們在此做個簡單的敍述。

　　很明顯地，Hume 的「理性只是役於激情」的看法爲後來心理分析學派中所論之本我 (Id) 與超我 (super-ego) 以及 Mead 的主我 (I) 與客我（Me）此兩相對概念的研究舖了路。固然代表激情成份的本我與主我是行爲的主宰，但是代表理性成份的超我與客我往往以種種不同的掩飾方式來滿足（或修飾）本我與主我的。雖然，誠如 Machiavelli 所說的，人的慾望是多面而且無窮的，但是人又得在人羣中生存。因

---

❹　有關國人對知識社會學的簡介，參看洪鎌德 (1970)

此，理性雖可說是役於激情，但是也是使慾望能夠適當滿足的一個必要基礎。這些類似的說法刺激了 Pareto（1935）尋找人類社會的本質以及社會行動的基本特徵。

Pareto 認爲社會學研究的行動主要地是不屬於邏輯與否的行動（non-logical action）。這個觀點十分地高明。既然人的行爲是以理性爲工具，激情爲核心，那麼，人的行爲研究不應當是歸屬於邏輯性的問題。固然一個人的行爲可以是十分合乎邏輯的，但是研究行爲時，卻不應當以行爲的邏輯性爲探討的基礎。人類行爲的根本是在於「手段與目的」的關係上。手段常常在個人主觀認識上具有理性，但是目的本質上是建築在個人之激情上（或說，本能與情操上）。行爲只是在以「理性手段達到個人目的」這一過程中的一系列表現。因此，如 Weber（1947）所強調的，行爲的動機與意義（meaning）的探討才是研究人類行爲的核心問題。以上所述 Pareto 的觀點無疑地是承受了文藝復興以來認爲「理性與非理性」可以相並存的看法的影響。

既然理性修飾了激情，那麼，人類行爲往往是掩飾內在的動機。因此，行爲往往與態度不一致的（ LaPiere, 1934 ）。Pareto 認爲我們大多數的行爲只是衍生物（derivation）。 這些衍生物純然地是爲了適應既有的社會環境而又能兼顧到內在本能的一種具體解釋體系。主宰這些衍生物的是一些基素（residues）；它們聯結著本能與表徵（expression）。Pareto 這種看法是文藝復興以來的思想融合了 Freud 及 Marx 等人之觀點的結晶。他這種看法又轉而影響到 Parsons（1951）的理論。

啓蒙時期間所流行的社會契約論對後來的影響更爲巨大。它對後世的影響在於契約論者，尤其是 Locke，把「人生而平等且自由」這個概念與「人必得與他人營共存生活」這個事實拉在一齊。契約之說解決了這兩個命題表面上的矛盾。十九世紀以後的社會學者，固然並非完全贊成

契約是種必然的社會事實，但是大多數的學者承認人與人之間具有某個程度的契約性。這種契約關係，在工業化後的西歐社會中，更顯得具體而且醒目了。不管「契約化」是不是先驗的，人與人之間的契約性是深受到某些特定歷史條件的塑造。十九世紀以降，社會學家們即嘗試尋找這種契約化關係的歷史條件。另一方面，他們也努力地追尋一條路子以避免這種關係過度發展所可能帶來的悲劇。Durkheim (1969) 的有機性聚凝 (organic solidarity) 與機械性聚凝 (mechanic solidarity)，Tonnies (1957) 的社區 (Gemeinschaft) 與社會 (Gesellschaft) 以及 Durkheim (1951) 對自殺的研究等等，均是在這個大前題下產生的。

毫無疑問地，文藝復興以來強調人類理性的重要地位，為二十世紀的科學方法與精神，帶來了穩固的歷史基礎。同時，理性主義的抬頭更為人類的文明帶來了一股巨大的衝擊力，使得十九世紀以來一直至今天爭人類文明，徘徊在理性與非理性的衝突中。這種衝突不但表現在哲學上的爭執，它更具體地呈現在人類實際的社會生活中。雖然這種衝突並不是一種基於本質上不可避免的結果，但是它卻已是不可否認的歷史事實。同時，在理性主義的支持下，「人生而平等及自由」這個觀念也以意識形態的實體披上了「永恆價值與眞理」的外衣。這個意識形態成為近代社會思想及政制設施的最基本也是最牢不可破的基石。尤其，大家共同地感覺到人與人之間的關係逐漸地更契約化了，「人生而平等及自由」這個意識形態，在心理上，實有助於恢復及補償因契約化所引起之心理上的疲憊與損失。不過，假若人類的社會思想要是有超越的一天，首先應當要做的是，先把這個意識形態所披上「眞理」的外衣剝除掉。只要有一天我們不肯放棄這個意識形態，人類就很難建立起一套更中肯的社會理論。固然這是一套人類至高至善的理想，但它並不是具有實然客觀性的必然現實。

（原文刊登於政治大學民族社會學報，第十三期，30-43，民國64年。）

參 考 文 獻

Barker, E.

　　1967 *Social Contract*. New York: Oxford University Press.

Becker, C. L.

　　1969 *The Heavenly City of the Eighteenth-Century Philoso-phers*. New Haven: Yale University Press.

Cassirer, E.

　　1951 *The Philosophy of the Enlightenment*. New Jersey: Prince-ton Universory Press.

　　1970 *An Essay on Man*. New York: Bantam Books. '

Cambliss, R.

　　1954 *Social Thought:* From Hammurabi to Comte. New York: The Dryden Press.

Cooley, C. H.

　　1902 *Human Nature and the Social Order*. New York: Charles Scribner's Sons.

Durkheim, E.

　　1951 *Suicide*. Translated by J. A. Spaulding and G. Simpson, Glenoce, Ill: The Free Press.

　　1969 *The Division of Labor in Society*. Translated by G. Simpson, New York: The Pree Press.

Freud, S.

　　1957 *Instincts and Their Vicissitudes*. Standard Edition. London: Hogarth Press.

　　1961 *The Ego and the Id*, Standard Edition. London: Hogarth Press.

Fromm, E.

　　1971 *Escape From Freedom*. New York: Hearst.

Hobbes, T.

　　1904 *Leviathan*. Cambridge: University Press.

Hume, D.

    1875 *Enquiry Concerning Human Understanding in Essays*, T. H. Green and T. H. Grose, eds. London: Longmans, Green.

    1898 *A Treatise of Human Nature*, T. H. Green and T. H. Grose, eds. London: Longmans, Green.

Issawi, C.

    1950 *An Arab Philosoph of History.* London: John Murrar.

Kant, I.

    1961 *Immanuel Kant's Critique of Pure Reason.* Translated by N. K. Smith, London: Macmillan.

Kuhn, T.

    1973 *The Structure of Scientific Revolution.* Chicago: University of Chicago Press.

La Piere, R. T.

    1934 "Attitudes vs. actions," *Social Forces*, 14, 230–237.

Machiavelli, N.

    1948 *The Prince and the Discourses,* ed. by M. Lerner New York: Modern Library.

Mannheim, K.

    1936 *Ideology and Utopia.* Translated by L. Wirth and E. Shils. New York: Harcourt, Brace & World.

Martin, Alfred Von

    1963 *Sociology of the Renaissance.* New York: Harper.

Martindale, D.

    1960 *The Nature and Types of Sociological Theory.* Boston: Houghton Mifflin.

McDougall, W.

    1908 *Introduction to Social Psychology.* London:Methuen, & Co.

Mead, H.

    1934 *Mind, Self and Society.* Chicago: University of Chicago Press.

Merton, R.

    1968 *Social Theory and Social Structure.* New York: Free Press.

Northrop, F. S. C.

1946 *The Meating of East and West.* New York: Macmillan

Pareto, V.

1935 *The Mind and Society.* New York: Harcourt, Brace.

Parsons, T. & Shils, E. A. (eds.)

1951 *Toward a General Theory of Action.* Cambridge: Harvard University Press.

Russell, B.

1945 *A History of Western Philosophy.* New York: Simon & Schuster.

Schneider, L.

1967 *The Scottish Moralists: On Human Nature and Society.* Chicago: The University of Chicago Press.

Simmel, G.

1950 *The Sociology of Georg Simmel.* Translated by K. H. Woeff., Glenoce, Ill: The Free Press.

Tonnies, F.

1957 *Community and Society.* Translated by C. P. Loomis. East Lansing, Mich: Michigan State University Press.

Trechmann, E. J.

1927 *The Essays of Montrigue.* London: Oxford University Press.

Weber, M.

1947 *The Theory of Social and Economic Organization eds.* by T. Parsons. New York: Free Press.

Zeitlin, J. M.

1968 *Ideology and the Development of Sociological Theory.* New Jersey: Prentice-Hall.

洪鎌德

1970 『知識社會學發展概觀』國立臺灣大學社會學刊，第六期，101-124.

十一、從社會學的觀點談現代人的問題

一、前　言

在一生當中，一個人接受的經驗是複雜多端的。喜怒哀樂、悲歡離合、和榮辱譽謗，乃人間常見之事，幾乎沒有任何一個人可以完完全全擺脫掉的。當然，不同的經驗際遇和心智能力，使人們有了不同的感受。有些人感受可能遲鈍單純些，有些人感受則可能敏銳複雜些。儘管是如此，人們對生命的感受總是有程度上和性質上的差別，因此做為一個人，對自己所經歷的，只要肯稍加用心去思索和反省，都會有所感懷，也都會對人生提出個人的見解，而且也因此都會確立一些追求的理想目標。

俗語說：「人生萬事不離欲」。日本學者木村泰賢（1973:2）曾說過：「人生底所有現象，無不直接或間接地基於欲望，溯其本源來看，就如信仰的或哲學的要求，也是先有種種的欲望。何況，在一般的人事現象裏，更沒有能夠離開了欲望而可以成立的事件，這並非誇張的說法。」儀婆泥莎（奧義書）曾經說過：『人是從欲而成立的』，佛教說

『由於欲愛而有世界』，叔本華也說『世界的本源是意志』。英哲霍布士 (Hobbes, 1839) 也持類似的看法，把社會秩序產生混亂的原因歸諸於人有不可滿足的欲望。義大利社會思想家 Pareto (1935) 也認為，人的社會組成本質上卽是一些基素 (residues) 的作用。基素是一種本能的體現，乃人類天生具有的一種「欲望」形式。因此，人生的基礎本質上是一些與理性無關的因素在支配，理性只不過是使此些基素落實實踐的一種程序形式而已。

毫無疑問的，把人生化約成為「欲」來看，是簡化了生命的複雜性，也窄化了人類生存意義的多元性。然而，人生中有欲，欲而有所為，卻是可以肯定的現實法則。從此線索來看人生的問題，固然未必能周延恰確地涵蓋了人生的全部，但卻不失是一個可行的理解起點。在此，我們卽一本此原則，企圖肯定「欲望」在人生旅途中的必然性，希望經由此一命題來舖陳討論有關人生的脈絡，也同時為本文探討的焦點加以適當地定位。

二、本文分析的重點和關照的角度

我們可以從不同的角度來討論「欲望」的問題。哲學家所關照的角度可能不同於心理學家所關照的；心理學家所關照的又可能不同於社會學家所關照的；社會學家所關照也可能不同於人類學家所關照的。接受不同的學術訓練，往往卽使人們展現不同的思維模式和理解線索，也很自然地產生了不同的認識體系。然而，當我們發現學者之間對同一個現象抱持有不同的看法時，不應當太訝異，也不應當遽然地卽來論斷是非。其間之所以有差異，很可能是由於彼此所關照的問題層面和角度不同的緣故，我們很難平排在同一天平上來論斷是非的。

　　儘管不同的學術進路可能導衍出不同的理解脈絡，因此引伸出不同的見解，但是，萬流不離其源，諸相不離其宗，既然所關照的都是同一個現象，現象本身的一些特質應當是可以共同接受的。其所以會有不同的命題，往往不在於對此些特質有根本上的歧見，而是在展現形式和關照相度上有所不同而已。職是之故，命題的選擇可以隨觀察者的關照角度與價值歸依而有不同，但是命題之真偽的檢證還是依循相同的判準法則的。在此前題之下，若說不同的學術進路都顯示有所缺失，其最主要的原因乃是：我們無法完全掌握現象的全部的緣故。就現實的角度來看，這種缺失幾乎是無法克服，必然要產生的。

　　在這一篇文章，我選擇社會學的角度來討論「欲望」，進而探討「健全的人格和健康的人生」的問題。很明顯的，如此的討論進路，必然會因選擇的角度有其內在的特性，而此一特性會在關照的層面上乃至方法上，內涵一些難以克服的極限。此一極限自然限制了對整個現象從事多元多層的解析的可能，疏漏之處自也就難以避免了。不過，話說回來，若把此種進路的形式當成只是解析問題的起點，而不是惟一的關照層面，那麼，不管從哲學、人類學、心理學、社會學、或精神醫學的角度來看問題，都可以說是合理而且可行的。只要路子走得合乎邏輯與經驗法則，殊途還是可以同歸，最後所獲致的結論，縱然不是完全一致，也理當是可以相輔相成的。只是，其間之轉折和引伸出來的問題，可能會略有不同而已。

　　雖然話是如此地說，我們還是有一個問題待加澄清的，那就是：從社會學的角度來看「欲望」或「人生」的問題，將可能與其他學科的角度，有何顯著的不同？這是一個牽連甚廣的問題。若要翔盡而認真地回答，必將牽涉不同學科之學術傳統和方法論上的不同歸依的問題。如此來談論，一則非本文宗旨之所在，二則非有限篇幅所能及，因此是行不

通的。我們在此所能做的,將只是以最簡潔的方式來略加勾勒。只要此一勾勒能夠幫助我們釐清討論的進路和脈絡,讓讀者對本文討論之重點的輪廓,有最起碼的認識,也就達到目的了。

大體而言,從社會學的角度來看「欲望」與「人生」的現象,有三個基本的關照目標。第一、我們並不企圖涉及此一現象的本體論或認識論的問題。我們乃在肯定此一現象存在的前題下,嘗試瞭解它如何在個體之每日生活中展現和何以如此地展現。準此,我們所關照的是:對在一般人之日常生活經驗中具「實在」意義的現象體現從事分析。在此,所謂的「實在」不是哲學認識論上的「實在」涵義,而是一般人在日常生活中主觀感受到,對其生活之進行具有決定性之影響的實存意義。它可以不合乎邏輯,也不合乎科學的經驗法則,但對一個個體而言,卻是活生生而且踏踏實實的。

既然社會學的觀照重點是現象本身的實然展現,那麼,我們又如何去理解它呢?這是我們所要指明的第二個關照點。簡而言之,我們所關照的是,現象所以如是展現的社會條件和所以如是發展的社會過程。就此而言,我們所感興趣的是「欲望」所產生的社羣基礎,亦即如何在人之社會的歷史過程中被塑造、轉型、和安置。針對此第二個關照面,我們衍生出第三個關照面來,我們不但嘗試去分析「欲望」所具有的社羣歷史過程,而且還期望進一步地追問其所具有的社會意義。

針對第三個關照層面,我們採取韋伯 (Weber, 1947) 的說法,乃從人類所展現之社會行動的動機來下手。我們乃嘗試去詮釋行動之動機背後所具有的主觀社會意義。更進一步的,我們企圖從個體行動之主觀意義再去抽取另一具更廣泛涵義的意義。若用 Mannheim (1971) 的術語,即文獻意義 (documentary meaning),也就是說,嘗試捕捉個別社會行動背後所隱含的時代精神 (the spirit of age),此一時代

精神乃代表具廣泛、普遍、而持續之歷史意味的涵義。這種文獻意義的
捕捉，可以說是社會學探究的一大特色，也是其在人類知識領域中的最
大貢獻。

三、從人的特性看欲望的社會性

在上述之探討進路的指引下，讓我們嘗試著從人的一些特性來分析
欲望在人生旅途中所可能具有的意義、和其衍生遞變的社會過程。

首先，有一個前題恐怕必須先加以確立的，那就是：任何人都是被
生下的，而且都是誕生在人羣之中。不但是如此，對絕大多數的人來
說，又都是生活在人羣之中。此一命題有一個相當重要的蘊涵，它告訴
我們：人的一舉一動幾乎無一不是為其所處之社會的文化與歷史條件所
制約和指引。

有人常說：「人類有些行為是受本能所驅使。這些行為既不是後天
習得來的，也不是社會所賦予的」。嚴格地來說，這樣的說法乃過度簡
化了行為所可能涉及的層面，其有效性是值得商榷的。基本上，如此的
說法所以不够明確，乃因沒有把「本質」與「過程」清楚地區分開。不
可否認的，人類有一些行為是源於本能，有些欲望也可以說是天生與俱
的。譬如，攝食、呼吸、和排泄，都可以說是天生與俱的。但是，人吃
什麼、怎麼吃法、什麼時候吃，卻已不是本能，而是社會習得的事情
了。人類學家所謂的「禁忌」即是這種現象的最佳說明。譬如，就飲食
而言，信仰印度教的人忌食牛肉，回教徒則忌食豬肉，中國人信佛的則
頗多在初一與十五時戒齋吃素。又如，所謂「文明人」都忌生啖肉類，
而採熟食。中國人吃飯時都用筷子，忌諱嚼啖出聲或囫圇吞棗等等都在
在說明著：即使是最具本能意義的飲食行為，也都必然地接受社會規範

的約束，而不是漫無限制的任人隨心所欲地作為。

　　再者，從日常生活裏，我們更可以察覺出，人的欲望並不侷限於本能的制約。事實上，人所具的欲望頗多是源於社會，因此乃是習得衍生的。心理學者馬斯婁 (Maslow, 1970) 所提出之人類需求的層次說，一向即為學者們用來支持這種論調的依據。根據他的說法，除了生理上的基本需求之外，人類尚有追求安全、歸屬、愛與被愛、受尊重、自我實現、和美感的需求。社會學者湯姆斯 (Thomas, 1918-20) 也指出，人有四種的願望 (Wishes)。它們分別是：(1) 追求新經驗的欲望、(2) 被認定的欲望、(3) 操控的欲望、和 (4) 安全的欲望。這些欲望當然都有生理本能上的基礎，但是無疑的，都是在社會生活之中衍生出來的。它們不但源於社會，而且也只有在人羣之中才可能獲得滿足的。因此，或就其源流、或就其衍生過程、或就其展現結果，欲望都必然是具社會意義的。大體而言，欲望的展現形式受社會條件所指引；欲望也一定要在社會安排的形式之下獲取滿足。

　　雖然人的欲望是受社會條件所制約，但這並不等於宣告人的主動性是完全喪失。這話怎麼說呢？我們的理由是這樣的：儘管欲望的展現和滿足方式都必然地是受制於社會既有的價值、規範、和行為模式，但是，社會的價值、規範、和行為模式卻不是一成不變，而是可能隨條件不同有所改變的。再者，任何社會的價值、規範、和行為模式也往往並不是界定得十分地清楚，其間有頗多模擬曖昧之處，可以給予不同的意義詮釋。況且，價值、規範、和行為模式彼此之間並不是完全一致的，它們之間往往是矛盾、乃至對立的。因此之故，人之欲望的展現與滿足形式雖必然是受制於社會，但卻在其限定的範圍圈內有相當的選擇性，人也因此尚可有相當程度的主動性，自我的獨立感遂得以確立。

　　基於以上的理由，理論上來說，沒有一個人可能是完全被動地被命

定，因爲他總是掌握有某些社會資源❶，也總有自我的詮釋方式，因此可以控制某些社會條件。但是，相同的，也沒有一個人可能有完全主動的自決和自控能力，因爲他或多或少都必須受制於自然和社會環境。況且，沒有一個人可能完全掌握他所賴以生存的社會資源。對任何人而言，他都必須與其他人交換社會資源，才可能生活下去。在此雙重的狀況下，每個人都保留有相當的自決能力，但也都或多或少地受制於外在的社會條件。人與人之間所不同的是其所掌握主動自決的契機有所不同而已。時代不一樣、或社會條件不同、或個人掌握之社會資源不同、或個人對人生的體驗不同，其所可能展現的主動性也就不一樣了。更重要的，個人要求主動的自覺也因此會有所不同。

四、人之生活的兩面——現實與理想

　　儘管每個人對主動自決的要求和自覺程度可能有所不同，但是，大體上，人都有要求獨立自由、不受拘束的傾向。容或人們體認到完全的自由獨立和不受拘束是絕對地不可能，人們仍然期冀有相當的自由度。此一自由度卽是自我肯定和發展的基本條件，也是人生理想之所以具有深刻意義，並且努力企圖貫徹的必要條件。說得平白些，假若一個人毫無自主自決的可能，而只是被動地依循某些規則來過日子，那麼就根本不可能有什麼「理想」了。人之所以有「理想」，無疑地是因爲人有相

---

❶　在此，社會資源乃泛指人生存於社會裏所必需的東西。一般，社會學者認爲社會資源可包含：(1)物質、(2)權力、(3)財富、(4)知識、(5)地位、(6)情感、(7)印象採集、(8)身軀（如美色）和(9)原始性的體力或武力。大體而言，人與人之間的互動可以看成是社會資源的互換過程。互換的對象不但是同類的，如男女談愛，雙方卽互相交換情感，而且也可以是異類的，如買賣關係，卽一方以金錢交換另一方的物質。關於此方面的討論，可參看派森思 (Parsons. 1975)。

當的自主權，可以選擇自己所想要的。但是，人的自主並不是絕對的，他一定要受到某些外在社會與自然條件的限制，這是相當可以肯定的「現實」。因此，我們常常聽到人們說道：「在人生的旅途之中，理想總是和現實有一段距離。」眞的是這樣的嗎？假若是如此，那麼，又是爲什麼？有沒有辦法使它們的距離拉近呢？這些問題，說來，都是十分複雜，其中牽涉甚廣，本難以三言兩語說清楚的。在此，我們只企圖透過一些社會學的概念來做最簡單的闡述。

首先，我們必須對此處所謂的「現實」一概念加以釐清。此處，現實乃特指一個社會所實際展現給其成員的機會結構和設定的行爲規範體系。譬如，對中國人而言，吃飯時使用筷子幾乎已是天經地義的事兒，這是吃飯場合的一種現實運作方式，乃長期承襲下來的一種傳統。當然，以今天的標準來說，吃飯時不用筷子而改用別的器具，並未必會接受到嚴厲的制裁，但是，使用筷子吃飯，無庸置疑地乃是中國人應付日常生活的一種現實法則。讓我們再舉一個較爲抽象一點的例子來說明吧！孔子謂「父母在，不遠游」乃中國人自古以來之明訓。這句話可以說是對個體行動具體現實的要求，乃要求一個做子女的人，在父母健在的時候，不應當出外太遠太久。如此可以避免父母爲自己操心，也可以使父母不時有人照應，尤其在父母有什麼意外或病痛時，子女更可以隨時在側侍奉。這就是孔子所說的「孝道」的表現。

從上面所舉的第二例子，我們可以發現，任何社會行動的現實法則絕對不是憑空而生，也不是隨心所欲、或乘一時之快而來的。它的衍生和存在基本上都是用來實踐某種理念，而且也都有一套解釋的體系爲其後盾的。孔子所以如此地說，很明顯的乃認爲此一行動是「孝」之理念內涵的一種具體實踐形式，它乃反映「孝道」的內在意義。基於這樣的理由，任何行動的現實法則，不管做如何地修正，都必然地有一些相當

定型、具理想意味的理念爲其背後的支撐。從這個角度來看，行動只是一種實踐理念之社會意義的現實表現形式。如此說來，現實和理想之間似乎可以不存有裂縫才對，但是，在絕大部份的情形之下，事實卻不是如此。何以會如此，實值得加以進一步地探索。

　　人是一種相當奇妙的動物，他一方面企盼現實是理想的充分實踐，因此希望現實與理想相接近，乃至完全吻合。但是，另一方面，設若現實是與理想接近或吻合，人又會感到毫無生趣，生命缺乏動力，生活也短缺展望和活力，因而往往會不自主地再把理想與現實拉開，讓生命充滿憧憬和展望。職是之故，現實和理想之間有差距，乃至有相當程度的不協調，是人生旅途中追求意義和生活情趣的基本動力。縱然所期盼的只是看一場電影、或買一個小飾物、或吃一餐美食、或訪問舊日的遊跡、或重逢舊日的好友，都可能給予人們無比的喜悅，感受到人生的美妙。

　　總之，人的欲望是一再地滋生，理想也因此一再地締造、飾變。很自然的，面對著一再衍生蛻變的理想，既有定型的現實條件勢必無法永遠的具有實踐理想的可能。一旦人們努力去改造現實條件以實踐某種理想，實踐之後，另外的理想又滋生了。爲了實踐此一新的理想，人們又得再締造新的現實條件了。如此交錯作用之下，理想與現實之間永遠是有一段距離的。

　　嚴格來說，理想的一再滋生只是促使理想和現實之間所以會有差距的因素之一。其所以如此，尚應從另外的角度來審視。其中最爲常見的一個可能理由是因爲理想的多元化的緣故。人的欲望是多元的，這幾乎是極爲普遍的心理狀態。譬如，人們常常是要名、要利、又要愛。當然，不同的欲望未必不可能同時滿足，但是，在人的世界裏，我們卻常可發現，欲望之間往往是相互排斥，至少是難以完全兼顧的。俗語謂

「魚與熊掌不可兼得」即有這個意思。例如，一個人既好吃懶做，又家無恒產，但卻又希望有錢花用。在此情形下，很明顯的，他不可能既有錢用，又可以安逸勿勞。他勢必於兩者之間，擇其一而安。換句話說，他要成就賺錢的念頭，就得拼命工作；否則，就得降低對金錢的渴望。這種理想多元而又互斥的情形，無疑的不是認知層面的問題，而是實踐行動層面上所內涵不可避免的趨勢。人生之中，許多理想與現實所以違和，都是源於這種結構命定的互斥關係。一個人，除非具備相當優越的客觀條件，如集財富、權力、智慧、健康、情感、地位、和儀表於一身，否則，就得在現實條件的限制之下，於諸多理想之中做適當的選擇。對芸芸眾生而言，絕大部份的人恐怕都是如此的，總得在現實條件的客觀限制之下，求個最大公約數，以找到一個妥協的著力點。

再者，倘若我們認真地分析理想的締造和行動的實踐的本質，則將更肯定理想和現實之間會有差距，幾乎是不可避免的事實。基本上，從理想的締造到行動的實踐是一系列的社會和心理的活動過程，它一定要經過一連串的轉換和遞變的程序才可能完成的。因此，轉換和遞變的社會特質勢必決定理想和現實之間可能具有的關係了。

就其社會特質而言，理想是一種肯定價值和建構目標的認知組合。儘管一個人的認知內容是絕對擺不開社會中其他人和既有價值與規範的影響，認知終究是一個人的內在意識活動，可以具備相當程度的自由選擇度的。因此，一個人在締造理想時，雖然往往都會參照考慮現實的條件，但是，理論上，卻是可以隨心所欲的。正因為如此，人類的理想往往都帶有超越現實的浪漫色彩。本質上，它是具展望和憧憬意味的未來式，支配它運作的基礎是富感情意味的想像。只有在以現實條件所可能提供之實踐機會來加以估計，而發現與可能實踐的機會相離太遠時，我們才冠以「幻想」或「不實際」的形容詞。總之，不管是俗語所謂的

「幻想」、或「夢想」、或「理想」，籠統地來說，理想都必然地帶有「想像」和「憧憬」的超越現實成份在 (Schutz, 1973)，而且都可能是有意設計的。

　　與理想不同，實踐是一種選擇策略和釐定步驟的具體行動取向。既然實踐是行動，它就得受制於客觀現實的條件了。在人的社會裏，個人的行動必然地是在人羣之中展現，所以一定要牽涉到權益和社會資源的分配問題，聯帶地也就牽涉到人際間的權力和其他社會關係的平衡問題。基於這個理由，支配實踐行動的現實法則一直是其功利的性格。內涵在現實法則之內的要素是效率、效用、控制、和成長，隱藏在其背後的是冷靜理智的精算心態和妥協要求。這種心理的基礎，顯而易見的，是與理想所具的特性相左，至少不是相當吻合的。

　　更重要的是，儘管人的理想是一種純粹的內在認知活動，但是因為它必然是要在人羣之中實踐，也必然透過社會資源的掌握，才得以展現。換句話說，理想若只停留在純粹的個人內在認知活動的領域之內的話，理想將永無轉換成為實際的可能，並且可以說只是「幻想」了。無疑的，一旦要把理想轉化成為現實，首要之工作即必需把原屬純認知層面轉化為行動層面。這種轉化本質上不是量變，而是質變，它涉及相當複雜的社會與心理問題，舉凡理想本身的內涵、客觀的外在條件、當事人對社會資源掌握的份量、人格與認知條件（如過去經驗、人生的體驗、持續力等），均是應當考慮，而且足以產生影響的因素。

　　無疑的，由於從理想到實踐是一種「質」的轉變，其間所可能涉及的因素又是那麼複雜多端，因此任何的理想所預定的目標，縱然事先已相當妥協地考慮到現實的條件，都可能與其實踐後的結果有一段的距離，俗言：「人生中，不如意的事十之八九」，即有說明這種社會特質的意思。也許正因為是如此，所以當我們打開歷史來看，我們不難發

現，人們所追求的理想基本上一直是一樣的，從古至今很少有大的改變。對愛情的膜拜、對自由的鍥求、對生命的珍惜、對物質的渴求、乃至對權力與財富的肯定，一直都是芸芸衆生所追求的理想。希臘的悲劇、莎士比亞的作品、中國的詩經、紅樓夢等等作品，所以不斷爲後世所欣賞，其中有一因素，即是：它們反映人類所鍥而不捨追求的共同理想。歷史是一直在邁進，人物也一直在替換，但是理想的基本內容卻始終沒有太大的改變。就這一點而言，理想不但是展望和憧憬，而且是古典而永恒的，這也是我們何以說它帶有浪漫氣息的緣故，人之所以爲「人」，歷史所以一再地對後世具有親切感和啓示作用，這種理想所具之古典、浪漫、和永恒性，可以說是一個重要的因素。

五、社會生活的基本內容

理想和現實之間是有一段不可完全克服的鴻溝。這種鴻溝爲人類帶來毅力、矜持、意志等情操的表現，也帶來挫折、退縮、抗拒、絕望、乃至自絕的現象。不同的人有不同的反應，而且同一個人對不同的情境也可能有不同的要求。那麼，就日常生活的領域來看，一個人的生活到底可以包含那幾類呢？這是我們瞭解現代人的問題，也是企圖界定健康的人生和健全的人格之前，首先應當探究的問題。

大體上，一個人生活在世界裏，都有兩種基本要求。一是對自然環境的要求；另一是對其他人的要求。假若我們使用 Habermas(1979) 的概念來形容，前者的要求是屬於「工作」（work）的層面；後者的要求則是屬於「互動」（interaction）或「溝通」（communication）的層面。現讓我們就此二概念來簡述此二要求的一些特性。

人是一種必須呼吸、攝食、飲水、和避暑禦寒，才可以繼續生存下

去的動物。這樣的生理結構很明顯地指明了，人與自然環境的原始關係是建立在「物質」的獲取和經營之上。因此人類對自然界要求相當程度的控制，人必須學習一些技巧來運用和控制自然界所可能提供的物質。他或許是直接不再加工地自自然界獲取生存所必需的物質；他或許是對自然界所提供的物質加以加工轉換，以來滿足他的需求。不管是直接或間接，也不管是未加工或加工，這種獲取和經營的關係乃意涵一個重要的性質，那就是：人必須工作，才可以生存，他必須以腦力及勞動的形式，才可能自自然環境獲取保證繼續生存的機會。使用工具當然是一種工作，即使直接伸手擷取樹上的果實也是一種工作的形式。因此，自然環境對人而言，基本上是一種被利用的「工具」，人對自然環境的態度因而是功利實用的。

嚴格來說，人對自然環境的關係，固然是以獲取生存資源為其原始形式，但卻並不是侷限於這種形式。人尚可以以賞心悅目的態度來對待自然界；也就是說，人與自然環境的關係尚可以是非奪取性的，這是一種滿足人類所具美感享受的藝術要求。但是，自然環境對人類所具的這種功能，與其所具之生存功能相比較起來，終究是次要的。基於這種功能上的優先順序考慮，我們因此才宣稱人與自然環境的原始關係是具「工作」的意味，而非「互動」的。

事實上，從各種不同的社會裏，我們都會發現，不管社會是簡單或複雜，人與自然環境的關係並不是直接，而都是透過其他人，人才與自然環境產生關係的。說得平白些，人的生存並非全都直接取材於自然環境，而是經由其他人的生產及行銷，再透過交易的過程，人自自然環境取得其生存必需的資源。這種人與自然環境間之間接性的生機關係，在人的世界裏，是相當明顯的，實無庸再詳加論述了。

總之，不管人與自然環境間所具之「工作」意義的關係是直接抑或

間接，在人的社會裏，有一種社會生活本質上是屬於「工作」意義的，此卽職業生活。人所以必須有一種職業，乃應現存社會結構型態之需要，因爲這是一種特定而行之已久的社會安排，透過這種安排，人自自然環境獲取生存所需之資源。因此，就其所具之原始意義而言，職業生活之存在可以說是一種具「工作」意義之人與自然環境關係的特殊表現形式，乃普遍流行於現代社會的。雖然職業生活之本意是人獲取物質滿足的一種「工作」形式，但是，正如上述，由於人並不是直接自自然環境取得生活必需之資源，而是透過分工及交換的形式來完成，職業生活因此也是一種特殊的「互動」及「溝通」形式。基於這樣的理由，職業對一個人而言，除了提供生存必需之條件外，尚具有其他的意義。其中一個最爲重要的意義卽是成爲自我存在之肯定的基礎。對一個人，其所從事之職業在整個職業結構中所占之地位，尤其體現在權力、財富、與聲望上的掌握程度，乃是界定一個人成功與否——因此自我肯定的最重要標準。由於它具有這樣的雙重社會意義，職業生活乃一個人一輩之中相當重要的生活層面，值得加以重視的。

在人的社會裏，除了基於生存之需要，人必然要與其他人接觸互動之外，人之所以互相來往尚有其他的理由。誠如德國社會學者 Simmel (1950) 所認爲的，人與人之互動基本上是因爲人有社交性 (sociality) 的緣故；也就是說，人有與其他人接觸來往的傾向，此一傾向的存在未必是基於具功利意義的動機，而是緣於情感聯屬的理由。這種情感聯屬建立的社羣基礎是多方面的，它可以是緣於血緣，如家庭的成員；可以是源於地緣，如鄰閭或同鄉；可以是基於性別，如戀愛中的男女；可以是因爲同屬一個團體，如同學或同事；可以是偶然，如同搭火車。總之，人與人關係的建立，不但是基於生存需求，而且可以是緣於「互動」或「溝通」的要求。用 Simmel 的話來說，卽爲了互動而互動，或爲了

溝通而溝通。

　　這種基於情感之聯屬和互惠的溝通構成了人日常生活中的一個重要環節，也是人生意義追求的重點。這種社會生活的本質不是具契約意義的功利互惠，而是情感的相互交流和投獻。因此，這類的社會生活追求的理想意義是「愛情」、「關懷」、「美感」、「眞理」和「正義」，其實踐的理想形式是整個人格的「投入」與「奉獻」，而不是部份自我的對等互換。它的表現可以是男女之間的戀情、可以是家庭中的親情、可以是朋友間的友情、可以是鄰閭間的鄉情、可以是對社會大衆的關懷、可以是對國家的責任、可以是對一些抽象社會正義觀念的執著、可以是對宗敎的熱忱、可以是對藝術的感受、更可以是對知識眞理的奉獻。

　　總地來說，人類的社會生活包含有兩個重要的層面。其中一個層面是工作生活。就其本質而言，這是具功利涵義之條件性的社會生活形式，乃提供個體基本生存所常具備的一種社會結構形式，職業生活卽此種社會生活的現代形式。另一個層面是溝通生活。就其本質而言，這種生活乃人類肯定其存在之極終理想的社會展現形式。人類文明中所肯定的許多極終理想，如愛情、關懷、美感、責任、正義、和眞理，都透過這種的生活形式來展現和實踐的。雖然，就分類上的意義來看，這兩類的生活有其本質上的不同，概念上是可以區分開的，但是，在實際的社會運作之中，兩類的生活卻是交錯孕生的。譬如，在現代社會裏，職業已不只是一個個體謀生之途而已，它還是一個人肯定自我之生命意義，而且是奉獻生命的社會實體。相同的，一個傳道師不只把佈道當成是表達對人類關懷的溝通生活，而且也是他的職業，因此也具備工作生活的性質。

　　職是之故，在現實的社會情境裏，這兩類生活的特質都可能同時，

但具不同比重成份地展現在日常生活之中。只是，就理想而言，我們對於日常生活中的種種生活形式或社會關係，都持有某種不可分割的期望。譬如，我們期望婚姻生活是充滿著愛情、關懷、和責任，而不應該滲和任何功利的成份。相反地，我們或許期望在工作上，講求效率、效用、公平、和公正，不應當有絲毫的人情來干擾。對於不同的社會生活寄以不同的期望基本上是對於「理想」的一種社會分化。其所以如此，乃因人類對於不同的社會生活有不同的功能認識，因此衍生不同的認知定義和期望。然而，這種理想的定義可能貫徹嗎？尤其，在今天的社會型態下，這種理想是不是可能被實踐？為了回答這個問題，我們還得先從現代社會的特質上來著手。

六、現代社會的特質

現代社會的特質為何？這可以說是一個見仁見智的問題，從不同的角度來審視，將得到不同的答案。因此，對這個問題，社會學者所提供的見解總是有所出入，乃至是相互矛盾的。在此，我們自然無法囊括以往學者所有的論點，而僅只能就筆者管見，嘗試在種種不同的展現之中，抽引出一條脈絡來，做為討論的基礎。

基本上，現代社會的特性可以從其所特具的市場經濟型態來梳理。自從工業革命以來，人類社會產生最大的變動莫過於是生產型態的改變。大體而言，在工業革命以前，社會的經濟是屬生計經濟（economy of subsistence），生產本質上是為了直接消費，縱然人與人之間有交易的行為產生，交易的種類相當有限，而且規模也往往侷限在一個相當有限的空間之中。在是時，家庭是一個經濟上相當自給自足的社會單元。就消費來說，家庭之成員的消費集中在一個人的掌握之中。一般而言，這

個人是家庭中最爲年長的「父親」。易言之，家庭的消費是統籌統支，不分彼此的。就生產而言，也傾向於以家庭的既有成員做最可能的分工，以最可能的方式，儘可能生產日常生活的必需品。因此，一向卽採男耕女織的分工型態。年輕力壯的男人下田耕作；年輕力壯的女人負責織布、烹飪、及料理家務；年幼及年長者則幫些小忙，或餵家畜家禽、或做點女紅、或檢柴、或做點小生意等等。

職是之故，在傳統鄉土社會的生計經濟的生產型態下，家庭的社會功能是多元的，除了繁衍種族、撫育下代與供養老弱之外，它還是一種社會生產分工的準獨立單元。家庭這種經濟的準獨立性具有相當重要的社會意義。一方面，它使得家庭成員之間的關係不但是因血緣而產生血肉相連的情感聯帶；另一方面，因爲它幾乎是一個獨立自足的生產和消費單元，使得成員之間具有「工作」意義的互補聯帶關係。這種內部自衍的工作分工型態，使得一個人與家庭外之成員的關係，具較多的初級意義，而較少的次級意義。易言之，儘管人們與家庭外的社會成員之間尚可能具有「工作」性的關係，如交換耕種工具、互相幫助耕田、買賣交易，但是，卻因家庭基本上已在生產與消費上具相當的自立性，他們之間的往來常常是以「溝通」意義爲互動的考慮前題。卽使互動是基於「工作」的緣故，關係的建立也往往是以雙方是否具有「情誼」爲基石。因此，人們之間的關係的建立基本上是以情感爲基礎，關係的理想本質是親密、熟悉、和諧、合作、充滿情感的。譬如，在以往的中國社會裏，乃至在今天的臺灣社會裏，我們常可以看到，人們所以在工作上互相幫助，並不是因對方對自己有功利功能上的利益，而是因對方是自己的朋友的緣故。又如，我們所以光顧某一家雜貨店往往也並不是這家雜貨店貨色齊全、品質好、或價格便宜，而是因爲「老主顧」或是因爲彼此之間有親戚或鄉誼關係。換句話說，在鄉土社會裏，具情感親密意

義的初級性關係，往往是人們建立具功利功能互補意義之次級性關係的基礎。在這種環境之中，人與人之間的關係特色是熟悉而親密的。

工業革命產生以後，人類生產型態的改變帶來了巨幅度的衝擊。首先，生計經濟被破壞掉，取而代之的是市場經濟的產生(Polanyi,1957)。市場經濟的特色是生產不是爲了直接的消費，而是爲了具牟利意義的交易。顯而易見的，既然生產不是爲了直接的消費而是牟利，人們就必須講求競爭。提高競爭的能力因而很自然的成爲重要的考慮❹。姑且不論人們如何去提高競爭能力，爲了牟利而競爭的現象內涵一些基本的社會與心理的特質，值得在此一提。況且，這些特質事實上即是主宰現代人之生活方式，也是現代人之困境所以產生的歷史根源，我們更不能不加以解析的。

現代社會之市場經濟所以展現與科技的發展有密不可分的關係。科技的發展可以說是產生工業革命的條件，兩者的關係有如唇齒，相依相賴，互爲推動的。事實上，假若認眞地去探究，人類有科技並不始於工業革命。人類使用工具以圖謀生存已是一歷時彌久的事實，因此，人類的科技可以說是伴隨著歷史而來，有悠久的歷史。只是，直到工業革命之前，人們始終未曾大幅度地使用科技來處理人的事務,也一直未曾把科技當成一個獨立自主的制度來看待。科技成爲社會中相當重要的制度乃是市場經濟形成以後的事。就其內涵來看,科技乃使人們更有能力有效率地控制環境，以達成其預期的效用。因此，在講求競爭的市場經濟型態下,大幅度地發展和使用科技,自是相當順理成章而自然不過的趨勢了。

---

❷ 關於市場經濟之社會型態的理解，必須從西歐社會經濟發展史來著手。這是一個專門的學問，自非筆者能力所逮及，更因非本文之主旨，在此無法詳加敍述。整部西方社會學史事實上可以說反映此一社會經濟發展史。西方社會學因此即是對此一發展史加以註釋。讀者有興趣，可自己參考有關的文獻，如 Polanyi(1957)的書即是一本很好的參考書籍。另外，Marx, Weber, Durkheim 等人的著作均是有關的經典作品。由於有關文獻浩翰，自無在此一一介紹的必要。

　　大幅度地發展和使用科技不祇是市場經濟產生的基本條件，而且也帶來一些重大的社會變遷。首先，在生產牟利化的條件下，使用科技來從事大幅度的生產，不但破壞了傳統的生產型式，而且也改變了區位的結構。其中最爲明顯的是人口集中與流動加大。以科技爲基礎的大規模工業生產改變了傳統以家庭爲中心的生產型態。其所改變，與本文討論最爲有關的莫過於是：勞動力的需要量驟增。在以往家庭式的生產中，勞動力需要量有限，家庭成員已足以提供。縱然有勞動力不足的情形發生，自家庭成員以外來吸收的，也往往僅止於家族、村落內、或鄰近地區，而且吸收量也相當有限。

　　大規模的工業生產型態則不同了。其所需要的勞動力頗巨，以其需要量來計算，自難以完全依賴家庭、乃至家族或當地村落的人口，而必須自其他地方廣泛地吸收。因此，在工業發展的過程中，不論中外，我們發現，自廣大的農村地區吸收過剩的勞動力，成爲勢必發生的趨勢。這種農村人口外流，不但使農村人口，尤其年輕人口減少，更重要的是促使另外一種區位型態——都市的形成。

　　表面上看來，都市的形成是來自於工業直接所需之勞動力相當龐大和集中的緣故，但是事實上其成因並不止於此。無疑的，工業勞動力的集中是現代都市形成的歷史因素。但都市所以形成而日漸龐大尙有其他伴隨條件。其中有一個因素相當重要，那就是：伴隨著工業勞動力的集中，爲了滿足日常生活的必需和生產品的行銷，許多附屬的行業，如餐飲、百貨、教育、醫療、運輸、貿易、傳播、和娛樂等也隨之興起。如此的發展很明顯地加劇了人口的集中，形成史所未有的都市聚落型態❸。

---

　　❸　關於西方都市形成之分析，可參看 Weber (1980) 之著作。該書對西方
　　都市之形成做了很翔盡的歷史解析。

誠如我們在前所提到的， 近代工業勞動力一開始乃來自廣大的農村，而無法侷限於有限的特殊血緣和地緣團體，因此，都市的人口成份自然無法是同質， 而相反地是具高度異質性。再者， 固然人口來源的多元化是都市人口異質化的主因，但其所以如此尚應從工業化之特質來看。這話怎麼說的呢？我們的理由是這樣子的：既然近代都市之所以形成乃因工業化所直接或間接促成的，工業化的社會本質很自然地會影響現代都市的展現形式了。

我們已在前文中提及到，工業化後人口所以集中，主要是配合生產結構和消費需要型態的改變而形成的。換句話說，人口所以大量集中，絕大部份並非因人們對都市有情感，而是因為都市能夠提供人們更有利的生存機會。正因為如此，最能反映都市的生活內涵，並不在於傳統鄉土社會中的親情，而是具功利意義之功能互補組合的職業生活。

在此，讓我們暫且撇開職業生活對個人所可能具有的意義，而僅就其所具人口學上的意義來看。我們發現其所具最大的意義是工作型態分化的複雜多元化。儘管自從人類組成社會後，即已有工作的分化形式展現，但是分工之複雜而多元，還是工業化以後的事。因此，都市人口所以呈現高度異質化，除了因人口來源之多元化外，最主要還是源於此一多元而複雜的分工型態之上。基於如此雙重的因素，現代都市社會，不但代表一種具高度異質性的人口組合形式，而且也反映一種多元化且又片面化的生活型態。生活在其中的人自然難以再回復到往昔具高度同質性、充滿親情的恬靜田園生活了。

七、現代人的特質

嚴格來說，現代社會都市化的結果所展現的人口異質化和生活片面

化，說來只是構成現代人之生活環境的先決歷史條件。要恰確地勾勒現代人的特質，尚應從現代社會的另一特質來著手，而此一特質又得還元到市場經濟所內涵的社會本質上去。

在前文，我們曾提到，市場經濟有一重要的社會關係涵義，那就是「競爭」。就互動目的而言，競爭爲的是牟利，而牟利內涵「以最少的人力、物力、時間、財力，獲致最大的利潤」。因此，在具高度市場經濟模型的社會裏，人口所以集中，人與人之間來往所以片面化，都是反映這種生產型態的性格。這也是我們何以說都市代表一種具功利意義之功能互補的人口組形式的緣故，也是我們何以說職業生活乃現代人之核心生活內涵的理由。

在現代的都市裏，人與人之關係所以建立和延續，除卻家庭成員、親戚、鄰居、與賦友等基於血緣與地緣關係外，主要乃源於生產或消費上的功能關係。因此，它本質上是具契約涵義的「工作」關係，而不是具情感交流涵義的「溝通」關係。這種關係最重要的特色是：互動伴往是基於情感以外的功利目的，因而是片面、有限、短暫、冷靜、保留、而有相當距離的。人在互動之中，不是以整個人格來展現，而是以部份的有限自我來扮演。它常常是矯情、掩飾、做作的。

現代人生活中之「工作」性格，可以說是科技所延展出來的。社會學者 Berger(1973)曾謂：「科技生產和科層制 (technological production and bureaucracy) 乃現代社會的最明顯特徵，此乃時人所謂『現代性』的基本內涵，也是現代『理性』（rationality）的根本涵義。此一理性並非現代科學或哲學（或任何特殊的現代理論理性的其他形式），而是科技加諸於日常生活上的『功能理性』（functional rationality）。……大體而言，功能理性乃意指，企圖對物質世界、社會關係、和最後對自己，加以理性的控制。」（Berger 等人 1973:202）

所謂「功能理性」，是一個複雜的意涵表現❹。簡言之，它由四個元素所組成，它們是：效率、效用、控制、和擴展。誠如 Berger 在上引文中所謂的，現代人之（功能）理性的關鍵內涵是在於「控制」。對生存在市場經濟型態下，處處以牟利與競爭爲考慮的人們來說，毫無疑問的，其所謂的「控制」對象，絕不是指向「自我」，而是指向「其他人和外在環境」。因此，所謂「理性」事實上卽：如何以最有「效率」的方法或工具來「控制」其他人或外在環境，以收「擴展」自我的最大「效用」。這是一種對「效率」、「效用」、「控制」、和「擴展」四個概念的一種特殊而巧妙的組合運用。近代科技發展可以說是這種理性內涵最典型的展現。

既然現代的「理性」內涵乃配合著市場經濟型態與都市生活發展而來。顯然地，上述四個概念的特殊組合有助於「精打細算」(calculability)之心態的形成。Weber (1968) 指出這是功能理性的核心內涵。Tönnies (1957) 在區分以往社區社會的自然意志 (natural will) 與現代結社社會的理性意志 (rational will)，也特別指出，精打細算是理性意志的基本表現形式。對現代人，每做一件事都事先斟酌一下得失效益，幾乎已成爲是一種天經地義的行爲習慣。在日常生活裏，無論對人或對事，都不免講求效率與效用，肯定「互惠」的必要。

從現代社會之功能理性的精神可以引導出一些突顯普遍存在於人們心中的社會和心理特徵。不論社會是專制或民主、是資本或共產，只要走上市場經濟型態的工業化路子上去，幾乎都毫無例外地展現出這種社會和心理特徵來(Bell, 1973; 1976)。但是，在個人主義 (indiviualism) 彰顯的所謂「自由民主」社會裏，這種特徵又特別地明顯。現在，讓我們

---

❹ 關於現代社會所展現之 「理性」 內涵的討論，社會學者 Weber (1968)可以說是一個最重要的代表人物。近人 Eisen (1978) 對 Weber 之觀念加以整理和批判，值參考。另外，讀者有興趣，可參考 Wilson (1979)。

對這些現代人的社會心理特徵略加闡述，以做爲理解現代人之根本問題的基礎。爲了方便起見，假若沒有特別加以說明，我們所討論的將祗侷限於市場經濟型態特別明顯的「自由民主」社會，而不做太多的延伸。

首先展現在現代人之生活中，最爲突顯的心理意識狀態是「人定勝天觀」。得助於科技的發展，人類一再地爲自己證明「人有能力有效地控制外在的環境」。天冷了，我們有暖氣；天熱了，我們有冷氣。科技爲人類縮短了空間的距離，也爲人類打破了自然環境的阻隔。科技更把人類帶上了月球，打破了人類有限的空間概念。這一切科技的成就，不但爲人類帶來了無比的信心，以爲人定勝天，可以戡天役物地控制外在的生存條件，爲人類帶來更豐富更方便的物質生活內容。

尤其，在市場經濟的生產型態下，爲了保持有利的牟利競爭條件，更有效率地增加生產量和更有效用地提高生產品質，成爲人類考慮的重點。歷史經驗告訴我們，要保持有利的競爭條件，發展科技是勢在必行的，而發展科技則又有賴於建立一套完整的知識創新體系。因此，在科技所展現的人定勝天觀中，現代人又衍生出另外一種價值觀，那就是無限延伸觀。人們認爲，人類可以依賴有系統的知識創新制度，憑藉理性的科學方法，在科技上求突破，爲人類展現更爲有利、更爲便捷的生存條件。在此信仰系統之下，尤其一再地爲科技上的成就所增強，人類肯定自己所可能經驗的世界將是可以無限地延伸，因此，創新成爲一種無上的價值，變遷成爲是社會運作的常軌。這種「創新移動觀」遂成爲現代人所常持有的信念。

雖然，這些年來，人類已逐漸意識到，科技的一再突破發展並未必只是福而無禍，譬如，資源的逐漸短缺，環境的一再污染、工業生產帶來人工化環境威脅了人的自然等等均是。但是，這種意識終究只是爲少數有識之士所注意到。況且，在牟利的驅使之下，尤其在不同政治勢力

的相互競爭和威脅之下，人們儘管在發展科技和維護自然上有矛盾兩難的困境，但是，權衡之餘，人還是屈服在科技之下，追求更多的人工化，因爲市場經濟所具的「競爭」歷史性格已不只是偏限在經濟層面，它已成爲一股自主的社會力量，擴展到其他層面，依附在不同意識型態下的政治權力競爭，是其中最爲突顯而主要的層面。今天，在政治精英長期的社會化操弄之下，生活在不同政治意識型態下的人類，都自以爲代表眞理。爲了維護自認的眞理，他們相互競爭、相互傾軋、相互殘殺，而企圖駕馭控制其他的人。

總而言之，在有限的天然與社會資源，尤其是權力資源乃具零整 (zero-sum) 性質之分配情形下，人類企圖獲致無限的延展，無疑地必然會在國與國之間、社團與社團之間、私人與人之間，產生矛盾和衝突的緊張狀態。歸根究底地，這得歸咎於無限延伸與創新移動觀所內涵的另一存在觀上。最能反映此一存在觀的具體而微的例證即西方學者所謂之「現代性」(modernity) 中的一個特徵——現代人相信個人能够從學習之中以控制環境，而卻不爲環境所控制。（Weiner, 1966, 見林清江譯, 1970）

在此，我們無意完全扼殺西方人所提供之「現代性」可能具有的正面價值，也無意以偏概全地把「現代性」化約到上述的特徵來，我們只是希望透過此一「現代性」的內涵，指出現代人具有的一種傾向。很明顯地，此一傾向乃說明著，現代人之自我的特徵乃反映在其所具之「控制」的本質上。對現代人而言，「控制」的對象是其他人與環境，而不是自己，因此，它是「外控」，而不是「內控」。毫無疑問的，這種外控的價值觀乃科技發展後所必然產生的心態，說來乃內涵在市場經濟的功能理性之中。

綜合以上的描述，我們發現，在市場經濟型態歷史潮流的推動下，

科技的創新與發展一再地給人類自信心的肯定。人類相信世界可以改造，也可以操弄。更重要的是，市場經濟的型態配合著都市化的發展，個人猶如是生活在充滿鬥爭之緊張意味的荒漠之中。舉眼環觀四周幾乎都是陌生人，彼此之間是冷漠、無關、無法信賴的。縱然有些人是相識的，也往往所知有限，半生不熟，無法有如傳統鄉土社會之中的左鄰右舍一般，是熟稔的。在現代社會裏，縱然人與人之間還是有著親情的存在，但是其所施及的對象相當有限，往往僅及於家庭中的成員。尤有進之的，這種親情的施展也與往昔不同，不再是全盤包融接納，更不再是幾近毫無條件的。相反的，它往往是片面、有限度和條件的。這種親情的表現，不但施及於家庭成員之外的其他人，甚至連在血緣上最接近的成員，諸如父母、夫妻、子女，往往亦復如此。

這種人際關係的片面有限化，顯然地與個人主義的展伸有密切的關係。在此，我們無意，也無能力檢證二者之間的因果關係。我們所要指出的是：在市場經濟長期發展的條件下，社會的基本自足單元一再地簡縮。誠如 Flacks 說的：「中層家庭的主要結構變遷是『簡縮』——即與核心家庭以外的親戚的連繫漸漸削減。這種分解使人們從與『家』及『親戚』的情感及經濟上的依賴中解脫出來，使人們能自由遷移，以應付多變的職業要求，及隨時隨地利用事業發展的機會。……小家庭的發展，成為自給自足的單元，成為一個能夠吸取大量消費品的有效機構（自己有房子、汽車、傢俱、器皿）。於是，中層階級的核心家庭，與自由遷移的勞動力及活躍消費羣眾所構成的經濟體系水乳交溶了。」（見區紀勇譯 1976:33）

事實上，從今天的發展趨勢來看，社會的基本自足單元不祇是由社區簡縮至家庭，而逐漸簡縮至個體。從生產的角度來看，家庭的自主性早已遭受摧毀。在今天，我們已不復見到明顯的「男主外、女主內」，

更看不到「男耕女織」的傳統分工型態，而是以一個個個體的姿態展現在繁複的生產結構之中。理論上，已不復以性別、年齡、家世、種族等歸屬性的 (ascribed) 特徵做為分工的基礎。同時，雖然，如 Flacks 所說的，今天大體上核心家庭尚保持是自足的消費單元；但是其自足性也似乎在腐蝕之中。我們看到，在家庭裏（尤其中產階層的家庭），消費的主權與型態也逐漸地個人化。許多的家庭中，不但夫妻雙方都保留有一部分的收入做為各自消費之用，而且子女也要求有其自主支配消費的權利。在此，由於我們討論的重點並不在於「家庭」本身，而只是希望透過有關家庭結構與功能變遷的檢討，來說明個人主義的影響被及，因此，實不用再舉例往深處去探究了。

總之，我們只是希望從以上的討論得到一個結論，那就是：在漫長的歷史過程之中，決定人類生存意義的最終社會實體一直在變動。在初民社會裏，部落是一個不可化約的社會實體；在鄉土社會裏；家族或家庭是一個自足的單元；在早期工業社會裏，個體似乎被認定為是一個最終的實存單位。但是，在二十世紀末葉的今天，我們卻發現，個體還繼續被切割，而已無法維持完整性了。這種生存意義一再切割的事實，是今天活著的個體，尤其是具有強烈個體存在意識的「個人」所不能容忍的。

八、切割下之自我的問題

同一個理念，在不同的時代，往往具有不同的意義。這幾乎是人類的歷史定則。從西方之文藝復興起，個人人本主義的抬頭乃代表人類從種種束縛之中解放的力量。它使許多人從封建君王、從地主、從征服者、從家庭、從男人、從成年人、從傳統等等權威之中，得到相當的解

放。但是，伴隨著市場經濟、伴隨著工業化、伴隨著都市化、伴隨著功能理性的發展，個人主義卻又把人類帶入另外一個陷阱。最能具體而微地代表這個陷阱的，即是 Weber (1968) 所說的科層制這一個大的鐵籠子 (the iron cage)。

假若都市化為人類社會帶來冷漠的陌生人性格，那麼，科層制則是，在冷漠的陌生人性格中，添加了人格上的分裂症。換句話說，都市社會的結構型態把個體從羣體中分解出來，它要求個體成為獨立的社會實體；科層制則又強把個體再切割，要求它再分解，分解成為一個僅具角色意義的小螺絲釘。這種歷史的現實一再地遠離人類恆久已具的古典理想。理想與現實之間一直具有的差距，尤其是對個人此一被認為是不可再化約的最終實存體再加切割，可以說是現代人之問題癥結所在。

事實上，經過六、七個世紀的折騰，人類已似乎開始逐漸適應從羣體中被離析出來的生存狀態，理想也開始向現實妥協調整。但是，二十世紀以來，整個社會結構又要求個人再從個體之中再分解出來，這無疑的是一種殘忍的折磨。尤其，對主觀意識敏銳的人而言，人格的離析的確在認知與感受上帶來相當沉重的壓力。

那麼，到底科層制對現代人產生什麼重大的意義呢？這得從科層制的功能理性的展現形式來看了。基本上，它乃等於把科技用於控制自然環境的方式，同樣地用於其他人的身上。職是之故，科層制之所以發展，乃因為人類認為藉此方式可以奏收最有效率控制其他人的最大效用。為了收到最高的效率，在科層組織中，人並不以完整的人格展現，而是靠其所扮演的角色來認定。換句話說，在科層組織裏，一個人的價值不在於其人格的整體表現，而是集中於此人在組織中所扮演之角色的功能。當這個人的組織角色功能愈大愈重要，其價值也就愈高，反之亦然。顯而易見的，這樣地把人化約成組織角色，事實上即是把人商品

化，人的價值完全取決於其在人力市場上所具的功利實用價值了。

當然，我們不應該把一個人的全部日常生活完全化約到科層組織來。對每個人而言，除了面對科層組織之外，他的日常生活尚包含家庭生活與戚友的交往。理論上，每個人的日常生活尚保持相當地多元性，家庭生活與戚友往來所常具有的親情，多少是可以彌補僵化之科層組織生活所帶來的精神壓力。但是，問題是在於：對現代人而言，一個人的成就，（因而自我的肯定），並不擺在家庭生活或戚友關係的和諧與否上，而是以其體現在職業上的聲望來加以評斷。

事實上，以職業的聲望來界定一個人的自我，並非現代社會才有，遠在往昔的鄉土社會裏，早已存在了。譬如，中國人的「士、農、工、商」階層觀；還有「萬般皆下品，唯有讀書高」的看法，均足以證明。人所以會如此，原是很可以瞭解的。一般而言，凡人都有要求別人讚許的需要。固然別人可以根據類似家庭生活、個人嗜好、性向等來加以評價，但是，這些活動終究是具有相當程度的隱私性，也不太可能涉及到社會公眾的福祉或社會資源（尤其權力）的分配，因此較不容易在人們之中建立客觀的比較基礎，也因而自然不易在人羣之中形成爲成就的認定指標。相反的，職業具有相當明顯之公開性的公眾社會意義。職業往往反映一個人的財富、敎育水準、尤其權力。撇開敎育水準不談，財富和權力都是具有高度外顯性的社會資源。它不但是稀有，而且也是維繫生存必要的媒體。財富可以充實物質生存條件，也因此成爲地位認定的客觀標準；權力乃是控制駕馭別人的合法能力，因此也與財富一般，同成爲地位認定的客觀標準。顯而易見的，以上的分析清楚地顯示著，職業所內涵的社會成份展現高度的外顯性，而且也與社會大眾產生較直接密切的關係，因此它常被用來做爲界定一個人的成就與自我。

理論上來說，單就無限延伸觀、外控觀、乃至個人主義的價值觀，

並不足形成現代人的切割感。現代人所感到無力和自我迷失，簡單來說，是因此三種價值觀，在科層組織嚴密地籠罩下，旣無法在職業之中，也無法在職業以外的生活中得到實現的緣故。在今天的社會裏，科層組織加諸於人身上的，不單純只是來自於其所從事的職業工作環境，而幾乎從生到死都無以倖免的。譬如，一個人生下來就得領有出生證明，到戶政事務所排隊申報戶口。遲報了，還得受罰。之後，每隔一陣子，就得戶口校正。到了學齡時期，就得入學，接受敎育之科層制度的約束。凡此，不論出生、就學、旅遊、購屋、買車、結婚、生子育女、乃至死亡等等，均無法完全脫離科層組織的約束。

讓我們抱持較開朗的胸襟，姑且把這些加諸於點點滴滴之日常生活上的種種科層限制拋開不管。單單就展現在職業生活上的科層限制，就足以來說明上述之問題癥結的所在了。大體而言，對現代之芸芸衆生，尤其處於中等階層的知識份子❺，其所面臨的根本問題是在於職業本身無法給予自我滿意的界定。我們在前面已提到，在科層組織之中，人所具的價值不在於人格的完整表現，而是化約到其所扮演的職業角色。倘若一個人在組織中扮演極為重要的角色，則其角色尚可能給予他較多表現的自由與機會。因此，他不但可能擁有較多的財富與權力，同時也會有較多的機會讓自我透過工作來展現和肯定。此時，他較容易把職業工作與自我認同，也因此更有機會肯定無限延伸觀和外控觀。但是，在整個人口中，這種人終究是少數的。對絕大多數的人，他只不過是有如一部大機器中的小螺絲釘，壞了，立刻可以被替換掉。職業工作，對他而言，往往只是一種謀生的手段。工作的內容，旣不重要，也不具挑戰性；工作的報酬，旣不足以耀人，也未必足以飽暖。在此情形之下，職

---

❺ 此處所謂知識份子乃泛指受過相當敎育的人，而不是一般狹義界定所指涉那些具有社會意識與批判風格的有識之士。

業既是社會公認的地位與成就指標，又是自我肯定的根本，但在科層制度之下，職業所代表的又僅祇是千篇一律而微不足道的所謂「工作」，無限延伸觀既得不到肯定，外控觀更是難以被檢證。職是之故，對絕大部份的人們來說，就其客觀的展現條件，科技工業所提供給人們的偉大世界觀──無限延伸與人定勝天式的外控能力，在現實之科層體制的安排下，得不到任何證明和實踐的可能。這種現代社會內在的矛盾，無疑的，對那些具有高度自我實現意識的人來說，是使自我產生迷失和乏力感的根源。

或許，有人會提出一種主張，以為人不必一定要用職業來做為認定自我的依據。漫長的生命之中，我們尚可以用其他的生活來肯定自我的存在價值，譬如家庭生活、消閒活動、宗教活動、知識活動等等。面對著龐大而緊扣銜結的科層體系，個人企圖從職業角色來改變自我肯定的環境，縱然絕非完全不可能，也不是一件容易的事。因此，理論上來說，嘗試從其他的生活來肯定自我的存在價值，是絕對正確的途徑。但是，我們卻發現，在此一途徑之中，有一障礙存在，此障礙乃源於個人主義與都市性格做了相當巧妙的組合使然。

在上文中，我們提到，今天都市生活中展現的是冷漠的陌生人性格。其所以如此，乃因都市的聚落型態是順應生產與消費的功能互補而產生的。在都市之中，人與人的關係因此是片面、功利、而契約化的。這種人際關係的展現型態無疑的加強了個人主義的滲透力。今天，個人主義的基本內涵乃表示在對個體自由與平等的肯定和對隱私權的尊重之上。我們不但要爭取政治上的平等與自由，也要爭取經濟上、宗教上、教育上、性別上、種族上的平等與自由。易言之，個人主義式的自由與平等要求遍及社會生活中心各個層面。這種氣息的無限蔓延，很自然地動搖了家庭、朋友、乃至宗教生活的傳統根本。

家庭、婚姻、與朋友生活乃代表人類的古典性格。誠如 Simmel
(1950) 所說的，朋友是人類社羣生活的一種初級形式，它的本質是情
感，因此它是親密、泛散、包融、整體的。這種初級性，伴隨著浪漫的
愛情觀，也隨之擴散到婚姻與家庭生活。因此，人類對家庭、婚姻、與
朋友一向卽抱持浪漫熱情的態度來對待，總認爲它們乃反映具有包容整
個人格的一種社會形式。在這類的關係之中，人是開敞的、奉獻的、熱
情的。但是，在個人主義猖獗之聲中，要求自由與平等和要求隱私之尊
重形成一種弔詭的結合。其結合的結果是使人無法也不願完全展露自
己，更不願把自己做完全的奉獻。在此情形之下，家庭、婚姻、朋友、
與宗敎生活所具有的傳統理想與精神，很自然地無法完全地貫徹，自
我因此也難以在此類生活之中得到充分實踐的機會。與在職業生活中一
樣，自我在家庭、婚姻、朋友、乃至宗敎生活中，也一再地被切割。

誠如英國的精神醫學家 Laing (1969) 所說的，現代人的根本問題
是在於如何在分離 (separated) 與依賴 (dependent) 之間尋找一個平
衡點。對現代人來說，既有的社會結構型態是傾向於把一個人切割，要
求自我保持完全的獨立與分離，但卻又在功能分工上要求高度的互相依
賴。是的，現代人已經可以學習得清楚地在工作生活之中，把自我與工
作分開，但卻無法在其他的生活之中，把自我做如是的分割。人要求與
別人產生聯屬，要求靠一種社會的形式來肯定自我，是一種相當原始的
需求，也是一種古典的理想。但是，對現代人來說，這種理想與需求幾
乎已成爲難以實現的奢望了。難怪 May (1969) 認爲，現代人的根本問
題是在於如何從已具之「自在存在」（being-in-itself）之中，尋找到
「自爲存在」（being-for-itself）。這是一個有關個人選擇對自己存在負
責的自覺意識問題。莎士比亞在其「哈姆雷特」的戲劇中的一句名言：
「To be or not to be」，可以說是此一問題最傳神的說明。

九、一些建議──代結論

Fromm（陳華夫譯，1978:143）認爲，在如上述的現代情境之中，現代人產生相當明顯的「自我主觀」論。持自我主觀論者，發展至極致，有二種情形產生。一種是完全的自我接納；另一種是完全的自我拒絕。套用上述 Laing 的概念，完全自我接納的人，乃把自我看成是一個獨立自主的體系，他難以容納別人，不願施捨與奉獻，也不輕易接納別人的同情。相反的，完全自我拒絕的人，則是把自我看成是完全依賴的實體，自我只不過是社會體系的一部份，一切是無奈，無助。因此，個人只能順著社會的潮流來運轉。這種人卽有如 Riesman（1950）所謂的「他人導向」（other-directed）的人格，而前者則是一種極端「自我導向」（self-directed）的人格。

很明顯的，完全自我接納的人是一個極端的個人主義者，他往往具有攻擊性與征服感；而完全自我拒絕的人則是科層制度下的典型產生，他認命、安於接受別人的安排。誠如 Alder（黃光國譯 1980:11）所指出的，這兩種人都可能把別人的同情與憐憫看成是施捨。雖然前者可能拒絕接受，而後者則安於接納，但是，基本上都足以產生自卑感。對前者而言，面對著龐大的科層力量與周遭的大衆，他把自己封鎖在自己的小天地，以爲靠個人才足以來支撑自我。這是一種誇張、過度膨脹自我的表現，其本質是一種具潛意識恐懼的自卑表態。對後者而言，他則很清楚地意識自我的渺小與無奈，他的自卑是顯明而自認的。事實上，不管是以何種方式來肯定和展現自我，這兩類的人，除了自卑以外，都具有另一共同的特徵，那就是「孤獨」。完全自我接納的人，因無法接納別人，也不願接受別人的同情，更不願承認爲別人所塑造，因而孤獨。

完全自我拒絕的人，則因完全接納外來的安排，自我的獨立性幾乎喪失殆盡，他也一樣地尋找不到性格，而可能感覺到孤獨。

　　當然，並不是每一個現代人都是完全自我接納、或完全自我拒絕，絕大部份的現代人都是徘徊在這兩種極端類型之間。如此的說法並不等於宣稱，這是一種中庸的明智選擇，因而絕大部份的人都不太可能感受到「存在」的壓力。是的，經驗告訴我們，極可能絕大部份的人是保持相當平穩的感受來渡過一生。在他的一生中，有痛苦、有挫折，但也有歡欣和快樂，也可能感到幸福。為此，我們必須為前面所提的問題做一註腳。基本上，我們在上文中所做的討論，只是企圖指出現代人所處的客觀條件。面對著這麼一個客觀的環境，一個人是不是會經驗到存在的根本威脅，還得看這個人是不是具有主觀體認感受的能力與機緣了。這種問題感的自覺能力是決定一個現代人是否具有問題的前決條件。

　　從前面的討論中，我們可以看出，現代社會的現實展現（即科層制與科技所內涵之功能理性的一再膨脹）與其所承續的基本理想（即具外控與無限延伸觀的個人人本思想）之間，是存有某個程度的內在矛盾。科層制與市場都市社會帶來契約工具化人的存在，腐蝕了個體人格的完整性。無限延伸與外控的個人人本主張，面對著龐大的科層建制的角色功能安排，又為一個追求自我實現的人，帶來相當程度的無力與無奈感。處於這樣的夾縫之中，一個具有高度自我意識的人，的確在心靈上產生嚴重的威脅。尤其，社會與物質資源是有限，一個人如何能夠一再地延伸他的欲望，企圖藉控制外在物質環境和其他人來肯定自我，的確是一項挑戰。

　　托爾斯泰曾說過：「人類應該停止製造虛假和不必要的歷史喜劇，忠實面對生活。」但是，人類應當如何來面對生活呢？Bellow (1976)在他的小說「韓伯的禮物」中，曾有一段話描述主角韓伯的心理衝突。

這一段話相當能刻劃現代人的處境。他說：「經過數十年的探索，我看清了韓伯的絕望。他使自己陷入萬劫不復的覆轍，像多數詩人一樣，採取狂暴的步驟。但這些步驟只會使他踏入末路，他只是在服從自己的虛假。喜劇應該結束了，人們應該聽聽從自己內部流露出的上帝之聲了。」他又說：「是的，別服從常識和自己的判斷，建立在常識上的假設只會使生命變得荒唐可笑。信仰曾被人們斥為荒謬，可是，只有借助信仰——對生命的信仰，愛的信仰，自然的信仰，人們才能避免常識的荒謬。」（引自聯合報，1976,11,13）

然而，人類又如何去尋找他的信仰，確立他存在的意義呢，誠如 Bellow 所指出的，在今天這樣的世界裏，「人們為了拋棄煩悶，只有完全穩定，保有個人知覺，不受外界干擾。它的意思是說，一個人必須超然於世事之外，只以個人的趣味為依歸，不堅守任何信念，也不關心他人的靈魂。如果他不幸無法接受巴斯卡『穩定不動』的勸告，那麼他就註定了無法逃離煩悶。……可是，在這一個充滿罪惡、爆炸而又令人無法忍受的世界中，一個人要『穩定不動』又何其太難」

Bellow 這一段話道出了現代人處境的矛盾，也吐露了現代人嘗試重建自我的困難。但是，對現代人來說，除非我們有能耐來扭轉整個社會與經濟結構型態，或讓歷史倒流，否則的話，在一段時間之內，某個程度地接受既有的結構安排，幾乎是無可避免的事實。我們既無能耐削除科層制度，也擺脫不了科技的影響，更無法重組都市聚落的型態，因此，我們就不得不接受人格被切割和化約為職業角色的事實，也不得不接受現代社會關係所展現的契約工具性、冷漠感、和片面化。

接受上述的事實，並不等於命定個人的存在價值，就必然地要化約到職業的成就或物慾的享樂上去；也不等於建議大家把自我濃縮在被切割的職業角色之上。我們的論點是：既然一個人無力於完全改變結構的

現狀，唯有調整自己的價值觀以來適應。關於這點，首先我們就必須停止製造虛假的喜劇，那就是：人們不應該再為科技的成就所炫惑，別再以為科技與工業發展會為人類帶來更多的幸福。科技不是萬能，人類應當認真地開始重新評估過去歷史對科技所賦予的意義。容或科技對人類生活有如抽上鴉片一般，一旦上了癮，就擺脫不斷，但是，至少嘗試為科技（尤其功能理性）給予新的意義註釋的定位，是絕對必要的。

在此，所謂給予科技新的社會涵義，最主要的即修正「無限延伸」與「外控」的價值觀。我們不能再迷信科技是萬能的，更不應僵持「人定勝天」的信念。這是現代社會的一種「迷信」。這種迷信導至人的慾望一再地升高、一再地產生質變，而終至於使人的自主性喪失，成為一些庸俗之共同價值的玩物。人活著，終日杌隉不安地，就是希望有更大的權力、更多的財富、更高的名氣、更好的設備、更多的這、或更好的那。佛言：「慾海無邊」，人的自我假若一再地靠「外控」的多寡才可能肯定的話，那麼，將很難有自滿的一天。

人類自以為挾持著科技與科層組織所賦予的權力，終可以控制一切，殊不料，縱然有能力控制世界，那也只不過是被切割後之自我的一種導向。本質上，這不是自覺的努力，而只是整個大迷思中的一種附應性的反應，終究是未必控制了自己的。唐君毅（1980:15）說得好：「支配自己比支配世界更為偉大的工作。」現代人的問題出自於太多的「取」、太多的「得」、太多的理所當然，而卻有了太少的「捨」、太少的「施」。現代人已喪失體認「自我約束」的意境。對過度膨脹「外控」的現代人，如何學習自我反省和收斂內控，如何學習超越功利的狹隘眼光來對待別人，如何學習超越職業工作的角色來界定生命，實有其必要的。

活在今天這樣的世界裏，缺乏自覺，將可能使人掉入無涯慾海的泥淖之中。我們需要自覺地支配自己，這是一種道德；我們需要自覺地美

化自己，這是一種藝術；我們需要自覺地批判自己，這是一種哲學；我們更需要自覺地控制自己（而不是別人），這是一種修養。最後，讓我們引用唐君毅（1980:20）的一段話來做為結尾。他說：「有道德，只是除去痛苦之壓迫，但卻未必是開展生活的領域，因此尚應有藝術的生活，因快樂不是一種給予或知識，而是一種感情。」在此，我們另外再加上一些話：有了藝術，人是可以培養豐富的生命感受力，但卻未必是恆定而持續，因此我們尚應有哲學的生活，哲學給我們自覺的能力，也賜予我們轉進的契機。但是，哲學是一種體驗的依據體系，人尚需要意志，因此，我們另外還需要修養。惟有如此的配合，活在現代社會裏，才可能捕捉到「理想」之中的古典浪漫意義。人活著，不可能沒有痛苦。人有了痛苦，並不是不健康，同樣地，人有了矛盾，也並不是人格不健全。只有當一個人不自覺到痛苦與矛盾的根源，也不懂得欣賞人生之中的痛苦和矛盾，那才是不健康、不健全了。對現代人而言，在現代的科層結構型態的現實條件下，一個人若毫無自覺，而且也毫不妥協地企圖矜持「功能理性」所賦予的價值，那將永遠無法使具浪漫色彩的古典理想實踐，終究人必須學習於魚與熊掌之中做一個抉擇。如何抉擇，那將是一種生活的藝術和哲學，端看個人的修為和造化了。

參 考 文 獻

木村泰賢（巴壺天、李世傑譯）
　　1973　人生的解脫與佛教思想。臺北：協志工業叢書出版公司，6 版。
唐君毅
　　1980　道德自我之建立，臺灣學生書局。
Alder, A（黃光國譯）
　　1980　自卑與超越，臺北：志文出版社。

Bell, Daniel.

　1973　*The Coming of Post-industrial Society.* New York: Basic
　　　　Books.

　1976　*The Cultural Contradiction of Capitalism.* New York: Basic
　　　　Books.

Bellow, Saul

　1975　*Humboldt's Gift.* The Viking Press.

Berger, Peter, B. Berger & H. Kollner

　1973　*The Homeless Mind: Modernization and Consciousness.*
　　　　NewYork: Random House.

Eisen, A.

　1978　"The meaning and confusion of Weberian rationality,'
　　　　British Journal of Sociology, 29:57-69.

Flacks, R. （區紀勇譯）

　1975　青年與社會變遷。臺北: 巨流圖書公司。

Fromm, A. （陳華夫譯）

　1978　自我影像: 臺北: 問學出版社。

Habermas, Jürgen

　1979　"Toward a reconstruction of historical materialism, in
　　　　Communication and the Evolution of Society. Boston, Mass:
　　　　Beacon Press.

Hobbes, Thomas

　1839　*The English Works of Thomas Hobbes.* vol. III. ed. by W.'
　　　　Molesworth, London.

Laing, R. D.

　1969　*The Divided Self.* New York:Pantheon Books.

Mannheim, Karl

　1971　*From Karl Mannheim.* ed. by K. H. Wolff New York:
　　　　Oxford University Press.

Maslow, Abraham H.

　1970　*Motivation and Personality* (2nd ed.) New York: Harper &
　　　　Row.

May, Rollo

　1969　"To be or not to be: contribution of existential psychotherapy," in H. M. Chiang & A. H. Maslow (ed.). *The Healthy Personality*. Van Nostrand Reinhold. 57–73.

Pareto, Vilfredo

1935 *The Mind and Society: A Treatise on General Sociology*. translated by A. Bongiorno & A. Livingston. New York: Dover.

Parsons, Talcott

1975 "Social structure and the symbolic media of interchange," in P. M. Blau(ed.) *Approaches to the Study of Social Structure*. New York:The Fress Press. 94–120.

Polanyi, Karl

1957 *The Great Transformation*. Boston: Beacon Press.

Riesman, David, Nathan Glazer & Reuel Denney

1950 *The Lonely Crowd*. Yale University Pres.

Schutz, Alfred

1973 *Collected Papers I*. The Hague: Martinus Nijhuff.

Simmel, Georg

1950 *The Sociology of Georg Simmel*. trans. by K. H. Wolff. New York: The Free Press.

Thomas, William I. & Florian Znaniecki

1918-20 *The Polish Peasant in Europe and American* The University of Chicago Press.

Tonnies, Ferdinard

1957 *Community and Society*. trans. by C. P. Loomis East Lansing, Michigan: Michigan State University Press.

Weber, Max

1968 *Theory of Social and Economic Organization*. trans. and ed. by T. Parsons. New York: The Free Press.

1980 *The City*. New York.

Weiner, M. （林清江譯）

1966 現代化: 臺北: 商務印書館

Wilson, B. R.

1979 *Rationality*. Oxford University Press.

十二、有關社會問題基本性質
的初步探討

　　儘管人類的社會類型相殊，有所謂「未開發」、「開發中」或「已開發」的社會，也有所謂「農業」、「游牧」或「工業」的社會，復有所謂「民主」或「極權」的社會，更有所謂「落伍」或「進步」的社會等等不同的類別，但是在這種種殊相明顯的表徵之下，任何的社會都有一個共同的特徵，即它們都會有某個程度及相度的「問題」（或更嚴格地說，「問題感」）的存在。

　　對社會學家來說，若說一個社會絲毫沒有問題的困擾，那簡直是一件不可思議的發現；就算是太平盛世的社會，也或多或少會有問題存在的。正如美國社會學家 Nisbet (1971:14) 所說的：「不管社會是多麼的簡單和穩定，沒有可以完全免於社會失序和偏差的困擾的。從人類行為的比較研究中，我們所可以清楚看出的，只是這兩類型的社會問題及其強度常因文化的迥異和時代的不同而略有差別而已。」甚至，有些社會學者更以為社會失序和偏差是相當正常的，它們對社會生活的日常運作還具有功能的。譬如 Durkheim (1972) 即認為犯罪在任何社會中是必然要產生的，而且它有必然的正向功能作用。他認為，適量的犯罪是使得社會道德秩序得以穩定所必須的，因為如果沒有偶而的觸犯，即在

社會中人們沒有可以一再肯定基本道德規律的場合和機會。在此，我們無意爭論 Durkheim 的功能論點是否合乎邏輯，但是至少 Durkheim 的話說明了一個事實，即任何社會都有問題的存在，而且問題是不斷地在孕育及呈現之中。這恐怕是人類社會一直無法擺脫的社會事實吧！

由於人類社會的歷史文化背景、生態環境和社會結構不一樣，不同社會在不同時期內可能有着不同的問題。就拿傳統的中國社會來說吧！「飢寒貧困」一直就是相當嚴重的問題。譬如，秦時，商鞅變法，「除井田，民得賣買」，結果「富者田連阡陌，貧者無立錐之地」。以後歷代，從史料中也常可找到類似如下描述貧窮問題以及伴隨貧窮而生的種種現象：「大族田地有餘，而小民無立錐之地」、「富豪兼併、貧者失業」、「強宗巨室阡陌相望，而多無稅之田，使下戶爲之破產」、「四方皆以飢寒窮愁，起爲盜賊」、「頻歲大飢，百姓乃流移就穀」、「天下盜賊蜂起，皆出於飢寒」等等皆是。當然，以往的中國社會並不是只有「貧窮」問題，而且這個問題也不是惟一最嚴重的，當時，應當還有許多其他嚴重的問題存在。再說，即使「貧窮」一直是以前中國社會最嚴重的問題，而且今日的中國社會雖也爲「貧窮」所困擾，但其性質及嚴重程度恐怕未必就與以往一般。總而言之，每個時代、每個社會有着它的特殊問題。或許問題的本質是相同，但對問題卻可能有着不同的界定和體認。基於這個理由，更爲了明白我們當前社會問題之癥結所在，以及解析其形成的可能原因，首先必須對「社會問題」這個觀念做點澄清工作。

一、「社會問題」的定義與內蘊特徵

何謂「社會問題」

並不是任何發生在社會中人們可感覺到的問題都是社會問題。譬如，流行性感冒猖獗一時，許多人不但深知其害，也確實遭受到它的蹂躪，但是這並不足以就當成是社會問題來看。那麼，什麼是社會問題呢？讓我們引用 Mills (1959) 之區分私人困擾 (private troubles) 與公眾論題 (public issue)，來做為澄清這個概念的開端。

Mills 認為，私人困擾是由於個人性格或與別人之間的直接關係所引起的問題，它的產生與個人自我或自己能親自直接接觸到的有限社會生活有關，因此這純粹是個人的事情。就社會學的觀點來看，這基本上是個人感到其所持有之價值、觀念、或個人生存條件遭受到威脅所引起。解決這種問題時，首先必須把個人看成是一個具有個性的獨立體，解決的可能途徑也必要在其可直接經驗的社會情境中，經由個人意志行動去尋找。

至於公眾論題則是超越個人的特殊環境和其內在生活範疇，而與人類較大的社會生活、制度、或整個歷史產生關聯的。是故，公眾論題是屬於大眾的事，乃大家（或至少某一大部份人）所持有之價值或生存條件被認為遭受到威脅，而且人們會經常為了何者為其真價值」及「何者確實是受到威脅」的前題問題而爭論。總之。這一類型的問題常常意含着人類制度安排中存有着危機，也常常意含着一種對立或矛盾的存在，它必然牽涉到較為廣泛的社會關係，與較多的人們產生關聯。就拿失業來說吧！假若在一個有十萬人口的城市中，發現只有一兩個人失業，則失業僅是這一兩人的個人困擾。要解決這個問題，則應當從他們的性

格、性向、技能或其可及的機會條件等等個人性的因素來着手。但是，假若在一個有五千萬人的國家中，發現有一千五百萬人失業，則這將是一個公眾論題，我們是無法從一個個個體的性格或其特殊社會環境中來尋找答案的。這種情形已很明顯地顯示出，社會中的機會結構是有着相當嚴重的問題，因此我們必須考慮社會的經濟及政治制度，才可能正確地看出問題的癥結所在，也才可能尋找到可能的解決方向。

上面這兩種問題的區分告訴我們，雖然人們在日常的社會生活中所可能遭遇到的問題是有兩種不同的性質，只有其中的一種（即公眾論題型的）才具備有形成「社會問題」的條件，而另外一種僅只是個人性的特殊問題，盡管其問題的根本可能是與外在的社會條件有關。

早在 1941 年，美國社會學家 Fuller 和 Myers 已為社會問題提供了一個相當完善的定義了。他們認為：

> 一個社會問題即是一種被相當數目的人們認為是與他們所持有的某些社會規範產生了偏離情形的狀況。是故，每個社會問題都包着客觀條件和主觀定義。所謂客觀條件指可由公正、有訓練之觀察者確認出其存在和數量（比值）的可驗證情境，如國防狀況、出生率趨勢、失業率等等。主觀定義則指某些人體認到某種情況對其所持有之某些價值造成了威脅的情形(Fuller & Myers, 1941:320)❶。

他們兩人復謂：這種偏離情形只有靠衆人集體的行動才有去除或改善的可能，單憑一個或少數幾個人是無法做到的（Fuller & Myers, 1941: 327）。

---

❶ 事實上，以後的學者，如 Becker (1967)，Nisbet (1971)，Merton (1971)，Raab & Selznick (1959)，Weinberg & Rubington (1973) 及 Harton & Leslie(1974) 對社會問題的定義均脫離不了 Fuller 及 Myers 這個定義的範圍，所不同的僅是某小部份的修正或引申而已。有關這個概念較理論性的討論，參看 Merton (1968; 1971)。

　　把上面的定義加以仔細地分析，我們發現，一個社會現象是否可稱爲社會問題，必須就(1)情境、(2)價值與規範、(3)人物、以及(4)行動等四方面的條件來做判斷 (Weinberg & Rubington, 1973) ，而且，要解決社會問題，也必須就這四方面的條件去考慮，才可能尋找到可行的途徑。暫且不管解決的基本途徑爲何，至少從這四個方面來着眼，一個社會現象要形成爲社會問題，具備下列四個條件將是最起碼的要求：

(1) 這個現象違背了某些公認爲（或至少有一部份人認爲）良好的社會規範或價值；

(2) 這個現象爲大多數人（或一部份人）認爲是普遍存在於社會結構中的問題，且情形的嚴重性持續一段相當長的時間，並足以對許多人產生不利的影響；

(3) 在絕大多數的情形下，這個現象的發生非由個人或少數人所應當負責的；

(4) 對此現象，人們有加以改進或去除的意願，並相信有可以改進或去除的可能，但是改進或去除並非一個人或少數人可以做到的，必須透過某種集體行動的方式才可能達成的。

嚴格地說，一個社會現象只要是不具備上述這四個條件中的任何一個（或甚至其中的一部份），就很難稱得上是社會問題了。現就這四個條件來爲「社會問題」這個概念做更進一步的闡述。

「社會問題」之主觀性和客觀性

　　就上述第一及第二條件而言，任何社會問題都應當具有主觀及客觀兩個層面的意義，很明顯地，一個社會問題要成立，首先是必須要有一些旣已發生的客存現象爲基本條件的，譬如，要有「失業」的社會問題，首先必須先確認社會中有些人是合乎某種「失業」界定標準的具體

事實。又如，要有「犯罪」的社會問題，則必須先肯定，在社會中確實是有些人以各種不同方式「侵犯」了別人，但是，這些既已發生的客觀現象說來僅是社會問題形成的必要先決條件而已，一個現象要成為社會問題，最重要的還是在於主觀的認定和界範，這就是社會問題的主觀層面了。綜合以上的說明，我們可以簡單地用這麼一句話來說：「社會問題的認定和確立乃源於實際社會狀況與普遍（或一部份人）所共享之道德、價值或觀念之間產生了相當大的裂罅」(Nisbet, 1917:1; Merton, 1971:799-802)。

美國社會學家 Sumner 曾經寫過這麼一段話：「民德 (mores) 締造了真理 (truth)。好與壞或對與錯的概念乃相對於一個社會秩序體中流行的規範和具神聖意義的民俗。」(Nisbet, 1971:3) 這段話的意思很明白，它告訴了我們，許多社會現象和人類行為之「好壞」、「對錯」、和「喜惡」的判定是與判定者的經驗、價值和觀念以及當時社會流行的規範有密切的關係。因此，上述的裂罅含蘊着相當濃厚的主觀成份在內。裂罅感有多深？來自何處？遂成為界定社會問題的主要課題。

讓我們引用 Merton 的概念來解答上述的問題，Merton(1971:806-810) 從他早期所提「明顯功能」和「潛在功能」兩概念中 (Merton, 1968)，推引出「明顯性的社會問題」(manifest social problem) 和「潛在性的社會問題」(latent social problem) 這兩個概念。所謂「明顯性的社會問題」乃指一個客存的社會狀況被問題界定者很清楚地判定是與某些社會價值或觀念相左，或認為不利於大眾，並且此一狀況已引起某一部份人的關心和行動。相反地，「潛在性的社會問題」則指一個客存的社會狀況雖已與社會中某些流行的價值或觀念相左，但卻未普遍地或甚至從未為任何人所認識到。這兩個概念說明着一個事實，即有些社會現象是相當明顯地對絕大多數的人會產生不利的影響，而且也引起

大多數人普遍的注意，尤其當它明顯直接地威脅到個體（或社會）獨立生存的條件（如犯罪）時，更易使大多數人共同地肯定問題的存在，共同地感受到裂罅的威脅。但是，當一個現象僅具潛在問題的特徵時，社會問題的確立則與誰是確立者有着更為密切的關係。

由於人類有着社會階層、羣屬、利益、權威、和知識程度等等屬性的不同，人們的道德、價值和觀念也隨之可能不同，因此對一個社會現象「問題感」的體認和確立也有了差異。譬如，對今日生活在都市中的人們來說，未必大家都體認到都市中的居住是個問題，往往只有少數有識之士才感覺到這個問題的嚴重。Sorokin 等人 (1930) 曾做了一個研究，發現：大災難之受害者與知悉到這件事的人們之間的社會距離愈遠，則人們愈缺乏動機去把它看成是一個問題，並且愈不會採取有效行動，甚至引不起同情。總而言之，有些社會問題並不是經由大家共同肯定及體認而得來的，它們往往只是小部份人深切感受到問題，而卻一直無法引起大眾普遍的共認和注意。

即使是「明顯性的社會問題」，雖然絕大多數的人都可能共同承認問題的存在，但是對於問題的嚴重性和廣及性卻未必會有着相同的意見。就再拿「失業」來說吧！儘管許多人可以同意「失業」這麼一個社會問題是存在的，而且也深切地明白它所具有的社會意義，但是人們卻可能在「失業」的界定標準上有着不同的意見。換句話說，「失業」的界定（因此「失業」此一客存現象的含蓋指涉範圍）可能隨着主觀意義範疇的選擇而有所不同。不同的主觀界定，則有不同的「失業」性質、數量和嚴重感受了。

因此，固然 Nisbet 和 Merton 所謂的「裂罅」乃是社會問題所內含最主要之主觀特徵，但是僅就這個特徵，還是無法確定「問題」是必然要顯現的，即使一個現象已明顯地具有「明顯性的社會問題」的基本

條件，這種情形也是一樣的存在。其理由有二：（1）人們未必會有相同（或相似）性質或強度的裂罅感。（2）裂罅感只是「社會問題」的基本內含條件，而非其所以形成的原因，原因爲何還得從外在的社會結構、一般心理狀態、或思想觀念形態上去尋找。根據這個理路來推演，「普遍的共認」❷僅是一個現象成爲「社會問題」所具有的理想特徵。或嚴格地說，它只是構成社會問題的充分內蘊條件，或一種具「結果」性質的表徵，而不是必要的內蘊條件，更不是必然的基本推動因素。是故，上一節中所列的第一及第二個條件乃是社會問題的充分內蘊特徵，而非必要條件，更非其所以產生的原因。

事實上，從誰是界定者的觀點來看，一個社會現象所以被認定是「社會問題」往往是始於一些少數幾個人的體認和解釋，經過種種傳播和說明的過程，才使大家逐漸體認到「問題」的存在，而終於有了大多數人的「普遍共認」的。到底那些少數人對於社會問題的界定占有着多大的決定性優勢地位呢？這應當是一個迫切需要瞭解的問題。

二、社會問題的發展過程

社會問題與精英份子

大體地說，對於判定何者是偏離了社會中的優勢道德、價值和理念，何者是可能危害到人們及社會的生存，因此何者是社會問題，應當採取何種措施來應付種種問題，在社會中居權威中心位置的少數精英份子往往是最居決定性的地位。這種帶權威象徵的精英份子大致可有兩個

---

❷ 指公認爲「違背某些良好社會規範或價值」，以及（可能）「對許多人產生不利的影響」這兩個特徵。

類型。其一是知識上具有權威象徵的人；其二是執行上具有實際合法權力的人。底下，讓我們就這兩種類型的特徵，以及他們在「社會問題」具形化過程中所扮演的角色來加以說明。

在人的社會中，知識❸是人類認識和解釋世界所具有之象徵意義的主要源泉，在當前的社會中尤其是如此。當然，人們可以憑藉由經驗累積起來的常識來認識問題，但是在這個愈來愈錯綜複雜的社會裏，知識的發展是相當迅速，知識的累積是相當豐富，人類表現在社會中的行為、制度、以及手段工具也愈來愈顯現出是以一套有系統、有組織的知識體系為後盾，僅憑常識和個人的洞識往往已無法瞭解整個現象的脈絡，更無法提供對付問題的策略。在此情形之下，一套嚴謹的知識體系乃是認識當前社會的必備條件。擁有較多、較專門知識的人（如大學教授、專家及社會評論家）對於一個現象之內含意義的體認和解釋自然就較具深度而有先知先覺的見解。況且，由於一般大眾普遍地缺乏判定與解釋事實或觀念的知識，對於「問題」敏感度一向較低，自然無法有發掘「問題」的先見之明。如此一來，無形之中，知識上具權威象徵者的解釋和判定就產生了權威和說服的力量。一旦他們把一個現象加以解析、說明，而冠上了「問題」之稱以後，經由傳播、論辯、修飾，很容易即會使「問題」形成具體論題，產生說服他人，並得到支持和贊同的力量（儘管支持和贊同的理由可能是多麼地缺乏理性），甚至獲得執行決策權力中心（卽第二類型的權威來源者）的共鳴，使得「問題」感更為明顯，更為肯定。譬如，在民國 39 年，當絕大多數的人還看不出人口膨脹將為臺灣帶來嚴重的社會壓力時，蔣夢麟先生卽有了先見之明，提出嚴重的警告，並力倡節育。當時，立刻卽遭遇到許多社會人士的

❸　此處所謂的「知識」，其意義是狹義的，乃相對於「常識」。其與常識不同之處，乃表現在對事實或判定的法則。

大力抨擊並且引起無數的爭辯。儘管阻力一直是存在著，隨著人口的成長，問題的嚴重性日益明顯，大家也才逐漸明白承認問題的嚴重。儘管如此，也一直等到民國五十七年政府才正式頒佈家庭計劃實施辦法，其間已過了十八年。又如，今日都市裏的空氣污染問題也是如此。儘管人們長期地居住在都市裏，而且空氣確實遭受到嚴重的污染，對人的健康早已構成了致命的威脅，然而時至今日，大家還不一定很清楚地認識到這個問題的存在，只有一些少數有先見的人士，在環境衞生學者提出具體事實之後，才體認到問題的嚴重性。儘管他們不時地提出警告，但是很遺憾地，一直卻未得到大家普遍的重視，也未能蒙獲政府有關當局給予以優先的考慮。要引起大家的重視和政府有關當局採取有效的行動，恐怕還得假以時日吧！單就這兩個例子來看，我們卽可發現，一個現象之「問題」感的具形化往往是需要經過一段長時間的孕育、爭論、修正、和傳播，才會逐漸爲大家所知悉、接納，而終於成爲重要的公衆論題。

總結上面的討論，我們可以說，「社會問題」的體認和具形基本上乃是一種傳散的社會過程。在此過程中，第一類型的精英份子扮演着下列一系列的角色：他們(1)指明、(2)判定、(3)界範、(4)論辯、(5)闡述「社會問題」。經過這麼一個過程，一個現象的「社會問題」性的雛型才逐漸形成，而終有着合法 (legitimate) 的地位❹。一旦問題經過具形合法後，這些人更負責提供解決的對策與方案，而與第二類型的精英份子產生更頻繁、更密切的行動關係以幫助解決問題。

儘管一個現象的「問題」性具有客觀實存的基礎，但是當它經由少數先見者的指明、判定、界範、論辯與闡述，漸爲大家所注意，而具

❹ 此處合法的意思不是說社會問題是可喜、有道德或正常的，而是意指現象的「問題」性在社會中獲得到普遍的共認，有着相當明顯的特殊社會意義和地位。

「社會問題性」後，倘若不再有多方面廣泛認知上的肯定和接納、情感上的支持與表同、和輿論上的傳播和增強，其「問題感」很可能會隨着時間而逐漸冷卻掉。換句話說，在「社會問題」具形化的過程中，上述以第一類型精英份子爲核心的一系列行動僅具有使「社會問題感」產生，而成爲公衆論題的作用。要使一個現象的「問題感」更具體地表現出來，尚需要第二類型的精英份子來加以推動。

第二類型的精英份子（卽在社會中具有實際執行之合法權力的少數人）未必就擁有充分瞭解「問題」的知識，對現象所具之「問題」性也未必有先知先覺的敏感，因此他們不一定就是「問題」的界定者或闡述者。但是，由於他們在社會中擁有決策和執行的合法權力（如政府中各級決策和執行官員），因此對「社會問題」具有下列三點功能。第一、他們可使一個已普遍認識、肯定的「社會問題感」具體化，眞正成爲社會的共同問題，就此而言，我們可稱之爲「社會問題」在該社會中之「地位的合法化者」。第二、他們對「社會問題」的解決，提供策略，並且使之成爲政策，因此，他們是提供解決「社會問題」之策略的合法化者。第三、經由他們在社會中所擁有的合法執行權力，他們可使一個決策付諸實際行動，並且獲得大部份人的默許，因此，他們是執行「社會問題」之解決行動的合法化者。

以上所述有關第一及第二類型之精英份子的種種功能說明著，一個現象在社會中孕育成爲社會問題，人們如何對它產生反應和行動，是一個相當複雜的社會過程。經過第一類型之精英份子的指明、判定、界範、闡述和論辯，現象的問題性逐漸孕生而明顯，傳播的結果使得認識與接受問題性的人們愈來愈多，終至於醞釀成爲公衆論題。在此階段，一個現象的問題性雖然或許已經很普遍地在社會中獲得大家心理上的共認，但是終究尚未得到明確的地位肯定。只有經過種種的社會行動表

現，如透過輿論的說服與壓力或個人的實際體驗，使得第二類型的精英份子採取積極的態度，「問題」在社會中才會有了明確的輪廓。之後，經由第二類型之精英份子的合法運作，尤其與第一類型之精英份子有了共同的認定和商討對策，使之經過立法程序，形成了政策而付諸行動，社會問題在社會中的地位與意義才明確的被肯定下來。因此，就認定的角度來看（卽定義中的第一，第二條件），社會問題是一個發生於人與人之間的傳散社會過程。但是，就其解決的行動角度來看，它所涉及到的是一個相當複雜的制度化過程。任何社會問題都必須採取集體行動的方式（尤其是經由組織），才可能獲得解決，這卽是「何謂社會問題」一節中所列四個條件中第四個條件希冀含蘊的意思。

一旦社會問題獲得到普遍認識與肯定，而逐漸由組織或制度來擔當解決的策劃和執行後，「問題」的內容往往會有某個程度的改變，換句話說，「問題」將重新被加以界定。譬如，在孕育「失業」問題的早期，人們（包含參與界定、闡述的第一類型精英份子），對於失業者的界定往往十分模糊，對於整個問題的認識和應付策略的考慮也可能不成熟。但是，一旦社會對這個問題已由關心轉為行動，而成立專門機構或立法制度來解決時，對失業者的界定就必須相當的明確，否則將無法確定服務的對象了，同時對整個問題以及對策措施也必須加以確認（或許流於僵化、官僚）。總之，大凡經由組織或制度來處理社會問題後，一些原先關心、參與或推動策略的人們將會因解決行動的制度化和納入組織的權責範圍，而逐漸失去左右的力量和興趣。最後，會把「社會問題」，尤其是策略的釐定與行動的執行交給組織，譬如貧窮問題由有關之社會福利機構來解決，污染問題由有關之衛生機構來處理。這一些人充其量只負擔起批評與監督的工作，實際執行與策略的釐定則交給有關機構中具合法權力的人員去負責。對後者這些人來說，有關的社會問題

的存在與發展成爲他們社會生涯的主要內容，他們的工作卽是對這些問題提供解決與應對的策略。情形發展至這種地步，社會問題所具有制度化的特徵則已相當地明顯了（Becker, 1967:11-14）。而且，社會問題也因此成爲一部份特定人們的工作對象，原先對問題的解釋也可能因此有了變化。

社會問題與大衆

在上一節中，我們指出，社會問題的釐清、界範、判定、具形以及解決策略和行動的選擇主要是來自少數具權威象徵的精英份子。但是，就社會問題的作俑者及其涉及的對象來說，則它應當是屬於大衆的。這卽「何謂社會問題」一節中所列四個條件的第二及第三兩個條件所要說明的。

雖然我們可以經過連鎖性的因果推論，最後把社會問題的產生歸諸於少數幾個人，譬如，把現代都市中之空氣污染最後歸諸於發明汽車的人，但是以這種推論方式來判定社會現象的緣由是犯了嚴重的邏輯誤謬，因爲我們必須假定下面兩樣現象的必然存在：（1）人對自己的行爲是可以不負責任的；（2）社會中的創新品必然地會流傳下去，而且爲人們所接納。顯然地，這兩個假設是站不住腳的，我們的理由是：人有自由意志來決定自己的行爲（儘管其自由決定的幅度可能相當受到限制的），因此社會問題固然可能源於新的創新、觀念或理念，但若沒有多數人的使用與採納，也無從發生。況且創新品也未必一定會流傳下去，爲大家所接納，它可能在社會中消失。因此，當我們來談論社會問題的作俑者時，假若不考慮人類行爲的本質和社會現象所具有的社會意義層面，而使用多層（甚至無限制）的連鎖因果推論，將是得不到合理的答案。就社會學的立場來看，我們說社會問題的作俑者在絕大多數情形下

是大衆（或更保守地說，絕非個人或少數人），不但是有事實的依據，而且是有社會意義的。就整個社會問題的發生過程來看，當發展至某一個階段，必然是因爲有一部份相當數目的人其行爲結果的內含意義確實是違背了某些道德、價值或觀念標準，譬如有許多人使用汽車，有許多人生了太多的孩子，有許多人犯罪，有許多人吸毒，有許多人是沒有錢，問題的嚴重危害性才可能顯現出來，才爲許多有識之士所注意，也才使問題成爲公衆論題，最後發展成爲特定的組織或制度來處理。是故，就現象對社會產生的危害性、以及其最終被制度化的特徵來看，我們說社會問題的作俑者絕非是個人或少數人，而是相當數目的衆人，是有著明顯的社會意義的。

至於當我們說：「社會問題所涉及的對象是大衆」（如空氣污染影響到大家的健康）時，我們是談論到「社會問題」這個概念的意義內含。說清楚些，「社會問題的影響對象是大衆」不是「社會問題」此一概念的外延意義，因它與經驗事實的吻合與否無涉。它是「社會問題」本身所具有的內在意義，這個意義是由社會學家（或社會大衆）所界定而且共同接受的。當然，這樣界定出來的定義是否具有社會事實上的意義，則是另外一個問題了。總之，就經驗事實來看，我們是可以肯定社會中確實是存有一些現象，對多數人會產生意識的或無意識的危害、不利或腐化作用的。這恐怕是大家可以接受的事實吧！只要是如此，「社會問題所涉及的對象是大衆」這一個陳述就具有了眞實的社會意義，自然也就有價值當成問題來討論。

筆者以爲有關「社會問題與大衆」的問題，主要不在於上述的定義或事實眞假與否的討論，而是「大衆（作俑者）以何種型式來呈現社會問題」，或者說，社會問題有那些基本的類型？同時，更重要的問題是，當前社會問題的形成具有那些特徵？其基本成因爲何？這些將是底

下要討論的問題。

三、當前社會問題形成的基本因素

社會問題的類型

在討論當前社會問題所以形成的基本因素以前，明白社會問題到底有那些類型恐怕是相當必要的。在「何謂社會問題」一節中所列的第二條件裏，我們提到，社會問題乃普遍存在於社會結構中的問題。這段話告訴我們，社會問題基本上乃是反映在社會結構上的公眾論題，因此它可能涉及到社會中的不同結構層面。Becker (1967:14-23) 即認爲社會問題可能涉及到(1) 整個社會或社會體系，(2) 組織，(3) 制度，(4) 社會階層 (social stratification)，(5)社區，以及(6)人口等幾個不同的社會結構層面。這樣的分類是有事實依據的基礎，並沒有不對的，但是這種分類法卻顯得過份的機械化了社會問題的動態特徵，忽略人本身在社會問題的顯象中所佔的地位，尤其未能適當地把表現在「環境」（如都市居住空間分配、污染等公害）的社會問題明白的指出，使得不知應當把這方面的問題歸諸何處（歸於 1、5 還是 6 呢）？因此，固然社會問題必然是與社會結構有關係，但是僅從社會結構的不同層面來分類社會問題，恐怕未必理想？

導致社會問題產生的作俑者歸根來說還是人本身，因此，我們可以把社會問題看成是人們反省其自己對某些社會刺激（包含社會制度、其他人、道德、價值、社會資源、具體物體等等）表現在社會結構中之行爲反應模式所具有的意義解釋和行動結果。從這個觀點出發來分類社會問題時，我們毫無問題的，應當把人的行爲與社會結構這兩方面的因素

並重的考慮 Merton (1971) 的分類卽能合乎這個要求, 他把社會問題分成兩個類型: 一是社會解組 (social disorganization), 另一是偏差行為 (deviant behavior)。 現就以此二類型來做爲分類和討論社會問題的開始。

用一句最簡單的話來說, 社會解組乃指由於不同行爲或制度的規範要求、期待或具體表現三者之間有了衝突或失協而引起了社會體系的腐化或崩潰 (Lundberg 等人, 1968:752)。這個定義裏含蘊著一個很困擾的問題: 社會中的規範要求、期待或具體表現往往是多元而且可能是相對立的, 因此, 由不同規範要求、期待或具體表現所組合成的社會體系可能並存而互相競爭和衝突, 顯現出優劣勢的不同。優勢的體系逐漸茁壯、發展, 但劣勢的體系則因遭受到威脅而逐漸萎縮、崩潰。那麼, 在這種情形下, 到底社會是正在重組呢, 還是正在解組? 解組又到底指的是那一個體系, 這些個問題早已困擾著社會學家, 有些社會學家甚至因此懷疑社會解組是否存在, 認爲它可以看成只是另外一種型態的組織。

毫無疑問的, 解組是一個相對性的概念, 某一個社會體系的解組並不表示社會從此就沒有另外一個社會體系來負責原先之體系所擔當的功能, 除非與此功能相對應之人類需求已在人的生活中逐漸消跡。綜觀人類的社會, 我們發現在人類的種種需求相度中, 有些是相當地恆定, 而有些是衍生習得的。因此, 社會中始終會有某種社會體系是與實現某種需求之滿足相對應的, 儘管其型態可能分化和轉變而不同。換句話說, 一個體系型態的腐化或崩潰, 往往並不意味著人類需求的消跡, 它只是含蘊著足以擔當其原先之社會功能或至少其部份功能 (此卽產生功能分化的情形) 之另外一種體系型態的萌芽與崛壯。譬如, 核心式小家庭替代了大家庭, 它照樣地還負擔起綿延種族的功能, 雖然大家庭原先所可能擔當自給自足的生產及消費功能被分化, 而核心式小家庭變成只是一

個消費體, 卻不再是自給自足的生產單元了。 因此, 就功能的角度來看, 解組可以看成是重組過程中的一環, 二者其實是一物的兩面。從經驗層面來看, 這種辯證式 (dialectic) 的看法是相當符合社會現象的變遷規律, 因此解組不是一個恆定的現象, 而僅是一種過渡過程。儘管是如此, 在我們的世界裏, 尤其是當傳統面臨外來的挑戰時, 我們的確還是不時地可以經驗到許多既有的社會體系是在解組之中尤其當取替的體系尚未明顯的見形, 抑或出現了但未必與其他體系有著協合的步調, 解組感是特別地突出, 人們所感受到的心理壓力和挫折感也將特別地明顯。基於這個緣故, 儘管解組的存在是過渡性的, 但是在一段時間內其存在是有主觀的經驗實存基礎的。因此, 就社會學的觀點來看, 解組是一種具體的社會實存現象, 有拿來描述和分析的價值(Cohen, 1959:474-475)。

導致解組性社會問題產生的基本原因已概如前述, 社會中體系錯綜複雜, 每個體系內之規範要求、期待和具體表現之間又未必完全協調一致, 因此, 引起競爭和衝突的情形自然也就無可避免, 其表徵也因此相當複雜, 實難以一一列舉。現僅祇選擇三個這類型社會問題所常見且相關的顯現特徵來加以描述。這三個特徵是:

(1)解組乃見諸於有關之既有規範要求、期待或具體表現制度體系無法應付環境的改變。譬如工業化的結果, 工廠如雨後春筍地到處林立, 但現有的社會立法制度卻未能適切地配合這種現象的出現, 訂定有效的污染控制法規, 或雖然有了法規, 但卻因社會中仍然流行著差秩性的人情壓力及徇私貪污的習慣, 未能嚴格照單執行, 致使污染問題日益嚴重, 甚至威脅大衆的健康。

(2)既有的社會體系與一個逐漸具形的新社會體系 (尤其是價值或

規範體系）相互競爭、衝突，致使產生了調適上的困難。尤其是當社會中逐漸形成一種新的共同目標或個人目的時，這種困難將顯得特別地嚴重，解組的潛在可能性也特別地明顯。這種現象即 Ogburn (1922) 所謂的文化步調不一 (cultural lag)，最常見於社會遽變的過程之中。譬如 Thomas 及 Znaniecki (1918)有關波蘭農民的研究即是這種情形的最好例子。他們發現移居到美國的波蘭人。因面臨新舊文化價值體系的衝突、導致產生了高比例的酗酒、犯罪、精神失常和自殺。

（3）既有的社會體系中不同的部份隱藏著矛盾，而產生衝突以至於有了解組的危險。正如 Merton (1971:822) 所說的「…人們在社會中無可避免地占有不同的地位，而這些不同的地位卻有著相互競爭的社會要求，致使產生了錯誤不當的安排。這種安排常常引起了不同地位間的矛盾行為，終至有了常見的裂罅。假若既有的社會體系無法在這些具有潛在衝突性的角色義務之間，有著普遍共認的優先次序安排，則毫無疑問地這些地位會被牽引走上不同的方向，擁有這些地位的人們將經驗到壓力，他們的行為也將變得難以預測而且具有社會性的破壞特質。」譬如，勞資的衝突、政治上的衝突即屬這種情形。

總歸來說，解組性的社會問題最明顯的特色乃在於它經常是表現在社會制度（如勞資衝突所屬的經濟制度、民主與極權對立的政治制度、或家庭制度中的親子關係、夫妻分工的問題）或整個社會體系（如居住問題、公害問題、或人口問題）中的衝突，腐化或崩潰。這種問題若非形諸於人與人間有關地位與角色之規範、期待及具體表現的失調，就是表現在社會對外在環境改變的適應問題。不管是那種次類型，基本上它是一種關涉到整個社會的巨視性問題。

不同於解組性社會問題是指涉社會體系（制度、組織、階層或社區）中地位及角色間結構安排與運作的失當，偏差行為性社會問題乃源於個人行為偏離了社會中某種佔優勢的規範或價值體系的約束。因此，偏差行為所帶來的社會問題基本上是個人行為所集合帶動出來的社會現象，諸如犯罪、精神失常、嬉皮、青少年學校調適問題、吸毒、酗酒等等均屬此一類型的社會問題。

偏差行為的研究有史已久，文獻浩翰，隨手可得，實無庸在此多加贅言。因此，筆者無意在此對此一類型的問題做詳細的說明，有關偏差行為及其理論，讀者可參考 Merton 及 Nisbet (1971), Cohen (1959), Weinberg 及 Rubington (1973), 黃維憲 (1978) 或鍾桂男 (1978)。底下，筆者將只討論有關偏差行為的概念問題。

一向社會學家把偏差行為界定為：偏離了社會體系中某些共享且認為合法的制度化期待或規範的行為（如 Cohen, 1959; Weinberg 及 Rubington, 1973:179; Lundberg 等人，1968:555）。這個定義嚴格地說是值得商榷的，其關鍵點在於「共享」及「合法」這兩個概念上。觀察人類的社會，我們的確可以發現，任何社會或社羣多多少少是有些絕對性的規範和價值，可用來界範和解釋行為和社會安排的。但是，我們更常看到，社會中存有著一些對立矛盾的規範或價值體系，而且即使是共享的規範及價值也常隨著時間而有所改變。因此，以「共享」及「合法」的角度來肯定偏差行為，而忽略「共享」及「合法」的社會變遷過程，將是一種觸犯先入為主的誤謬偏差看法，事實上，偏差行為乃是以一套佔優勢的規範及價值體系為基礎來加以界定的。職是之故，要瞭解偏差行為的形成，就不得不先問：社會中規範及價值對立矛盾的程度如何？更具體地說，到底那一種規範及價值體系在社會中占了優勢地

位⑤？

大體說，最能決定對立規範及價值在解釋社會行爲時所占之優勢程度的因素莫過於是下面兩個：（1）支持規範及價值背後的權威基礎爲何？（2）某個規範及價值體系與社會中其他某些規範、價值、期待或行動體系間的關係密切程度如何？毫無疑問地，當兩組對立的規範或價值都具有可平分秋色的權威爲其後盾，而且也同時與某些其他規範、價值、期待或行動體系有著勢均力敵的相等關聯，則我們將很難肯定地判斷那種規範與價值體系所衍生的行爲才是偏差的。此時，持對立立場的雙方均有旗鼓相當的權威和羣衆支持基礎，雙方可以互控對方是偏差的。在這種情形下，偏差的界定只是兩個羣體間的一種宣傳式的互相指責，缺乏多數人的主觀共認條件，因此也就沒有形成偏差的社會意義了。理論上來說，在社會變遷的過程中，這種勢均力敵的對立現象必然是會在某些價值、規範、期待或行動體系中產生、而且往往將持續一段時間，帶來類似 Durkheim 所謂的脫序現象（anomie）。但是，這到底只是變遷中的一種過渡階段。無論如何，對立的現象會逐漸地（或甚至急速地）的消失而顯露出優劣的局面，使得某種價值、規範、期待和行動體系占有絕對（或較大）的優勢地位。這種優勢地位隨著支持的羣體在社會中合法權威地位的建立和擴張，更多其他價值、規範、期待和行動體系的互相搭配，而更形擴展、更加穩固。

事實上，就社會本質來看，任何社會都隱藏有對衡、動盪和破壞的因子，因爲不同的理念、利益、階層地位、和權力關係永遠存在於人羣之中。然而正相對地，任何社會體系的結構中也都會含蘊有穩定的因子，因爲任何社會必然會存在有一套已佔優勢的合法權威和解釋結構、

⑤ Mclntosh（1977）亦持這種主觀的相對觀點來看偏差行爲。近年來流行的標示理論（labeling theory）即以這種觀點，強調社會互動過程來討論偏差行爲。

以及許多相輔相成的其他規範、價值、期待和行動體系來支持它的繼續存在，所謂「傳統」❻即是這種穩定的基本力量。

傳統是使權威合法化的基本社會力量，也是判定行為偏差與否的根本依據。大體地說，傳統的延續有賴成功的社會化過程，但更重要地，它還維繫於權力擁有者所擁有之權力的合法程度和強制力量的大小，以及其他外在力量的對衡強度。因此，儘管傳統並非一成不變，可隨著社會中種種內在條件的改變和外來力量的衝擊而逐漸地變化、轉型，但是在一個內在條件變化較小，而外來衝擊又少的社會中，傳統是相對地穩定，往往因此逐漸喪失了應變的彈性，此時社會的價值和規範體系是相當的定型，既有的行為解釋模型也相對地顯得固定且具有強大的約制力量。甚至，即使是在一個內在條件變化迅速，且外來衝擊力又大的社會中，某些傳統仍然是具有絕對的優勢力量，對於行為的解釋保持相當的權威地位。傳統所以會具有如此的力量，推論它的原因不外有三：

（1）不管人類的價值、規範、理念和期待如何的變化，人們都始終保持有一些基本的東西（如在一般情況下，禁止殺人、搶奪和偷竊），並不因時間及空間的改變而有太大的差異。（2）傳統是權力擁有者維持其權力之合法地位所不可缺的依據，因此他們往往有極力維護其所持之傳統的趨向和需要❼。（3）人類是一種可接受影響且行為會逐漸定型的

---

❻　此處的「傳統」乃泛指社會中由前代承襲下來的一套理念、價值、規範、期待和行動體系。底下，若未經特別註明時，「傳統」乃以此泛意來使用。

❼　社會中的傳統並非完全合協一致的，事實上任何社會均可能存在有不同，甚至對立的傳統。只是經過歷史的考驗，傳統之間必然會產生優劣之分。佔優勢的傳統於成為社會秩序的穩定及解釋基礎，而此傳統即是權力擁有者賴以維持其權力的動力，因此他們有維護此傳統的需要。只有當社會有了變遷，尤其變遷之動力來自於以一股強而有力的外來傳統為其後盾，且此力量引起相當的共鳴時，權力擁有者為了維護其既有權力，才採取應變的手段，其採取的主要方式有二：①以強制方式堅持其既有傳統的本營，②以緩慢（或迅速）的手段採納新的傳統，重建其權力的傳統象徵基礎（如清末的立憲）。當然，其成效如何，有一部份因素是繫於兩個傳統之網絡大小及其與社會基本生存條件有多大的關聯。不過，不管如何，傳統是權威建立的必要社會力量，這是一件相當可以肯定的社會事實。

功物，社會化的過程基本上卽是傳遞社會中占優勢地位之羣體所持有的理念、價值、規範和期待傳統，因此，在上述(1)及(2)條件的推動下，社會化的結果，往往使得優勢羣體所持有的傳統變成社會中大多數人的理念、規範、價值和期待內含，而成爲所謂的「社會傳統」，或如人類學家所謂的「大傳統」。

從上面的討論，我們明白，雖然人類有一些共同的規範與價值體系來界定行爲偏差與否，它們且有歷久不變及放諸四海皆準的可能，但是許多行爲的偏差與否則是隨著時空而改變的。總之，不管標準及可施範圍如何的改變，行爲的偏差與否（因此是否成爲社會問題）本質上是權力擁有者以其在社會既有秩序體中所佔優勢的地位，把一套傳統當成判定的標準而界定出來的。尤其，由於他們的權力具有合法的執行機會和力量且往往又有神才的魅力，因而，經由社會化的過程，可以把他們的價值、規範、期待與理念傳遞給其他社會大衆，遂逐漸在社會中形成一股爲大多數人所「共享」且具「合法」的制度化期待和規範，這個期待和規範終成爲界定偏差行爲的標準，也成爲肯定社會問題的依據。

當前社會問題形成的因素——歷史與文化的結晶

我們在此文的開始卽已提到，一個社會問題要成立，首先必須有一些既已發生的客存現象爲基本條件，而人們對這些現象加以主觀的道德認定和界範，經過多數人（或至少一些精英份子）的共認之後，社會的問題才眞正成爲「社會問題」。因此，就其形成的過程來看，欲探討當前社會問題的成因，就必要同時考慮兩個方面：其一是社會（關係）的結構型態及使用工具的類型❸；另一是社會的基本理念、規範和價值認

❸ 根據社會學家一向的習慣用法，廣義的「結構」可以包含理念、規範及價值體系。但是，在此處，結構乃狹義的指人們或社會學者對表現在諸社會地位或角色間之關係的主觀解釋意義，而不包含行動者的規範理念或價值體系。

知內容。同時，鑒於人類的文化內容是隨著歷史條件的改變而有變更的，我們也必須弄清楚，到底問題是表現普遍性的社會結構或觀念特徵呢？還是反映特殊性的歷史文化內容❾。

　　不管社會問題是屬解組性或偏差行為性的，它不外乎具有兩種不同的型態：其一是因條件的腐化而產生的，諸如工業及都市化帶來的環境污染；另一是因社會中標準的改變或提高而引起的，如貧窮、勞工、女權、老人、青少年或兒童福利、教育問題等等。檢討人類社會過去的歷史，我們發現，單從這兩類型問題的產生過程來看，是很難清楚地認定出何者是因為社會結構或使用工具的變遷所引起？何者是因為理念、規範或價值認知內容的改變而促成？事實上，上述兩類型的問題，不論是那一個都同時是社會結構型態及使用工具，與理念、規範或價值認知內容改變的交互作用結果。從影響的實質效果來看，兩者之間事實上是很難以做絕對、明確的畫分。不過假若從社會變遷的歷史文化及必然內在條件來看，則促使其產生的條件之間似乎可以分出一個先後的優先次序來，其情形概如下表

條件　　　　問題	條件腐化性的問題	標準提高性的問題
必要立即條件	結構及使用工具的改變	觀念的改變
催化歷史條件	觀念的改變	結構及使用工具的改變

　　所謂「必要立即條件」乃指，就問題及社會的本質而言，問題發生

---

❾　此處所做「普通性」及「特殊性」的區分，主要是就時間的相度來看。普通性乃指超越時間的相度而普及於所有的社會；特殊性乃指顯現於歷史中的某一段時間（或某一段時間開始）的特徵，它可能普及於所有社會，但也未必如此。

所必然要具備且與之有立即密切關聯的條件；所謂「催化歷史條件」則指，就問題及社會的本質而言，有些狀況與問題之產生並無直接的必然關係，但是它們是已存的歷史事實，有助於催化問題的產生，或助長其必要條件的形成而使得問題的嚴重性更加明顯。以這兩個理想的概念類型畫分爲基礎來分析，因條件腐化而產生的社會問題似乎是偏向於以結構及使用工具的改變爲其必要立即條件，而觀念（泛指理念、規範或價值）的改變則是催化歷史條件。就拿空氣的污染腐化了人類的生存環境爲例吧。固然要使人們有了污染的威脅感，首先人們必須要有健康、清潔等觀念爲其存在的條件，但是就其歷史因果關係的立即密切關聯及必要性質來看，結構的改變（如工業化、人口集中）及使用工具的改變（如交通工具、生產工具的機動化）遠比某種觀念體系的持續及改變，對此類型問題的產生有更爲立即直接的必要關聯。換句話說，雖然觀念與結構或工具使用之間有著息息相關的歷史關聯性，但是，觀念的改變並非污染問題產生的必要立即條件，而結構或使用工具的變更才是。同樣地，因社會標準的改變或普遍提高所形成的社會問題（如貧窮、勞工、女權問題）經常是以某種觀念的強調或改變（如人道主義及人本思想的興盛）爲先決性的必要立即條件，而結構或使用工具的改變（如資本主義的經濟型態）則只是催化了這類問題的嚴重明顯程度而已。

以上的分析並不等於否定結構（及工具使用）與觀念之間可能具有的歷史因果關聯。其實，打開人類的歷史來看，我們不難找出許多事實來證明結構及觀念之間的關係是相互的、影響是交錯的。結構背後必須有觀念來支持，同樣地，觀念的產生及發展也必然是要以某種結構型態爲其依據才有可能，兩者之間原是息息相關，層層相因的，因此，事實上任何問題的產生，推其成因，都可能兼具雙方面的因素。只是，爲了釐清社會問題的緣由脈絡，就問題的內含意義和發展過程來看，條件腐

化性的社會問題與標準提高性的社會問題似乎可能有著如上不同類型的形成條件。就拿老人問題來說，毫無可置疑地，人們會對這個問題產生關懷是基於人道的立場，但是這個問題所以會在現代社會中特別顯得突出卻是與許多社會結構的變遷有關的。諸如醫療進步、平均壽命延長（即人口結構改變）、家庭中老人地位的改變（其權威地位逐漸喪失）等等結構性的改變均是催化老人問題更形顯著的條件。因此，我們的另外一個問題即是；到底什麼是當前社會之「社會問題」的主要成因？這是一個相當複雜的問題，恐怕任何社會學家都無法提出圓滿的答案，不過，至少我們可以從兩個角度來尋找一些蛛絲馬跡。

　　任何社會問題的產生大體上不外乎來自兩個不同方面的因素：一是普遍性的因素，另一是特殊性的因素，這在前面已提起過了。普遍性的因素是指因素來自於人類社會普遍具有的表徵者，理論上來說，它是超越空間與時間的。特殊的因素則指的是因素來自於一段時間內某個空間中所特殊顯現的社會表徵者，換言之，它是特殊歷史及文化的結晶。現就這兩方面的考慮，嘗試列舉一些促使當前社會問題產生的可能條件（或因素）。

　　首先我們來談談普遍性的條件。這可以再分成社會結構與觀念體系兩個主要方面來看。我們在前面已提到，任何人類表現在社會中的安排和行為都是反映一套特定的理念、規範或價值體系，也都有某種利益立場為其後盾。但是很不幸的，人群中的理念、規範、價值及利益往往不一樣、甚至相對立，因此任何社會都含蘊著某個程度的潛在對立趨勢。這種潛伏的對立因子即是導致社會問題產生的根本社會本質因素。在適當歷史條件的催化之下，這些潛伏的對立因子將會浮現躍昇起來，使得潛在的問題提昇至社會意識層面上，成為明顯的問題。那麼到底那些社會的本質具有這種引發「問題」的潛在力量呢？大致地說，其潛伏在社

會結構中的有三方面：

(1) 任何社會都有階層秩序 (hierarchical order) 的形式表現，譬如有採民主或極權、有採資本或共產、也有採父系或母系等等不同的方式。儘管採用的方式不同，但是它們基本上有一個共同的特徵，即人與人之間有地位高低、權力大小和機會好壞的差別。用來判定差異的標準很多，也隨著社會、場合與時代有所不同，依據的可能是性別、年齡、家世、膚色，也可能是個人才能或成就表現。不管標準何在，方式為何，一個階層秩序的形式能否穩定的存在而且持續下去，乃有賴於下列三個條件：ⓐ共認與接受該標準及方式的人數有多少，ⓑ擁於不同地位及權力或具不同機會的人們之間的衝突和對立有多大以及ⓒ社會中有沒有可共同接受的和平方式來解決他們之間的對立和衝突。一旦人們對社會階層秩序的方式和標準選擇有了很大的分歧，而且分歧得勢均力敵，則衝突與對立將在所不免。倘若社會之中又缺乏可共同接受的解決方式，則對立與衝突即可能導致社會問題的產生。尤其當地位、權力與機會之不同所帶來之利益的差異相當懸殊而且缺乏可變動的彈性時，衝突及對立的情形將更加難以避免。因此，社會中階層秩序的存在無形中已內含著「問題」產生的潛伏因子，只要人們對階層差異有了不同的解釋或處理不當，社會問題即可能相繼而生。諸如勞工、女權、貧窮問題即是由此種社會本質所引發出來的症候。

(2) 任何社會都存在有不同的次文化。地理空間的隔離、社會地位、權力、利益、機會以及歷史背景的不同在在使一個社會中的人們分別孕育出不同的文化體系。這種次文化的產生無異於人羣之間的行為、規範、理念及價值埋伏下對立與失協的可能。尤其代表不同次文化之羣體有了不同獲取地位、權力與利益的機會，「問題」的產生更為可能。

犯罪的產生卽因社會具有這種特徵而更爲可能⑩。

（3）任何社會中的人們都使用工具以運用旣有的資源來謀求生存，並進而企圖改變及控制環境和其他人。但一旦人們產生運用不當時，無疑地會爲社會帶來「問題」的困擾。例如，資源一再地大量開採，可能破壞了生存的自然區位環境。而且，人類若無能力創造或發現新資源，也無能力發明新的工具時，資源終將枯絕，帶來生存的威脅。再者，工具的使用和改進，一方面固然增加了人類控制環境的能力，但是另一方面卻可能導致人類反轉受制於工具，而無以自拔。尤其，工具的改進無形中可能使某些較有機會擁有有效工具的人逐漸控制了其他人。一旦制約的規範失卻了普遍的共認，卽很容易導致控制者與被控制者之間產生衝突與對立。

除了上述三個從社會結構的角度來看的普遍特徵外，我們尚可以從人類普遍具有的理念、價值和心理傾向來看「問題」的潛伏可能性。在種種人類所有的理念、價值和心理傾向中，有二個特徵似乎是與「問題」的潛伏性最爲有關。其一是人類普遍具有「利己」的傾向，當然，人類在社會化的過程中，會逐漸培養出「利他」的情操品質，但是對絕大多數人而言，「利己」一直是「利他」品質產生的基礎。除卻少部份人以外，當「利己」與「利他」面臨衝突時，人們恐怕都會先顧及到自己，於心有餘力時，才再兼顧到他人，尤其是「利他」的道德社會化不够週全！而且「自己」又面臨重大威脅時，因「爲己」而產生衝突的可能也就難以避免了。另外一種特徵是人類有求全求美的心理需求。這種需求有一大部份會因爲人類之生理極限而轉變衍生出一套價值來。譬

---

⑩　次文化的存在並非犯罪產生的唯一因素。諸如社會優勢規範失效、手段與目的之適當聯繫的學習不當、親友團體的影響、個人人格的偏差、犯罪機會的有無、和社會的標示解釋均是重要的決定因素。關於犯罪形成的理論介紹，參看 Cohon 及 Short (1971)，鍾桂男 (1978:238～240)。

如，人不能生活在極端汚染的環境中，他必須仰賴清潔的空氣才可能維持起碼的生存。因此，清潔及健康成爲人類普遍共有的價值。當外在環境直接　脅到生理的極限時，這種共同價值的肯定與體認更爲明顯、迫切。

從上面所列有關社會結構和觀念（理念、規範、價值）體系的普遍特徵來看，任何社會都含蘊有促使「問題」產生的潛勢。正因爲如此，任何時代的任何社會都可能有相類似的社會問題（如貧窮、犯罪、戰爭），但是這些普遍性的社會問題卻未必在所有時代的所有社會中具有相同的嚴重程度和社會意義。問題的嚴重性和社會意義是隨著歷史文化的變遷有程度及性質上的差異。況且，獨特的文化背景和歷史條件也將爲社會帶來其他不同性質的特殊問題，因此，當我們欲求更週全地瞭解當前社會問題的癥結時，則不得不考慮當前社會所承襲及流行的歷史潮流了。關於這類特殊歷史條件的討論，我們還是如前一般，分成結構及觀念兩方面來看。

讓我們先就理念及價值觀念的角度來看。Nisbet (1971) 對這個問題早已有了很精闢的看法，他認爲當前歐美社會問題的產生，背後有兩股歷史潮流是不容忽視的。這兩股潮流分別是：世俗的理性主義（secular rationalism）和人道主義（humanitarianism）。雖然這兩股潮流是淵源於西方的歷史，也在歐美社會中產生了相當大的衝擊力，但是，經過一世紀來西方文明的優越壓勢籠罩下，這兩股潮流已波及亞非國家，且相當明顯地影響了亞非社會的結構。因此，這兩股潮流事實上並不只是偏限於歐美社會，而已成爲普遍影響當前世界的力量了，儘管目前亞非國家似乎已漸漸自覺而醞釀一套新的潮流。

就與社會問題的關係來說、世俗的理性主義有兩個主要的表現方向。一方面，它把一些以往僅具「潛在性社會問題」性質的公衆議論提

昇出來，肯定成爲明顯性的社會問題；另一方面，它使人們更自信有能力來解決問題。同樣的，人道主義對社會問題的呈現也有兩層的關係，一方面，它引導人們發掘更多的社會問題，肯定了它們的嚴重性；另一方面，它促使更多的人們對社會問題產生更具情感的關懷和更爲熱忱的奉獻。

　　世俗的理性主義是歐洲文藝復興以來的一股龐大歷史潮流。它把歐洲長久來以「神的世界」爲核心的思想模型再度帶回到古希臘傳統以「人的世界」爲中心的理念形態。這種思想潮流的崛起使得人們開始認識到個體的獨立自尊和判斷能力，謀求心智自由及個體充分發展遂成爲普遍的要求。人在社會中的位置不再是由自然（對以往歐洲人來說，卽是神）的指定，任何企圖改變這種恆定性也不再被視爲是對「天理」的反叛。相反地，人成爲社會的中心主宰，社會秩序不是建築在天理上、而是人理上。在此種氣氛之下，人們嘗試以分析的方式來認識周圍的環境，強調的是以科學的理性態度來瞭解問題。如此認知上的改變導致理性主義與人本主義的發展。在此兩種基本精神的推動下，人們充滿著自信，好奇和反叛的氣息，對於許多以前肯定認命的現象，如今產生懷疑，重新加以評估，宗教革命及法國大革命卽是兩個具體的明例。同時，理性的抬頭，佐以科學的進展，使得人們對於自己的能力更加具有信心，「控制」的可欲機會也更爲增加，總相信有能力來解決問題的。因此，「控制」成爲世俗理性主義的核心因子，這種自信心帶來更大的勇氣挑戰更多、更複雜、更辣手的問題。

　　人本的醒覺和人文思想的復甦也帶來人道主義的興起。尤其，工業革命以後，歐洲社會在資本主義的旗幟下，經濟是邁步發展，但也加劇了貧富的懸殊和政治上不平等的感受。人道主義卽是在這種環境中逐漸形成、擴張而終至制度化（如社會福利制度）的一種情感表現，就歷史

過程來看，這種情感乃是中上階層逐漸感染人本思想及人道關懷的社會結果，法國大革命，聖西門 (Saint-Simon) 的新基督精神實質上卽是這種精神的歷史表現。 總之， 人道精神的興起喚醒人們注意到很多的問題，也帶來更多人對更多的問題產生更多的關懷與更具體的行動⑩。

除了以上兩種歷史理念以外，有一件相當明顯表現在社會結構上的歷史事實，也爲人類社會埋伏下今日所見許多社會問題的歷史線索，這個歷史因素卽工業化。 從狹義的觀點來看， 工業化乃是表現在生產工具、生產方式、生產動力、及生產關係上的一種變遷形式。這個狹義的定義毫無疑問的是工業化的最核心內含意義，其所表現的實質社會現象如產品增多、 工廠林立、 機動化等也是工業化最根本的社會表徵。 但是，自從大幅度的工業化產生以來，至今少說已有五、六十年，它所帶動的社會變遷已非單純表現在生產及經濟方面上，而已廣泛的遍及整個社會。例如污染問題無可疑問的是工業化帶來的副作用，勞資和女、童工問題也是工業化之資本社會中的伴隨問題，這些問題又引伸出貧窮問題，尤其是衍生了政治理念及制度的問題， 推而度之， 舉凡都市、人口、老人福利、居住、職業疾病、犯罪等等問題也間接地與工業化的結果有關的。

總歸來說，世俗理性主義的抬頭、人道精神的喚起、和工業化的快速進展是當前人類社會之社會問題所以產生以及決定重視之方向的三個最主要歷史因素。雖然每個社會的文化背景和歷史條件不一樣，但是，由於上述三個歷史潮流已逐漸變成是支配人類社會的共同因素，因此不同的社會卻顯現出許多共同的社會問題，當前的臺灣自然也不例外。

（原文刊登於 思與言，第十六卷， 第三期， 203-224， 民國 67 年，

---

⑩ 有關文藝復興以來歐洲社會思潮的討論，參看葉啓政 (1975) 及該本中的引用文獻。

或見楊國樞與葉啓政編　當前臺灣社會問題。臺北：巨流圖書公司，民
國 68 年。）

參 考 文 獻

黃維憲

　　1978　偏差行為的類型探討，思與言，16 卷，2 期，70～75。

葉啓政

　　1975　文藝復興至啓蒙時期有關人性與社會的看法與其衝擊，政治大學民
　　　　　族社會學報，第 13 期，30～42。

鍾桂男

　　1978　社會問題，作者自行出版。

Becker, H. S.

　　1967　*Social Problems: A Modern Approach.* (2nd ed.) New York:
　　　　　John Wiley.

Cohen, A. K.

　　1959　"The study of social disorganization and deviant behavior,"
　　　　　in R. K. Merton, L. Broom, and L. S. Cottrell, Jr. (ed.)
　　　　　Sociology Today, 461～484.

Cohen, A. K. and J. E. Short, Jr.

　　1971　"Crime and juvenile delinquency," in R. K. Merton and R.
　　　　　Nisbet (ed.) *Contemporary Social Problems.* (3rd ed.), New
　　　　　York: Harcourt Brace Jovanovich, 89～146.

Durkheim, E.

　　1972　*Suicide,* 臺北：開發圖書公司。

Fuller, R. C. & R. R. Myers.

　　1941　"The natural history of a social problem," *American
　　　　　Sociological Review,* 6, 320～

Horton, P. B. & G. R. Leslie

　　1974　*The Sociology of Social Problem.* (5th ed.) Englewood
　　　　　Cliffs, N. J.: Prentice-Hall.

Lundberg, G. A. & Others

　　1968　*Sociology,* (4th ed.) New York: Harper & Row.

Merton, R. K.

    1968 *Social Theory and Social Structure*, New York: Free Press.

    1971 "Epilogue: Social problems and sociological theory," in R. K. Merton & R. Nirbet(ed.) *Contemporary Social Problems*. New York: Harcourt Brace Jovanovich, (3rd ed.), 793~845.

McIntosh, J. R.

    1977 *Perspectives on Marginality: Understanding Deviance.* 黃維憲譯，偏差行為理論的分析範式，思與言，14 卷，6 期，40~44.

Mills, C. W.

    1959 *Sociological Imagination*, Oxford University Press.

Nisbet, R.

    1971 "The study of social problems," in R. K. Merton and R. Nisbet (ed.) *Contemporary Social Problems* (3rd ed.), New York: Harcourt Brace Jovanovich, 1~25.

Ogburn, W. F.

    1922 *Social Change*, New York: B, W, Huebush.

Raab, E. & G. J. Selznick

    1959 *Major Social Problems*, Evanston, Ill. : Row, Peterson & Co.

Sorokin, P. & others

    1930 "An experimental study of efficiency of work under various conditions," *American Journal of Sociology*, 35, 765~782.

Thomas, W. I & F. Znaniecki

    1918 *The Polish Peasant in Europe and America*, Boston: Richard B. Badger.

Weinberg, M. S. & E. Rubington

    1973 *The Solution of Social Problems*, London: Oxford University Press.

滄海叢刊已刊行書目 (一)

書　　名	作　者	類　　別
國父道德言論類輯	陳立夫	國父遺教
中國學術思想史論叢 (一)(二)(三)(四)(五)(六)(七)(八)	錢　穆	國　學
現代中國學術論衡	錢　穆	國　學
兩漢經學今古文平議	錢　穆	國　學
朱子學提綱	錢　穆	國　學
先秦諸子繫年	錢　穆	國　學
先秦諸子論叢	唐端正	國　學
先秦諸子論叢 (續篇)	唐端正	國　學
儒學傳統與文化創新	黃俊傑	國　學
宋代理學三書隨劄	錢　穆	國　學
莊子纂箋	錢　穆	國　學
湖上閒思錄	錢　穆	哲　學
人生十論	錢　穆	哲　學
晚學盲言	錢　穆	哲　學
中國百位哲學家	黎建球	哲　學
西洋百位哲學家	鄔昆如	哲　學
現代存在思想家	項退結	哲　學
比較哲學與文化 (一)(二)	吳森	哲　學
文化哲學講錄 (一)(二)(三)(四)	鄔昆如	哲　學
哲學淺論	張康譯	哲　學
哲學十大問題	鄔昆如	哲　學
哲學智慧的尋求	何秀煌	哲　學
哲學的智慧與歷史的聰明	何秀煌	哲　學
內心悅樂之源泉	吳經熊	哲　學
從西方哲學到禪佛教 ——「哲學與宗教」一集——	傅偉勳	哲　學
批判的繼承與創造的發展 ——「哲學與宗教」二集——	傅偉勳	哲　學
愛的哲學	蘇昌美	哲　學
是與非	張身華譯	哲　學

滄海叢刊巳刊行書目 (二)

書名	作者	類別
語言哲學	劉福增	哲學
邏輯與設基法	劉福增	哲學
知識•邏輯•科學哲學	林正弘	哲學
中國管理哲學	曾仕強	哲學
老子的哲學	王邦雄	中國哲學
孔學漫談	余家菊	中國哲學
中庸誠的哲學	吳 怡	中國哲學
哲學演講錄	吳 怡	中國哲學
墨家的哲學方法	鐘友聯	中國哲學
韓非子的哲學	王邦雄	中國哲學
墨家哲學	蔡仁厚	中國哲學
知識、理性與生命	孫寶琛	中國哲學
逍遙的莊子	吳 怡	中國哲學
中國哲學的生命和方法	吳 怡	中國哲學
儒家與現代中國	韋政通	中國哲學
希臘哲學趣談	鄔昆如	西洋哲學
中世哲學趣談	鄔昆如	西洋哲學
近代哲學趣談	鄔昆如	西洋哲學
現代哲學趣談	鄔昆如	西洋哲學
現代哲學述評(一)	傅佩榮譯	西洋哲學
懷海德哲學	楊士毅	西洋哲學
思想的貧困	韋政通	思想
不以規矩不能成方圓	劉君燦	思想
佛學研究	周中一	佛學
佛學論著	周中一	佛學
現代佛學原理	鄭金德	佛學
禪話	周中一	佛學
天人之際	李杏邨	佛學
公案禪語	吳 怡	佛學
佛教思想新論	楊惠南	佛學
禪學講話	芝峯法師譯	佛學
圓滿生命的實現(布施波羅蜜)	陳柏達	佛學
絕對與圓融	霍韜晦	佛學
佛學研究指南	關世謙譯	佛學
當代學人談佛教	楊惠南編	佛學

書　　　　　名	作　　者	類	別
不　疑　不　懼	王　洪　鈞	教	育
文　化　與　教　育	錢　　　穆	教	育
教　育　叢　談	上　官　業　佑	教	育
印　度　文　化　十　八　篇	糜　文　開	社	會
中　華　文　化　十　二　講	錢　　　穆	社	會
清　代　科　舉	劉　兆　璸	社	會
世界局勢與中國文化	錢　　　穆	社	會
國　　　家　　　論	薩　孟　武　譯	社	會
紅樓夢與中國舊家庭	薩　孟　武	社	會
社會學與中國研究	蔡　文　輝	社	會
我國社會的變遷與發展	朱岑樓主編	社	會
開　放　的　多　元　社　會	楊　國　樞	社	會
社會、文化和知識份子	葉　啓　政	社	會
臺灣與美國社會問題	蔡文輝 蕭新煌　主編	社	會
日　本　社　會　的　結　構	福武直　著 王世雄　譯	社	會
三十年來我國人文及社會 科　學　之　回　顧　與　展　望		社	會
財　經　文　存	王　作　榮	經	濟
財　經　時　論	楊　道　淮	經	濟
中　國　歷　代　政　治　得　失	錢　　　穆	政	治
周　禮　的　政　治　思　想	周世輔 周文湘	政	治
儒　家　政　論　衍　義	薩　孟　武	政	治
先　秦　政　治　思　想　史	梁啓超原著 賈馥茗標點	政	治
當　代　中　國　與　民　主	周　陽　山	政	治
中　國　現　代　軍　事　史	劉馥　著 梅寅生　譯	軍	事
憲　法　論　集	林　紀　東	法	律
憲　法　論　叢	鄭　彥　棻	法	律
師　友　風　義	鄭　彥　棻	歷	史
黃　　　　　帝	錢　　　穆	歷	史
歷　史　與　人　物	吳　相　湘	歷	史
歷　史　與　文　化　論　叢	錢　　　穆	歷	史

滄海叢刊巳刊行書目 (四)

書　　　名	作　者	類	別
歷　史　圈　外	朱　　桂	歷	史
中國人的故事	夏雨人	歷	史
老　　臺　灣	陳冠學	歷	史
古史地理論叢	錢　穆	歷	史
秦　　漢　史	錢　穆	歷	史
秦漢史論稿	刑義田	歷	史
我這半生	毛振翔	歷	史
三生有幸	吳相湘	傳	記
弘一大師傳	陳慧劍	傳	記
蘇曼殊大師新傳	劉心皇	傳	記
當代佛門人物	陳慧劍	傳	記
孤兒心影錄	張國柱	傳	記
精忠岳飛傳	李　安	傳	記
八十憶雙親 師友雜憶 合刊	錢　穆	傳	記
困勉強狷八十年	陶百川	傳	記
中國歷史精神	錢　穆	史	學
國史新論	錢　穆	史	學
與西方史家論中國史學	杜維運	史	學
清代史學與史家	杜維運	史	學
中國文字學	潘重規	語	言
中國聲韻學	潘重規 陳紹棠	語	言
文學與音律	謝雲飛	語	言
還鄉夢的幻滅	賴景瑚	文	學
葫蘆・再見	鄭明娳	文	學
大地之歌	大地詩社	文	學
青　　春	葉蟬貞	文	學
比較文學的墾拓在臺灣	古添洪 陳慧樺 主編	文	學
從比較神話到文學	古添洪 陳慧樺	文	學
解構批評論集	廖炳惠	文	學
牧場的情思	張媛媛	文	學
萍踪憶語	賴景瑚	文	學
讀書與生活	琦君	文	學

滄海叢刊已刊行書目 (五)

書　　　名	作　　者	類	別
中西文學關係研究	王潤華	文	學
文開隨筆	糜文開	文	學
知識之劍	陳鼎環	文	學
野草詞	韋瀚章	文	學
李韶歌詞集	李韶	文	學
石頭的研究	戴天	文	學
留不住的航渡	葉維廉	文	學
三十年詩	葉維廉	文	學
現代散文欣賞	鄭明娳	文	學
現代文學評論	亞菁	文	學
三十年代作家論	姜穆	文	學
當代臺灣作家論	何欣	文	學
藍天白雲集	梁容若	文	學
見賢集	鄭彥棻	文	學
思齊集	鄭彥棻	文	學
寫作是藝術	張秀亞	文	學
孟武自選文集	薩孟武	文	學
小說創作論	羅盤	文	學
細讀現代小說	張素貞	文	學
往日旋律	幼柏	文	學
城市筆記	巴斯	文	學
歐羅巴的蘆笛	葉維廉	文	學
一個中國的海	葉維廉	文	學
山外有山	李英豪	文	學
現實的探索	陳銘磻編	文	學
金排附	鍾延豪	文	學
放鷹	吳錦發	文	學
黃巢殺人八百萬	宋澤萊	文	學
燈下燈	蕭蕭	文	學
陽關千唱	陳煌	文	學
種籽	向陽	文	學
泥土的香味	彭瑞金	文	學
無緣廟	陳艷秋	文	學
鄉事	林清玄	文	學
余忠雄的春天	鍾鐵民	文	學
吳煦斌小說集	吳煦斌	文	學

書　　　名	作　　者	類	別
文 學 欣 賞 的 靈 魂	劉 述 先	西 洋 文	學
西 洋 兒 童 文 學 史	葉 詠 琍	西 洋 文	學
現 代 藝 術 哲 學	孫 旗 譯	藝	術
音 樂 人 生	黃 友 棣	音	樂
音 樂 與 我	趙 琴	音	樂
音 樂 伴 我 遊	趙 琴	音	樂
爐 邊 閒 話	李 抱 忱	音	樂
琴 臺 碎 語	黃 友 棣	音	樂
音 樂 隨 筆	趙 琴	音	樂
樂 林 蓽 露	黃 友 棣	音	樂
樂 谷 鳴 泉	黃 友 棣	音	樂
樂 韻 飄 香	黃 友 棣	音	樂
樂 圃 長 春	黃 友 棣	音	樂
色 彩 基 礎	何 耀 宗	美	術
水 彩 技 巧 與 創 作	劉 其 偉	美	術
繪 畫 隨 筆	陳 景 容	美	術
素 描 的 技 法	陳 景 容	美	術
人 體 工 學 與 安 全	劉 其 偉	美	術
立 體 造 形 基 本 設 計	張 長 傑	美	術
工 藝 材 料	李 鈞 棫	美	術
石 膏 工 藝	李 鈞 棫	美	術
裝 飾 工 藝	張 長 傑	美	術
都 市 計 劃 槪 論	王 紀 鯤	建	築
建 築 設 計 方 法	陳 政 雄	建	築
建 築 基 本 畫	陳 榮 美 楊 麗 黛	建	築
建 築 鋼 屋 架 結 構 設 計	王 萬 雄	建	築
中 國 的 建 築 藝 術	張 紹 載	建	築
室 內 環 境 設 計	李 琬 琬	建	築
現 代 工 藝 槪 論	張 長 傑	雕	刻
藤 竹 工	張 長 傑	雕	刻
戲 劇 藝 術 之 發 展 及 其 原 理	趙 如 琳 譯	戲	劇
戲 劇 編 寫 法	方 寸	戲	劇
時 代 的 經 驗	汪 琪 彭 家 發	新	聞
大 眾 傳 播 的 挑 戰	石 永 貴	新	聞
書 法 與 心 理	高 尚 仁	心	理